Edition Akzente
Herausgegeben von
Michael Krüger

Klaus Reichert
Der fremde Shakespeare

Carl Hanser Verlag

1 2 3 4 5   02 01 00 99 98

ISBN 3-446-19498-3
Alle Rechte vorbehalten
© 1998 by Carl Hanser Verlag
München – Wien
Umschlag: nach einem Entwurf von Klaus Detjen
mit einem Stich von Robert Fludd
Satz: Filmsatz Schröter GmbH, München
Druck und Bindung:
Friedrich Pustet, Regensburg
Printed in Germany

Inhalt

Vorwort 9

Die Welt ist aus den Fugen. Zum *Hamlet* 17
   Allein gegen die Macht 19
   Hamlets Falle. Das Paradox der Kultiviertheit 57
   Der groteske Hamlet 87

Aus dem Fortuna-Komplex 117
   Prospero als Leser Machiavellis 119
   Formen des Launischen: *Antony and Cleopatra* 134

Theaterzettel 157
   Verzögertes Sterben. Shakespeares Blick auf das
   Rom Caesars 159
   Die Welt als Bauch. Zu Falstaff 165
   Zeit der Wölfe. *King Lear* 171
   Mit eigenen und mit anderen Augen. *Ein Sommer-*
   nachtstraum 177
   Notiz über Monster. Etymologische Belustigungen
   zum *Othello* 185
   Troilus und Cressida oder die verseuchte Welt 191
   Shakespeare und das Recht. Eine Skizze. 198

Alte Unübersichtlichkeiten 205
   Fearful Symmetries. Zum *Kaufmann von Venedig* .. 207
   Wucher und Wucherklischees am Übergang zur
   Neuzeit 240
   Die Wirklichkeit des Eingebildeten oder Kunst
   und Trick. Zu Shakespeares Arbeit am Pygmalion-
   Mythos im *Wintermärchen* 268

»Ich bin ich«. Auftritte neuer Formen des Bösen
in der Frühen Neuzeit 298
Endlose Enden. Zu apokalyptischen Figuren bei
Beckett und Shakespeare 311

Nachweise 345

Allein wie herrlich diesem Sturm entsprießend
Wölbt sich des bunten Bogens Wechsel-Dauer
Bald rein gezeichnet, bald in Luft zerfließend,
Umher verbreitend duftig kühle Schauer.

> Goethe, *Faust II*

Meiner Wahrnehmerin Moni

Vorwort

Georg Simmel hat den Fremden als ›Einheit von Nähe und Entferntheit‹ bestimmt. Während der Wanderer kommt und geht, kommt der Fremde und bleibt, ist als ›der Ferne nah‹. Er als »der schlechthin Bewegliche kommt gelegentlich mit *jedem* einzelnen Element in Berührung« – das wäre seine Nähe –, »ist aber mit *keinem* einzelnen organisch verbunden«, das heißt er entzieht sich gleichzeitig in seiner befremdlichen Unfixierbarkeit – das wäre seine Ferne, die immer mitempfinden läßt, daß er von anderswo kommt. Durch seine Beweglichkeit, eine nur partielle und auflösbare Zugehörigkeit, ist er »der Freiere, praktisch und moralisch, er übersieht die Verhältnisse vorurteilsloser, mißt sie an allgemeineren, objektiveren Idealen und ist in seiner Aktion nicht durch Gewöhnung, Pietät, Antezedenzien gebunden«.

Nah und fern zugleich – das ist ein Signum des Fremden, das seine Attraktion und seine Nichtzugehörigkeit zusammenzieht. In diesem Simmelschen Sinne kann von einem fremden Shakespeare die Rede sein, womit dann nicht nur die Distanz der Jahrhunderte gemeint ist, die uns von ihm trennt und durch die uns vieles im üblichen Wortsinn ›fremd‹ geworden ist (wenn es denn je ›vertraut‹ war). Als ein Fremder tauchte Shakespeare um 1590 in London auf und verwirrte sofort die literarische Szene, weil er, ohne die Voraussetzungen dafür mitzubringen, das heißt ohne studiert zu haben, in einem scharfen Konkurrenzklima sich rasch durchsetzte. Einen Parvenü, einen Emporkömmling nannte ihn Robert Greene bereits 1592, eine ›upstart crow‹, ›die sich mit unseren Federn schmückt‹. Gewiß war Shakespeare kein ›gelehrter‹ Autor wie die meisten seiner Kollegen, aber ebensowenig war er ein Naturtalent, wie das 18. Jahrhundert ihn sah, denn es ist immer wieder erstaunlich zu entdecken, wieviel er kannte und wußte, ohne daß sich dafür jeweils eine ›Quelle‹ ausmachen ließe. Er kam eben »gelegentlich mit *jedem* einzelnen Element in Berührung«, keineswegs also nur der klassischen Literatur, die er auf der Universität hätte studieren können, sondern ebenso mit den Überlieferungen der Volkskultur, mit politischen und philosophischen Debatten, mit Wirtschaftsfragen, mit Problemen der neuen Wissenschaften und der Philosophie, und immer wieder mit der Gegenwart des Alltäglichen. Bei den eiligen Flügen seiner Verse – mal hohen und höchsten, mal niedrig gleitenden – kam schlechthin alles ins Visier und es kümmerte ihn nicht, wenn die Schichten ineinander übergingen, wie die Aufmerksamkeit es ergab. Solche Beweglichkeit und Ungebundenheit irritierte, ließ sich mit keinem Maß messen, nicht einmal dem der oft unregelmäßigen Versfüße, aber sie stimmte auf dem Theater, in dem ein unerlesenes Publikum beieinandersaß und -stand, das unterhalten sein und von Dingen hören wollte, die es anging, von letzten Dingen ebenso wie von denen vor der Haustür, die sich bis in die Metaphernhaufen hinein vermischten. Die Zeitgenossen sind mit dem Erfolg dieses Außenseiters nicht recht fertig geworden. Der Freund, Kollege und Neider Ben Jonson berichtet, man hätte an Shakespeare bewundert, daß er nie eine Zeile gestrichen habe. Und seine Antwort: »Ich wünschte, er hätte tausend gestrichen.« Denn zwar habe Shakespeare eine wunderbare Phantasie besessen, aber sie sei mit ihm durchgegangen. Die Kenntnis der Regeln, um die Phantasie zu zügeln, um aus dem Material überhaupt erst Kunst zu machen, sei ihm unbekannt gewesen. Offensichtlich war es die Rücksicht auf Simmels »Antezendentien«, die diesem Fremden, Fremdgebliebenen fehlten.

Ben Jonsons »Ja – Aber«, dieses Kürzel des Fremden, bestimmte über die Generationen des Vergessens hinaus das Bild Shakespeares. Man suchte an ihm zu ›retten‹, was zweifellos genial war, andererseits zu tilgen, was sich nicht ins Bild der klassizistischen Poetik eines bürgerlich gewordenen Theaters schickte. Als Wieland ihn für Deutschland entdeckte und so kühn war, seine Verse in Prosa zu übersetzen, weil der deutsche Vers noch zu sehr von der Steifheit des französischen Maßes bestimmt war, beschnitt er die wuchernden Metaphern und reduzierte sie auf ihren gedanklichen Kern, unterschlug er ihre Obszönitäten und ausschweifend-überflüssigen Wortspiele oder strich ganze Szenen, die später zu Glanzstücken des komischen Repertoires werden sollten: »Hier folgt im Original eine Zwischen-Scene von der pöbelhaftesten Art, die des Übersezers nicht würdig ist.« Erst im Umkreis der Weimarer Klassik entstand dann der ›ganze Shakespeare‹ in deutscher Sprache, allerdings gebändigt, gezähmt, in harmonischem Gleichmaß der Jamben auch dort, wo die Verse im Original zerrissen, aus gestischen Gründen unmetrisch sind. Nur um den Preis seiner Fremdheit konnte Shakespeare zum dritten deutschen Klassiker avancieren, konnten die Deutschen sich mit *diesem* Hamlet identifizieren. (Eine Ellipse wie »to be or not to be« macht im Englischen wenig Sinn – mit »Sein oder Nichtsein« ist eine typisch deutsche ontologische Kategorie gesetzt.)

Fremd ist Shakespeare erst in diesem Jahrhundert wieder geworden, in der doppelten Distanz zu Weimar und zum London der Elisabethaner. Es gab Versuche, ihn wie durch ein umgekehrtes Teleskop in seiner Entferntheit sichtbar zu machen, dessen eindrücklichster der bis in die Holznägel authentische Nachbau des alten Globe-Theaters in London ist. Es gab die – häufigeren – Versuche, für ein jeweils anderes politisches Umfeld, für jeweils andere Unterhaltungsbedürfnisse die Distanz zu überspringen, Nähe herzustellen und Shakespeare als »unseren Zeitgenossen« (Jan Kott) in Anspruch zu nehmen. Beide Herangehensweisen sind natürlich begründbar und haben zu beachtlichen

Ergebnissen geführt. Nur kann das im Extremfall auf der einen Seite Musealisierung bedeuten, auf der anderen Verwilderung, wenn jede fixe Regieidee an ihm ihr Mütchen kühlt.

Vor allem gegen die Verwilderungen und blindwütigen Aktualisierungen versuchen die folgenden Texte – es handelt sich zumeist um Vorträge für ein nicht-spezialisiertes Publikum – anzuschreiben. Shakespeare ist ein schwieriger Autor und er wird – das ist meine Erfahrung – nur immer schwieriger, je länger man sich mit ihm beschäftigt, weil einem vielleicht erst beim hundertsten Wiederlesen ein Wort auffällt, das der bisherigen Lektüre eine ganz andere Wendung gibt. (Das hängt auch damit zusammen, daß unter einem geläufigen Wort, etwa ›monster‹, eine Bedeutung wieder virulent wird, die über die Jahrhunderte verloren gegangen war.) Das verlangt eine ›Geduld zur Sache‹ (Adorno), die sich auf nichts anderes einläßt als die Texte selber und auf die uns unvertrauten Selbstverständlichkeiten und Denkhorizonte der Zeit, sofern und soweit sie sich erschließen lassen. Es geht also zunächst darum, Shakespeares Entferntheit, die eine Achse des Fremden, zu rekonstruieren. Erst durch diese Distanzierung hindurch kann es dann wieder möglich werden, auch seine Nähe wahrzunehmen. Wie soll das gehen?

In mancher Hinsicht läßt sich eine strukturelle Parallele zwischen der Zeit Shakespeares und der unseren konstatieren, die man auf den gemeinsamen Nenner des von Jürgen Habermas geprägten Stichworts von der »Neuen Unübersichtlichkeit« bringen kann, so als stellten sich am Ende der Moderne noch einmal die Fragen ihres Anfangs, nur in vermutlich verschärfter Form, weil die alten Antworten, die sich damals schließlich herausgemendelt hatten, aufgrund der historischen Durcharbeitungen sich so nicht mehr geben lassen. Das Alte war und ist unrettbar vergangen, vielerlei Zeichen eines Neuen, damals wie heute auch am

Himmel, waren und sind sichtbar, ohne daß erkennbar (gewesen) wäre, in welche Richtung sie wiesen. Wenn der alte Gloucester im *Lear* in den kürzlich eingetretenen Mond- und Sonnenfinsternissen (die es im September und Oktober 1605 tatsächlich gab, was ein Anhaltspunkt für die Datierung des Stückes ist) Zeichen schlimmer Vorbedeutung für das Ganze der irdischen Welt sieht, hat er auf der Basis seines noch mittelalterlichen Korrespondenzdenkens vollkommen recht, und der Fortgang der Tragödie bestätigt ihn. Wenn sein Bastardsohn Edmund, der Schurke im Stück, sich darüber mokiert, wir machten Sonne, Mond und Sterne dafür verantwortlich, wenn uns etwas schiefginge, obwohl die Gründe dafür in unserem eigenen Fehlverhalten lägen, so hat er, aus seiner *schon* frühneuzeitlichen, modernen Perspektive *auch* recht, wie es ebenfalls der Fortgang der Tragödie bestätigt. Beider Positionen sind gleich stark, gleich unwiderlegbar. Daß Shakespeare durch seine Charakterzeichnungen für den alten Traditionalisten und gegen den modernen selbstbestimmten Individualisten votiert, mag man als die Nostalgie eines Konservativen verstehen, der die Zeichen des (sich durchsetzenden, werdenden) selbstbestimmten, selbstbewußten Individualismus nicht zu lesen verstand. Aber können wir ihm vorwerfen, daß er Kant noch nicht ahnte, daß er im neuen Individuum nur den rücksichtslosen Verwirklicher eigener Interessen sah? Die in den Jahrhunderten nach Shakespeare unverständlich gewordene, das heißt nur historisch begreifbare Position Edmunds ist uns heute angesichts der Durchsetzungsmentalität bindungsloser, das heißt sich selbst setzender, das heißt autonomer Individuen wieder ebenso plausibel geworden, wie der Einspruch dagegen, für den einmal das Wissen des alten Gloucester um den Gesamtzusammenhang von Mensch, Gesellschaft und Natur stand. Die Dynamik dieser Nähe verlangt aber zugleich, daß die Ferne, in diesem Falle die Differenz, nicht aus dem Blick rutscht.

Anders als bei den schurkischen Individualisten Edmund, Iago, Richard III., in denen die Anzeichen eines neuen Menschentyps als Horrorvisionen vorgestellt sind, läßt sich bei Hamlet verfolgen, wie die versuchte Setzung eines ›authentischen‹ Ichs an ihrem Selbstwiderspruch zugrunde geht. Um das zu verstehen, ist es nötig, die Konzepte der für die Elite unabdingbaren Selbstmodellierungen zu rekonstruieren, bei denen es darauf ankam, fremdbestimmte Verhaltensstrategien – wie man gesehen werden *wollte* – auszubilden. Die Stichworte dafür sind Täuschung, Heuchelei, Lüge. Hamlet begreift zweierlei: daß er in einer Welt des Scheins auch nur ein Rollenspieler ist und daß seine trotzige Behauptung zu Beginn des Stücks, er besäße ein Ich jenseits des Scheins, eine Selbsttäuschung war. Zweitens begreift er, daß die Welt nur durch Sprache zu erfassen ist, die auf bestimmten Verabredungen basiert, die sich nicht durch so etwas wie ›Selbstausdruck‹ unterlaufen lassen. Statt eines ›authentischen‹ Ausdrucks der Gefühle – um den es ihm ›eigentlich‹ geht –, gibt es nur die Zurichtung im Illusionsraum des Schauspielers, also wieder nur Täuschung. Darum geht es in seinem großen ›Hecuba-Monolog‹. Hat man das erst einmal historisch in aller Schärfe, so wie die Probleme für Hamlet sich stellen, erfaßt, läßt sich zeigen, daß am Ende der Moderne die alten Fragen wieder die unsrigen sind, nur daß wir sie anders bewerten: Rollen-Ichs als notwendige Handlungs- und Kommunikationsstrategien, Rehabilitierung des Scheins als Voraussetzung intersubjektiven Verkehrs, die Wirklichkeit *als* Schein, als Sprachtatsache, als Konstruktion. Hamlet, der Konstruktivist: »Es gibt weder gut noch böse, das Denken macht es erst dazu.«

In den folgenden Texten, Lektürevorschlägen, habe ich versucht, jeweils einen, mir bedeutsam oder neu erscheinenden Aspekt der Stücke herauszuarbeiten, *eine* Schneise durch das Dickicht des betreffenden Stückes zu schlagen. Man kann für ein und dasselbe Stück freilich auch andere

Blickpunkte wählen. Das habe ich am *Hamlet* probiert, wo drei unterschiedliche Interpretationen nicht einander ergänzen, sondern verschiedenes Licht auf die Figuren werfen. Das soll kein Plädoyer für die Beliebigkeit von Interpretationen sein; es zeigt nur, daß man in anderen Lebensphasen, anderen Interessenzusammenhängen verschieden liest. Der zweite Teil dieses Buches gehört in den Kontext meiner Schrift *Fortuna oder die Beständigkeit des Wechsels* (1985). Die beiden Texte – zum *Sturm* und zu *Antonius und Cleopatra* – versuchen das Konzept der Kontingenzgöttin auszudehnen auf den neuen (machiavellischen) Herrschertyp, der um 1600 greifbar wird, und auf eine neue weibliche Anthropologie. Unter der Überschrift ›Theaterzettel‹ habe ich kurze Essays zusammengestellt, die für ein sehr großes, gewissermaßen unvorbelastetes Publikum geschrieben wurden. Kommen in den langen Arbeiten nur einzelne Aspekte zu Wort, so mußte es die Aufgabe der ›Theaterzettel‹ sein, jeweils ›das Ganze‹ in den Blick zu nehmen. Die letzte Abteilung schließlich bringt die Arbeiten, in denen sich am deutlichsten die Gleichzeitigkeit des Ungleichzeitigen, das Nebeneinander des sich Ausschließenden und die davon ausgelösten Irritationen verfolgen lassen. Shakespeare, so versuche ich zu zeigen, läßt die Widersprüche stehen, pointiert sie sogar, weil er »die Verhältnisse vorurteilsloser übersieht«. Allen Arbeiten gemeinsam ist das immer wieder neu erfahrene Erstaunen über die rätselhafte Vielstelligkeit dieses Autors in seiner Ferne und Nähe. Und so wenig dieser Fremde »in seiner Aktion ... durch Gewöhnung, Pietät, Antezendentien gebunden« war, so wenig durfte es sein Leser sein. »Work, work your thoughts«, fordert der Chorus in *Heinrich V.* das Publikum auf.

Die Arbeiten sind nur geringfügig verändert, manche Passagen, die sich auf konkrete Anlässe bezogen, sind gestrichen worden. Die (vereinheitlichten) Anmerkungen stehen jeweils am Ende der einzelnen Artikel. Da ich meistens das Original (nach den Arden-Ausgaben) zitiere, weil die Interpretation am Wortlaut hängt (und mir die Übersetzbarkeit Shakespeares immer unmöglicher erscheint), sind in den Anmerkungen die entsprechenden Übersetzungen (in der Regel die Schlegels und die der Tiecks) hinzugefügt worden. Für die mühevolle Abschrift aller Texte habe ich meinen Mitarbeitern am Zentrum zur Erforschung der Frühen Neuzeit der Johann Wolfgang Goethe-Universität Frankfurt ganz herzlich zu danken: Stefanie Lotz, Ralf Haekel und vor allem Monika Beck.

Die Welt ist aus den Fugen.
Zum *Hamlet*

Allein gegen die Macht

Die tragische Geschichte des Hamlet, Prinzen von Dänemark – ein Theaterstück des Engländers William Shakespeare, 1600 oder 1601 geschrieben ... In den gleichen Jahren wird in Rom der Philosoph Giordano Bruno als Ketzer verbrannt, schreibt der Mönch Campanella im Gefängnis seine Utopie vom Sonnenstaat, wird in London die Ostindische Kompagnie, eine der letzten und wichtigsten, d. h. lukrativsten englischen Handelsmonopolgesellschaften, gegründet, plant Graf Essex, einst Günstling der Königin Elisabeth, den Staatsstreich und wird hingerichtet, formieren sich auf dem europäischen Kontinent Protestantismus und Katholizismus als politisch-wirtschaftliche Mächte, nicht ohne daß versucht worden wäre, das mehr oder minder anti-katholische England jesuitisch zu infiltrieren, so daß auch ohne den Grafen Essex der Kopf der Königin nicht mehr allzu sicher saß ...

In diesem auf Schlagzeilen reduzierten zeitgeschichtlichen Zusammenhang entsteht das Stück *Hamlet*. Es wird ein Erfolgsstück, ein Bühnenhit, hat nicht die Aura eines Bildungsguts, die es dann später bekam. Denn das Publikum, für das Shakespeare und seine Zeitgenossen schreiben, ist bunt gemischt aus allen Klassen, wie in der Geschichte des Theaters nie wieder: unten im Parterre, das an drei Seiten die Bühne umgibt, auf den billigen Plätzen, stehen die sogenannten Gründlinge – Handwerker, Gesellen, Lehrlinge –, auf den Galerien und Rängen, z. T. wohl auch auf der Bühne selbst, sitzen die Bürger und Edelleute. Man ißt, man raucht, man schwätzt. Das sind Momente, die die Rezeptionsbedingungen mitbestimmen. Einstimmung, Identifikation, dürfte da schwerlich aufgekommen sein. Eher die von Brecht, der sich immer wieder auf den Elisabethaner berief, geforderte kritische Distanz. Hinzu kommt, daß dieses gemischte Publikum unterhalten sein will – warum geht es sonst ins Theater, das ja noch keine Bildungsanstalt ist, sondern Vergnügungsstätte –, und zwar unterhalten in der jeweils gemäßen Weise. So bekommen denn die einen im *Hamlet* eine Kriminalstory, derbe Witze und obszöne Anspielungen zu hören, die jeder versteht, aber auch Einsichten in die unterschiedliche Behandlung der Menschen, sogar noch nach ihrem alle Menschen angeblich gleichmachenden Tod, aufgrund ihrer Klassenzugehörigkeit, so etwa, wenn die beiden Totengräber sich über das christliche Begräbnis der Selbstmörderin Ophelia unterhalten:

> Wollt Ihr die Wahrheit wissen? Wenn's kein Edelfräulein gewesen wäre, so wäre sie auch nicht auf geweihtem Boden begraben.[1]

Oder sie hören – sie, die gehört haben, daß es ehrenwert ist, Soldat zu sein –, wie die Hauptfigur Hamlet räsoniert, als der norwegische Thronfolger Fortinbras, in vielem eine Gegenfigur zu Hamlet, mit seinen Truppen in einen sinnlosen Prestigekrieg marschiert:

> Ich seh [...] beschämt
> Den nahen Tod von zwanzigtausend Mann,
> Die für 'ne Grille, ein Phantom des Ruhms
> Zum Grab gehn wie ins Bett.[2]

Die Zuschauer drumherum hingegen, die auf den Rängen, die Sitzenden, hören viel über Fragen der Herrschaftslegitimität und -usurpation; über die politische Notwendigkeit zu handeln und die so-und-so motivierte private Entscheidung, es nicht zu tun; über Hofintrigen und Systeme zur Bespitzelung auch intimster Bereiche; sie hören Poesie und sie folgen analytischem Denken, in denen beiden man sich vielleicht verlieren könnte.

Sie hören aber auch Sätze wie diesen, der nebenbei fällt:

> Das Zeitalter wird so spitzfindig, daß der Bauer dem Hofmann auf die Fersen tritt.[3]

Das müßte wörtlich übersetzt etwa heißen, daß die Zeiten so anspruchsvoll werden, daß jetzt schon die Stiefelspitze des Bauern den Hacken des Höflings bedrohlich nah kommt, was wiederum heißen soll, wie in einem Kommentar zu lesen, »daß der soziale Unterschied zwischen Höflingen und Bauern sich bedenklich verringert habe«[4], eine Feststellung, die, da sie historisch stimmt, die Sitzenden auf ihren Rängen sicher nicht bequemer sitzen ließ.

Mag diese inhaltsbezogene Trennung des Publikums in zwei Hälften auch reichlich hypothetisch sein – denn warum sollten sich die Gründlinge nicht für Fragen der Herrschaftslegitimation und die auf den Rängen nicht für den blutigen Krimi interessieren? – so kann doch, fassen wir die Trennung allgemeiner, kein Zweifel darüber bestehen, daß die Erwartungen der Rezipienten, aufgrund der Unterschiede ihrer Interessen und ihrer Bildung, in die verschiedensten Richtungen gingen und daß der Autor diese Erwartungen zu erfüllen bestrebt war, zumal ein Autor wie Shakespeare, der an der Theaterkompagnie, die seine Stücke spielte, auch finanziell beteiligt war.

Der Hamlet – ein Gebrauchsstück; und ein Theatererfolg bei einem sehr gemischten Publikum: das steht denn doch in denkbar scharfem Gegensatz zu dem, was im Laufe der europäischen Geistesgeschichte aus ihm wurde. Stück und Figur wurden immer weiter aus ihrem historischen Zusammenhang herausgelöst und nicht nur an der jeweils herrschenden Ästhetik gemessen, sondern auch umgekehrt, aus aktualisierendem Interesse, als programmatisch für ästhetische – oder auch politische – Tendenzen der Zeit gesetzt, bis sich schließlich im 19. Jahrhundert die Figur Hamlet vom Stück *Hamlet* so weit getrennt und zu einer charakterologischen Grunddisposition entwickelt hatte, daß vom hamletischen Menschen im positiven oder negativen Sinn die Rede sein konnte, so wie man vom faustischen Menschen sprach.

Die Behauptung ist kaum übertrieben, daß sich am Beispiel der deutschen Hamlet-Rezeption von etwa 1750 bis 1900 die deutsche Geistesgeschichte in allen ihren Stadien beschreiben ließe. Ein paar Beispiele: Kronzeuge für ein falsches Hamlet-Verständnis war für die Deutschen immer wieder Voltaire, der große Aufklärer, der für die Aufnahme englischer Literatur, und speziell Shakespeares, in Frankreich im 18. Jahrhundert mehr getan hat als jeder andere. Dennoch war für seinen, an den strengen Regeln der französischen Klassik geschulten Geist, Shakespeare ein regelloser Autor, ohne Geschmack und Kunstverstand, der wahllos Komisches und Tragisches vermengte, dessen Helden obszöne oder allzu umgangssprachlich realistische Reden führten, wo den Helden in ihrem Bildungsauftrag doch allein erlesen, stilisiert und keusch sich auszudrücken angemessen war. Vom Hamlet heißt es:

… man könnte annehmen, es handle sich um das Werk eines betrunkenen Wilden. Aber unter all diesen vulgären Unregelmäßigkeiten, die das englische Drama bis zum heutigen Tage so absurd und barbarisch machen, findet man im Hamlet-Drama – um das Phantastische noch phantastischer zu machen – einige erhabene Stellen, die einem der größten Genies Ehre antäten. Es scheint, als hätte die Natur im Gehirn Shakespeares die höchstmögliche Stärke und Größe mit all dem vermengt, was geistlose Vulgarität auf ihrer niedrigsten und widrigsten Stufe hervorbringen kann.[5]

Und an anderer Stelle:

Es ist gewagt, aber wahr, wenn ich sage, daß das Verdienst dieses Schriftstellers das Verderben des englischen Theaters gewesen ist.[6]

In Deutschland traf ein solches Urteil vor allem auf den Widerspruch Lessings, der dabei war, das auch hier vorherrschende französisch-klassizistische Theater zu entthronen und im Rückgriff auf die Engländer, besonders Shakespeares, ein bürgerliches deutsches Nationaltheater theoretisch zu ermöglichen und praktisch aufzubauen. Von dogmatischen Regeln konnte dabei die Rede nicht mehr sein, sondern von natürlichen Abbildungen des menschlichen Lebens, und zwar in einer bestimmten Gesellschaft. Aber die entscheidende, spektakuläre Wendung zu Shakespeare und besonders zu Hamlet, geradezu seine Anverwandlung, kommt erst mit Herder und den Stürmern und Drängern:

Dolmetscher der Natur in all ihren Zungen ... lauter einzelne im Sturm der Zeiten wehende Blätter aus dem Buch der Begebenheiten der Vorsehung der Welt.[7]

Deutschland geriet in ein Hamlet-Fieber, das das gerade abklingende Werther-Fieber ablöste. Rückblickend schreibt Goethe in *Dichtung und Wahrheit*:

Hamlet und seine Monologe blieben Gespenster, die durch alle jungen Gemüter ihren Spuk trieben. Die Hauptstellen wußte ein jeder auswendig und rezitierte sie gern, und jedermann glaubte, er dürfe ebenso melancholisch sein als der Prinz von Dänemark, ob er gleich keinen Geist gesehen und keinen königlichen Vater zu rächen hatte.[8]

Goethe entfaltet im *Wilhelm Meister* eine folgenreiche Hamlet-Deutung, die lange das deutsche Hamlet-Bild bestimmte:

Eine große Tat auf eine Seele gelegt, die der Tat nicht gewachsen ist [...] Hier wird ein Eichbaum in ein köstliches Gefäß gepflanzt, das nur liebliche Blumen in seinen Schoß hätte aufnehmen sollen; die Wurzeln dehnen sich aus, das Gefäß wird zernichtet.[9]

Hamlet wird umgedeutet in ein Opfer seiner eigenen Natur, die eben zum Handeln nicht gemacht sei, er ist ein Träumer und Denker, den sein Schicksal aus der Verantwortung für sein tatenloses Zusehen entlassen hat. Diese Sicht hat nun allerdings mehr mit der Person Goethes zu tun als mit der Figur Hamlet, mehr mit der Rolle der deutschen Intellektuellen am Ende des 18. Jahrhunderts und den Rechtfertigungsversuchen ihres gebrochenen Verhältnisses zur Politik als mit dem in politischen Dingen nicht gerade unbewanderten oder gar uninteressierten Hamlet.

Die anschließende deutsche Romantik, für die Hamlet einen der Hauptbezugspunkte darstellte, sah ihn noch extremer: als den geistigen Menschen schlechthin, zerrissen, hilflos und orientierungslos in einer entfremdeten Welt, resigniert vor dem unlösbaren Konflikt zwischen Denken und Handeln. Genau in diese Blase weltschmerzlerischer Tatenlosigkeit sticht dann eine Generation später der liberale Schriftsteller Ludwig Börne, am Vorabend der Pariser Julirevolution von 1830. Die Interpretation Goethes und der Romantiker stellt er nicht in Frage, aber bewertet sie umgekehrt. Hamlets Haltung ist die des deutschen Intellektuellen,

> von großen Worten, die ihn lächerlich, von kleinen Handlungen, die ihn verächtlich machen.[10]

Wo er handeln müßte, flüchtet er sich in Philosophie, ja, er ist ein Opfer der deutschen Philosophie, die er in Wittenberg studiert hat.

Wie ein Fichtianer denkt er an nichts, als ich bin ich, und tut nichts, als sein Ich setzen.

Darin ist auch der Grund zu suchen, warum gerade die Deutschen sich so gerne mit Hamlet identifizieren: sie rechtfertigen mit ihrem angemaßten intellektuellen Sonderstatus, daß sie die notwendigen Revolutionen zwar bereden, aber nichts dazu tun, sie zu verwirklichen. »Deutschland ist Hamlet«, heißt es dann 1844, kurz vor der vergeblichen deutschen Revolution bei Ferdinand Freiligrath, und der liberale Historiker Gervinus sieht in seiner Hamlet-Vorlesung von 1849 in Hamlet geradezu das Symbol der gescheiterten Revolution.

Wir blicken in den Spiegel unserer Gegenwart, als ob dies Werk in diesen Tagen erst geschrieben wäre […] Das Bild, das wir Deutsche in diesem Spiegel vor uns sehen, ist zum Erschrecken ähnlich.[11]

Es würde hier zu weit führen, die Schicksale Hamlets auf deutschem Boden länger zu verfolgen. Die Mythisierungen, die so wenig mit Shakespeare und so viel mit Deutschland zu tun hatten, gingen weiter. Die wichtigste Neufassung des Hamlet-Problems, die nun zwar nichts mehr mit Deutschland, aber auch wenig mit Shakespeare zu tun hatte, sondern mit Psychoanalyse, nämlich die, die Freud in einer Fußnote zur *Traumdeutung* entwickelte, wird uns später noch beschäftigen.

Nun ist bekanntlich jede Interpretation bedingt durch die Denkvoraussetzungen und Widersprüche ihrer Zeit und ihrer Gesellschaft. Für die Hamlet-Interpretation gilt das in besonderem Maße. Denn der Hamlet, diese – wie man gesagt hat – Mona Lisa der Literatur (T. S. Eliot), ist seiner Struktur nach so vieldeutig und sogar widersprüchlich, daß jede Epoche ihn auf sich bezogen und das auch aus dem Text begründet hat. So hat sich die an biographischen und psychopathologischen Fragestellungen orientierte Forschung der Jahrhundertwende vor allem mit den individuellen Charakterproblemen Hamlets – und von da verallgemeinernd: Shakespeares – befaßt, während z. B. heute vor allem soziale Prozesse im Vordergrund stehen und das Drama als Ausdruck gesellschaftlicher Widersprüche interpretiert wird. Versuchen wir aber zunächst, uns dem Stück von seinen eigenen Voraussetzungen her zu nähern, dem Material.

Der Stoff geht zurück auf eine nordische Sage, die sich in der *Historia Danica* des Saxo Grammaticus gegen Ende des 12. Jahrhunderts findet. Dem Dänenprinzen Amlethus hat der Onkel den Vater erschlagen, in aller Öffentlichkeit, bei einem Gastmahl. Die Höflinge decken den Mord, der Onkel macht sich zum König und heiratet die Mutter des Amlethus, Gerutha. Der Prinz muß befürchten, als potentieller Rächer vom Onkel ebenfalls umgebracht zu werden, und legt deshalb, wie es heißt, ›den Schein eines lächerlichen Wahnsinns‹ an. Der König mißtraut diesem Wahnsinn, da er sich zwar in unsinnigen Sätzen äußert, hinter denen er aber, und mit Recht, einen beziehungsreichen Sinn vermutet: er schickt darum dem Neffen ein Mädchen als Lockvogel, um seine Reaktionen zu beobachten; er arrangiert eine Unterredung mit der Mutter, die er belauschen läßt, bei welcher Gelegenheit der Lauscher von Amelethus entdeckt, erstochen, zerstückelt und den Schweinen vorgeworfen wird; er schickt ihn schließlich mit zwei Höflingen und dem Brief mit dem Ermordungsauftrag nach England; Amlethus ändert den Auftrag, wird Schwiegersohn des englischen Königs, kehrt nach einem Jahr als Rächer heim, vernichtet den Onkel samt Hofstaat und wird selber König. Bei Saxo heißt es:

So handelte Amlethus als Mann der Tat, ewigen Ruhmes wert. Klugerweise Dummheit erkünstelnd, verbarg er eine fast übermenschliche Weisheit hinter bewunderungswürdiger Erdichtung scheinbaren Blödsinns. Durch Geistesgegenwart erwarb er nicht allein sich selbst Heil, sondern wurde durch sie auch dazu geführt, daß er volle Rache nehmen konnte für seinen Vater.[12]

Man sieht also, daß die wichtigsten Handlungselemente sich bei Saxo finden, dort allerdings anders und unwidersprüchlich bewertet werden und in einen anderen Schluß münden. Eine, dem Zeitgeschmack folgend, das Grausige noch überzeichnende Bearbeitung dieser Sage lag in den *Histoires Tragiques* des François de Belleforest vor. Hier kommt als neues Motiv der Ehebruch vor dem Brudermord hinzu, und der Stoff ist so geschickt aufbereitet, auch z. T. bereits psychologisch motiviert im Hinblick auf das Verhältnis Hamlets zu seiner Mutter, daß er sich für eine Dramatisierung geradezu anbot. Spätestens 1589 muß es dann auch ein *Hamlet*-Stück gegeben haben, den verlorengegangenen und von der Forschung sogenannten *Ur-Hamlet*, den vermutlich Thomas Kyd, ein Freund Marlowes, verfaßt hat. Wie er etwa ausgesehen hat, läßt sich aus einem wohl auf ihn zurückgehenden, deutsch überlieferten Stück schließen, *Der bestrafte Brudermord*, der von englischen Komödianten im 17. Jahrhundert in Deutschland gespielt wurde. Dieser *Ur-Hamlet* muß eine Rachetragödie im Stil der modischen Seneca-Nachfolge gewesen sein, wie sie sich von Kyd und Marlowe u. a. erhalten haben. Stofflich appellierte die Rachetragödie an ein sensationslüsternes Publikum, das an gehäuften Greueln und Grausamkeiten sein Gefallen fand. Stereotypisch wird eine raffinierte, sorgfältig vorbereitete, nervenkitzelnde Rache in Szene gesetzt, die mit dramaturgischen Kniffen wie action und suspense, rascher Handlung und Spannungsstau, arbeitet. Ein Schauerkabinett von

Todesarten wird vorgeführt, wobei der Giftmord nach italienischem Vorbild in aberwitzigster Gestalt die prominenteste Stelle einnimmt. Noch im *Hamlet* gibt es das vergiftete Rapier und den Giftbecher. Zum Muster gehören auch die aus der Antike geläufigen Geistererscheinungen, sowie der Wahnsinn des rasenden Rächers oder der in die Rache Verstrickten. Alle diese Elemente, die wir ja im *Hamlet* wiederfinden, gehören zur Konvention der Rachetragödie; dabei handelt es sich zumeist, wie gesagt, um Übernahmen aus der Antike oder aus Italien, die im Zusammenhang der europäischen Renaissance und des Humanismus auf den verschiedensten Niveauebenen rezipiert wurden.

Wichtig ist aber nun, daß diese aufgegriffenen Elemente auf eine sehr lebendige Volkstheatertradition trafen, mit der sie sich in der Praxis zunächst grob vermischten und aus deren wechselseitiger Integration allmählich das entstand, was elisabethanisches Theater heißt. Vor allem das Komische und Burleske, das Derbe und Obszöne, das Unbotmäßige und Zerstörerische gehen auf diese Tradition zurück, also äußerlich betrachtet die Narren und Clowns, häufig auch die Figuren aus niederen Schichten, wie Soldaten, Bauern, Handwerker. Aber traditionell Komisches und traditionell Ernstes durchdringen sich eben in einer Weise, daß es bald nicht mehr immer klar ist, wie sie auseinandergehalten werden sollen.

So tritt vor allem, um nur ein Beispiel zu nennen, das dem volksmäßig Komischen zugehörige Wortspiel in den ernsthaften Bereich ein. Die Figur des Hamlet ist hier der wichtigste Beleg. Das bedeutet aber nicht bloß, daß das Wortspiel auf einmal salonfähig wird, sondern es bedeutet, daß es in eine andere Dimension eintritt, daß es nicht mehr deckungsgleich ist mit Witz und Gelächter, sondern neue, und zuweilen bodenlose, Sinnbezüge freisetzt. Umgekehrt bekommt der traditionelle Spaßmacher Züge des Weisen, eines über der Handlung Stehenden und sie Kommentierenden, der von Königen in anderer Weise ernstgenommen wird als die politisch-pragmatischen Ratgeber.

Eine der stehenden Figuren der Volkstheatertradition war das Vice, zu deutsch wörtlich das Laster, eine Narrenfigur, deren Funktion es war, die Mitspieler vor allem zu desorientieren – durch Impertinenzen, durch ein Nicht-zur-Sache-Sprechen, durch rätselhafte Repliken, Wortspiele, Verdrehungen – mit dem Hintergedanken aggressiver Kritik und Parodie der ihrem Status nach prominenten Figuren. Robert Weimann hat gezeigt, daß Hamlet in einer Schicht als Abkömmling dieser Vice-Figur gesehen werden muß[13]: zu ihr gehört seine »antic disposition«, welche bei Schlegel »wunderliches Wesen« heißt, bei anderen als »bizarrer Anschein« (Rapp) oder »fratzenhaftes Wesen« (Flatter) übersetzt wurde; zu ihr gehört seine Verrücktheit, gehören seine obszönen Reden, die als anstößig und unpassend im Rahmen der Tragödie empfunden worden sein dürften; und zur Vice-Figur gehört auch das verwahrloste Äußere, von dem Ophelia einmal berichtet:

Prinz Hamlet – mit ganz aufgerißnem Wams,
Kein Hut auf seinem Kopf, die Strümpfe schmutzig
Und losgebunden auf den Knöcheln hängend ...[14]

Wie man sieht, finden sich alle diese Züge aber bereits in den Quellen bei Saxo und Belleforest, woraus man schließen darf, daß der alte Stoff unter anderem darum aufgegriffen werden konnte, weil er sich in sehr lebendige, publikumsnahe Formen integrieren ließ, so daß die Wahl des Stoffes durch Shakespeare und seinen Vorgänger, zunächst zumindest, durch bühnenpraktische Erwägungen bedingt war und nicht durch metaphysische oder »allgemein-menschliche«.

Noch etwas drittes war, neben der Quelle und neben der Vice-Figur, an der Formierung der Hamlet-Gestalt beteiligt:

die Konvention des Melancholikers. Hierzu ein kleiner Exkurs: Nach Ansicht der antiken und mittelalterlichen Medizin fließen im menschlichen Körper vier Säfte – Blut, Phlegma, gelbe und schwarze Galle –, die beim gesunden Menschen in harmonischem Mischungsverhältnis stehen. Bei Überproduktion eines der Säfte ergibt sich das Erscheinungsbild oder Temperament des Sanguinikers, des Phlegmatikers, des Cholerikers oder schließlich, bei Überschuß an schwarzer Galle, des Melancholikers. Diese vier Typen nahmen sich seit dem Mittelalter die Satiriker zur Zielscheibe ihres Spottes, um an ihnen die Torheiten des Menschen zu geißeln. Auch der Melancholiker war also eine komische Type, der Lächerlichkeit preisgegeben, und hatte in seinen überlieferten Äußerungsformen nichts zu tun mit dem, was wir heute unter einem Melancholiker verstehen. Noch in den Sittenkomödien des elisabethanischen Theaters, am ausgefeiltesten bei Ben Jonson, findet sich der Typus, der hier allerdings nicht bloß eine literarische Konvention freisetzt, sondern seine Entsprechung in der Alltagswirklichkeit zumindest des Hofes gehabt zu haben scheint: Er ist eine modisch-affektierte Höflingsfigur, die sich mit Schwermut drapiert, um sich interessant zu machen. Geistesabwesenheit, Verstörtheit, Unberechenbarkeit gehören zu seinem Erscheinungsbild, das sich in einer prosperierenden Zeit als Produkt des Gelangweiltseins, des Überdrusses, herausgebildet hat, wie man annimmt. Eine Art Dandy. Aber der Typus bekommt in England um 1600 durchaus ernsthafte Züge und ernsthafte Bewertung[15], wird zum Melancholiker in unserem Sinne, was die Zeitgenossen zwar immer noch in den physiologischen Bedingungen der alten Säftelehre begründen wollten, was aus heutiger Sicht jedoch eher im Zusammenhang der wirtschaftlichen Depression, und allgemein, der politischen Legitimitätskrise zu sehen wäre, von denen noch zu reden sein wird. Von nun an jedenfalls gibt es die Ausgeflippten und Orientierungslosen, die sich in Gestus und Habitus mit dem konventionellen Melancholiker verbinden. Durch den Melancholiker-Typus ist es nun aber erst möglich, das absurde Gebaren Hamlets charakterologisch zu fundieren. Und damit ist etwas sehr Wichtiges gewonnen: Hamlets Wahnsinn ist nämlich jetzt nicht mehr auf eine Maske oder eine Volksbühnenstereotypie reduzierbar, sondern bewegt sich in der Dunkelzone, wo angelegter und echter Wahnsinn ununterscheidbar werden.

Durch die Rekonstruktion der dreifachen Wurzel Hamlets wird der Figur viel von ihrem denkerischen Nimbus, ihrem Ewigkeitswert, ihrem Modellcharakter genommen – nichts aber von ihrer Größe, ihrer Individualität. Sie wird nur demythisiert, wenn man will entdämonisiert. Sieht es aber jetzt nicht so aus, als würde die Figur zerfasert in konventionell ohnehin vorhandene Elemente und als verschwände dahinter der Anteil des gewissermaßen bloß redigierenden Autors? Nun, es ging nur darum, die Figur in ihren historischen Kontext zurückzuholen. An der Differenz zwischen historischer Vorgabe und dem, was Shakespeare daraus machte, muß sich das Spezifische dieses Dramas zeigen. Aber ohne den gesamten zeitgenössischen Hintergrund ist auch das Stück als ganzes kaum adäquat zu verstehen. Was hier verhandelt wird, ist nämlich nicht eine altdänische Sage, sondern elisabethanische Wirklichkeit. Als der Hamlet entstand, am Ende der Regierungszeit Elisabeths, stand das junge Bürgertum in seiner ersten schweren Krise. Auf die Phase großer kaufmännischer Expansionseuphorie, gesellschaftlicher Umstrukturierung, Koalierung von Krone und Bürgertum gegen den alten Feudaladel, der Entdeckung des Individuums und seiner Eigenverantwortung im Unterschied zur alten festen Plazierung des einzelnen in einem hierarchisch gegliederten Sozialgefüge, der Entstehung anderer – vor allem moralischer, nicht mehr dogmatisch-theologischer – Bewertungskriterien für Denken und

Handeln, auf diese Phase folgte eine Phase großer Ernüchterung, nachdem sich die ersten Schwierigkeiten und Widersprüche der neuen gesellschaftlichen Prozesse zeigten. Äußerlich zeigte sich die Krise in einer anhaltenden wirtschaftlichen Flaute, ausgelöst vor allem durch Schließung der europäischen Märkte, in damit verbundener Arbeitslosigkeit, in Geldentwertung und Preisexplosion, und dies vor dem Hintergrund ständiger Kriegsangst, da unter anderem die Thronfolge der kinderlosen Elisabeth nicht gesichert war und der präsumptive Erbe Jakob Stuart die Gefahr einer katholischen Reaktion implizierte, dies vor dem Hintergrund ständiger Bedrohung durch den Staatsstreich von innen, wobei der eingangs erwähnte Aufstand des Grafen Essex nur ein Beispiel ist.

Diese Hintergrunderscheinungen sind die Begründung für ein Bespitzelungssystem, das in jenen Jahren entwickelt wurde und sich z. B. dadurch rechtfertigte, daß vermeintliche oder auch nachweisbare katholische Spione den Hof infiltriert und das Volk unterminiert hatten. Die häufige Schließung der Theater – offiziellerseits begründet mit der Pest oder der Sittenverderbnis – ist sicher auch von hierher zu verstehen. Die Theater stellten ja durchaus ein Sicherheitsrisiko dar, sowohl wegen des von der Bühne herab Vermittelten – am Vorabend des geplanten Essex-Aufstandes gegen die Krone wurde auf Bestellung Shakespeares *Richard II.* gegeben, ein Stück, das von der Absetzung eines Königs handelt –, als auch weil sie berüchtigt waren als Versammlungsstätten für arbeitslose Gesellen – man spielte ja nachmittags –, die sich anderswo nicht versammeln durften und hier womöglich ihre Ideen bezogen. Das Riskante einer Theateraufführung spiegelt sich noch in der besorgten Frage des Königs Claudius beim Spiel der Komödianten im *Hamlet*, ob auch keine Provokation darin sei. Hamlets Antwort impliziert in ihrer Doppelbödigkeit fast drohend den Sinn des Theaters:

Nein, nein; sie spaßen nur, vergiften im Spaß, keine Provokation in der Welt.[16]

Denn daß hier nicht gespaßt wird, wenn auch gespielt, daß Theater hier eine Erkenntnisfunktion hat und direkt handlungsorientierend eingesetzt ist, das weiß längst jeder Zuschauer.

Den potentiellen Gegner auszuforschen scheint aufgrund solcher Erfahrungen den Herrschenden legitim. Für die Theater gab es den Zensor, dessen Befugnisse ein paar Jahre nach dem Hamlet, 1606, erheblich erweitert wurden, aber Bespitzelung überhaupt scheint tatsächlich alltägliche Praxis gewesen zu sein. Über den 1593 unter nie recht geklärten Umständen erstochenen Dramatiker Marlowe haben sich z. B. Polizeiberichte erhalten, in denen seine in Kneipen geführten Gespräche protokolliert sind. Auch hier konnte also Shakespeare Motive der Quellen anschließen an Erfahrungen der eigenen Zeit. Denn in einer seiner vielen Schichten ist der *Hamlet* ja tatsächlich ein Stück über Bespitzelung und Denunziation, die in verschiedenen Äußerungsformen thematisiert werden. Claudius bespitzelt Hamlet, um zu erfahren, wieviel er von dem Verbrechen weiß und was er vorhat. Er läßt seinen Kanzler Polonius für sich spionieren, und es ist wichtig, daß wir nie erfahren, ob er in die wahren Gründe für die Bespitzelung eingeweiht ist: das heißt nämlich, er fragt nicht – er funktioniert, er ist ein Werkzeug in den Händen der Macht, um so gefährlicher, als er ein Fachmann ist. Die Staatshörigkeit geht bei ihm so weit, daß er seine Tochter Ophelia, die von Hamlet allem Anschein nach geliebt wird und die ihn wohl wieder liebt, als agent provocateur einsetzt, um sein Verhalten auf politische Gefährlichkeit zu überprüfen, wohlverstanden in einer Situation, von der Polonius sich herzhafte Intimitäten erwartet. Und im Schlafzimmer der Königin versteckt er sich auch, um zu schnüffeln:

Mein Fürst, er geht in seiner Mutter Zimmer,
Ich will mich hinter die Tapete stellen,
Den Hergang anzuhören; seid gewiß,
Sie schilt ihn tüchtig aus, und wie Ihr sagtet,
Und weislich war's gesagt, es schickt sich wohl,
Daß noch ein andrer Zeug als eine Mutter,
Die von Natur parteiisch, ihr Gespräch
Im stillen anhört. Lebet wohl, mein Fürst,
Eh' Ihr zu Bett geht, sprech ich vor bei Euch
Und meld Euch, was ich weiß.[17]

Dieser Plan des Polonius führt den Bühnenvorgang selber höchst plastisch vor Augen. Man sieht, welche ungeheuren Spielmöglichkeiten in der Bespitzelungsthematik liegen, weshalb sie überhaupt erst für einen Dramatiker interessant wird: das Lauschen hinter Tapeten, das Lauern an Türen, die Schlüssellochperspektive. So ergibt sich die szenische Möglichkeit eines Spiels auf zwei Ebenen: Spiel und Beobachtung des Spiels. Für den Zuschauer erhöht sich dadurch die Spannung beträchtlich, weil aus der jeden Moment erwartbaren Entdeckung des Lauschers nicht abzusehende Komplikationen und Überraschungen zu gewärtigen sind, und weil der Zuschauer nie weiß, wie weit der Belauschte die Lage durchschaut und seine Sätze danach richtet, wie weit belauscht zu werden so sehr zum Erwartungsbereich der Figuren gehört, daß sie nur noch verstellt sich äußern können, immer auf dem Quivive agieren wie Boxer, auch wenn kein Lauscher sichtbar auf der Bühne steht. Im Fall des Polonius ist politisch begründete Spionage als Voyeurismus inszeniert, wodurch persönliche Motivationen der Figur unmittelbar ins Spiel kommen.

Bespitzelung des Intimen gehört zum System totaler Kontrolle. Dazu braucht man Vertrauensleute, denen der Bespitzelte sich aller Wahrscheinlichkeit nach offenbart. So setzt der König neben dem Fachmann auch nicht einfach weitere Hofleute auf Hamlet an, sondern zwei enge Jugendfreunde, Rosencrantz und Guildenstern. Auch sie werden nicht in die Absichten des Königs eingeweiht, denn sie erfahren nur, der Prinz sei gemütskrank, und sie sollten im Umgang mit ihm herausfinden,

Ob irgendwas, uns unbekannt, ihn drückt,
Das, offenbart, zu heilen wir vermöchten.[18]

Hamlet hatte gefunden, es sei etwas faul im Staate Dänemark, und die Fäulnis geht so weit, daß bereits die menschlichen Beziehungen von ihr zerfressen worden sind. So begnügen sich denn auch Rosencrantz und Guildenstern nicht mit dem an sich schon perfiden Auftrag, denn sie erraten offenbar die wahre Intention des Königs, und um sich der Herrschaft dienstbar zu erzeigen, spionieren sie auf eigene Faust, gezielt auf Hamlets unterstellte Umsturzpläne. Fortan gibt es keine Tür mehr, hinter der sie nicht lauern.

Hamlets Gegenspionage ist nun nicht etwa bloß Reaktion auf die Unternehmungen des Königs, vielmehr stellt er sich von allem Anfang an auf sie ein. Noch bevor er vom Geist erfährt, daß der alte König ermordet wurde, weiß er, daß irgendetwas nicht stimmt. Wieso die hastige Wiederverheiratung seiner Mutter –

Das Gebackne
Vom Leichenschmaus gab kalte Hochzeitsschüsseln –,[19]

wieso hat sich in seiner Abwesenheit in Wittenberg der Onkel zum König gemacht, wo ihm als dem Sohn die Thronfolge zustünde, und schließlich, warum die sonderbare Zurücksetzung in der großen Ratsszene im 1. Akt?

Die letzte ist für den Zuschauer die erste Begegnung zwischen Claudius und Hamlet, und es muß auffallen, daß der König erst ein Regierungsgeschäft abwickelt, sich dann an den Sohn des Polonius, Laertes, wendet, bevor er das Wort an Hamlet richtet. Dies wird vom Zuschauer, ob er sich dessen bewußt ist oder nicht, als dramaturgisches Signal dafür gewertet werden, daß etwas am Verhältnis der beiden zueinander nicht stimmt. Die schnippischen und zugleich halb rätselhaften Repliken Hamlets bestätigen diesen Eindruck und sie belegen ferner, daß Hamlet von Anfang an auf der Hut ist. Er weiß – oder lernt sehr schnell, wie seine erste Begegnung mit Rosencrantz und Guildenstern zeigt –, daß jeder um ihn herum ein potentieller Spion ist. Sein angelegter Wahnsinn ist eine Form der Gegenspionage, seine provozierenden Wortspiele sind eine andere, sein Experimentiertheater ist eine dritte. Man könnte nun vermuten, das System der Spionage sei ausschließlich bedingt durch den Handlungskern der Mordaufklärung. Daß das nicht stimmt, daß vielmehr Bespitzelung generell zu einem zentralen Thema des Stücks ausgearbeitet worden ist, zeigt eine Passage, die mit der Handlung gar nichts zu tun hat: Polonius gibt seinem Sohn Laertes nach Paris zum Studieren heimlich einen Begleiter mit – man denke: seinem Sohn –, der ihn beobachten und über ihn rapportieren soll. Hier werden – es ist die 1. Szene des 2. Akts – in rund 70 Versen alle Spielregeln der Bespitzelung aufgezählt, vom sich Einschleichen in anderer Leute Vertrauen bis zur denunziatorischen Provokation. Wenn Hamlet also einmal sagt, Dänemark sei ein Gefängnis, so bedeutet das nach heutiger Terminologie auch, daß es ein Polizeistaat ist. Vor diesem Hintergrund klingt Hamlets Satz wie Hohn:

> Die Zeit ist aus den Fugen: Schmach und Gram,
> Daß ich zur Welt, sie einzurichten, kam![20]

Um so höher zielt die Intention der Shakespeareschen Figur, es dennoch zu versuchen: der Widerstand eines einzelnen in aussichtsloser Sache. Wenn der Ausdruck Held Sinn hat, dann hier.[21]

Dennoch ist die Bespitzelung natürlich nur ein Aspekt, obwohl sie zu einem zentralen Thema des Stücks und zu einem dramaturgischen Kunstgriff ersten Ranges ausgearbeitet worden ist. Wichtig ist dabei aber wohl auch, daß sie in den verschiedensten Konstellationen, gleichsam probeweise, durchgespielt wird. Wenn wir von hier aus das Stück befragen, stellen wir nämlich fest, daß es mehrere Themenbereiche gibt, die in verschiedener Beleuchtung, probeweise, entfaltet werden. Da ist z. B. die Thematik der Söhne, die ihren Vater auf gewaltsame Weise verloren haben und an denen durchgespielt wird, welche unterschiedlichen Reaktionsweisen denkbar sind: Hamlet versucht zu taktieren; Laertes reagiert rasch und emotional, er probt den Aufstand; der Norweger Fortinbras schließlich ist Realpolitiker: sein Fernziel ist die dänische Krone, aber Dänemark ist mächtig, also läßt er sich auf Verhandlungen ein; um sein großes Heer wehrtüchtig zu halten, unternimmt er den seinen Zielen nach lächerlichen Raubzug auf ein von Polen beanspruchtes Stück Land; und am Schluß kommt er wie zufällig vorbei, um sich die Dänenkrone aufzusetzen.

Gut, man kann sagen, Shakespeare brauchte einen Schluß, und es entsprach der Bühnenkonvention, nach Rebellion und Königsmord am Ende durch einen neuen König die Ordnung wieder herzustellen. Gleichzeitig muß der Handlungsstrang Fortinbras' aber auch im Rahmen der geschilderten Thematik gesehen werden. Dann sieht man, daß er die Reaktionsweisen Hamlets und Laertes' kritisch kommentiert, indem z. B. gezeigt wird, daß pragmatisches Machtbewußtsein, in der Verfügung über beträchtliches Menschenmaterial, sein Ziel erreicht und daß dagegen heldischer Individualismus historisch überhaupt keine Chance mehr hat – umgekehrt proportional zur ideologischen Entdeckung des Individuums in dieser Zeit.

Die Thematik der vaterlosen Söhne, die in je anderer Versuchsanordnung durchgespielt wird, läßt sich um zwei

Themenbereiche erweitern, die sich mit dem ersten überschneiden, Wahnsinn und Usurpation. Durchs Thema der Usurpation ist Claudius mit den drei Söhnen verbunden, durchs Thema des Wahnsinns Hamlet mit Ophelia. Von Claudius wird eine Form der Usurpation berichtet – sie liegt dem Drama zeitlich voraus und wird durch die Schilderung des Geistes ins Stück eingebracht –, die sich von den geplanten Formen der drei Söhne gänzlich unterscheidet. Er hat weder einen Rechtsanspruch wie Hamlet oder Fortinbras, noch handelt er emotional begründet wie Laertes. Sein Motiv ist, so scheint es, egoistischer Wille zur Macht, und er setzt ihn gewissenlos und kalkuliert durch. Vergleicht man die vier Haltungen zur Usurpation, so merkt man, daß Shakespeare sehr genau differenziert: die Möglichkeit des Königsmords wird durchaus nicht verworfen, aber scharf abgegrenzt gegen privat motiviertes Machtstreben. – Als anderer thematischer Anschluß an den Vaterverlust war Ophelias Wahnsinn genannt, als eine denkbare Reaktion, eine, die ganz nach innen geht. Wird Ophelia dadurch auch von Hamlet deutlich unterschieden, so ist sie ihm auf einer anderen Ebene darin auch wieder vergleichbar, denn Hamlets angelegter Wahnsinn schlägt unter dem Druck der Ereignisse immer wieder um in einen echten.

Fassen wir zusammen: die Themen, die wir aus dem Gesamtzusammenhang des Stückes herausgelöst haben – Bespitzelung, Vaterverlust, Usurpation, Wahnsinn –, werden in je anderer Versuchsanordnung formuliert und durchprobiert, das heißt Shakespeare scheint es nicht nur um die Darstellung individueller Charaktere gegangen zu sein, sondern zugleich um das Studium verschiedener denkbarer Reaktionsweisen auf gleiche Probleme. Dieses theoretische Interesse, das unbemerkt bleiben mag, weil es sich auf dem Theater ja nur am Einzelcharakter in Szene setzen kann, das aber zugleich durch andere Stücke aus derselben Schaffensperiode, etwa *Maß für Maß*, noch eindeutiger belegt ist, ist in doppelter Weise im historischen Kontext begründet: zum einen läßt es sich in Beziehung setzen zum neuen Denkstil der Zeit, dem experimentierenden, der uns am greifbarsten in der gleichzeitigen Umstrukturierung der Naturwissenschaft durch Galilei und Bacon entgegentritt. Auf diese Parallele hat Brecht immer wieder hingewiesen:

> Die Experimente des Globetheaters wie die des Galilei, der den Globus in besonderer Weise behandelte, entsprachen der Umbildung des Globus selber.[22]

Zum anderen ist das Interesse Ausdruck der tiefen Unsicherheit der Welterfahrung: die immer komplexer werdende Welt erlaubt es nicht mehr, nur noch in einer Weise, der theologisch-heilsgeschichtlichen, interpretiert zur werden. Aber eine verbindliche, von allgemeinem Konsens getragene Alternative gibt es nicht oder nicht mehr. Zwar scheinen Feudalismus und theozentrisches Weltbild ein für allemal tot und abgelöst durch Humanismus und Renaissance, doch befindet sich die neue Zeit in ihrer ersten größeren Legitimationskrise: die Widersprüche des Neuen treten in Erscheinung und stellen alles Erreichte in Frage; der Rückgriff auf das Alte, aus der Distanz bewährt erscheinende, liegt nahe. Im *Hamlet* sind Widersprüchlichkeiten und Ungleichzeitigkeit des Gleichzeitigen gestaltet. Und zwar als Problematik im Experimentieren mit Möglichkeiten wie als Darstellung der neuen, tagtäglichen Erfahrung.

Ein prägnantes Beispiel für die Ungleichzeitigkeit ist die Aufnahme, die die Erscheinung des Geistes im 1. Akt findet: die Wachsoldaten Marcellus und Barnardo vertreten die traditionelle, vorreformatorische Auffassung: Geister existieren; sie sind von Gott aus dem Fegefeuer geschickt, um irdische Gerechtigkeit zu regulieren, etwa um einen heimlichen Mord zu entdecken und eine Sühnung zu verlangen; Geister sind katholisch. Dagegen haben Horatio und Hamlet in Wittenberg, der Hochburg des Protestantismus, studiert. Für den Rationalisten Horatio ist das Problem kurz erledigt: er hat gelernt, daß es Geister nicht gibt. Für Hamlet ist das Problem schwieriger. Es fällt das berühmte Wort:

> Es gibt mehr Ding' im Himmel und auf Erden
> Als Eure Schulweisheit sich träumt, Horatio.[23]

Nicht daß Hamlet an Geister glaubt – aber ebensowenig glaubt er nicht an sie. Er ist skeptisch. Der Geist sagt Dinge, die seine trübsten Ahnungen bestätigen, zugleich dürfte es ihn aber an sich nicht geben, denn sein traditioneller Herkunftsort, das Fegefeuer, ist von der Reformation abgeschafft worden. Er käme also aus der Hölle, wäre somit ein böser Geist; dem aber widerspricht, daß er sehr plausible, berechtigte Ansprüche hat. Für Hamlet lassen sich diese Widersprüche nicht lösen, er ist bis zuletzt unsicher, was er von dem Geist zu halten hat.

So hypothetisch sich diese Unterscheidung der verschiedenen Einstellungen zur Geistererscheinung anhört, sie entspricht genau den drei historisch möglichen Erwartungshaltungen Geistern gegenüber im Publikum. So sieht sich das Publikum nicht einfach einer Interpretation des Autors gegenüber, sondern findet eigene Überzeugungen dargestellt und zugleich relativiert durch die ebenso begründete Existenz anderer möglicher. Größere politische Zusammenhänge aufreißend ist aber wohl einzig die widersprüchliche, die skeptische Einstellung Hamlets. Was der Geist nämlich von Hamlet fordert, Rache, ist ein Relikt aus der Feudalzeit. Diese Zeit, so schien es nach der ersten Szene, ist endgültig vorbei. Dort hatte Horatio die Vorgeschichte der Handlung berichtet: wie Hamlets Vater Hamlet den »alten Norweg« im Zweikampf besiegte und dieser Sieg Rechtsgültigkeit hatte:

[…] unser tapfrer Hamlet […]
[…] schlug diesen Fortinbras,
Der laut dem untersiegelten Vertrag,
Bekräftiget durch Recht und Rittersitte,
Mit seinem Leben alle Länderein,
So er besaß, verwirkte an den Sieger.[24]

Daß diese Form des Verkehrs zwischen Völkern der Vergangenheit angehört, zeigen andere Passagen in dieser Szene. Ein Wachsoldat fragt:

Warum wird Tag für Tag Geschütz gegossen,
Und in der Fremde Kriegsgerät gekauft?
Warum gepreßt für Werfte, wo das Volk,
Den Sonntag nicht vom sauren Werktag trennt?
Was gibt's, daß diese schweißbetriefte Eil'
Die Nacht dem Tage zur Gehilfin macht?[25]

Die Antwort heißt, daß Dänemark sich auf den erwarteten Rückeroberungskrieg Norwegens vorbereitet. Das heißt, und das ist ein Hauptindiz für den neuen Geist der Renaissance, daß Kriege nun nicht mehr als Ehrenhändel zwischen den Verantwortlichen abgemacht werden, sondern daß sie eine perfekte Kriegsmaschinerie zur Voraussetzung haben und den Einsatz und die mögliche Vernichtung ganzer Völker implizieren. Schärfer kann der Kontrast zwischen alter und neuer Zeit kaum gefaßt werden, und es verwundert nicht, daß viele Interpreten in Shakespeare den Anwalt der guten alten Zeit der Feudalordnung haben sehen wollen.

Bevor nun Hamlet dem Geist begegnet, erfährt er eine andere Lektion zur Praxis des neuen Denkens. In der großen Ratsszene des 1. Aktes, von der schon gesprochen wurde, hört er Claudius eine Gesandtschaft nach Norwegen abfertigen mit dem Ziel, den Konflikt auf dem Verhandlungsweg zu lösen. Auch diese diplomatische Aktivität hat nichts mehr zu tun mit dem feudalen Ehrenkodex. Zudem belegt die Doppelstrategie – Aufrüstung plus Diplomatie – den höheren Komplexitätsgrad vorgestellter Handlungsabläufe, die im Sinne des experimentierenden Renaissance-Denkens gleich in praktische Alternativen eingeplant und abgesichert werden. Hamlet und der Zuschauer werden also schon beim ersten Auftritt des Claudius mit einem fähigen Politiker, der im Geist der neuen Zeit zu handeln versteht, konfrontiert. Er wird somit aufgebaut als ein durchaus ernstzunehmender Gegenspieler Hamlets und eben nicht als simpler Schurke, mit dem kurzen Prozeß zu machen selbst ein Hamlet sich nicht gar so schwer tun dürfte.

Hamlet, wir erinnern uns, hatte in Wittenberg studiert. Nun kommt er nach Hause und erfährt, daß der neue Geist hier praktiziert wird. Freilich anders als er ihn gelernt hatte; er hatte theoretisiert und spekuliert, hatte von einer neuen Moral erfahren, die Gewissen und Eigenverantwortung des einzelnen ins Zentrum stellte entgegen den alten kirchlich-dogmatischen Vorentscheidungen, hatte von den schier unbegrenzt erscheinenden Möglichkeiten des Menschen gehört, nachdem er sich von seiner mittelalterlich-negativen Einstellung zum Leben, seiner irdischen Wertlosigkeit, emanzipiert hatte.

> Welch ein Meisterwerk ist der Mensch! wie edel durch Vernunft! wie unbegrenzt an Fähigkeiten! in Gestalt und Bewegung wie bedeutend und wunderwürdig! im Handeln wie ähnlich einem Engel! im Begreifen wie ähnlich einem Gott: die Zierde der Welt! das Vorbild der Lebendigen!
> Und doch ...[26]

Und doch – die Praxis dieser Theorie sieht ganz anders aus. Eine Form der unbegrenzten Fähigkeiten des Menschen ist die Usurpation, eine Form seines gottähnlichen Wissens, was heißen mag: seiner Allwissenheit, ist die Bespitzelung, eine Form der bindungslos gewordenen Moral ist der Mord, ist die Verkuppelung Ophelias, ist der Inzest, als welchen Hamlet die Heirat der Mutter mit ihrem Schwager begreift. Das heißt: wenn so die Praxis aussieht, ist dann nicht möglicherweise die Theorie falsch? Und umgekehrt: wenn die Theorie stimmt, hat man dann nicht auch die vielleicht krassen, zeitweilig sogar inhumanen Konsequenzen ihrer Praxis in Kauf zu nehmen? Aber bringt diese Praxis nicht auch wieder positiven Fortschritt, etwa diplomatische Kriegsverhütung statt roher Gewalt? Und wäre also, unter welchen moralischen Opfern auch immer, zu unterstützen? Das vielberedete Zögern Hamlets hat in diesem dialektischen Widerspruch zwischen Theorie und Praxis seine politische Begründung.[27]

Die Schwierigkeiten vergrößern sich, denn es kommt der Geist aus einer anderen Welt, einer Welt, die Hamlet theoretisch und die Claudius praktisch überwunden hat. Der Geist, wir hörten es, stellt Forderungen, die in dieser neuen Zeit eigentlich nicht mehr gestellt werden dürften. Daß Hamlet sie gleichwohl sehr ernst nimmt, kann nur heißen, daß sich ihm hier ein Ausweg aus der Sinnkrise, in die er in Dänemark geriet, anzubahnen scheint. Aber ist das ein Ausweg? Er impliziert doch einen historischen und denkerischen Rückschritt. Was heißt in dem Zusammenhang die Selbstaussage, er sei da, um die aus den Fugen geratene Welt wieder einzurichten, oder genauer: einzurenken? Es heißt doch eben auch, vor dem Hintergrund Feudalismus/Renaissance, historische Entwicklungsprozesse rückgängig zu machen, das angeblich gute Alte zu restaurieren. Das kann also, für Hamlet den Theoretiker, auch nicht der Ausweg sein, obwohl der Grund, weshalb Hamlet auch hier zögert statt diese Möglichkeit gleich auszuschließen, sicher darin zu suchen ist, daß der Geist ad personam argumentiert: er zielt auf Hamlets Sohnespflicht und verlagert damit den Konflikt aus der historisch-gesellschaftlichen in die private Dimension, in der sich die Problematik von Denken und Handeln wieder ganz anders stellt.

Wir kommen damit zum Verhältnis von Individuum und Gesellschaft. Hamlet, in dem wir den Repräsentanten widersprüchlicher gesellschaftlicher Bewegungen sahen, ist zugleich und für den bürgerlichen Zuschauer wohl zuvörderst, ein großes, ein unverwechselbares Individuum. Hamlet ist ein Sohn, ein Liebender, ein Freund. Er ist außergewöhnlich begabt und in der Ausbildung seines Denkens und Fühlens jedem anderen im Stück weit überlegen. Vor allem: er hat Phantasie. Das signalisieren schon die allerersten Sätze, die Hamlet zu sprechen hat, in Form von Wortspielen. Aufschlußreich ist besonders das knappe Rededuell zwischen Hamlet und dem König.

Claudius:
Doch nun, mein Vetter Hamlet und mein Sohn –
Hamlet (beiseite):
Mehr als befreundet, weniger als Freund.
Claudius:
Wie, hängen stets noch Wolken über Euch?
Hamlet:
Nicht doch, mein Fürst, ich habe zuviel Sonne.[28]

In diesen beiden Repliken stecken im Kern zentrale Techniken des elisabethanischen Theaters. Allgemein zunächst steht der Dialog mit einem Partner im Kontext der Illusionsbildung wirklicher handelnder und redender Personen. Zugleich aber tritt Hamlet durch seine erste, beiseite gesprochene Replik aus der Rolle heraus: er bricht die Illusion und verständigt sich, kommentierend, mit dem Publikum über sein Verhältnis zum König, das des Königs zu ihm. Die rätselhafte zweite Replik Hamlets ist gleichzeitig auf drei Ebenen rezipierbar: als Dialogstück innerhalb der Bühnenillusion, als Publikumskommentar, drittens als Impertinenz im Zusammenhang der Konvention der Vice-Figur. »Not so my Lord, I am too much in the sun«: das »in the sun« spielt auf ein Sprichwort an, das »ausgesetzt, schutzlos, vogelfrei, enterbt« bedeutet, wodurch in einem übertragenen Sinn der Bezug zu Hamlets Situation, oder zu dem, wie er sie interpretiert, hergestellt ist. Zugleich ist sun/Sonne klanggleich mit son/Sohn, und dann heißt die Replik im Sinne einer Impertinenz der Vice-Figur etwa: »Mylord, ich sinniere noch darüber, daß Ihr mich eben gerade Euren Sohn genannt habt.« Das heißt, nach der Königswürde und der Heirat der Königin maßt Ihr Euch nun auch noch die Vaterschaft an, wollt also radikal und total die Identität des alten Königs usurpieren. Mögen öffentliche Funktionen auch übertragbar sein, so entzieht sich doch der private Bereich der Verfügung durch Gewalt, oder muß zumindest gegen diese behauptet werden. Wir sehen also, daß in dieser einen Replik, jenseits ihrer Funktion im Dialog, ein dreifacher Sinn angelegt ist, der sich mit Mitteln des Wortspiels realisiert. Wir wollten das im Zusammenhang der Phantasie sehen. Wieso? Wortspiele, sagten wir, gehörten zur Konvention des elisabethanischen Theaters als Mittel der Distanzierung von Rolle und Publikum. Somit bliebe Hamlet auch hierin im Rahmen des Erwarteten. Aber das stimmt nur halb. Die Wortspiele im *Hamlet*, wie auch in anderen Tragödien Shakespeares im Unterschied etwa zu den frühen Komödien, sind nicht dadurch bestimmt, daß mit Sprache gespielt wird, daß die assoziativen Möglichkeiten von Sprache beliebig festgesetzt werden, sondern dadurch, daß in ihnen etwas gesagt wird, was anders nicht gesagt werden kann, weil es nicht gesagt werden darf. Der Kunstgriff Shakespeares besteht darin, die Wünsche und Gedanken seines Helden nicht einfach abzudelegieren in die Monologe, sondern sie einzubringen in die Textebene der Dialoge selbst. Dadurch ist ständig der Einspruch gegen das Gesagte in der

Rede mitgesetzt und mitgesagt, am deutlichsten in den Szenen mit Polonius und Ophelia. Es bedarf einer ungeheuren Wachheit und Kühnheit der Phantasie, das Bewußtsein stets offenzuhalten für das, was offizieller Verdrängung anheimgefallen ist. Und eine entsprechende Beweglichkeit des Denkens wird im Publikum vorausgesetzt. Es ist ein subversives Dennoch-Sprechen und also, wie Claudius und Polonius genau wissen, gefährlich. Denn dieses Sprechen ist unberechenbar, es entzieht sich der Kontrolle, kann jederzeit Denkbewegungen auch bei anderen in Gang setzen, abhängig von dem phantasievollen und gezielten Gebrauch, den der denkende Hamlet von der Sprache macht.

Seit Platon die Dichter aus seinem Idealstaat verbannt wissen wollte, weil sie lügen, d. h. fabulieren, wurde in der Geschichte immer wieder in Umbruchzeiten das Phantasieverbot verhängt, weil eben Phantasie dem jeweils herrschenden oder zur Herrschaft strebenden System sich nicht integrieren ließ. Und aktuell für Shakespeare war das Thema insofern, weil die Puritaner ja immer wieder mit der Schließung der Theater drohten, und sie schließlich auch verfügten. Vom Verbot bedroht, erlegt sich Phantasie eine Selbstzensur auf, um nicht mundtot zu werden. Solche selbstzensierte Phantasie – umwegige, kaschierte Rede – ist es, die in Hamlets Wortspielen, aber auch in seinen Bildern, Metaphern, Anspielungen, zur Sprache kommt. In der Sprache kann Hamlet sich wehren und das geschlossene politische System, dem er sich gegenübersieht, unterlaufen.

Von hier bekommt auch Hamlets Wahnsinn eine neue Bedeutung, nämlich als eine Form des sich Dennoch-Äußerns unter den gegebenen Verhältnissen. Ursprünglich als ein Täuschungsmanöver geplant, treiben ihn die Vorgänge in ein Privatsystem – zu dem etwa auch eine Privatsprache gehört –, das nicht mehr den Mitspielern intersubjektiv vermittelbar und auch vom Publikum nicht auf Taktik reduzierbar ist. Einerseits ist der Wahnsinn gesellschaftlich erzwungen, und Hamlet wird durch ihn zu einem Ausgeschlossenen, zu jemandem, vor dem die Gesellschaft sich glaubt schützen zu müssen, und vermutlich wird er nur darum nicht in eine Anstalt gesperrt, weil er ein Prinz ist. Doch andererseits ist der Wahnsinn eben auch der private Versuch, sich zu wehren, eine Möglichkeit des Überlebens.

Man sieht aus diesem Beispiel, daß Interpretation ein Doppeltes zu leisten hat: sie darf nicht nur literarisch Gewordenes aus dem gesellschaftlichen Zusammenhang ableiten, sondern sie muß zugleich den umgekehrten Weg gehen, nämlich sehen, ob und in welchem Umfang, zu welchem Ziel, subjektive Momente in den Gesellschaftsprozeß einzubrechen versuchen. Hamlets Sprache und Wahnsinn sind solche Momente, die zwar nichts verändern, aber dennoch den Einspruch des Subjekts, und sei er noch so deformiert, wachhalten im Bewußtsein des Zuschauers. Das heißt für ihn: hier wehrt sich einer, wie vergeblich auch immer, und spielt doch zugleich das Spiel dialogischer Illusion mit. Diese Wehr ist nicht auflösbar in die gesellschaftlichen Gegebenheiten, ist nicht gedacht als Alternative zu den großen historischen Widersprüchen, die im Stück dargestellt sind und von denen die Rede war. Die Wehr ist eher der permanente Einspruch des einzelnen Subjeks gegen die Geschichte in ihren verschiedenen, den einzelnen jeweils zum Funktionieren zwingenden Angeboten.

Unter dem Gesichtspunkt des großen einzelnen, »sich waffnend gegen eine See von Plagen«[29], haben denn auch die Hamlet-Deuter bis in die fünfziger Jahre fast ausschließlich das Drama zu verstehen gesucht. Der gesellschaftliche Zusammenhang blieb weitgehend ausgeklammert. Hamlet scheitert, weil er zu edel, zu intelligent und zu gewissenhaft für diese Welt ist, und er scheitert an ganz persönlichen Konflikten, Konflikten sozusagen seiner Familienverhältnisse. Ja warum eigentlich nicht, stehen doch im sichtbaren Zentrum des Stücks weniger die Beziehungen zur Königin als zur Mutter, weniger zum neuen König als zum Stiefvater, weniger zur alten Herrschaft als zum Vater. Diese Personalisierung hat einen extremen Ausdruck in den zahlreichen Deutungsversuchen der Psychoanalytiker gefunden, ausgehend von einer kurzen Passage in Sigmund Freuds *Traumdeutung*. Nur von dieser Interpretation soll hier kurz die Rede sein, nicht von den vielen anderen Versuchen seit Goethe, vom Schicksal und Charakter des großen Einzelnen her das Stück zu verstehen, in deren Bezugsrahmen aber eben auch Freud, als theoretischer Endpunkt, gehört. Freud stellt Hamlet in den Zusammenhang seines Ödipus-Konzepts, demzufolge, grob gesagt, der Knabe unbewußte Besitzwünsche auf die Mutter entwickelt, die von Haßgefühlen gegen den Nebenbuhler, den Vater, begleitet sind. Die Haßgefühle führen bis zu Todeswünschen gegen den Vater, die, da sie verdrängt werden, sich als Schuldgefühle dem Vater gegenüber äußern und, in einer Reaktionsbildung, als Idealisierung des Vaters manifest werden können. Freud, der mit vielen vor ihm und nach ihm der Auffassung ist, das Stück sei »auf die Zögerung Hamlets gebaut, die ihm zugeteilte Aufgabe der Rache zu erfüllen«, hält fest, daß Hamlet ja durchaus nicht handlungsunfähig schlechthin, nicht nur ein Denkertypus sei. Vielmehr zögere er nur in bezug auf die Rache, wofür es also ganz spezifische Hemmungsgründe geben müsse.

Freud schreibt:

> Hamlet kann alles, nur nicht die Rache an dem Mann vollziehen, der seinen Vater beseitigt und bei seiner Mutter dessen Stelle eingenommen hat, an dem Mann, der ihm die Realisierung seiner verdrängten Kinderwünsche zeigt. Der Abscheu, der ihn zur Rache drängen sollte, ersetzt sich so bei ihm durch Selbstvorwürfe, durch Gewissensskrupel, die ihm vorhalten, daß er, wörtlich verstanden, selbst nicht besser sei als der von ihm zu strafende

Sünder. Ich habe dabei ins Bewußte übersetzt, was in der Seele des Helden unbewußt bleiben muß ...[30]

Diese bestechende Deutung Freuds ist von seinen Schülern Otto Rank[31] und Ernest Jones[32] erweitert und vertieft worden, vor allem im Hinblick auf eine Gesamtinterpretation des Stücks. So konnten sie den Geist und den Stiefvater als die Aufspaltung einer ursprünglichen Vaterfigur in ihre beiden Aspekte verständlich machen, in den Aspekt des strafenden, bösen Vaters, der Gewissensskrupel auslöst, und in den Aspekt des guten, idealisierten Vaters, der sich als Objekt der Identifizierung eignet. Daß in der Verbindung der Mutter mit Claudius unbewußt wirklich die verdrängten Wünsche des Helden in Erfüllung gehen, ließ sich dadurch belegen, daß Hamlet sie immer wieder als Inzest bezeichnet und, was die Identifizierung mit dem guten Aspekt des Vaters unterstreicht, sich selber als dadurch befleckt, entehrt, empfindet. Viel von der Schuld wird nun der verführenden Mutter zugeschrieben, die es so weit hatte kommen lassen. Dies äußert sich in der Abneigung gegen das weibliche Geschlecht, von der Hamlets gewandeltes Verhältnis zu Ophelia, ihr unverständlich, bestimmt ist. Da aber auch die Beziehung zur Mutter ambivalent ist und durch sie für ihn das weibliche Geschlecht unantastbar wird, entwickelt Hamlet eine homoerotische Neigung, die durch seine einzige ungetrübte Beziehung im Stück, zu Horatio, belegt ist. Man sieht, daß diese Deutungen weit reichen und manches Unverständliche auf einmal sinnvoll eingeordnet werden kann.

Natürlich darf man nun nicht im *Hamlet* eine klinische Fallgeschichte sehen wollen, vielmehr geht es um den Nachweis, daß hier Grunddispositionen der menschlichen Psyche gestaltet sind, wofür ja auch die die Jahrhunderte überdauernde Wirkung des Stückes spricht, die sicher nicht aus einem unwandelbar starken Interesse an elisabethanischer Geschichte abgeleitet werden kann.

Haben wir es nun mit zwei sich ausschließenden Interpretationen zu tun, der individualpsychologischen und der sozialgeschichtlichen? Durchaus nicht. Es wäre vielmehr denkbar, daß beide Verstehensweisen gleichzeitig, etwa in einer Aufführung, erfahrbar gemacht werden könnten. Denn eine nur historische Analyse bleibt ja bis zu einem gewissen Grad museal und muß ergänzt werden durch den Nachweis der immer neuen Gegenwärtigkeit des Werks, für die etwa die Freudsche Deutung als übergeschichtliches Identifikationsangebot gelten mag. Andererseits kann sich natürlich auch nicht die analysierte Familienkonstellation in einem historischen Vakuum bewegen. Freud hat diese Verkürzung zu verhindern gesucht, was in der Folgezeit häufig vergessen wurde, indem er den *Hamlet* nicht für sich, sondern im Vergleich zur Ödipustragödie deutete:

> In der veränderten Behandlung des nämlichen Stoffes offenbart sich der ganze Unterschied im Seelenleben der beiden weit auseinander liegenden Kulturperioden, das säkulare Fortschreiten der Verdrängung im Gemütsleben der Menschheit.[33]

Damit also ist die Geschichtlichkeit Hamlets benannt, die nun durch genaue sozialgeschichtliche Analyse konkret zu fundieren und zu fixieren wäre. Und damit bedingen beide Deutungsmuster sich wechselseitig.

Halten wir noch einmal fest: Hamlet ist ein Repräsentant der objektiven Widersprüche des neuzeitlichen Geistes, und er ist ein Repräsentant der, subjektiv nicht hingenommenen, Ohnmacht des einzelnen, einer Ohnmacht gegenüber der Gewalt von außen, die jeden seiner Lebensbereiche beherrscht, und einer Ohnmacht gegenüber seinem eigenen Inneren, das als ein Produkt der äußeren Verhältnisse gesehen werden muß. Er ist also kaum der große, der außerordentliche Einzelne, der Denkertyp, erhaben über allem

Irdischen, wie ihn die Kritik gerne haben will, sondern er ist ein gehetztes Individuum, weil er sich nicht anpaßt, ein Opfer, das sich wehrt, ein Subjekt, das in der gegebenen Gesellschaft nicht lebensfähig ist.

Auf den Druck von innen und außen reagiert der Held, der kein Held mehr ist, durch Regression. Der Wendepunkt läßt sich genau lokalisieren: es ist die 4. Szene des 4. Aktes, die Begegnung mit Fortinbras. Der absurde Raubzug des Norwegers mit zwanzigtausend Mann um ein wertloses Stückchen Erde, das nicht groß genug ist, auch nur die Leichen der Erschlagenen alle aufzunehmen, wird von Hamlet gerechtfertigt:

> Wahrhaft groß sein, heißt [...]
> Auch einen Strohhalm selber groß verfechten,
> Wenn Ehre auf dem Spiel.[34]

Der aufgeklärte Philosoph aus Wittenberg, der sich der moralischen und politischen Problematik des Handelns im gegebenen historischen Kontext so genau bewußt war, restauriert auf einmal den veralteten Begriff der Ehre. Das ist keine Entscheidung nach vorn, sondern eine nach rückwärts, zum historisch unmöglich gewordenen Feudalismus, in dessen Zentrum ja der Ehrenkodex steht. Es ist keine Entscheidung zum rationalen Handeln aus dem vernünftigen Übergang von der Theorie zur Praxis, sondern es ist der regressive Sprung in eine ganz andere Bezugsebene, das Durchhauen des gordischen Knotens statt seiner Lösung. Es ist die Entscheidung nicht für die Tat, sondern, wie Brecht sagte, für die Untat:

> ... von Stund' an trachtet
> Nach Blut, Gedanken, oder seid verachtet![35]

Erst durch den Willen zur Vernichtung bekommt Hamlet

Leben. In kaltem Kalkül verfügt er die Ermordung von Rosencrantz und Guildenstern, die nicht wissen, mit welchem Auftrag sie reisen. Und blindwütig dreinschlagend macht er Laertes das Recht, um seine Schwester zu trauern, streitig.

Nun kann man sagen, er meditiere dann doch wieder auf dem Friedhof sehr ausführlich. Wäre das nicht ein Widerspruch zur These, die hier vertreten wird? Nun – sein früheres Denken war immer auf die Möglichkeit oder Unmöglichkeit des Handelns gerichtet, es stand unter der Spannung, aus dem Zirkel vielleicht ausbrechen zu können. Hingegen hier, in der Friedhofsszene, ist das Denken sozusagen abgeklärt, es kommt von jenseits. In unendlich schönen Sätzen wird meditiert über die Vergänglichkeit, in Sentenzen, die mit der Wirklichkeit, hier und jetzt, nichts mehr zu tun haben. Darum kann Hamlet sich auch am Schluß konkret regressiv verhalten. Gleichsam als Inbild des Rückfalls steht am Schluß die Fechtszene, in der die Entscheidung nach feudalen Prinzipien ausgetragen werden soll. Mag die Entscheidung auch durch die Tücke des Königs bedingt sein, so kann man in dieser Tücke doch auch ein Zeichen sehen, daß Vergangenes, der Ehrenkodex, nicht mehr wiederherstellbar ist in dieser Zeit. Und bei aller Tücke ist Hamlet nicht nur Opfer, sondern eben auch Schlächter. Das Blutbad scheint ihm gelegen zu kommen, denn es ist nicht vorstellbar wie es, für ihn, hätte weitergehen sollen. Was nach dem Blutbad noch folgt, ist die der Bühnenkonvention entsprechende Einsetzung der neuen Ordnung: Fortinbras, der im rechten Moment auf der Szene erscheint.

Und was ist das für eine Ordnung? Bedeutet sie das Ende von Willkür, Terror und Usurpation, also vernünftige Herrschaft und die Rückkehr der Gerechtigkeit? Das ist sehr zu bezweifeln. Denn Fortinbras ist keine Hoffnung ins Blaue, sondern er ist, für den Zuschauer, ein recht genau beschriebenes Blatt: nicht vernünftig, sondern allenfalls, wie gehabt, machtpragmatisch. Zwanzigtausend Mann schickt er in einen sinnlosen Tod aus Prestigegründen – was wird man da erwarten dürfen? Und wenn schon im Stück der illegitime Griff nach der Macht, die Usurpation, zur Debatte steht, wie ist dann die Fremdherrschaft des Norwegers über Dänemark zu interpretieren? Doch eher pessimistisch, wenn nicht zynisch. Daß nämlich trotz aller Hamlets die Skrupellosen triumphieren, die legalen Mörder und die Angepaßten.

1 »Will you ha' the truth an't? If this had not been a gentlewoman, she should have been buried out o' Christian burial.« (V, i, 23 ff.) Der englische Text ist nach der Arden-Ausgabe zitiert, herausgegeben von Harold Jenkins, London: Methuen, 1981. Die deutschen Übersetzungen stammen von August Wilhelm Schlegel.
2 »... to my shame I see / The imminent death of twenty thousand men / That, for a fantasy and trick of fame, / Go to their graves like beds«. (IV, iv, 59 ff.)
3 »... the age is grown so picked that the toe of the peasant comes so near the heel of the courtier he galls his kibe.« (V, i, 135 f.)
4 H. H. Rudnick (Hg.), *William Shakespeare, Hamlet. Erläuterungen und Dokumente.* Stuttgart: Reclam 1972, S. 79, Anm. 152.
5 Zitiert nach Rudnick, a.a.O., S. 156
6 Th. Besterman (Hg.), *Voltaire on Shakespeare*, Genf: Droz 1967, S. 44
7 J. G. Herder, *Sämtliche Werke*, hrsg. v. B. Suphan, Bd. 5, Stuttgart 1877, S. 219
8 J. W. Goethe, *Werke*, Bd. 5, Frankfurt: Insel 1965, S. 525 (= 3. Teil, 13. Buch)
9 Goethe, *Werke*, a.a.O., Bd. 4, S. 323 (= 4. Buch, 14. Kap.)
10 Nach Rudnick (Anm. 4), S. 191 ff.
11 G. G. Gervinus, *Shakespeare*, Leipzig 1862, Bd. 2, S. 129
12 Nach Rudnick (Anm. 4), S. 112
13 Robert Weimann, *Shakespeare und die Tradition des Volkstheaters*, Berlin: Henschel 1975, S. 200 ff.
14 »Lord Hamlet, with his doublet all unbrac'd, / No hat upon his head, his stockings foul'd, / Ungarter'd and down-gyved to his ankle« (II, i, 78 ff.)
15 Zu England vgl. Lawrence Babb, *The Elizabethan Malady*, East Lansing: Michigan State College Press 1951. Es ist schwer zu sagen, ob Ficinos These vom Melancholiker als dem Hochbegabten Shakespeare bekannt war. Zur positiven Umdeutung der Melancholie vgl. das Standardwerk von R. Klibansky, E. Panofsky und F. Saxl, *Saturn und Melancholie*, Frankfurt: Suhrkamp 1990 (engl. 1964)
16 »No, no, they do but jest – poison in jest. No offence i' th' world.« (III, ii, 229 f.) Statt ›Provokation‹ (›offence‹) steht bei Schlegel ›Ärgernis‹.
17 »My Lord, he's going to his mother's closet. / Behind the arras I'll convey myself / To hear the process. I'll warrant she'll tax him home, / And as you said – and wisely was it said – / 'Tis meet that

some more audience than a mother, / Since nature makes them partial, should o'erhear / The speech of vantage. Fare you well, my liege. / I'll call upon you ere you go to bed, / And tell you what I know.« (III, iii, 27 ff.)

18 »Whether aught to us unknown afflicts him thus / That, open'd, lies within our remedy.« (II, ii, 17 f.)

19 »The funeral bak'd meats / Did coldly furnish forth the marriage tables.« (I, ii, 180 f.)

20 »The time is out of joint. O cursed spite, / That ever I was born to set it right.« (I, v, 196 f.)

21 Die Bespitzelungsthematik stellte Jan Kott in den Mittelpunkt seiner Interpretation. Jan Kott, *Shakespeare heute*, München: Piper 1964.

22 Bertolt Brecht: »Das Theater des Shakespeare«, in: *Der Messingkauf*, in: *Gesammelte Werke*, Bd. 16, Frankfurt: Suhrkamp 1967, S. 589

23 »There are more things in heaven and earth, Horatio, / Than are dreamt of in your philosophy.« (I, v, 174 f.)

24 »... our valiant Hamlet / ... / Did slay this Fortinbras, who by a seal'd compact / Well ratified by law and heraldry / Did forfeit with his life, all those his lands / Which he stood seiz'd of to the conqueror«. (I, i, 87 ff.)

25 »And why such daily cast of brazen cannon / And foreign mart for implements of war, / Why such impress of shipwrights, whose sore task / Does not divide the Sunday from the week. / What might be toward that this sweaty haste / Doth make the night joint-labourer with the day ...?« (I, i, 76 ff.)

26 »What piece of work is man, how noble in reason, how infinite in faculties, in form and moving how express and admirable, in action how like an angel, in apprehension how like a god: the beauty of the world, the paragon of animals – and yet ...« (II, ii, 303 ff.)

27 Zum Verhältnis von politischer Theorie und Praxis vgl. André Müllers Hamlet-Analyse in seinem Buch *Lesarten zu Shakespeare*, Berlin und Weimar: Aufbau 1969, S. 9 ff.

28 Claudius: »But now, my cousin Hamlet, and my son« – Hamlet: »A little more than kin, and less than kind.« – Claudius: »How is it that the clouds still hang on you?« – Hamlet: »Not so, my Lord, I am too much in the sun.« (I, ii, 64 ff.)

29 »... to take arms against a sea of troubles ...« (III, i, 59)

30 S. Freud: *Die Traumdeutung* (1900), zitiert nach der Imago-Ausgabe, Bd. II/III, Frankfurt: S. Fischer 1961, S. 272

31 Besonders in seinem Buch *Das Inzest-Motiv in Sage und Dichtung*, Leipzig und Wien: Deuticke 1926, Kap. II, ›Typen des Inzestdramas‹
32 *Hamlet and Oedipus*, London 1949, sowie »The Death of Hamlets Father«, in: *Essays in Applied Psychoanalysis I*, London 1951
33 Freud: *Traumdeutung*, a. a. O., S. 271
34 »Rightly to be great / Is ... / ... greatly to find quarrel in a straw / When honour's at the stake.« (IV, iv, 53 ff.)
35 »O, from this time forth / My thoughts be bloody or be nothing worth.« (IV, iv, 65 f.)

Hamlets Falle.
Das Paradox der Kultiviertheit

Wie soll einer sein, wie soll er nicht sein, wie soll er sich geben, wie soll er sich nicht geben? Das ist die Frage, die sich sofort stellt, als Hamlet die Bühne betritt. Er wird wegen seiner unziemlichen und unzeitigen Trauer getadelt, die der König als »obstinate condolement« zensiert, als »impious stubbornness«, »unmanly grief«, die auf »An understanding simple and unschool'd« verweisen.[1] Ausdruck und Dauer der Trauer sind streng reguliert. Hamlet weiß das sehr wohl, denn er nennt Beispiele der äußeren Zeichen und physischen Signale, die erwartet und für angemessen gehalten werden – die zu beobachtende Körpersprache von »forced breath« oder »dejected haviour of the visage«.[2] Doch gleichzeitig distanziert er sich von solchen Zeichen, da sie ihn nicht wahrhaft (»truly«) in seinem Schmerz zum Ausdruck bringen (»denote«): »For they are actions that a man might play; / But I have that within which passes show.«[3] Zuvor hatte er behauptet: »I know not ›seems‹«. Was wir hier, in der ersten ›Auseinandersetzung‹ Hamlets in der Öffentlichkeit, geboten bekommen, sind die Schlüsselwörter für höfisches oder höfliches, ziviles oder kultiviertes Verhalten: »play«, »show«, »seeming«. Indem er sich davon distanziert, bedient sich Hamlet der Klischees der Hof- und Höflingskritik, wie sie im spätelisabethanischen Theater, und nicht nur dort, geläufig waren.[4] Gleichwohl ist nirgends das ›Wesen‹ höfischen Verhaltens schauerlicher ausgestellt worden als in Figuren wie Claudius und Polonius, Rosencrantz und Guildenstern, Osric. Das Stück zeigt die tödlichen Folgen, zu denen das Ideal des Höflings führen mag, wenn es konsequent zu Ende gedacht wird. Es ist ein Stück, das die Krise der Aristokratie vorführt und keine Alternativen anbietet, denn Hamlet selbst, der angeblich kein »seems« kennt, ist der größte Heuchler (»dissembler«) von allen: nur indem er den Regeln höfischen Verhaltens gehorcht, indem er sich auf die Höflinge zu ihren Bedingungen einläßt, kann er hoffen »by indirections find directions out«[5], wie Polonius dem Diener Reynaldo rät, als er ihn einführt in die Kunst des Bespitzelns, auszuüben gegenüber dem eigenen Sohn, Laertes.

Ich möchte zunächst einige der Voraussetzungen dessen skizzieren, was später *civility* (*civiltà*, *civilité*) genannt wurde, kaum zu unterscheiden war von höfischem oder höflichem Verhalten, und was ich mit ›Kultiviertheit‹ wiedergeben möchte, um den schwerfälligen und kaum gebräuchlichen Ausdruck ›Zivilität‹ zu vermeiden. Im Zuge der Umstrukturierung der Gesellschaft in der Renaissance und der Frühen Neuzeit wurde es für die Elite an den prominent werdenden Höfen und Stadtaristokratien nötig, Verhaltensmodelle zu finden und zu definieren, die sich als Normen aufstellen ließen.[6] Diese funktionierten als neue Orientierungsraster, als Stützen zur Reduktion oder Antizipation von Konfliktpotential, als Mechanismen zur Einschließung bestimmter Gruppen und zur Ausschließung anderer. Zu diesen Normen gehören die Unterdrückung von Gefühlen oder was die Affektabdämpfung genannt wurde, die sorgfältige Kontrolle des Körpers und die Distanzierung des eigenen Körpers von den Körpern anderer, der kontrollierte Akt der Selbstpräsentation oder Selbstmodellierung unter den Zwängen der Konkurrenz. Die Normen sind Unterscheidungs- und Anerkennungsmerkmale und werden entworfen und geübt *im Bezug auf* andere. Sie gründen in Interaktion, nicht in Kommunikation, und sind daher ausschließlich kontextabhängig. Es wird von einem nicht erwartet, daß man sagt, was man denkt oder fühlt oder beabsichtigt, oder daß man ist, wer man ist (aber wer ist man?), es wird vielmehr erwartet, oder unterstellt, daß man sich in der Art und Weise vorführt, wie man von anderen wahrgenommen oder eingeschätzt werden will. Der Anschein ist es, der zählt, »seeming«, das was andere sehen können, was ›sich sehen lassen kann‹, nicht Wesen, Sein oder Aufrichtigkeit, Wahrheit oder Wahrhaftigkeit. Was bei Machiavelli ein strategisches Mittel gewesen war, bedingt durch eine gefährliche oder nahezu aussichtslose politische Konstellation, und als Handlungsmaxime einem Herrscher vorbehalten sein sollte, ist in wenigen Jahren, vor allem durch die gefällige Vermittlung Castigliones, zum gemeinsamen Nenner der Männer bei Hofe überhaupt mutiert. Obwohl Machiavelli offiziell, während des ganzen 16. Jahrhunderts, das Haupt- und Staatsbeispiel für unmoralisches Handeln blieb, wurde seine Analyse (sie hatte letzten Endes nichts anderes im Sinn als ein geeintes Italien, das ›mit allen Mitteln‹ erreicht werden müßte) zum Handbuch für eine Elitegruppe, die sich Beförderung, ein Fortkommen (»advancement«) bei Hofe erhoffte. Im 17. Jahrhundert und weit ins 18. Jahrhundert hinein wurde diese Handlungsanweisung zur Grundmaxime jedes sogenannten weltklugen Mannes, wenn er ein anerkanntes und erfolgreiches Mitglied der inzwischen bürgerlichen Gesellschaft werden wollte.[7] Wie so oft bei Innovationen oder undurchschauten neuen Phänomenen, werden sie zunächst als Horrorvisionen stigmatisiert, die die Gesellschaft zu destabilisieren vermöchten, auf einer nächsten Stufe, wenn man sie als Anzeichen sozialen Wandels sehen gelernt hat und folglich als ›neue‹ brauchbare Richtlinien (die moralische Anrüchigkeit läßt sich dabei umbesetzen) in einer allmählich säkularisierten Gesellschaft, werden sie von den herrschenden Schichten übernommen, bis sie schließlich als geläufige Erziehungsprinzipien für diejenigen zu finden sind, die Zugang dazu haben wie die Weltklugen im 17. und 18. Jahrhundert. Die Forderung nach Dissimulation (Täuschung, Verstellung, Verhehlung) wurde keineswegs als zynisch verstanden. Sie war ein Rollenmodell von langer Dauer, war eine der frühesten Manifestationen des Individuums in der Gesellschaft und unterlief verschiedene Transformationen, bis es grundsätzlich in Frage gestellt wurde – zumindest vorübergehend, grob gerechnet von Rousseau bis (aber ausschließlich) Nietzsche – im Namen von Wahr- und Wahrhaftigkeit, Offenheit, Ehrlichkeit, ›Charakter‹, und ›Persönlichkeit‹. Diese Vermögen, vielleicht sogar schon Selbstvergewisserungswünsche, waren natürlich der Renaissance nicht unbekannt gewesen, aber sie waren an das delegiert worden, was sich als Privatsphäre allmählich herausbildete, ein unspezifischer, inkohärenter, regelloser Bereich noch namen- und sprachloser, folglich zutiefst beargwöhnter, bedrohlicher und beunruhigender Vorgänge. Diese Sprachlosigkeit, die Sprachlosigkeit der Privatsphäre, scheint mir die Falle zu sein, in der Hamlet sitzt.

Wir können also von Gegensatzpaaren ausgehen: auf der einen Seite haben wir Kultiviertheit / Höfisch- und Höflichkeit / Zivilität als angemessene Verhaltensform einer ›persona‹, auf der anderen Seite finden wir Intimität oder Privatheit, die ihrerseits von den ausschließenden Mechanismen der Kultiviertheit erzeugt oder wenigstens verstärkt worden sein mögen. Auf der einen Seite haben wir erzwungene Disziplin, die Nötigungen der Konformität, auf der anderen Seite die verstümmelten, verzerrten, unartikulierten oder rasch zum Schweigen gebrachten Andeutungen, Winke von Körpern und Seelen. Um Privatheit und Intimität wuchs eine Mauer aus Schweigen und Geheimnis hoch, aus Argwohn und Mißtrauen, und es überrascht nicht, daß die Erziehungshandbücher ebenso wie die Praktiken von Beichte und Inquisition im Gefolge von Reformation und Gegenreformation im jungfräulichen Land der Privatsphäre so große Territorien wie sie konnten zu kolonisieren und zu kontrollieren versuchten. Auch dies war noch ein »undiscovered country«, und es war vermutlich um so bedrohlicher, als ja in der Tat Reisende von dort zurückkehrten –

und was das angeht, so war Hamlets Vater ebenfalls zurückgekehrt, um über Privatangelegenheiten zu sprechen. Oder ist es der Sohn, der sich Phantasien hingibt über das, was sich im Schutzraum des Intimen abspielt – abscheuliche Verbrechen von Penetration, wie ein Kind sie sich vorstellen mag? Die Frage nach der Wahrscheinlichkeit läßt sich jedenfalls in dieser anti-aristotelischen Welt nicht stellen.

Bevor ich aber zu Hamlet zurückkehre, ist einiges nachzutragen über das einflußreichste Buch der Epoche, das die Schlüsselwörter für höfisches, kultiviertes Betragen lieferte: Baldassare Castigliones *Libro del Cortegiano*, 1528 in Venedig publiziert, viele Male nachgedruckt, bald in fast jede europäische Sprache übersetzt, darunter ins Englische durch Sir Thomas Hoby in den fünfziger Jahren und in London 1561 veröffentlicht. Daß das *Buch vom Hofmann* einer der meistgelesenen Texte des Zeitalters werden konnte, zeigt, daß der dort entwickelte Typus der Selbstmodellierung auf ein echtes Bedürfnis traf, als sich die Frage stellte, wie Orientierungslosigkeit und Deplazierung des Individuums in einer Gesellschaft aufzufangen wären, deren traditionales stratifikatorisches Modell nachzugeben begann. Der Ausdruck »advancement« selber (also Fortkommen, Aufstiegschance), der als motivierende Kraft hinter den Diskussionen steht, zeigt die neue Möglichkeit eines vertikalen Schnitts durch die soziale Pyramide an. Es ist »advancement«, von dem Hamlet, vielleicht ironisch, klagt, daß es ihm fehle.[8] Doch in seiner Selbsttäuschung meint er, daß er nicht nach den Regeln, die die anderen spielen, agiert, folglich also auch nicht »Beförderung« im Sinn hat.

Der *Cortegiano* besteht aus vier fiktiven Dialogen, die am elegantesten Hof der Zeit, am Hof von Urbino, im Jahr 1507 geführt werden, wo sich eine ganze Schar keineswegs fiktiver Höflinge versammelt hat, die Gonzaga und Este, Medici und delle Rovere, vor allem der Humanist Pietro Bembo aus Venedig, der später Kardinal werden sollte. Ich möchte aus dem reichen Gefüge nur ein paar Punkte hervorheben, die für unsere Diskussion von Belang sind. Der Hof ist eine Szene, ein Theater, und darum soll sich der Höfling wie auf einer Bühne bewegen und in einem Spiel der Erscheinungen (»gioco delle apparenze«), der Auftritte und Abgänge, agieren. Es gibt eine Kette, die von der Erscheinung über die Herstellung eines bestimmten Eindrucks bis zur Erzeugung einer gewünschten Meinung bei anderen reicht. Diese Meinung sichert ihm Akzeptanz und gesellschaftliches Fortkommen. Der wichtigste Zug des äußeren Erscheinungsbildes ist seine Anmut oder Grazie (»la grazia«), die sich ganz *nach der Natur* auszurichten hat. Mit natürlicher Grazie aber – oder was zu einer bestimmten Zeit als ›Natur‹ gilt – ist man nicht ›von Natur aus‹ begabt: sie kann jedoch ›studiert‹ und nach hartem und langem Training auch erreicht werden. Worauf Castiglione also hinauswill, ist, daß diese Natur *Simulation* ist oder als solche erscheint (und wie anders als in ihren Erscheinungen erfahren wir die Natur?). Das beste Beispiel, das sich bei Shakespeare für dieses Konzept findet, ist Hermione als Statue in *The Winter's Tale*: Sie wird bewundert wegen ihrer natürlichen Grazie, ihrer Lebensechtheit, ›als ob‹ ihre Augen sich bewegten, ›als ob‹ sie gerade im Begriff sei, von ihrem Sockel herabzusteigen; sie ist das Inbild der über die Malerei triumphierenden Bildhauerkunst – und ›in Wirklichkeit‹ simuliert sie die Kunst, die die Natur simuliert. Die Statue ist eine Schauspielerin – oder ein Schauspieler, was die Dinge noch einmal kompliziert – unter dem extremen Zwang während dieser langen Szene, unbeweglich zu stehen, tot zu spielen, und gleichzeitig den Eindruck zu vermitteln, ›wie‹ lebendig zu sein: Natur und natürliche Grazie als Ergebnis eines Zwanges, die vollkommene Kongruenz des Paradoxons vom Höfling, vor einem aufmerksam-gespannten, ob der großen Kunst bewundernden Publikum exekutiert. Denn auf dem Wege zur natürlichen Grazie lauern mannigfache

Gefahren, die der Höfling umschiffen muß, vor allem »come un asperissimo e pericoloso scoglio, la affettazione«[9], die Affektation, die Geziertheit, oder, in den Worten Sir Thomas Hobys, »to eschue as much as a man may, and as a sharpe and daungerous rocke, too much curiousnesse.«[10] (In Shakespeares Stücken und denen seiner Zeitgenossen begegnen wir auf Schritt und Tritt solchen ›Italianate gentlemen‹ oder affektierten Höflingen, etwa Osric im *Hamlet*.) Was er statt dessen praktizieren solle – Castiglione fährt im selben Satz fort und führt jetzt eines der Schlüsselwörter des Buches ein –, ist, »per dir forse una nova parola, usar in ogni cosa una certa sprezzatura che nasconda l'arte e dimostri ciò, che si fa e dice, venir fatto senza fatica e quasi senza pensarvi.«[11] Es ist nicht leicht zu sagen, was Castiglione unter ›sprezzatura‹ versteht; immerhin führt er es ein als ›vielleicht ein neues Wort‹. Üblicherweise wird das Wort als synonym mit ›disinvoltura‹, ›disengagement‹, ›Losgelöstheit‹, ›Uninvolviertsein‹ verstanden, doch benutzt er dann auch wieder beide Ausdrücke nebeneinander, wenn er von »la grazia ... di quella sprezzatura desinvoltura« spricht, die Hoby mit »the grace of that not regarded agility« übersetzt, wobei er hinzufügt »and slight conveyence«.[12] In der früheren Stelle hatte er anders übersetzt: »and (to speak a new word) to use in everye thing a certaine *disgracing* to cover arte withall, and seeme whatsoever he doth or saith to doe it without paine, and (as it were) not minding it.« Leichtigkeit, Mühe- und Zwanglosigkeit scheinen also die Bedeutungen von ›sprezzatura‹ zu sein, das Paradox der Zwanglosigkeit des Erzwungenen. Das Wort wird jedoch wieder schillernd, wenn wir uns an seine Grundbedeutung erinnern: ›Entwertung, Verachtung, Geringschätzung, Verschmähung‹ (woher vielleicht Hobys ›disgracing‹ stammt). In dem Konzept wäre dann die Überheblichkeit mitgedacht, mit der einer nonchalant agiert, um über seine Absichten zu täuschen. Wenn ein Herausgeber ›sprezzatura‹ definiert als »la capacità di dissimulare con naturalezza lo studio, la fatica«[13], um Perfektion als einen spontanen Akt erscheinen zu lassen, wollen wir die Vorschrift der Dissimulation, der Verstellung festhalten und nur hinzufügen, daß die Idee, die hinter ›natürlicher Grazie‹ steht, die Erzeugung der *Vorstellung*, des *Eindrucks* natürlicher Grazie ist, die Technik des Heuchelns. Im Herzen von Castigliones Theorie des zivilisierten, des kultivierten Höflings findet sich also die Notwendigkeit der Verhehlung, der Verheimlichung – mit einem Ausdruck Bacons: ein »Vailing of a Mans Selfe«[14] – mit solcher Kunst, daß der andere die Maske nicht durchschaut, da sie mit perfekter Lässigkeit getragen wird, mit Natürlichkeit oder Agilität, um Hobys Wort zu benutzen, das direkt aus Machiavelli genommen zu sein scheint. Die zynische Seite der Medaille dabei ist, daß man mit völligem Desengagement zu agieren hat, also gewissermaßen neben sich steht wie Brechts Schauspieler. Die andere Seite ist, daß die Haltung auch als eine zu studierende Vorsichtsmaßnahme gesehen werden kann in einer Welt, in der hinter jedem Vorhang ein Denunziant steht.

Die Kunst des höfischen Verhaltens ist also keine Selbstmodellierung im Sinne der Konstruktion einer persönlichen Identität, einer Individualität, sie ist, im Gegenteil, die Instrumentalisierung des ›Sich-Gebens‹, seine extreme Exteriorisation, um gewünschte Wirkungen zu erzielen: sie ist der Kunstgriff einer ›persona‹, einer Maske. Das Innere einer so zivilisierten Person ist eine Leerstelle. Es besteht keine Notwendigkeit, daß ein Individuum im Wortsinn entstünde, und jemandes Absichten hinter der Maske haben nichts zu tun mit dem, was später persönliche Gefühle heißen würde, aber alles mit sozialem Fortkommen. In der Dichotomie von Sein und Schein, auf die so oft in Verbindung mit Shakespeare Bezug genommen wird, verweist der erste Teil, Sein oder Wesen, nicht auf ›Wahrheit‹ oder auf einen Ich-Kern im Sinne des 18. Jahrhunderts, er ist vielmehr ganz gesellschaftsorientiert – das Selbst als eine relationale Kategorie, das ebenso flink wie seine äußeren Erscheinungsbilder die Referenzpunkte im Innern wechseln kann, wobei innen und außen kaum synchronisiert sind. Ferner gibt es die offensichtliche Kluft zwischen dem Verhalten und dem, was in einer stratifikatorischen Gesellschaft Moral hieß. Wenn Hamlet sich wundert, »that one may smile, and smile, and be a villain«[15], wundert er sich über etwas, was die Voraussetzung zivilen Verhaltens ist. Bemerkenswert ist aber wohl, daß er ebendiesen Satz in seine »tables« einträgt, nachdem er aus dem Gedächtnis »weggewischt« hat »All saws of books, all forms, all pressures past / That youth and observation copied there.«[16] Indem er das tut, gibt er zu erkennen, daß alles in Wittenberg gelernte unnütz geworden ist, daß neue Welten und alte Texte inkompatibel sind, und daß er allein ist – dies ist vielleicht sein einziger Anspruch auf Individualität, wiewohl ein unheilsschwangerer, da er ebenso ent-täuscht ist wie seines Vaters Geist –, allein, seinen Weg durch das Labyrinth neuer Unübersichtlichkeiten zu finden. Was er nicht auf seine Tafel einträgt, ist, was der Geist ihm gesagt hat – dies ›behält‹ er im Theater seines Geistes: er weiß es sozusagen inwendig. Vielleicht verweist dies auf die Entstehung eines neuen Gedächtnistyps, die persönliche Er-innerung, im Unterschied zu deren ›auswendigen‹ Manifestationen, für die die ars memorativa die erlernbaren Verfahrensregeln festgelegt hatte. Was er vom Geist lernte, war kein für die Öffentlichkeit bestimmtes Wissen, wie es der Satz ist, den er niederschreibt, der das Prinzip eines neuen *Advancement of Learning*, so Bacons Titel, zum Ausdruck bringt. »Dissimulare con naturalezza« durch »sprezzatura« scheint das Haupterfordernis zu sein, wenn man diesem Prinzip zu folgen gedenkt, und Hamlet lernt die Anwendung seines neuen Wissens schnell, wenn er, kurz danach, verkündet, er werde »put an antic disposition on«[17], also eine Show seltsamen Verhaltens an den

Tag legen, das nur überzeugend sein kann, insofern es als natürliches erscheint.

Doch um noch einmal auf Castiglione zurückzukommen: es geht nicht um Natürlichkeit in einem naiven Sinn des Wortes, wie sie uns in Shakespeares sogenannten »naturals« begegnen, die synonym mit Dorftölpeln sind, wohingegen seine Schäferinnen und Schäfer wohlerzogene, Ovid zitierende Figuren sind. Es geht natürlich genausowenig um irgendeinen prä-zivilisatorischen ›anderen‹ Zustand wie bei Montaignes Edlen Wilden. Castigliones Natürlichkeit ist hergestellt, fingiert, sie ist Simulation der Natur, auf der Basis eines neuen Verständnisses der Natur, die keine Gegebenheit (mehr) ist, sondern ein Konstrukt des Geistes. Die Parallele zu den neuen Annäherungsweisen an die Natur in den Wissenschaften, in den Techniken der Perspektive als symbolischer Form etwa, ist offensichtlich. Castigliones Natürlichkeit projiziert diese Umorientierung im Blick auf die Natur als einem *Produkt* der Untersuchung auf die Ebene des menschlichen Verhaltens. Das Konzept der ›sprezzatura‹ ist eine Kompromißfigur zwischen zwei widerstreitenden Prinzipien der Aneignung von Natur und Kunst, und der perfekte Höfling in diesem Sinne wäre ein Artefakt. Es besteht in dem Paradox, zu dissimulieren, zu täuschen, die Kunst zu verbergen, *um* Natur zu simulieren und mit ihr ›die Wahrheit‹, die meist als synonym mit Natur verstanden wird. Es ist das Paradox von Erscheinung und Verbergung, die simultan in Szene gesetzt werden sollen. Die Konstruktion sozialen Verhaltens gründet also im Trug (»inganno«), wobei Grazie, Natur und Wahrheit als dessen Instrumente fungieren.

Damit ist freilich nur die Grundstruktur zivilen Verhaltens bezeichnet. In der Praxis muß sich der Höfling jeder gegebenen Situation anpassen. Hat er die Mittel und Wege anderer gut genug studiert, muß er, in den Worten Castigliones, »jeden Tag Verhalten und Manieren entsprechend der Natur derer, mit denen er umgeht, ändern.«[18] Er muß die Natur des Chamäleons sich zu eigen machen. Immer deutlicher kommt hier die enge Verwandtschaft mit Machiavellis Konzept der »virtù« zum Vorschein, der vom Fürsten geforderten Fähigkeit, sich auf jede gegebene Situation einzustellen und dabei nötigenfalls Moral, Religion, Werte wie private Bindungen (Liebe oder Zuneigung, Trauer oder Loyalität), kurz alles, was geeignet erscheint, eine bestimmte Wirkung hervorzurufen, zu instrumentalisieren. Machiavelli benutzt das gleiche Bild des Chamäleons und fügt ihm das des Proteus hinzu, der seine Gestalt je nach Wunsch verändern kann. Machiavellis *Principe* war eine Pragmatik für einen erfolgreichen Herrscher, und wegen seines unterstellten Zynismus – der in Wahrheit nichts anderes war als eine nüchterne Analyse politischer Realität – wurde er während des ganzen Jahrhunderts verabscheut, verdammt, indiziert, und sogar sein Name wurde, zumindest in England, synonym mit dem des Teufels (»old Nick«) oder dem des Bösen schlechthin (»match-evell«). Castigliones Buch hingegen, das auf den gleichen Verhaltensbedingungen aufbaut, wenn auch in humanistisch abgefederter, gefälliger Form, erweitert das Konzept zu einem allgemeinen Interaktionsmodell, das für eine Hofelite insgesamt zum Maßstab werden kann, und sein Handbuch kultivierten Verhaltens zum Behufe aufstrebender Jünglinge wird zu einem europäischen Bestseller, wieder und wieder nachgedruckt[19], während Machiavellis Text erst 1640 in England veröffentlicht wurde. Es ist durchaus möglich, daß der Erfolg von Castiglione in einem verbotenen und folglich getarnten Interesse an Machiavelli seinen Grund hatte, ähnlich wie der Name Tacitus herhalten mußte, wenn Pragmatiker über Staatskunst (»ragione dello stato«) im Sinne Machiavellis sprechen wollten.

Das perfekte Beispiel eines Machiavellistischen Schurken ist natürlich Shakespeares Richard III., ein Virtuose der Heuchelei, der von sich selbst sagt:

Ich leihe Farben dem Chamäleon,
Verwandle mehr als Proteus mich und nehme
Den mördrischen Machiavell in Lehr.[20]

Doch nach dem, was wir gesehen haben, sollte deutlich sein, daß er gleichzeitig die perfekte Verkörperung von Castigliones Höfling ist. Er ist ein brillanter Redner und weiß mit Worten zu überzeugen/überreden. Doch nur, weil er »sprezzatura« gelernt hat, erreicht er, was er will. Er ist absolut überzeugend in dem, was er »ohne Anstrengung und gleichsam ohne Nachdenken« sagt und tut, überzeugend über Worte hinaus in seinem Sich-Geben und Agieren, andernfalls hätte er schwerlich Erfolg bei seiner Brautwerbung, bei seiner gespielten Freundschaft oder brüderlichen Liebe oder Frömmigkeit. Wäre er nicht überzeugend, käme irgendein Manko in seiner Spielweise zum Vorschein, nur dann würde die Frage nach seiner Aufrichtigkeit sich stellen, die Frage, ob er etwas verberge wie im Fall des affektierten Höflings vom Schlage eines Osric. Doch da das Publikum von Anfang an informiert ist, wer er in Wirklichkeit ist und was er plant, kann es sich zurücklehnen und seine Aufmerksamkeit auf die Brillanz der Vorführung richten. Nie gibt es einen Zweifel, daß er ein Heuchler ist, ein durch und durch Böser, der die negativen Konsequenzen dessen ausstellt, was als Ideal gehandelt wird. Shakespeare tut nichts anderes als die dem Modell inhärenten Möglichkeiten freizulegen und bis ans katastrophale Ende durchzuspielen. Kultiviertes Verhalten im Sinne Castigliones ist durch Richard freilich nicht vom Tisch. Er ist zu leicht zu durchschauen. Nach seinem Tod wird die Welt wieder in Ordnung sein – die Tudor-Welt dämmert herauf, Kultiviertheit und Zivilisiertheit treten wieder (?) in ihre Rechte –, obwohl wir jetzt wissen, was das bedeuten kann.

Mit *Hamlet* werden die Dinge natürlich viel komplizierter; wir wissen nicht mehr, wo wir sind und wer wer ist wie in

Richard III. Doch ich möchte zeigen, daß *Hamlet,* in einer Schicht zumindest, die Tragödie des Cortegiano ist, sein Zusammenbruch in der Katastrophe, und gleichzeitig die Heraufkunft von etwas Neuem, nämlich die Verschiebung der Bedingungen kultivierten Verhaltens auf eine ganz andere Ebene: die des Schauspielers und des Theaters im professionellen Sinne. Wieder und wieder verweist Hamlet auf die Kluft zwischen Wahrheit und Schein, Illusion und Wirklichkeit. Als Polonius ihn fragt, was er liest, und er zur Antwort gibt: »Verleumdungen, Herr: denn der satirische Schuft da sagt, daß alte Männer graue Bärte haben; daß ihre Gesichter runzlig sind ...«[21], dann besagt das, daß selbst die offensichtlichsten, banalen und ›wahren‹ Dinge als Verleumdungen aufgefaßt werden können, denn die Tatsache, daß man eine Banalität von sich gibt, kann darauf hindeuten, daß auf etwas anderes angespielt ist, sonst gäbe es keinen Grund, sie zu konstatieren, da ja alles ›Wahre‹ zu verschleiern ist. Doch obwohl Hamlet sogar physisch unter diesem Riß leidet wie unter einer ihm persönlich zugefügten Wunde, darf er nicht handeln, wie er wünscht – im Einklang mit dem, was er weiß oder fühlt –, sondern muß sich »that monster, custom«[22] anpassen. Er muß dem König und dem Hof zu deren Bedingungen begegnen, muß heucheln, um die Heuchelei zu durchschauen. Er, dem »kein ›scheint‹ gilt«, fordert sogar seine Mutter dazu auf, wenn er sie heißt, dem Bett des Königs fernzubleiben: »Assume a virtue, if you have it not.«[23] Dies scheint sein tragischer Konflikt zu sein: in einer Welt der Heuchelei und Hinterlist, kann er nur heuchlerisch und hinterlistig handeln.

Für Hamlet liegt aber noch ein tieferes Problem darunter, ein Problem des Skeptikers: gibt es hinter den Erscheinungen etwas, das den Anspruch erheben darf, ›Wahrheit‹ oder ›Wirklichkeit‹ genannt zu werden? Vielleicht ist alles, wozu wir Zugang haben, Schein. Obwohl man den Eindruck, den einer von sich zu geben wünscht, durchschauen mag, findet sich vielleicht dahinter bloß die (verborgene) Selbstkonstruktion dieser Person, die ihrerseits *meine* Konstruktion sein mag, ihn nämlich zu sehen, wie ich ihn zu sein verdächtige, in einem infiniten Regreß. Vielleicht gibt es keine Möglichkeit, diesen Zirkel zu durchbrechen und zu dem zu gelangen, was wenig später ›klare und distinkte Gewißheit‹ heißen würde. Hamlet nimmt sich diese Frage nicht ausdrücklich in seinen Reflexionen vor, aber sie hetzt ihn unausgesprochen und scheint die treibende Kraft hinter seiner mäandernden, prä-cartesianischen Frage nach dem eigenen Selbst zu sein, das das verwirrende Schachmatt der Konstruktion aufbrechen mag oder auch nicht. In dieser Hinsicht könnte die Frage ›Wer bin ich?‹ – im Gegensatz zu Richards »I am I« oder »I am myself absolute« – als ein archimedischer Punkt fungieren. Daß er die Antwort nicht findet, begründet (auch) sein Zögern. Die tiefe Irritation, die hier, bei der Herausbildung des frühmodernen Subjekts als etwas, das im Trug gründet, greifbar wird, ist die unscharfe Einsicht, daß es ein ›wirkliches‹ oder ›wahres‹ Selbst vielleicht gar nicht gibt, sondern daß alles, was wir sind oder haben oder erreichen Konstruktionen sind, die von wechselnden Bezugspunkten abhängen. Es ist eines der zuvor erwähnten Phänomene: die als Irritation erfahrene Innovation. Es brauchte noch einmal fast vierhundert Jahre, bis daraus geradezu Alltagswissen wurde, in der soziologischen Rollentheorie und im Konstruktivismus. Die Untersuchung des Höflingsmodells ist darum auch keine antiquarische Übung, sondern macht uns vielleicht unsere eigenen Subjektivitätskonzepte und deren schmerzliche Reduktionismen durchsichtiger.

Alle Figuren im Stück sind Heuchler und wissen, daß die anderen wissen, daß sie es sind. Es gibt sogar Unterweisungsszenen – mit Polonius und Laertes, Laertes und Ophelia, vor allem Polonius und Reynaldo –, in denen die Kunst der Dissimulation ausdrücklich gelehrt wird. Da jeder weiß, daß jeder andere etwas verbirgt – Claudius, Gertrude, Polonius, Rosencrantz und Guildenstern vermuten es von Hamlet, er umgekehrt von ihnen –, wird es wichtig, Mittel und Wege zu finden, um den Panzer des zivilen Betragens zu durchbrechen. Außer durch ein Lauschen an der Wand und ein Spionieren, die im Stück immer wieder in Szene gesetzt sind, ist das nur möglich durch noch raffiniertere oder verschlagenere Methoden der Dissimulation und gleichzeitig durch ständige Beobachtung der anderen, die ihre Absichten in einem Augenblick der Unaufmerksamkeit zu erkennen geben mögen, wenn sie zum Beispiel ihre Körpersprache nicht mehr kontrollieren.[24] Hamlet, der ziviles Verhalten als Heuchelei geißelt und statt dessen als Gegenteil der Höfischkeit grobe Ungebührlichkeit gegenüber Claudius und Gertrude, Polonius und Ophelia kultiviert und sogar die Tricks höfischen Manövrierens in seinen Begegnungen mit »gentle Rosencrantz« und »gentle Guildenstern« offen zur Schau stellt, Hamlet vermittelt den Eindruck, daß ebendiese Grobheit, obwohl sie gegen die Regeln der Zivilität verstößt, Teil seiner Natur und darum aufrichtig und ehrlich ist, das heißt das ›normale‹ Verhalten eines Irren. Und doch verfügt niemand im Stück über bessere Kontrolle über sich als Hamlet, und darum kann seine Ausstellung der Grobheit nicht als bare Münze genommen werden – Ehrlichkeit gegenüber Heuchelei –, sondern ist als nochmalige Drehung der Schraube zu sehen: die Vortäuschung von Grobheit, um damit »to outherod Herod«.[25]

Rüde oder provokant zu sein, ist natürlich das aussichtsreichste Mittel, andere aus der Fassung zu bringen, so daß sie ›spontan‹ reagieren, was genau das ist, was sie sich abtrainiert haben. Hamlets Umgang mit den Möchtegern-Höflingen Rosencrantz und Guildenstern läuft meist darauf hinaus, und sie fühlen sich so ›daneben‹ in der ungewohnten Hofatmosphäre, daß sie linkisch heucheln und daher leicht zu durchschauen sind. Hamlet gelingt es sogar, umgekehrt, *sie* zu instrumentalisieren und für seine Zwecke zu gebrauchen. Sie werden das dritte Opfer seiner Strategie gespielten Wahnsinns, nach Ophelia, vor der er sich als Liebesmelancholiker gab, und nach Polonius, für den der Wahnsinn die Erklärung seines merkwürdigen Gebarens ist. Für Rosencrantz und Guildenstern kommt noch eine andere Erklärung ins Spiel: die höfischere, folglich plausiblere, durchkreuzter Ambition. Hamlet deutet das zunächst nur an und bricht dann vielsagend ab – das ist eine weitere Taktik des Höflings: durch scheinbare Clues und halbe Hinweise falsche Fährten zu legen –, um es dann später mit seinem »I lack advancement« kurz deutlich anzusprechen und damit ihre Vermutungen zu bestätigen. Hamlet gelingt es also, die gewünschten Wirkungen durch seine »sprezzatura« hervorzurufen, daß andere die Meinung von ihm haben, die sie haben sollen. Er wechselt sogar den Bezugsrahmen je nach Lage, erscheint dem Mädchen gegenüber liebeskrank, den Höflingen gegenüber als ein Zurückgesetzter. Die naive Ophelia drückt aus, was jeder unterstellt, daß nämlich Hamlet der perfekte Höfling gewesen ist, wenn sie zusammenfaßt: »O, what a noble mind is here o'erthrown! / The courtier's, soldier's, scholar's, eye, tongue, sword.«[26] Da der Kunst des Höflings jedoch alles möglich sein muß, kann er ebensowohl überzeugend verrückt *spielen* wie verrückt *sein*, da beide auf Grund des Sprezzatura-Prinzips ununterscheidbar sind. Als Polonius seinen beiseite gesprochenen Kommentar abgibt – »Though this be madness, yet there is method in't«[27] –, glaube ich nicht, daß er sich auf die systembildende Fähigkeit bestimmter Wahnsinnsformen bezieht, sondern eher auf die Grundausstattung des Höflings, seine Wendigkeit; zumindest ist er sich nicht sicher. Nur mit Claudius haben wir eine Figur, die nicht hereinzulegen ist; er ist Hamlet gewachsen, ist ein veritabler ›Principe‹. Er bemerkt, was er Hamlets »transformation« nennt, und gibt durch Verwendung ebendieses Wortes mit seinen proteischen Obertönen zu erkennen, daß ihm die Fähigkeit des perfekten Höflings bekannt ist, jede Rolle, die er wünscht, mit »sprezzatura« zu spielen. Das ist der Grund – nicht jämmerliche Gemeinheit, sondern »ragione dello stato«, Staatsraison –, weshalb er ihm Spitzel an die Fersen heftet, und Hamlet bestätigt diesen (machiavellistischen) Verdacht, wenn er wortspielerisch höhnt, daß er »of the chameleon's dish« speise.[28] Gleichzeitig weiß Hamlet, daß der König weiß, daß er spielt. Darum wird der König nur um so mehr auf seiner Hut sein, und ebendarum wird »die Mausefalle« inszeniert, weil der König vielleicht durch das, was er da sieht und hört und was er nicht vorhersehen kann, aus der Fassung, aus der Balance gebracht wird – »The play's the thing / Wherein I'll catch the conscience of the King.«[29] Und in der Tat, trotz seiner Vorsichtsmaßnahmen – »Have you heard the argument? Is there no offence in't?« – geht der König in die Falle. Er verrät sich durch seine Körpersprache: »Didst perceive?«, fragt Hamlet Horatio, »Upon the talk of the poisoning«, und Horatio darauf: »I did very well note him.«[30]

Obschon der Beweis durch den Augenschein damit erbracht ist, stehen wir erst etwa in der Mitte des Stückes. Wenn die Wahrheit ans Licht gekommen ist, warum kommt das Stück nach der »Mausefalle« nicht an sein Ende? Warum zögert Hamlet immer noch? Obwohl auch das Publikum durch Claudius' Selbstbezichtigung in seinem Monolog jetzt Bescheid weiß, ist die Frage, ob Hamlet wirklich weiß – glaubt er, was er weiß? Das einzige, was er sicher weiß, ist, daß Augenschein trügerisch sein mag – was das anbetrifft: kann man dem Geist trauen? –, und nach der ersten Euphorie, die Wahrheit herausgefunden zu haben, sackt er wieder zurück in seine skeptische Stimmung, denn, wie er früher gesagt hatte, »there is nothing either good or bad, but thinking makes it so.«[31] Das war ein geradezu konstruktivistischer Satz gewesen. Ist er nicht selbst »Sklave der Leidenschaft«, vom Haß getrieben, leider keiner jener Stoiker, deren Eigenschaften er vor dem Spiel im Spiel Horatio gegenüber aufgeführt hatte,

> Whose blood and judgement are so well commeddled,
> That they are not a pipe for Fortune's finger
> To sound what stop she please.[32]?

Fortuna mag ihm zwar jetzt in die Hände gespielt haben, aber kann das nicht wieder eine ihrer Launen sein, da ja bei ihr auf nichts Verlaß ist, nie eine Gewißheit unterstellt werden darf? Kann nicht das, was er wahrnahm, die Ausgeburt seines erhitzten, leidenschaftlichen Geistes und Blutes sein, gerade nicht das Ergebnis nüchternen Urteils? Läßt sich in dieser sprichwörtlichen Welt der Seifenblasen irgend etwas Festes und Sicheres erwarten und festhalten? Kann nicht das, was ihm als wahr erscheint, einem anderen als Phantasmagorie erscheinen, die mehr mit dem, der phantasiert, zu tun hat, als mit etwas objektiv Gegebenem? Und was heißt außerdem ›objektiv‹? Hamlets Gedanken kreisen viel mehr um sich selbst als um den König und seine Tat oder seine Mutter. Sogar in der Szene mit Rosencrantz und Guildenstern, gleich nach der »Mausefalle«, kommt er immer wieder auf sich zu sprechen statt auf ihre Anwürfe einzugehen, zweifellos in der Absicht, sie zu täuschen, doch darunter scheint die Frage ›Wer bin ich?‹ ihn umzutreiben. Kann er nicht selber der Narr Fortunas sein, wenn er das auch bestreitet – er wiederholt in diesem Zusammenhang das Bild von der Flöte und den Klappen[33] und verkündet, daß auf ihm (mit ihm) nicht gespielt werden könne – nun, sicherlich nicht von den beiden Schranzen, aber wie steht es mit den anderen, wie steht es mit dem Anderen in ihm selbst »that passes show«? Er erwähnt »the heart of my mystery«, das die Spitzel nicht »herausreißen« können. Aber kennt er selbst das Herz seines Mysteriums oder ist es ebendies, was ihn aus der Fassung bringt, mehr als das, was um ihn her geschehen ist und geschieht, wie entsetzlich auch immer es ist, was ihn aber vielleicht nur auf die eigene Spur gesetzt hat?

Was ist denn in ihm (»that within«), »which passes show«? In seinen Monologen rast und schmäht er, plant er und sinnt, doch was ihn wirklich bewegt und erregt – Trauer, Verlustgefühl, die Melancholie, von der wir seit Freud wissen, daß sie in einem Verlust im Ich gründet, Schmerz, vielleicht Liebe, verschmähte Liebe (Ophelias? die zu seiner Mutter?) – alles das kann er in Worten nicht ausdrücken, vielleicht weil diese Gefühle sich in Worten nicht sagen lassen, vielleicht weil sie von den Normierungen einer kodifizierten Sprache, die jeglichen Selbstausdruck unterläuft und verbietet, absorbiert worden sind. Um so größer ist der Schock, wenn er den Ersten Schauspieler die Hecuba-Rede vortragen hört, diesen klagenden Ausbruch von Schmerz und Leidenschaft, der sogar den, der ihn spricht, den Schauspieler, zum Weinen bringt. Die bemerkenswerte Pointe ist hier, daß der Schauspieler nicht die Erschlagung des Priamus und die Verzweiflung Hecubas ausagiert, sondern daß er sie erzählt. Er erzeugt dadurch die doppelte Illusion eines Boten, der von dem Entsetzlichen, das er gesehen hat, erschüttert ist, und der erzählten Szene selbst, die die Zuhörer sich in ihrer Phantasie vorstellen müssen, wodurch die Wirkung noch einmal gesteigert wird. (Ähnlich hatte der Geist Hamlet sich die Schrecken der Hölle imaginieren lassen.) Doch der Schauspieler insinuiert, daß diese doppelte Illusion als Wirklichkeit aufzufassen ist – »Who this had seen ...«, »if the gods themselves did see her then«, »Unless things mortal move them not at all«[34] usw. Was Hamlet bei dieser Rede so in Rage bringt, ist, daß offensichtlich die *Darstellung* einer Emotion, »in a fiction, in a dream of passion«[35], die Zuhörer und den, der sie spielt, zu Tränen zu rühren vermag, wohingegen eine ›wahre‹ Empfindung das nicht kann. Das Probestück des Schauspielers widerlegt Hamlets eigene prahlerische Versicherung bei seiner ersten Begegnung mit der Mutter: »they« – die äußeren Zeichen der Trauer –

> … are actions that a man might play;
> But I have that within which passes show,
> These but the trappings and the suits of woe.[36]

Jetzt sitzt er in der Falle seiner eigenen Worte und seiner überheblichen Selbstgewißheit. Er beginnt zu begreifen, daß Illusion, Simulation, Vorspiegelung einen höheren – oder wahreren – Wirklichkeitsgrad haben mögen als sie – Wirklichkeit, Wahrheit – ›an sich‹ und ›für sich‹ haben, wenn einer kein Solipsist ist, sondern teilhat an einer Diskurswelt. Hamlet faßt die Kunst des Schauspielers als die des Höflings, der »sprezzatura« beherrscht, zusammen, denn er

> Could force his soul so to his own conceit
> That from her working all his visage wann'd,
> Tears in his eyes, distraction in his aspect,
> A broken voice, and his whole function suiting
> With forms to his conceit? And all for nothing!
> For Hecuba!
> What's Hecuba to him, or he to her,
> That he should weep for her?[37]

Hamlet ist durch die Rede völlig außer sich geraten und häuft Verwünschung über Verwünschung nicht gegen das Konstrukt der Illusion und der Täuschung, sondern gegen sich selbst und gegen den König. Seine aufgestauten, so lange in Schach gehaltenen Gefühle brechen durch. Zum ersten Mal verliert er gänzlich die Kontrolle über sich, und seine Verse laufen grammatisch und metrisch aus dem Ruder.

Warum? Der offensichtliche Grund scheint zu sein, daß er zu handeln versagt, wenn er es sollte. Aber was hat das mit der Vorführung, mit dem Vor-Sprechen des Schauspielers zu tun? Es scheint um mehr zu gehen. Zuerst stellt er sich vor, wie der Schauspieler seinen, Hamlets, Schmerz vorführen würde – »the motive and the cue for passion, / That I have«[38] – und welche szenenerschütternde Show, mit allen Registern tragischer Katharsis, es ihm daraus zu machen gelänge. Was von ihm erwartet wird, wie er meint, kann Hamlet sich also nur als große Show vorstellen, im Einklang mit seiner Charakterbildung als Höfling. Als nächstes begreift er die Untauglichkeit seiner Sprache – Sprache in den Kodifikationen jeweiliger Situationen –, wahrhaftig und aufrichtig auszudrücken, was er fühlt und denkt. Es gibt keine Worte für seinen eigenen, seinen ganz eigenen Schmerz, für sein Leid, seine Leidenschaft, seine Trauer. Durch die Rede des Ersten Schauspielers wird er sich der großen Kluft bewußt zwischen »that within which passes show« und der Möglichkeit, oder vielmehr der Unmöglichkeit, ihres Ausdrucks. Es ist der Abgrund, der sich unter der Höflingserziehung auftut:

> Yet I,
> A dull and muddy-meddled rascal, peak
> Like John-a-dreams, unpregnant of my cause,
> And can say nothing ...[39]

Er lernt – und es ist diese Ahnung der Selbstentfremdung, die ihn verrückt macht und aus dem Gleichgewicht, »out of joint«, bringt –, daß der Ausdruck des »within« nur möglich ist als Show, als Dissimulation – als Verzerrung also, als Lüge –: das Agieren eines Spielers, der um Hecuba weint. Es ist dieser Selbstwiderspruch – der Selbstwiderspruch des Höflings –, der ihn erschüttert. In der Figur Hamlets ist die bis zum Zerreißen gespannte Verknotung von Nicht-mehr und Noch-nicht inszeniert: einerseits gibt es nur die Konventionen für den Ausdruck der großen, alles-verzehrenden Passionen – Liebe und Tod, Schmerz, Verzweiflung, Trauer –, andererseits dämmert die Unangemessenheit dieser Formen, ohne daß es schon ein neues Vokabular gäbe, nur das erstickte Gestammel, es müßte eines geben. Dies würde die vielen indirekten Reden erklären, die Konditionalsätze, die Annäherungen ex negativo, die Wenn und Abers: *Wenn* der Schauspieler meine Leidenschaft hätte, was würde er tun und sagen? *Wenn* mir erlaubt wäre, von den Geheimnissen der Hölle zu erzählen, würde dein junges Blut gefrieren. Wenn etwas nicht gesagt wird, sondern nur auf seine – nennen wir sie: erhabene – Unausdrückbarkeit verwiesen wird, ist zwar die Imagination gefordert und wird der dramatische Effekt gesteigert. Gleichzeitig zeigt dies aber ein Versagen der Sprache an vor solchem, das erst verschwommen bewußt ist, das jenseits der Sprache steht wie Liebe oder Trauer, das jenseits der symbolischen Ordnung ahnbar wird und in die Primärprozesse zurückreicht. Hamlet hatte stolz verkündet: »I have that within which passes show.« Allmählich wird ihm bewußt, daß er nicht weiß, was das ist: es bleibt für ihn *das* Geheimnis, »the mystery of my heart«. Wenn er sich einen »John-a-dreams« nennt, so bezieht er sich, denke ich, auf jene unartikulierte chaotische Sphäre, die später das Unbewußte genannt werden würde, dieses noch »unentdeckte Land«, in dem drohende Bestien hausen. Hamlet steht diesem amorphen »within« gegenüber, für das er keinen Ausdruck findet. Das ist der Grund, weshalb er entweder »must ... fall a-cursing like a very drab«[40] in einem ohnmächtigen Ausbruch von »Schall und Wahn«, oder der einzigen Sprache der symbolischen Ordnung, die er kennt, verhaftet bleibt, der des Als-ob der Dissimulation. Im Gegensatz zu den anderen Figuren im Stück, außer Ophelia, ist er sich der Double-bind-Struktur dieser Sprache bewußt, doch eine andere steht ihm nicht zur Verfügung. Zu Ophelia ist in unserem Zusammenhang zu sagen, daß sie ein Inbild der mentalen, emotionalen und physischen Folgen des Höflingsideals ist, wenn private und öffentliche Sphäre, Agieren und ›Leben‹ unentwirrbar durcheinander geraten. Ihren Weg hätte wohl auch Hamlet genommen, wenn nicht durch sein reflexives Zögern immer wieder ein Aufschub eingebaut gewesen wäre, wie verzweiflungsvoll und selbstdestruktiv auch immer.

Später, in einem wiedergewonnenen Augenblick der »disinvoltura«, gibt Hamlet seinen berühmten Rat an die Schauspieler. Er heißt sie »to use all gently«, weder zu übertreiben noch zu untertreiben: »for in the very torrent, tempest, and, as I may say, whirlwind of your passion, you must acquire and beget a temperance that may give it smoothness.«[41] Der Schauspieler muß die Affekte, die er auszudrücken wünscht, kontrollieren und sie so über die Bühne bringen, daß sie glaubhaft, nicht als gespielt, sondern als ›wirklich-wahr‹ erscheinen, indem »the action to the word, the word to the action« passen (also keine ›theatralischen‹ Gesten). Dies ist die Erzeugung von Realität als Illusion. Ist das eine geheime Selbstkorrektur und steht im Gegensatz zu den Schlüssen, die er aus dem Vortrag des Schauspielers gezogen hatte, in denen gerade die Übertreibung des Außer-sich-Seins gefordert war? (Vom Zerreißen des »general ear« war da die Rede gewesen, in merkwürdigem Kontrast zum Privaten und Geheimen, »that within«.) Oder gehört seine Raserei, auch die in der Schlafzimmerszene, zum Prinzip der Übereinstimmung von Wort und Spielweise, wie sie vom Publikum gewiß aufgefaßt wird? Die Übertreibung, die er kritisiert, wäre in seinem eigenen Fall eine notwendige Komponente, um die Illusion des Wahnsinns überzeugend zu spielen. Wie dem auch sei, die Bedingungen höfischen Verhaltens werden jetzt als die Voraussetzungen und die Grundausstattung eines neuen Schauspielertyps reklamiert. Das wird noch klarer in dem, was folgt, und was wie ein direktes Zitat aus dem *Cortegiano* klingt: »o'erstep not the modesty of nature«, denn »the purpose of playing«, sein »end«, »was and is to hold as 'twere the mirror up to nature.«[42] Die Aufgabe des Schauspielers ist dann also eine »simulazione della natura«, die nur möglich ist, wenn er seine Kunst verbirgt, ihm die »dissimulazione dell'arte« gelingt und er »sprezzatura«, oder was Hamlet »smoothness« nennt, erreicht. Die Erschaffung des Anscheins als einer zweiten Natur hat schließlich ihren fest umschriebenen Ort gefunden.

In der Kunst des Schauspielers hat der heuchelnde Höfling seinen katastrophischen Kollaps überlebt. Das war ein Geniestreich Shakespeares: für Illusionsbildung sind wir Theaterleute zuständig. Aus der Welt waren die Baugesetze des Höflings damit nicht. Bei der Entstehung der frühmodernen Gesellschaft gewannen die Prinzipien von Simulation und Dissimulation sogar noch an Bedeutung, und nicht nur für die ›Weltweisen‹, die auf ein Fortkommen in der Gesellschaft, eine ›Position‹, aus waren. Das Konzept erreichte den privaten Raum und wurde zur Konstruktion von Subjektivität erweitert, wie sich zum Beispiel an Baltasar Graciáns außerordentlich erfolgreichem *Oráculo manual y arte de prudencia* (1647) zeigt. Zahllose deutsche Handbücher setzen die Linie fort.[43] In Torquato Acettos erstaunlichem Traktat *Della dissimulazione onesta* (1641) ist Verschleierung das alles beherrschende Prinzip dieser Welt.[44] So empfiehlt er Selbsttäuschung und Täuschung zwischen Liebenden als notwendige Erträglichkeitsstrategien. Selbst die Schönheit ist am Ende nichts als Dissimulation, indem sie den ihr innewohnenden Verfall nur verschleiert. Auf der anderen Seite ist ein Entlarvungsapostel im Namen der Aufrichtigkeit und ungeschminkten Wahrheit eine tragikomische, in der Gesellschaft nicht lebensfähige Figur, wie Alceste, der *Misanthrope* Molières (1666), der Hamlets »I know not

›seems‹« durchzuspielen versucht. Sein weltkluger Freund Philinte erinnert ihn vergeblich daran, daß, ist die Gesellschaft auch korrupt, es gewisse Regeln, ›Formen‹ eben, gibt, auch wenn sie verheuchelt sind, um einigermaßen erträglich in ihr auszukommen. Noch einmal zwei Generationen später wird dann Mandeville, der den Konnex zwischen privaten Lastern und öffentlichem Nutzen herstellte, scharfsinnig begründen, »aller sozialer Verkehr« würde »aufhören, wenn wir durch Kunst und kluge Verstellung (dissimulation) nicht gelernt hätten, Gedanken zu verbergen und zu verheimlichen. Läge alles, was wir denken, anderen ebenso deutlich vor Augen wie uns selbst, so würden wir uns, mit der Fähigkeit der Sprache ausgestattet, unmöglich gegenseitig ertragen können.«[45] Damit hätten die Claudiusse dieser Welt sich dann doch durchgesetzt. Erst Rousseau wird im Namen der ›Herzensregungen‹ den Windmühlenkampf gegen Lüge und Heuchelei wieder aufnehmen, nicht ohne sich darein, wie Hamlet, zu verstricken.

1 In den Wendungen Schlegels: »Doch zu beharren / In *eigenwill'gen Klagen*, ist das Tun / *Gottlosen Starrsinns*, ist *unmännlich Leid;* / ... zeigt *blöden, ungelehrigen Verstand.*« (I, ii, 92 ff.)
2 »... stürmisches Geseufz *beklemmten Odems* ... *gebeugte* (wörtlicher: betrübte, niedergeschlagene) *Haltung des Gesichts* ...« (I, ii, 79, 81)
3 »Es sind Gebärden, die man *spielen* könnte. / Was *über allen Schein, trag ich in mir.*« (I, ii, 85 f.) Zuvor hatte er zur Königin gesagt: »*Mir gilt kein ›scheint‹.*«
4 Claus Uhlig, »Schein und Sein bei Hofe: Reformierter Humanismus und englische Renaissance«, in: August Buck (Hg.), *Höfischer Humanismus*, Weinheim: VCH Acta Humaniora, 1989, S. 195-214
5 »Durch einen Umweg auf den Weg zu kommen«. (II, i, 66)
6 Jacques Revel, »Vom Nutzen der Höflichkeit«, in: Philippe Ariès, George Duby (Hg.), *Geschichte des privaten Lebens*, Bd. 3, *Von der Renaissance zur Aufklärung*, Frankfurt: S. Fischer, 1991, S. 173-211.
– Für die langfristige gesellschaftliche Umschichtung und den entstehenden Mechanismus sind die Studien von Norbert Elias immer noch maßgebend. Siehe *Über den Prozeß der Zivilisation*, Bern-München: Francke, 1969, 2 Bde.
7 Ursula Geitner, *Die Sprache der Verstellung, Studien zum rhetorischen und anthropologischen Wissen im 17. und 18. Jahrhundert*, Tübingen: Niemeyer, 1992
8 Zu Rosencrantz und Guildenstern: »... es fehlt mir an Beförderung.« (III, ii, 331)
9 Baldassare Castiglione, *Il Cortegiano*, a cura di Carlo Cordié, Milano: Mondadori (edizione Oscar), 1991, I, xxxvi, 47. (»Wie eine sehr schroffe und gefährliche Klippe« muß der Höfling die Affektiertheit vermeiden.)
10 *The Book of the Courtier*, translated by Sir Thomas Hoby, London: Everyman, 1959, 46. Die Übersetzung, die 1561 zuerst erschien, wurde 1577, 1588 und 1603 nachgedruckt. Das Wort ›curiousnesse‹, mit dem Hoby ›affettazione‹ übersetzt, deckte ein breites Bedeutungsspektrum, zu dem auch ›Übergenauigkeit‹, ›Skrupulosität‹, ›Verzärtelung‹ gehörte. An der sich durchsetzenden Bedeutung ›Neugier‹ haftet noch immer der alte ›Curiositas‹-Verdacht.
11 »... um vielleicht ein neues Wort zu benutzen: er muß sich bei allem einer bestimmten sprezzatura bedienen und zu erkennen geben, daß das, was er tut und sagt, ohne Anstrengung und gleichsam ohne Nachdenken gemacht ist.«

12 Bei Hoby wird ein semantisches Feld aus ›Unachtsamkeit‹ und ›Wendigkeit‹ nahegelegt. Mit seiner Ergänzung der ›slight conveyence‹ meint er die Beiläufigkeit der Übermittlung. An der früheren Stelle hatte er ›sprezzatura‹ mit dem kaum positiv zu wendenden ›disgracing‹ übersetzt.

13 *Il libro del Cortegiano*, Note di Nicola Longo, Milano: Garzanti, 1981, 60 (nota 9). Eine brillante Analyse des paradoxen Begriffs der ›sprezzatura‹ gibt Giulio Ferroni, »Sprezzatura e simulazione«, in: Carlo Ossola (Hg.), *La Corte e il »Cortegiano«*, I, La Scena del Testo, Roma: Bulzoni, 1980, 119-148.

14 In seinem Essay »Of Simulation and Dissimulation« unterscheidet Francis Bacon »three degrees of this Hiding, and Vailing of a Mans Selfe. The first *Closenesse, Reservation*, and *Secrecy*; when a Man leaveth himselfe without Observation, or without Hold to be taken, what he is. The second *Dissimulation*, in the *Negative*; when a man lets fall Signes, and Arguments, that he is not, that he is. And the third *Simulation*, in the Affirmative; when a Man industriously, and expressely, faigns, and pretends to be, that he is not.« (»Drei Grade des Verbergens oder der Verschleierung des Selbst. Der erste ist Verschlossenheit, Reserviertheit und Verschwiegenheit, wenn ein Mann sich unbeobachtet gibt oder ohne daß Anzeichen erkennbar sind, was er ist. Der zweite ist Dissimulation, im negativen Sinne: wenn ein Mann Andeutungen macht, daß er nicht der ist, der er ist. Und der dritte ist Simulation, im positiven Sinne: wenn ein Mann mit Fleiß, und ausdrücklich, so tut als ob und vorgibt zu sein, was er nicht ist.«)

15 »Daß einer lächeln kann und immer lächeln / Und doch ein Schurke sein ...« (I, v, 108)

16 »... alle törichten Geschichten, / Aus Büchern alle Sprüche, alle Bilder, / Die Spuren des Vergangnen, welche da / Die Jugend einschrieb und Beobachtung.« (I, v, 100f.)

17 »Ein wunderliches Wesen anzulegen« (I, v, 180). Das Wort ›antic‹ heißt allerdings nicht ›wunderlich‹, wie Schlegel hier übersetzt, sondern ›grotesk‹. Vgl. hierzu den folgenden Aufsatz in diesem Band, »Der groteske Hamlet«.

18 »Però chi ha da accomodarsi nel conversare con tanti, bisogna che si guidi col suo giudicio proprio e, conoscendo le differenzie nell'uno e dell'altro, ogni dì muti stile e modo, secondo la natura di quelli con chi a conversar si mette.« (II, xvii), op. cit., 111f. – »Therefore he that must be plyable to bee conversant with so

many, ought to guide himselfe with his own judgement. And knowing the difference of one man and an other, every day alter, fashion and manner according to the disposition of them he is conversant withall.« op. cit., 105. Hoby übersetzt hier Castigliones »natura« mit »disposition«. »Aber da er sich dem Umgang mit so vielen anpassen muß, muß er sich von seinem eigenen Urteil leiten lassen und, da er die Unterschiede des einen und des anderen kennt, muß er jeden Tag Verhalten und Manieren entsprechend der Natur derer, mit denen er umgeht, ändern.«

19 Bis 1603 (ein mögliches Datum der Entstehung des *Hamlet*) listet Peter Burke 119 verschiedene Ausgaben auf, vor allem italienische natürlich. Die Übersetzungen sind in chronologischer Reihenfolge: spanisch (17 Ausgaben), französisch (23 Ausgaben), lateinisch (12 Ausgaben), englisch (4 Ausgaben), deutsch (2 Ausgaben). Siehe Peter Burke, *Die Geschichte des »Hofmanns«*, Berlin: Wagenbach, 1996, 203 ff.

20 *Heinrich VI*, 3. Teil, III, ii, 191 ff. (Schlegel)

21 II, ii, 196 ff.

22 »*Der Teufel Angewöhnung*, der des Bösen / Gefühl verschlingt, ist hierin Engel doch: / Er gibt der Übung schöner, guter Taten / Nicht minder eine Kleidung oder Tracht, / Die gut sich anlegt.« (III, iv, 163 ff.)

23 »Nehmt eine Tugend an, die Ihr nicht habt.« (III, iv, 162)

24 Bacon konstatiert in dem in Anm. 14 zitierten Essay: »Die Entdeckung von eines Mannes Selbst in seinen Gesichtszügen ist eine große Schwäche und ein an den Tag geben; um wieviel ist es bezeichnender, um wievielemale glaubhafter als eines Mannes Worte.«

25 Übertriebenes Spiel »out-herods Herod«, weist Hamlet die Schauspieler an (III, ii, 14). Es »übertyrannt den Tyrannen«, übersetzt Schlegel.

26 »O welch ein edler Geist ist hier zerstört! / Des Hofmanns Auge, des Gelehrten Zunge, / Des Kriegers Arm, des Staates Blum und Hoffnung, / Der Sitte Spiegel und der Bildung Muster, ...« (III, i, 52 ff.)

27 »Ist dies schon Tollheit, hat es doch Methode.« (II, ii, 205 f.)

28 Der König hatte gefragt: »How fares our cousin Hamlet?«, womit er meint, wie Hamlet sich befinde, dieser aber den Nebensinn von ›fare‹, ›speisen‹, aufgreift: »von dem Chamäleonsgericht«. (III, ii, 93)

29 »Das Schauspiel sei die Schlinge, / In die der König sein Gewissen bringe.« (II, ii, 601 f.)
30 Claudius: »Habt Ihr den Inhalt gehört? Wird es kein Ärgernis geben?« (III, ii, 227) – Hamlet: »Merkst du?« – Horatio: »Sehr gut, mein Prinz.« – Hamlet: »Bei der Rede vom Vergiften?« – Horatio: »Ich habe ihn genau beachtet.« (III, ii, 281 ff.)
31 »... an sich ist nichts weder gut noch böse, das Denken macht es erst dazu.« (II, ii, 249 f.)
32 »Ein Mann, der Stöß und Gaben vom Geschick / Mit gleichem Dank genommen: und gesegnet, / *Wes Blut und Urteil sich so gut vermischt, / Daß er zur Pfeife nicht Fortunen dient, / Den Ton zu spielen, den ihr Finger greift.*« (III, ii, 69 ff.)
33 Beide Male ist von »pipe« und »stop« die Rede. Schlegel übersetzt das erstemal mit »Pfeife« und »greifen« (Anm. 32), das zweitemal (III, ii, 336 ff.) mit »Flöte« und »Griff«.
34 »Wer das gesehen ...«, »Doch wenn die Götter selbst sie da gesehn«, »Ist ihnen Sterbliches nicht gänzlich fremd ...« (II, ii, 506 ff.)
35 »Bei einer Dichtung, einem Traum / Der Leidenschaft« (II, ii, 546)
36 »Es sind Gebärden, die man spielen könnte. / Was über allen Schein trag ich in mir; / All dies ist nur des Kummers Kleid und Zier.« (I, ii, 84 ff.)
37 »(Der Spieler hier) vermochte seine Seele / Nach eignen Vorstellungen so zu zwingen, / Daß sein Gesicht von ihrer Regung blaßte, / Sein Auge naß, Bestürzung in den Mienen, / Gebrochne Stimm und seine Haltung / Gefügt nach seinem Sinn. Und alles das um nichts! / Um Hekuba! / Was ist ihm Hekuba, was ist er ihr, / Daß er um sie soll weinen?« (II, ii, 545 ff.)
38 »Hätte er / Das Merkwort und den Ruf zur Leidenschaft / Wie ich.« (II, ii, 555 f.)
39 »Und ich, / Ein blöder, schwachgemuter Schurke, schleiche / Wie Hans der Träumer, meiner Sache fremd, / Und kann nichts sagen ...« (II, ii, 561 ff.)
40 »... muß ... mich aufs Fluchen legen wie ein Weibsbild.« (II, ii, 582)
41 »... behandelt alles gelinde«. Im Original, in »gently«, ist noch die Höflichkeit, die Verbindlichkeit mitzuhören. – »Denn mitten in dem Strom, Sturm und – wie ich sagen mag – Wirbelwind eurer Leidenschaft müßt ihr euch eine Mäßigung zu eigen machen, die ihr Geschmeidigkeit gibt.« (III, ii, 5 ff.)

42 »... *paßt die Gebärde dem Wort, das Wort der Gebärde an*; wobei ihr sonderlich darauf achten müßt, niemals die *Bescheidenheit der Natur* zu überschreiten. Denn alles, was so übertrieben wird, ist dem *Vorhaben des Schauspielers* entgegen, dessen Zweck sowohl anfangs als jetzt *war und ist, der Natur gleichsam den Spiegel vorzuhalten.*« (III, ii, 17 ff.)
43 Siehe die sehr materialreiche Arbeit von Ursula Geitner (Anm. 7)
44 Der Text stand mir nur in einer kürzlich erschienenen deutschen Übersetzung, *Von der ehrenwerten Verhehlung*, übersetzt von Marianne Schneider, Berlin: Wagenbach, 1995, zur Verfügung.
45 Bernard Mandeville, *Die Bienenfabel oder Private Laster, öffentliche Vorteile*. Einleitung von Walter Euchner. Frankfurt: Suhrkamp, 1968, S. 379. Das Zitat findet sich in dem Essay »Eine Untersuchung über die Natur der Gesellschaft«, der der zweiten Auflage von 1723 hinzugefügt wurde.

Der groteske Hamlet

Hamlets letztes Wort ist dreifach überliefert. In der Fassung, die in der zweiten Quarto-Ausgabe von 1605 steht, und auf die man sich vielleicht deshalb geeinigt hat, weil sie sich als Sentenz eignet, sagt er: »The rest is silence«, mit dem kaum mehr herauszuhörenden Doppelsinn von »Rest« und »ewiger Ruhe«. Wenn man sich diese Ruhe im Schweigen vorstellt, mag einem das Psalmenwort in den Sinn kommen, wie Shakespeare es in der Geneva Bible hätte gelesen haben können: »The dead praise not the Lord, nether anie that go downe into the place of silence« (115, 17). Das wäre nicht eben ein christlicher Abgang; man denkt eher an die Unterwelten Homers und Vergils und ist erst wieder beruhigt, als Horatio schnell einspringt und die Seele dann doch noch nach oben empfiehlt. Damit scheint ein angedeutetes Skandalon vertuscht worden zu sein.

Die zwei Jahre ältere, die sogenannte schlechte Quarto-Ausgabe, basiert auf einem eilig mitstenographierten Text. Der Schreiber hat die Sterbeszene nicht recht mitbekommen und setzt etwas her, was seiner Erinnerung nach, vermutlich, Sterbende von sich geben: »heauen receiue my soule.« Der Schreiber hat sich richtig erinnert, denn genau in dieser Tonlage, mit dieser Haltung, stirbt zumindest die Elite – nur vermutlich nicht Hamlet. Auch im Tod noch durchkreuzt er die Erwartungen eingespielter Rituale.

Die dritte Version des letzten Wortes findet sich in der quasi-authentischen First Folio-Ausgabe von 1623 und lautet: »The rest is silence. O, o, o, o.« Dieses vierfache »O« haben die Herausgeber, ich glaube einmütig, einem Setzer zugeschrieben, der nicht wußte, was er tat, der sich irrte oder der sich versah, und es folglich gestrichen. In der Tat bringen die Vokale einen merkwürdig unpassenden, unangepaßten Ton in die Gefaßtheit dieses Sterbens, ein Memento des

Hic et nunc eines ausröchelnden Leibes, Schmerz contra Gelassenheit. Nach den Gesetzen des »Decorum« gehören sie nicht dazu, sie stören, öffnen vielleicht das Nachdenken über die zweideutige Sentenz, verzögern deren Überdeckung durch Horatios Pietätsgestus.[1] Aber ist Hamlet nicht ein Störer? Ist Unangemessenheit, Bizarrerie, Richtungsänderung nicht eine Signatur seines Charakters, seines Habitus, seiner Sprache? Könnte es sein, daß Shakespeare Hamlets Gebrochenheit, die Dezentriertheit des Charakters, durchgehalten hat bis zum letzten Wort, zur letzten Verlautbarung der Figur? Der so befremdliche, verfremdende, irritierende Schluß kann uns jedenfalls den Anfang des Stückes in Erinnerung rufen.

Hamlet wird mit Rätselworten eingeführt. Nach über 60 Versen Hofzeremoniell, Hofgeschäften, die in erwartbarer Ordnung ablaufen, wendet sich der König endlich an ihn – »But now, my cousin Hamlet, and my son –«[2], wird aber sofort ganz unhöfisch unterbrochen: »A little more than kin, and less than kind«, also etwa »mehr als verwandt« und »weniger als verwandt« zugleich. Der König geht auf den Affront nicht ein und fährt fort: »How is it that the clouds still hang on you?«, was Hamlet mit einem Wortspiel quittiert: »Not so, my lord, I am too much in the sun.«, also »ich bin nicht umwölkt, sondern stehe zu sehr in der Sonne (der Majestät?)« und zugleich: »ich sinne noch zu sehr dem Wort ›Sohn‹ nach.« Beides sind im Kontext unpassende, ungehörige Antworten, die aber zugleich von Anfang an Hamlets Mobilität, sein Hinaustänzeln aus dem gesetzten Rahmen, belegen. Wortspiele sind Kontextbrüche. Sie mögen in neue Kontexte führen, meist sind sie Momente der Irritation, der Verzögerung, der Störung, die blitzartig etwas erhellen, was nicht dazugehört, was das Gesprochene als Form der Distanzierung bloß umrankt, auch entstellt, oder solches, was auf den Abgrund des Nichtgesagten, des Ungehörigen, des Nichtwahrgehabten, auch des Verdrängten, zeigt, wie in Hamlets Repliken. Schon bei Hamlets erstem Auftritt haben wir es also mit einer Figur zu tun, die eingespielten Regeln nicht folgt, die nicht paßt, die ihr eigenes Spiel spielt. Halten wir das als Phänomen fest und versuchen nicht, es psychologisch oder handlungsbezogen zu motivieren.

Als der Geist, »this thing«, erscheint, fragt Hamlet ihn, was das bedeute, warum das Grab »Hath op'd his ponderous and marble jaws«, warum er die Nacht »hideous« mache und »we fools of nature / So horridly to shake our disposition / With thoughts beyond the reaches of our souls?«[3] Auch der Geist ist ein Ding, das stört und unterbricht, das vor allem die Fassungskraft durch sein Dazwischentreten überschreitet. Ob sich die Stelle so freilich paraphrasieren läßt, ist fraglich, obwohl in den Kommentaren darüber Einmütigkeit zu herrschen scheint. »Disposition« heißt in der lateinischen Grundbedeutung, die auch fürs Englische noch galt und gilt, die richtige oder angemessene Anordnung, etwa von Gebäude- oder Heeresteilen; dann die entsprechende Anordnung der Argumente in der Logik und der Rhetorik (bekanntlich ist die »dispositio« der Teil der Rhetorik, der für das Arrangement des Materials zuständig ist). Erst danach kommt es zu einer Bedeutungserweiterung im Sinne einer geistig-seelischen, auch körperlichen Verfassung, bis hin zu ihrer natürlichen, das heißt gottgewollten und gesellschaftlich vermittelten Anlage. Das Gemäße, Recht-Proportionierte ist also im Wort »disposition« immer mitzuhören. Und eben das wird erschüttert, »horridly«, durch eine ganz andere Form der Anschauung, der »unsere Seelen« – gemeint mit dem Plural sind vielleicht auch die drei Fakultäten der Seele, also die Gesamtheit ihrer psychophysischen und kognitiven Anteile – nicht zu folgen vermögen.

Aber etwas folgt ihr, der anderen Form der Anschauung, doch, oder wird von ihr ausgelöst, mobilisiert einen anderen Teil des Hirns: die Imagination. Als Hamlet sich nicht aufhalten läßt, dem »Ding« zu folgen, sagt Horatio: »He waxes desperate with imagination.«[4] Die Imagination ist bei den Elisabethanern, wie diese Stelle belegt, in der Regel negativ besetzt, denn sie gründet nicht in den Sinnen, hat kein Analogon in der Anschauung der Natur oder, wie es im »Sommernachtstraum« heißt, »Imagination bodies forth the forms of things unknown«. Imagination ist gefährlich. Sie äußert sich in den Wahngebilden der Irren, den Phantasmen der Träume, den Einbildungen derer, die nicht bei sich sind, wie etwa Liebende. Diese Äußerungsformen verstoßen gegen jede Norm, setzen eine je eigene Realität gegen die wahre, von anderen geteilte, überprüfbare, entziehen sich der Kontrolle und sind daher bedrohlich, sowohl für den, der sie hat oder von sich gibt, wie für die anderen. Sie mögen übrigens durch Geister verursacht sein, wie im Falle Hamlets nach Horatios Meinung, wären dann aber keineswegs Wahngebilde, sondern, da auch anderen sichtbar, Manifestationen einer fremd- und abartigen Realität, die Gesetzen »contra naturam« folgt, und da haben die Teufel und Hexen die Hände meist im Spiel.

Was und wie solche Imagination visualisiert, läßt Shakespeare den Geist in den Bildern, mit denen er sich einführt, sagen, wobei auffällt, daß er sie gleich in ihrer Wirkung auf die Psychophyse Hamlets beschreibt und ihren Inhalt gerade nicht ausführt, so daß es der wuchernden und amorphen Phantasie des Angesprochenen, und mithin des Publikums, überlassen bleibt, was die horrende Wirkung zweifellos erhöht. Wäre es mir erlaubt, sagt er, dir von den Geheimnissen meines Gefängnisses zu erzählen – und dieses Verbot mag auch in der erbittert diskutierten Abschaffung des Fegefeuers durch die Protestanten begründet sein –, deine Seele würde aufgerissen wie mit einer Egge, dein junges Blut würde gefrieren, würde

Make thy two eyes like stars start from their spheres,
Thy knotted and combined locks to part,
And each particular hair to stand an end
Like quills upon the fretful porpentine.[5]

Der so im Konjunktiv vorgestellte Hamlet wirkt in seiner Mischung aus Grauen und Groteske, Schrecken und Lächerlichkeit wie eine Erfindung der damals in Europa populären Höllenbreughel oder Bosch: die Augen, die aus ihren Höhlen schießen wie vom Himmel stürzende Sterne, die einzeln zu Berge stehenden Haare wie die Federkiele des Stachelschweins. Gerade die Kombination des Nicht-Zusammenpassenden, die Mischung entlegener, erhabener und derb-komischer Bildbereiche, ist charakteristisch für diese absurde Vision eines Malertraums.[6] Nach solcher Vorbereitung wird dann die eigentliche Mordgeschichte eher nach den Gesetzen der Wahrscheinlichkeit, des realistisch Vorstellbaren, geschildert, deren Grauen gerade durch den Verzicht auf Bilder, den technischen Ablauf, die Geschäftsmäßigkeit des Tückischen nur erhöht wird. Hamlets Reaktion ist ein Selbstappell zur Fassung, die aber unterlaufen wird durch die vielen Ausrufungen, Wiederholungen, metrischen Unregelmäßigkeiten, die auf sein »distracted globe« hinweisen, womit er seinen Kopf meint, genausogut aber auch die Welt gemeint sein kann, in der die ortlos gewordenen Seelen aus dem abgeschafften Fegefeuer herumschwirren. Was er sich als erstes vornimmt zu tun, ist, alles Eingelernte aus seinem Gedächtnis zu streichen:

Yea, from the table of my memory
I'll wipe away all trivial fond records,
All saws of books, all forms, all pressures past
That youth and observation copied there,[7]

und das heißt wohl nichts geringeres, als die gesamte Schulweisheit der Humanisten mit ihrem aptum und proprium und decorum für nichtig zu erklären. Und nicht nur sie. Mit »forms« and »pressures« sind Abbilder gemeint, konkrete Eindrücke. Harold Jenkins, der Herausgeber der Arden-Ausgabe, schreibt in seinem Kommentar zur Stelle: »Shakespeare often uses *form* to refer to an exact image such as is given by a wax impression«. Und das wiederum würde bedeuten, daß er sich auch vom Prinzip der Naturnachahmung verabschiedet. Für alles Getilgte trägt er auf seine Schreibtafel ein: »That one may smile, and smile, and be a villain –«, also das anti-humanistische, machiavellistische Täuschungsgebot, das zu einer höfischen Verhaltensnorm avanciert war. Auch diesem Gebot liegt die Zusammenfügung von Nicht-Zusammengehörigem zu Grunde, wenn sie auch unter der Simulation von Natürlichkeit verborgen ist. Das zweite »word« im Sinne von Motto, das er vermutlich niederschreibt, sind die letzten Worte des Geistes: »Adieu, adieu, remember me.« Warum ist dies »my word« und warum wird es möglicherweise festgehalten? Es heißt ja nicht: denk an den Mord, denk an die dir aufgetragene Rache, es heißt: erinnere dich an mich. Kann das heißen, daß Hamlet sich die Erscheinung als Erscheinung, ihr »contra naturam«, die haarsträubenden Bildvorstellungen aus Grauen und Groteske gegenwärtig halten und vielleicht zum Vorbild nehmen soll? Warum sonst wäre es »my word«? Im übrigen steckt in »remember« noch der mnemotechnische Sinn des Wiederzusammensetzens getrennter Teile. Der jähe Tod – »Cut off even in the blossoms of my sin, / Unhousel'd, disappointed, unanel'd«[8] – hat Leib, Seele und Geist derart getrennt, daß der Leichnam erst Ruhe finden kann, wenn sie infolge von Buße und Sühne wieder vereint sind und damit nachträglich der gottgefällige Abschluß des irdischen Lebens erreicht ist. (Es wirkt hier immer noch die mittelalterliche Schreckensvorstellung nach, im Schlaf vom

Tod überrascht zu werden.) Bis dahin fristen sie gewissermaßen ein Dasein als disjecta membra, suchen in ihrer dreifachen Fragmentierung Hamlet heim und setzen seine gefährliche Imagination – als etwas, das kein fundamentum in re hat, für ihn aber gleichwohl von Mal zu Mal real ist – in Gang.[9] Der Geist hat eine eigene Wirklichkeit, indem er auch anderen sichtbar ist, zugleich ist er eine Ausgeburt der Phantasie Hamlets, wie sich viel später in der Schlafzimmerszene zeigt. Dieser Widerspruch soll zunächst so stehen bleiben.

Als Horatio und Marcellus Hamlet mit Fragen bestürmen, was der Geist gewollt habe, will er verständlicherweise nichts sagen, führt statt dessen eine Slapstick-Komödie auf und treibt sogar seinen Spott mit dem Geist, der ihn eben noch bis ins Innerste erschüttert hat und der jetzt wie in einem Rüpelspiel sein »Swear« von unter der Bühne heraufdröhnt – Horror und Burleske nebeneinander. Hamlet führt etwas vor, dem er als seinem künftigen Erscheinungsbild auch einen Namen gibt: »an antic disposition«:

As I perchance hereafter shall think meet
To put an antic disposition on –[10]

Was heißt »antic disposition«? Die Kommentare bieten ein breites Synonymenangebot: von »altmodisch« und »merkwürdig« (»quaint«) bis zu »närrisch« und »verrückt«, und man hat zurecht eine Schicht der Hamletfigur in der Narrentradition nachgewiesen. Die »antic disposition« – Schlegel übersetzt »wunderliches Wesen« – ist immer gesehen worden als eine Figur der Verstellung, der Verkleidung, der Täuschung, der Maske, hinter der Hamlet verbergen kann, was er denkt, fühlt, plant. Sie ist eine Outrierung der geläufigen Höflings-Dissimulation als Vorspiegelung eines abweichenden Verhaltens, das dann meist – im Stück, in der Interpretation – als »madness« vereindeutigt wird. Aber abweichend von der Norm – »strange« oder »odd«, wie er es hier nennt – hatte Hamlet sich schon ins Stück eingeführt; die Abweichung gehört zur Ausstattung der Figur, die unter der Chiffre »antic disposition« vielleicht nur auf den Begriff gebracht ist. Noch einmal: nicht, was bedeutet das, sondern was *heißt* es?

Das verläßliche Oxford English Dictionary bietet eine überraschende Antwort: das Wort stammt ab vom italienischen *antico*, das wiederum als Äquivalent für *grottesco* verwendet wurde, das seinerseits auf *grotta* – nach John Florios Definition »a cauerne or hole vnder grounde« – zurückgeht. (Das hohle »Swear« des Geistes, das den Schrecken in eine Bizarrerie verwandelt, kommt von unter der Bühne, wie eine akustisch-szenische Vorbereitung auf die Herkunft des »antic«.) Von diesem *antico* oder *grottesco* heißt es, es sei

> orig. applied to fantastic representations of human, animal, and floral forms, incongruously running into one another, found in exhuming some ancient remains (as the Baths of Titus) in Rome, whence extended to anything similarly incongruous or bizarre: see *grotesque*.

Das OED zitiert sodann aus dem berühmten Architektur-Traktat Serlios[11] – »seguitare le uestigie de gli *antiqui* Romani, li quali costumarono di far ... diuerse bizarrie, che si dicono *grottesche*.« – und fährt fort:

> Apparently, from this ascription of grotesque work to the ancients, it was in English at first called *antike, anticke*, the name *grotesco, grottesque*, not being adopted till a century later.

Das englische »antic« ist also ganz konkret von den grotesken bildlichen Darstellungen der Römer hergeleitet. In dieser Bedeutung ist es im 16. und frühen 17. Jahrhundert geläufig und in ganz verschiedenen Zusammenhängen, auch in übertragenem Sinn, belegt. Drayton (1594) spricht von »some filthy Antike Face«, und die Rüstung von Edmund Spensers Mammon, in seiner *Fairy Queen*, ist beschrieben als »A work of rich entayle, and curious mould, / Wouen with antickes and wild Imagery«. Was also ist mit der Groteske und ihren wilden Verbildlichungen gemeint, den »wild and whirling words«, von denen Horatio spricht?

Um 1480 wurde auf dem Esquilin in Rom die Domus Aurea des Nero entdeckt, und in dem, was man für unterirdische Räume, Grotten, hielt, grub man die Fresken und Stuccaturen frei, die nach dem Fundort »grotteschi« genannt wurden.[12] Das war ein epochaler Fund, denn er veränderte auf einen Schlag das Bild von der Kunst der Antike, das aus Architektur und Skulptur gewonnen worden war. Auf den neu entdeckten Bildern war nichts zu sehen von der kaum erst wiedergewonnenen klassischen Proportion, vom Ideal der Form oder von der Nachahmung der Natur. Was zu sehen war, schien dem freien Spiel der Phantasie entsprungen: es war disproportional und disharmonisch, den Gesetzen der Natur und deren Anschauung widersprechend, additiv-dezentriert, nicht vom Zusammenhang eines Sujets oder von perspektivischen Flucht- und Augenpunkten her gedacht. Was am meisten erstaunte, war die spielerisch-leichthändige Mischung der Naturreiche, des Floralen mit dem Animalischen, des fragmentierten menschlichen Körpers mit mythologischen Versatzstücken, von Fratzen und Monsterwesen mit Gegenständen des Kunsthandwerks. Aus Blattkelchen erheben sich Säulen, ein geflügeltes Pferd steht auf dem hauchfeinen Strich einer Spirale, ein Kandelaber wird von einem Menschenkopf bekrönt, auf dem so etwas wie eine Menscheneule sitzt, neben einem Vogel schwebt ein Fisch. Ungestützt, frei schwebend, boden-, grund- und schwerelos, ein ständiges Gleiten und Entgleiten momentaner

Bildfixierungen, Metamorphose als Prinzip – wie sollte man das verstehen?[13] Man hat von »sogni dei pittori« gesprochen, Malerträumen, um das Flüchtige dieser Erscheinungen anzudeuten, aber auch schon vielleicht die überraschenden Einfälle, die sich unvorbedacht aus dem freien Spiel der Linie auf der Fläche ergaben, wie etwa auf den Randleisten in Dürers Gebetbuch Kaiser Maximilians von 1515. Andererseits konnte mit dem Nur-Oberflächigen, dem rein Ornamentalen eine Epoche sich nicht begnügen, die von der Idee eines verborgenen, okkulten, geheimen Sinnes besessen war, von Pico della Mirandolas kabbalistischen Entschlüsselungen der Vokabeln der Genesis bis zur allegorisch-moralischen oder naturgeschichtlichen Deutung der Mythologie, von der chemischen Analyse der Steine, Metalle und Pflanzen bei Paracelsus bis zu den Korrespondenzordnungen auf der Seinskette: nichts Sichtbares war nur als was es erschien. So verwundert die Überzeugung nicht, es müsse sich bei den Grotesken um Verschlüsselungen geheimen Wissens in einer Symbolsprache handeln wie bei den etwa gleichzeitig in den Bildhorizont kommenden Hieroglyphen der Ägypter.[14] In der Praxis der Nachahmung wird das von Bedeutung sein. Noch Lomazzo[15], in seinem Malerei-Traktat von 1584, sieht die Groteske in Analogie zum Emblem, das sich aber seinerseits wohl erst auf einem Mißverständnis von Groteske und Hieroglyphe heraus entwickelt hatte. Im Changieren, im Chiaroscuro zwischen spekulativem Sinnangebot und Sinnentzug hat die Groteske ihre Faszination entfaltet und der Phantasie der Maler und Stukkateure, der Architekten und Gebrauchsgraphiker, Goldschmiede und Tapetendesigner und später der Dichter einen neuen, durch die Antike legitimierten Spielraum eröffnet. Die thematische Unspezifik der Formen erlaubte es, sie entweder rein dekorativ-umspielend einzusetzen oder ihr fratzenhaft-dämonisches Potential zum Ausdruck einer nicht mehr fraglos gegebenen Ordnung, der Bedrohung durch die sich anbahnende Sinnkrise werden zu lassen, wie es die aus den Zwickeln und Supraporten befreiten, gleichsam emanzipierten und zum Tafelbild avancierten Grotesken eines Bosch und Breughel albtraumhaft zeigen. Raphael hat in der Domus Aurea Studien gemacht und sie für seine und seiner Schüler Giovanni da Udine und Giulio Romano Dekorationen der Loggien des Vatikans verwendet. Pinturicchio und Giovanni da Udine dekorierten die Chigi-Kapelle von S. Maria del Popolo mit Grotesken, Pinturicchio die Piccolomini-Bibliothek im Dom zu Siena. Signorelli brachte Grotesken am Dom von Orvieto an, Michelangelo am Grabmal Julius' II. Die Säle, Kammern und labyrinthischen Gänge der Engelsburg wurden entsprechend ausgestaltet, und so ließe die Reihe sich fortsetzen. Die Orte sind von höchster Prominenz, unter den Auftraggebern finden sich allein neun Päpste. Man kann also von einer Mode der neuen Bilderfindungen sprechen, was sich auch darin zeigt, daß sie bald auf Stichen Verbreitung finden. Auf einem Stich Marcantonio Raimondis von 1507-08 sind links zwei schlafende nackte Frauen, in Rücken- und Vorderansicht, zu sehen, rechts allerlei grotesk-schauerliche Mischwesen, Ruinen, Brände, disproportionierte Leitern, Treppen, winzige Menschenkürzel mit bizarren Schatten. Das Blatt trägt den bis heute rätselhaften Titel »Der Traum Raphaels« und könnte ein Tribut sein an den Maler, der wie keiner vor ihm das Ideal antiker Schönheit darstellte und zugleich einer der ersten war, der in seinen Begleitgrotesken das dämonische Andere der klassischen Ordnung vor Augen führte.

Nirgends wird die Irritation, die die Entdeckung der Grotesken ausgelöst haben muß, deutlicher, als wenn man den für die Renaissance bedeutendsten poetologischen Text gegenliest, die Poetik des Horaz. Sie setzt unvermittelt ein mit einem grellen Exordium, das den Groteskenmaler der Lächerlichkeit preisgibt:

Humano capiti cervicem pictor equinam
iungere si velit et varias inducere plumas
undique collatis membris, ut turpiter atrum
desinat in piscem mulier formosa superne,
spectatum admissi risum teneatis amici?

In der Übersetzung von Ben Jonson lauten diese und die folgenden Verse:

If to a Womans head a Painter would
Set a Horse-neck, and divers feather fold
On every limbe, ta'en from a severall creature,
Presenting upwards, a faire female feature,
Which in some swarthie fish uncomely ends:
Admitted to the sight, although his friends,
Could you containe your laughter? Credit mee,
This peece, my *Piso's*, and that booke agree,
Whose shapes, like sick-mens dreames, are fain'd so vaine,
As neither head, nor foot, one forme retaine.[16]

Horaz gibt noch weitere als schauerlich verworfene Groteskenbeispiele, tadelt auch diejenigen, die zwar im Einzelnen ihre Kunstfertigkeit unter Beweis stellen, aber nicht fähig, oder nicht daran interessiert sind, was sie doch sein müßten, ihm als Teil eines integrierten Ganzen seine Stelle zuzuweisen, und entwickelt dann die klassisch gewordenen Regeln, die für Maler und Dichter gleichermaßen gelten sollen: klare Disposition der Teile, Harmonie, Angemessenheit ans Sujet, Beschränkung, nicht Überbordendes, keine Stilmischungen, was sich alles daraus ergibt, daß das Dichten ein philosophisch geschultes vernünftiges Denken zur Voraussetzung hat: »scribendi recte sapere est et principium et fons.« Denjenigen, die in der debordierenden Phantastik der Grotesken eine Gefahr für Ordnung und Rationalität erkannten, lieferte Horaz die Argumente.

Aber die für die praktischen Künstler vermutlich wichtigere Autorität war Vitruv, dessen *Zehn Bücher über die Architektur* bereits 1487 im Druck vorlagen und in jedem einschlägigen Text zitiert und kommentiert wurden. Im fünften Kapitel des siebenten Buches handelt er von der Wandmalerei, die naturgetreu das abbilde oder abzubilden habe, »quod est seu potest esse«, und von diesen festumrissenen, klaren, bestimmten, abgegrenzten Dingen (»e quibus finitis certisque corporibus«) nehme sie ihre Beispiele für ähnlich gebildete Nachbildungen. Nach einer Aufzählung der für die Wände geeigneten Sujets fährt er fort:

All dies, das als Nachbildung von wirklichen Dingen entlehnt wurde, wird jetzt infolge eines entarteten Geschmacks (oder einer unbilligen Mode: iniquis moribus) abgelehnt; denn auf den Verputz malt man lieber Ungeheuerlichkeiten (monstra) als naturgetreue Nachbildungen von ganz bestimmten Dingen. An Stelle von Säulen setzt man kannelierte Rohrstengel, an Stelle von Dachgiebeln Zierwerk mit gekräuselten Blättern und Voluten, ferner Kandelaber, die die Gebilde kleiner Tempel tragen, über deren Giebel sich zarte Blumen aus Wurzeln mit Voluten erheben, auf denen sinnlos kleine Figuren sitzen, ferner Pflanzenstengel mit Halbfiguren, von denen die einen Menschen-, andere Tierköpfe haben. So etwas aber gibt es nicht, kann es nicht geben, hat es nicht gegeben.[17]

Nur ein neumodischer Geschmack (»novi mores«) kann etwas gutheißen, das so offensichtlich gegen alle Naturwahrheit verstößt und die von ihr vorgegebenen Proportionsverhältnisse (»rationes«) ignoriert. Man sieht, welches folgenreiche Thema sich hier auftut: Mimesis gegenüber anti-mimetischen Prinzipien, Naturnachahmung gegenüber freiem Spiel der Phantasie, Verpflichtung auf die Gegebenheiten der Schöpfung gegenüber der Emanzipation der Schöpferkraft des Künstlers. Man kann vielleicht sogar sagen: Klassik gegenüber Manierismus. Es verwundert kaum, daß in der Traktatliteratur die mimetische Theorie in immer ähnlichen Begründungen die herrschende blieb. Obwohl die Grotesken ihre nicht zu übersehende Präsenz unter den Händen der größten Künstler – und eben auch der Gebrauchskunst – entfalteten, werden sie im Nachdenken über Kunst von den Künstlern nicht – Leonardo und Michelangelo sind die Ausnahme – oder nur beiläufig und abschätzig erwähnt, wenn nicht rundheraus verurteilt. Während der Jahre des Tridentinums und der auf Naturnachahmung verpflichteten Reglementierungen im Gefolge der Gegenreformation ist es wohl einzig Vasari[18], der in seinen Lebensbeschreibungen Raphaels und Giulio Romanos ausdrücklich und wie selbstverständlich die Grotesken und Phantasien erwähnt, allerdings ohne sich genauer auf sie einzulassen.

Erst von Lomazzo gibt es eine Theorie der Groteske, im sechsten Buch seines Malerei-Traktats von 1584.[19] In der Groteske, schreibt er, kommt zweierlei zusammen: die bizarre Erfindung von etwas Neuem und Wunderbaren, die einer »furia naturale«, der platonischen Inspiration, entstammt, und das technische Vermögen (»arte«), das die Bizarrerie zu einer wohlgeordneten Komposition zusammenfügt. Denn die Grotesken haben »pur tropo« (das heißt »leider« oder »zu viel«) eine Freiheit, die durch »la ragione naturale« gezähmt und in die rechten Bahnen einer Ordnung gelenkt werden müßte. Was er mit »ragione naturale« meint, ist eine Urteilskraft, die die Bilderfindungen an der Natur und an der »verisimilitudine naturale« orientiert. Er kritisiert nicht den figuralen Reichtum der widernatürlichen Zwitterwesen, verlangt aber, daß in der Komposition die Gesetze der Proportion, des Maßes, der Statik usw. ihre Gültigkeit nicht verlieren dürfen: ein Knäblein darf nicht größer gezeichnet sein als ein erwachsener Mann, ein dünner Faden darf nicht oben an der Spitze in einen Tempel auslaufen, Bewegungsabläufe von Tieren sollen der Natur konform sein. Auch gesteht Lomazzo den Grotesken nicht zu, ein Bild in phantastischem Spiel der Einbildungskraft bloß zu umranken – was ja ursprünglich eine bis ins Dämonische gesteigerte Möglichkeit der Infragestellung oder Subversion des umschlossenen und damit zugleich aufgelösten Sujets gewesen war –, sondern sie sollen in jedem ihrer Details auf das Sujet direkt bezogen sein, das heißt seinen Inhalt, seine Absicht sinnbildhaft, also in verschlüsselter Form verdeutlichen. Auf die Klugheit eines Porträtierten wäre zum Beispiel durch eine beigegebene Sphinx hinzuweisen. Lomazzo, der in Mailänder Hermetikerkreisen verkehrte, sieht in den Grotesken also letztlich nichts anderes (»non altrimente«) als Rätsel, Chiffren, ägyptische Figuren, »dimandate ieroglifici, per significare alcun concetto o pensiero sotto altre figure, come noi vsiamo negli emblemi & nelle imprese.«[20] Aus dem Blickwinkel solcher Theorie fließen die Grotesken ein in den breiten Strom der Allegorie, werden entdämonisiert, gezähmt und proportioniert im Sinne der Mimesis, aber eben dadurch an der gegenreformatorischen Wachsamkeit gleichsam vorbeigeschmuggelt. Denn das Bewußtsein ihrer Sprengkraft bleibt zwischen den Zeilen ahnbar, wenn von zuviel Freiheit die Rede ist; und wenn »unser« Verfahren bei der Herstellung von Emblemen und Impresen als Analogie angeführt wird, mag das nur heißen, daß die Groteskenmaler auf die Sinnbildkunst verpflichtet werden sollen, nicht, daß sie bereits unter solchen Prämissen arbeiten. Vielleicht ist es aber auch für einen Hermetiker ganz unvorstellbar, daß einer rätselhaften Figur keine Bedeutung, keine »Lösung« zugrundeliegt, und sei sie auch noch so tief verborgen.

Daß die Grotesken in England unter dem Namen »antic« bekannt waren, ist aus der Wortgeschichte seit 1548 belegt.

Sie mögen auf dem Weg der oft verspotteten Italienmode herübergekommen sein, über Stiche, über Ornamentmusterbücher, Tapeten, über die spektakulären Bildankäufe englischer Adliger, und haben in der wenig spektakulären Kunst Englands eine gewisse Rolle gespielt. Auch die Debatten über das Für und Wider dürften geführt worden sein. 1598 erschien Lomazzos Traktat in der Übersetzung des Oxforder Arztes Richard Haydocke. Ob sie von Literaten gelesen wurde, läßt sich nicht nachweisen, aber von der Vertrautheit mit der Problematik kann man ausgehen, da zum Beispiel Shakespeare und Ben Jonson mit dem großen Italienvermittler John Florio befreundet waren, von dem sie ihr Wissen über alles Italienische vorwiegend bezogen. Eine Spur der Debatte findet sich bei dem klassisch orientierten Ben Jonson, dem Übersetzer der Horazschen Poetik, in einem Exzerpten- und Gedankensplitterbuch, das posthum unter dem Titel *Timber, or Discoveries* 1640 veröffentlicht wurde. In Notizen über die Malerei heißt es »See where he [gemeint ist Vitruv] complaines of their painting *Chimaera's*, by the vulgar unaptly called *Grottesque*. Saying, that men who were borne truly to study, and emulate nature, did nothing but make monsters against nature; which *Horace* so laught at.«[21] Jonsons Option in diesem Streit ist ganz eindeutig.[22] Im gleichen Buch steht das oft zitierte Urteil über Shakespeare:

I remember, the Players have often mentioned it as an honour to *Shakespeare*, that in his writing, (whatsoever he penn'd) hee never blotted out line. My answer hath beene, Would he had blotted a thousand. Which they thought a malevolent speech. I had not told posterity this, but for their ignorance, who choose that circumstance to commend their friend by, wherein he most faulted. And to justifie mine owne candor, (for I lov'd the man and doe honour his memory (on this side Idolatry) as much as any.) Hee was (indeed) honest, and of an open, and free

nature: had an excellent *Phantasie*; brave notions, and
gently expressions: wherin hee flow'd with that facility,
that sometime it was necessary he should be stop'd: *Sufflaminandus erat*; as *Augustus* said to *Haterius*. His wit was
in his owne power; would the rule of it had beene so too.
Many times hee fell into those things, could not escape
laughter ...[23]

Shakespeares Fehler aus der Sicht des Klassizisten – und der
Vorwurf wurde bekanntlich bis ins 18. Jahrhundert immer wiederholt – war, daß er seiner üppigen Phantasie keine Zügel im Sinne der antiken Kunstregeln anlegte. Wucherungen überfrachteten die Texte, die herausgeschnitten
gehört hätten, so wie man Bäume und Sträucher in bestimmte Formen zustutzte. Man hätte ihn bremsen, wörtlich: »sufflaminandus«, d. h. ihm eine Hemmkette anlegen
müssen, wie dem Redner Haterius, der zwar lang und feu-
rig, aber schlecht disponiert im Sinne der Rhetorik sprach.
Von welcher Position aus Jonson urteilt, wird klar, wenn wir
uns an die Erwähnung Vitruvs und Horazens erinnern; und
wenn wir dazu bedenken, daß gerade diese beiden die Kron-
zeugen gegen die Grotesken waren, wird auch klar, was mit
dem »sufflaminandus« gemeint sein kann: die zu beschnei-
denden Ausuferungen, das ständige Überschreiten des Textes und ein Sich-Verlieren in etwas, das nicht dazugehört,
einen Gedankengang etwa nicht schlüssig fortsetzt, sondern, zum Beispiel ausgelöst durch die Mehrdeutigkeit eines Wortes, eine Linie auszieht, die wie ein Schnörkel den
Text umspielt und vielleicht gar nicht wieder in ihn zurück-
findet, wie in den vielen slapstickartigen »Einlagen«, mit denen Hamlet den Gang der Handlung immer wieder unterbricht, die nirgendwo hinführen und wie für sich stehende
Arabesken wirken. Hierher gehören auch die oft gerügten
Shakespeareschen »mixed metaphors«, diese oft rasenden
Bilderfindungen, in denen gewissermaßen nichts stimmt

im Sinne des Verhältnisses von »vehicle« und »tenor«, in denen die unterschiedlichsten Vorstellungskontexte übereinandergetürmt werden, bis das die Bildkaskade auslösende Moment verschwunden und vergessen ist. Shakespeare durchbricht immer wieder das an der Mimesis orientierte Konzept, vielleicht gar nicht einmal absichtlich oder bewußt, denn es war ja noch kaum kanonisiert, sondern weil er einerseits aus einer anderen Tradition herkam, der des Volkstheaters, die auch durch die commedia dell'arte wachgehalten wurde, andererseits in der Anschauung der »antics« – nicht nur in Bildern, auch in der Unstrukturiertheit der Moriskentänze wie dem von Marlowe genannten »antic hay« – die grenzenlosen, kontextüberschreitenden, mal spielerisch-leichten, mal dämonisch-grundierenden, formalen Möglichkeiten eines anti-mimetischen Stils entdeckte, der – und das hängt vielleicht auch mit seiner Schreibgeschwindigkeit zusammen – mehr auf den Augenblick des Einfalls und seine Folgerungen und die damit verbundenen Disproportionen und Verzerrungen vertraute als auf ein vorbedachtes Konzept im Sinne der Poetiken und Rhetoriken, das er freilich ebenso sicher wie seine Kollegen zu handhaben wußte – die frühen Komödien belegen es –, wenn er wollte.

Aus Jonsons Polemik läßt sich, denke ich, schließen, daß Shakespeare die Debatte geläufig war. Ein hübsches Stück Anschauung der Grotesken ist das Titelblatt von John Florios italienisch-englischem Wörterbuch, *A Worlde of Wordes*, das im gleichen Jahr 1598 wie die Lomazzo-Übersetzung erschien: den Rahmen bilden zwei durch einen Rundbogen verbundene Pilaster, aus den Mauern kommen unvermittelt alle möglichen floralen oder gefiederten Gebilde, zwei Vogelwesen haben rüsselartig aufgebogene Schnäbel wie auf Bosch-Grotesken, von zwei spießbewehrten Greifen hängt ein langer Schwanzschnörkel herab, auf dem Verbindungsbogen öffnet sich, in anderem Größenverhältnis als die Pilaster, der Blick in einen Kuppelbau, der von Zierschleifen verhängt ist. Es ist ein überladenes Gewirr von Linien und wirkt mit seinen beliebig abgebrochenen Bögen wie ein Ruinentraum. Keine der Figuren hat eine verborgene Bedeutung im Sinne Lomazzos und steht auch in keinem Zusammenhang mit dem Gegenstand des Buches, außer dem vielleicht, daß die Erinnerung an die Grotesken der römischen Domus Aurea geweckt wird. Das Blatt ist reines Spiel der Phantasie und zeigt Dinge, wie sie, da »contra naturam«, von Horaz und Vitruv verspottet werden. Mit Sicherheit hat Shakespeare das Blatt gesehen und es vielleicht als »antic« verstanden, denn das Wort »grottesque« gab es ja im heutigen Sinne noch nicht, sondern wurde, wie in Florios Eintrag, nur als »a kinde of rugged vnpolished painters work, anticke work« verstanden.

Puttenham vergleicht in seiner Poetik von 1589 die Allegorie mit der Höflingsfigur »or figure of faire semblant« und liefert eine Apologie des schönen Scheins. Aus der paradoxen Gleichsetzung von Simulation und Dissimulation hat auch Shakespeare seine Höflingsfiguren aufgebaut, vor allem Hamlet selber, und vieles an seiner Rolle wird aus diesem Paradox verständlich, aber die Gegenfigur, die er über seine »antic disposition« von seinem ersten Auftritt an aufbaut, erhält ihr Profil aus der Literarisierung der Groteske, lange vor deren Theorie. Es überrascht daher kaum, daß Flögel in seiner *Geschichte des Groteskekomischen* von 1788, mit der die Groteske zu einer zentralen literarischen Kategorie avanciert, sich immer wieder auf Shakespeare beruft.

Shakespeare ist ein Meister der Unterbrechungen, die zu nichts führen. Als nach der katastrophalen Mausefalle Polonius Hamlet ersucht, zu seiner Mutter zu kommen, bringt Hamlet statt zu antworten ein Intermezzo, das man gern als Beispiel seiner jähen, in sich bedeutungslosen Narreteien oder der Höflingsgeflissentlichkeit dem Höhergestellten gegenüber versteht:

Ham. Do you see yonder cloud that's almost in shape of a camel?
Pol. By th'mass and 'tis – like a camel indeed.
Ham. Methinks it is like a weasel.
Pol. It is backed like a weasel.
Ham. Or like a whale.
Pol. Very like a whale.
Ham. Then I will come to my mother by and by.[24]

Mir scheint aber, es ist die Beschreibung einer grotesken Figur, wie das Auge sie erfaßt: es folgt dem Linienduktus, der eben etwas wie ein Kamel zeichnet, das mit dem nächsten Strich eher wie ein Wiesel aussieht und mit dem dritten die Gestalt eines Wals vorführt. So gesehen und gelesen wäre das kleine Intermezzo eine Chiffre für die Verfahrensweise, wie Shakespeare seine Figur angelegt hat, ein Schlüssel zum Verständnis der »antic disposition«. Das Intermezzo findet übrigens während einer Nachtszene statt. Die Aufforderung, »Do you see yonder cloud«, wäre in diesem Zusammenhang also ganz unsinnig, unangemessen in jeder Hinsicht einer Naturwahrscheinlichkeit und nur zu plazieren als groteske, kontextlose Umspielung. Im Nächtigen der Grotte treiben sich Mischwesen um, Schimären, die man eher ahnt als sieht. Sollte aber bei einer tatsächlichen Aufführung des *Hamlet* auch gegen Ende des dritten Aktes es noch hell gewesen sein, dann hätte Hamlet hinaus aus dem Theater auf den Himmel weisen können – auch das eine Disproportion und eine Zerstörung des theatralischen Illusionsraums. Der Blick auf die fließende Wolke zeigt die Verfertigung der Groteskform und öffnet das Auge für eine Realität in der Natur, die in ironisch-spielerischem Widerspruch sich bewegt zu der vom Kunstwerk geforderten Mimesis im Sinne Vitruvs und Horazens – Überschreitung, Verwandlung, Verzerrung, Anamorphose als Prinzip der Natur. Ob nächtens oder bei Tag, »yonder cloud« weist die Richtung.

Hat man den Schlüssel erst einmal gefunden, dann öffnet sich *diese* Tür zum Rätsel Hamlet wenigstens einen Spalt. Eine Frage aus doppelter Perspektive zieht sich durch das ganze Stück: wer ist er und wer bin ich? Je bohrender sie gestellt wird, desto weiter weg rückt die Antwort. Das hat seinen Grund kaum darin, daß unterschiedliche Facetten eines komplexen Charakters sich nicht zusammenreimen, sondern eher darin, daß ein Charakter im essentialistischen Sinne mit so etwas wie einem Ich-Kern gar nicht gedacht ist. Hamlets Ich – wenn man von einem Ich hier überhaupt sprechen kann und nicht vielmehr von einer Suche danach – ist exzentrisch, dezentriert. Das zeigt sich in der Figur der Groteske, der sich die meisten Äußerungsformen Hamlets zuordnen lassen, wie Umspielungen einer Sache, die es selbst nicht gibt: die monströsen Sprachbilder, die Wortspiele, die sich verselbständigen, die jähen Umschwünge, das Nebeneinander von Lächerlichem und Entsetzlichem – Fontane übersetzt »antic disposition« mit »lächerliches Wesen« –, die Haltlosigkeit – aber woran sollte er sich halten? – und Unheimlichkeit, Bodenlosigkeit, das Ineins von Sinnangebot und Sinnentzug als Ausdruck abgründiger Deutungslosigkeit, die Suggestion eines Geheimnisses, das nicht gelüftet wird – die Liste der Bestimmungen des Grotesken seit Flögel, Sturm und Drang und Romantik ließe sich fortsetzen.

Die »antic disposition« drückt sich freilich nicht bloß in den sprachlichen Volten aus, sondern im ganzen Erscheinungsbild der Figur. In der Beschreibung Ophelias, in welchem Aufzug Hamlet in ihr Gemach gestürzt kam – ohne Hut, mit aufgerissenem Wams, sichtbarem Hemd, auf die Knöchel herunterhängenden, verschmutzten Strümpfen[25] –, hat man das konventionelle Bild des Liebesmelancholikers sehen wollen. Der sah aber anders aus, wie man im Einzelnen zeigen könnte.[26] Was Hamlet vielmehr vorstellt, ist eine Figur, die gegen alle Regeln der kodifizierten Kleiderordnung und des Anstands, des »aptum« und »decorum«, auch hier, verstößt: in der Mischung aus Obszönem und Irrem ist es eine groteske Imago Boschscher Provenienz. Oder in der Schlafzimmerszene, in der der Geist nur Hamlet erscheint und Gertrude das Bild, das sich ihr bietet, so beschreibt:

> Forth at your eyes your spirits wildly peep,
> [...]
> Your bedded hair, like life in excrements,
> Start up and stand an end.«[27]

Man hat in der Groteske, von viel später her, die Antwort auf den Schein einer Ordnung gesehen, die nur noch als eine pervertierte empfunden werden konnte. Hamlets »The time is out of joint« wäre das Kürzel dafür, nur kann er sie nicht mehr einrenken, er kann ihr nur seinen Zerrspiegel vorhalten. Lomazzos Forderung, die Grotesken dürften kein freies Spiel der Phantasie sein, sie müßten in wie immer verschlüsselter Form zur Sache sprechen, scheint erfüllt, denn in Hamlets Bizarrerien bricht das Mißtönige, Mißgestimmte der Schein-Ordnung an jeder Stelle aus. Auf eine kaputte, verheuchelte, mörderische, im Innersten kranke und faule Welt antwortet die Fratze des Absurden. Die Welt des schönen Scheins mag es in der Kunst, auf dem Theater geben, und Hamlets berühmter Rat an die Schauspieler, den man für Shakespeares Poetik hält, ist eine Apologie der klassischen Harmonie und Illusion im Zeichen der Horazischen Mimesis. Aber das *Stück Hamlet*, sozusagen die Realität, ist ein einziger Einspruch gegen diese Ästhetik im Zeichen der Disproportion, der Verzerrung, des Anti-Mimetischen. Es ist freilich ein Einspruch, der einer eigenen inneren Logik folgt, auch wenn sich diese kaum fassen läßt: »Though this be madness, yet there is method in't.« (II, ii, 205)

Auf Holbeins »Gesandten« ist unten rechts ein extrem verzerrter Totenschädel angebracht. Wer den einzigen Standpunkt gefunden hat, von dem aus der Schädel seine »richtige« Proportion erhält, der sieht den Rest des Bildes, die Illusion der Wirklichkeit, verzerrt. Von der Wirklichkeit des Todes her gedacht, verwandelt sich, was wir für wirklich halten, in Grotesken. In Richards II. großer Rede über den Tod von Königen – »All murthered« – heißt es:

> for within the hollow crown
> That rounds the mortal temples of a king
> Keeps Death his court, and there the antic sits,
> Scoffing his state and grinning at his pomp ...[28]

Der Tod als Possenreißer, als Inbild des Grotesken, und die Verbindung taucht dann noch einmal mit Yoricks Schädel auf, Requisit und Insignie Hamlets wie die zum Emblem gewordene »antic disposition«. Auch Othello hat die Todesinsignie des O auf den Lippen: »O Desdemona, Desdemona dead, / Oh, oh, oh.« (V, ii, 282 f.)[29] Und in dem vierfachen »o«, mit dem der Folio-Text das Schweigen weiterschreibt, mag das Rund der hohlen Krone Schmerzenslaut und reine Figuration geworden sein. Es sind Mißtöne über das Schweigen hinaus, eine Disharmonie bis zuletzt, die sich in keiner Ewigkeit auflöst.

1 Der Vollständigkeit halber sei noch eine vierte Fassung der Schlußwendung erwähnt. In der Herzog-August-Bibliothek in Wolfenbüttel gibt es eine wohl vom Herzog selber aus England mitgebrachte Quarto-Ausgabe von 1637 – »Newly imprinted and inlarged, according to the true and perfect Copy last Printed«. Dort heißt das letzte Wort: »the rest *in* silence.« Auch das ist eine fragmentierte, nicht mehr ausformulierte Wendung, die aus der Verfassung des Sterbenden verstanden werden kann. Editoren würden freilich für einen Druckfehler votieren. (Den Hinweis auf das Wolfenbütteler Exemplar verdanke ich Gillian Bepler.)
2 I, ii, 64 ff.
3 »[… sag: …] warum die Gruft, / … / Geöffnet ihre schweren Marmorkiefern, / … / … daß wir Narren der Natur / So furchtbarlich uns schütteln mit Gedanken, / Die unsre Seele nicht erreichen kann.« (I, iv, 50 ff.)
4 »Er kommt ganz außer sich vor Einbildung.« (I, iv, 87)
5 »(So höb ich eine Kunde an, [die]) deine Augen / Wie Stern aus ihren Kreisen schießen machte, / Dir die verworrnen krausen Locken trennte / Und sträubte jedes einzle Haar empor / Wie Nadeln an dem zorn'gen Stacheltier«. (I, v, 17 ff.)
6 Daniele Barbaro nennt in seinem Vitruv-Kommentar von 1567 die »unklassifizierbare Gattung« *picturae somnium*. Nach André Chastel, *La Grottesque*, Paris 1988. Deutsch: *Die Groteske*. Aus dem Französischen von Horst Günther. Berlin: Wagenbach 1997, S. 54.
7 »Ja, von der Tafel der Erinnrung will ich / Weglöschen alle törichten Geschichten, / Aus Büchern alle Sprüche, alle Bilder, / Die Spuren des Vergangnen, welche da / Die Jugend einschrieb und Beobachtung.« (I, v, 98 ff.)
8 »(So ward ich) In meiner Sünden Blüte hingerafft, / Ohne Nachtmahl, ungebeichtet, ohne Ölung«. (I, v, 76 f.) »Unhousel'd« müßte genauer heißen: »Ohne die Hostie empfangen zu haben«.
9 Aus anderer Perspektive steht Hamlets »Adieu, adieu, remember me« im Zusammenhang des Totengedenkens, das den Seelen im Fegefeuer eine Heilsbeschleunigung sicherte, die für den vermutlich verkappten Katholiken Shakespeare wenn schon nicht eine Gewißheit, so doch vielleicht eine unausgeschöpfte Möglichkeit war. Auch dies wäre ein Zeichen für Hamlets Skepsis – oder zumindest seine Unschlüssigkeit – gegenüber dem Status des Geistes. Hierzu Stephen Greenblatt in einem Frankfurter Vortrag

über »Purgatory and Hamlet« (Juni 1997), deutsch in *Zeitsprünge*, 2. Jahrgang, Heft 1/2, Frankfurt: Klostermann, 1998
10 »Da mirs vielleicht in Zukunft dienlich scheint, / Ein wunderliches Wesen aufzulegen.« (I, v, 179f.)
11 Aus dem vierten Buch, »Regale generali di architettura ... sopra le cinque maniere degli edifici«, das als erstes 1537 (anonym) in Venedig veröffentlicht wurde. (Die vollständige Ausgabe in fünf Büchern erschien erst 1584, dreißig Jahre nach dem Tod des Autors, in Venedig). Der Flame Pieter Coecke van Aelst übersetzte es ins Französische. Der zweiten französischen Ausgabe (1545) gab er ein Titelblatt mit Grotesken bei. »It is entertaining to find this extraordinary example of the Netherlands grotesque on the 1545 title page of a book explaining classical architecture according to Vitruvius, who detested the grotesque.« Janet S. Byrne, *Renaissance Ornament Prints and Drawings*, New York (The Metropolitan Museum of Art) 1981, S. 81. (Dort auch die Abbildung.) Die englische Übersetzung des gesamten Traktats (»out of Dutch«) erschien 1611 in London.
12 Zu Geschichte und Deutung Chastel, *Groteske* (wie Anm. 6)
13 Natürlich waren »Grotesken« das ganze Mittelalter hindurch gewissermaßen »im Abseits« vertraut gewesen, auf Kapitellen, römischen Sarkophagen, den Randleisten der Buchmalerei. »Seit Generationen hatten Maler und Bildhauer ihre Freude an phantastischen Figuren, an hybriden, komischen und sogar schockierenden Zusammensetzungen. Seit der antiken Welt hatten Hervorbringungen auf diesem Gebiet nicht nachgelassen, wie die unzähligen Phantasien der romanischen Bildhauer und die Einfälle der gotischen Illustratoren von Handschriften erweisen. All das geschah rein in der Praxis, der Übung und dem Vergnügen der Ateliers, ohne irgendwelche Rechtfertigung der Theoretiker, ohne daß die Traktate darauf verweisen und vor allem ohne vorhergehende Regel oder Definition. Die bildende Kunst des lateinischen Mittelalters hat so Tausenden von kleinen Erfindungen ohne Geschichte Unterschlupf gewährt. Aber jetzt stellt sich die Frage, ob die ›Groteske‹ genannte Formel nicht in der Tat eine Erneuerung, Begeisterung und Neuentfaltung der Einbildungskraft auf der Grundlage eines antiken Vorbilds gebildet hat, ehe sie ihrerseits zu einer banalen Überfülle führte.« Chastel, *Groteske* (wie Anm. 6), S. 39f. Und: »Das Phänomen der Grotesken muß seinen Platz im Innern eines fast unvordenklichen Universums ›dynami-

scher‹ Ornamente finden.« Ebd., S. 46. Chastel spricht von der annähernden Gleichzeitigkeit der Entdeckung der »Grotesken« in Rom und der Verselbständigung der Randleisten der Manuskripte im Norden bei Bosch und Breughel.

14 Rabelais spricht im Prolog seines *Gargantua* von den kleinen »Büchslein, wie wir sie heut in den Läden der Apotheker sehen, von außen bemalet mit allerlei lustigen, schnakischen Bildern, als sind Harpyen, Satyrn, gezäumte Gänslein, gehörnte Hasen, gesattelte Enten, fliegende Böck, Hirschen, die an der Deichsel ziehen, und andre derlei Schildereien mehr, zur Kurzweil konterfeiet, um einen Menschen zu lachen zu machen [...]. Hingegen im Innersten derselben verwahrt' man die feinen Spezereien, als Balsam, Bisam, grauen Ambra, Zibet, Amomum, Edelstein und andre auserlesne Ding.« Meister Franz Rabelais der Arzenei Doctoren *Gargantua und Pantagruel*. Aus dem Französischen verdeutscht durch Gottlob Regis. Erster Band. München 1964, S. 9. (Den Hinweis auf diese Rabelais-Stelle verdanke ich Walter Haug.)

15 Cecilia Martinelli, »La teoria delle grottesche nel trattato di Giovan Paolo Lomazzo«. In: *Eidos* 10, S. 40-46.

16 Ben Jonson, *Complete Works*, Edited by L. H. Herford, Percy and Evelyn Simpson. Volume VIII: The Poems, The Prose Works. Oxford 1954 (1947), S. 305.

In der Übersetzung von Johann Heinrich Voß lauten diese Verse:
»Wenn zum menschlichen Haupte den Hals des Rosses ein Maler
Fügen wollt', und die rings zusammengetragenen Glieder
Bunt mit verschiedener Feder umziehn, dass garstig geschwärzet
Auslief' unten zum Fische das Weib, liebreizend von oben:
Als Zuschauer gestellt, enthieltet ihr, Freund', euch des Lachens?
Glaubt mir, edle Pisonen, es ähnele solchem Gemälde
Völlig ein Buch, worin, wie des Fiebernden Träume, die eitlen
Dichtungen wild umschwärmen, dass weder der Fuss noch das
  Haupt sich
Einer Gestalt anschliesst.«

Einer, der Horaz und die Grotesken in Einklang zu bringen wußte, war Michelangelo in einem um 1540 von Francisco de Olanda aufgezeichneten Gespräch. Da heißt es: »Ich bin froh, Euch sagen zu können, daß man in der Tat zuweilen malt, was auf Erden nirgends vorkommt, und daß diese Freiheit eher eine tiefere Wahrheit ist, wiewohl es einige wenig Einsichtige gibt, die zu sagen pflegen, Horaz habe folgende Verse den Malern zum Tadel geschrieben: ... Malern wie Künstlern / War es von jeher erlaubt, so kühn wie sie wollten zu wagen / Freiheit erbitten wir darum für uns und gewähren sie andern. Aber diese Verse sind nicht geschrieben worden, um die Maler zu tadeln, sondern ihnen zum Lob und Preis, denn sie besagen, daß Dichter und Maler die Macht haben, sich zu erlauben, ich sage sogar zu wagen, was ihnen beliebt [...] Und scheint es auch falsch, so kann man es doch gut erfunden nennen in der Gattung des Monströsen. Es ist angemessen und vernünftig, in einem Werk der Malerei gelegentlich etwas Naturwidriges anzubringen, und sei es nur, um die Sinne zu ergötzen und zu erfreuen und um den Augen der Sterblichen zu gefallen, die oftmals wünschen, etwas zu schauen, was sie noch niemals erblickt haben und dessen Dasein ihnen unmöglich schien, statt der bekannten, wenn auch noch so bewundernswerten Gestalt der Menschen oder Tiere.« A. Chastel, *Groteske* (wie Anm. 6), S. 42.

17 Vitruv, *Zehn Bücher über Architektur*. Übersetzt und mit Anmerkungen versehen von Carl Fensterbusch. Darmstadt 1964, S. 333-335 (leicht abgewandelt).

18 Eine der beiläufigen Erwähnungen findet sich bei Paolo Pino in seinem *Dialogo della Pittura* von 1548. John Shearman zitiert: »... in all your works you should introduce at least one figure that is all distorted, ambiguous and difficult, so that you shall thereby be noticed as outstanding by those who understand the finer points of art.« John Shearman, *Mannerism*. Harmondsworth 1986 (1967), S. 86.

19 G. Paolo Lomazzo, *Trattato dell'arte de la pittura*. Milano 1584. Nachdruck Hildesheim 1968.

20 Ebd., S. 423. Also etwa »hieroglyphische Rätsel, um irgendein Concetto oder einen Gedanken, die der Verbildlichung durch andere Figuren zugrundeliegen, zu bezeichnen, wie wir es bei den Emblemen und Impresen zu tun pflegen.«

21 Ben Jonson: Timber, or Discoveries. In: Ben Jonson (wie Anm. 16), S. 611. »Vergleiche, wo Vitruv sich über ihre Chimären-Malerei beklagt, die von den Ungebildeten unangemessen ›Groteske‹ genannt wird, und wo er sagt, daß jene, deren Aufgabe es wäre, die Natur wahrhaft zu studieren und mit ihr zu wetteifern, nichts als Monster gegen die Natur gemacht hätten; worüber Horaz so lachte.«

22 In Ben Jonsons Stücken wimmelt es freilich von bizarren, oft aus der Humoralpathologie abgeleiteten Figuren, die manchmal wie personifizierte Grotesken wirken. Vielleicht sind seine klassizistischen »Überzeugungen« auch nur eine »Laune«?
23 Ben Jonson (wie Anm. 16), S. 583f. (»Ich erinnere mich, daß die Schauspieler es oft Shakespeare zum Ruhm angerechnet haben, daß er bei seinem Schreiben (was auch immer er schrieb) nie eine einzige Zeile ausstrich. Meine Antwort war: Ich wünschte, er hätte tausend gestrichen. Was sie für eine böswillige Meinung hielten. Ich halte das für die Nachwelt nur wegen der Ignoranz dieser Schauspieler fest, die ausgerechnet das zur Empfehlung ihres Freundes hervorhoben, worin sein größter Fehler lag. Und um mein offenes Urteil zu begründen (denn ich liebte diesen Mann und ehre sein Andenken [jenseits von Idolatrie] ebensosehr wie andere). Er war (in der Tat) aufrichtig und hatte ein offenes, freies Wesen, hatte ein glänzende Phantasie, starke Begriffe und Vorstellungen und eine gefällig-sanfte Ausdrucksweise. Wenn er diese Begabung einfach fließen ließ, war es manchmal nötig, daß man ihn zum Einhalten brachte: *sufflaminandus erat*, wie Augustus zu Haterius sagte. Sein Geist stand ihm zu Gebote; ich wünschte, er hätte auch seine Regeln beherrscht. Viele Male verfiel er auf solcherlei und konnte dem Gelächter nicht entgehen ...«)
24 III, ii, 367ff. – Der Vergleich der Grotesken mit Wolkenbildungen taucht gelegentlich auf, so bei Anton Francesco Doni. »In dem Traktat *Disegno* (1544) werden die gemalten oder Stuckgrotesken, deren Geflechte Decken bilden, mit den *fantasticherie* der Formen verglichen, die man in den Wolken liest: es sind Luftschlösser *(castelli in aria)*, und um alles über diese subjektiven Visionen *(confusioni nel capo)* zu sagen, erhalten sie nur einen einzigen Namen: Schimären *(chimere)*, haltlose Bilder, Spiele des Wahns.« Chastel, *Groteske* (wie Anm. 6) S. 56.
25 »And with a look so piteous in purport / As if he had been loosed out of hell / To speak of horrors« (II, i, 82-84). (»Mit einem Blick, von Jammer so erfüllt, / Als wär er aus der Hölle losgelassen, / Um Greuel kundzutun.«)
26 John Dover Wilson, *What happens in Hamlet*. Cambridge 1964 (1935), S. 111.
27 »Wild blitzen Eure Geister aus den Augen, / Und wie ein schlafend Heer bei Waffenlärm / Sträubt Eu'r liegend Haar sich als lebendig / Empor und steht zu Berg.« (III, iv, 119ff.)

28 »Denn im hohlen Zirkel, / Der eines Königs Haupt umgibt, / Hält seinen Hof der Tod: da sitzt der Schalksnarr, / Höhnt seinen Staat und grinst zu seinem Pomp.« *König Richard der Zweite*, III, ii, 160ff.
29 So nach den Quartos. In der Folio heißt die Stelle: »Oh Desdemon! dead Desdemon: dead. Oh, oh!«

Aus dem Fortuna-Komplex

Prospero als Leser Machiavellis

Unter den Lüsten und Lastern, den Schwächen und Räuschen, die unsres Fleisches Erbteil sind, gibt es eine einzige Leidenschaft, für die Shakespeare kein Verständnis aufzubringen scheint: die des Lesens. Wer liest oder Lesbares produziert, setzt sich Hohn und Verachtung aus – so undialektisch denkt Shakespeare sonst selbst bei Massenmördern nicht. Im frühen *Love's Labour's Lost* schwören drei junge Männer, darunter ein König, sich drei Jahre lang nur um ihre Bücher zu kümmern und keine Frau anzusehen – womit nichts anderes gesagt ist, als daß wir am Beginn einer Komödie stehen, weil der Schwur nur dazu da ist, gebrochen zu werden und derlei Liebesmüh verloren ist. Um sicherzugehen, daß wir im Eidbruch einen Akt praktischer Vernunft erblicken, wird uns im Schulmeister Holofernes ein Typ vorgeführt, der zeigt, was herauskommt, wenn einer bei seinen Büchern bleibt: In der Vertikale Seichtigkeit, in der Horizontale Borniertheit, was beides zusammengenommen auf wenig mehr als eine Pfütze hinausläuft – Weite und Tiefe kommen nicht aus Büchern. Ein gutes Dutzend Jahre später taucht in dem sogenannten Problemstück *All's Well That Ends Well* eine junge Ärztin auf, Helena, die im Unterschied zu den beigezogenen Koryphäen imstande ist, den todkranken König zu heilen. Warum? Sie hat nicht wie ihre Kollegen die Medizin einzig auf Grund der Lektüre der einschlägigen griechischen und lateinischen Klassiker studiert – als Frau wäre sie dazu auch gar nicht zugelassen gewesen –, sondern sie hat sie von ihrem Vater durch Anschauung und Praxis, also empirisch, gelernt, wobei ›empiric‹ noch immer nichts weiter als Quacksalber hieß. Als das Stück entstand, um 1605, ließ ein anderer Mediziner seine Texte in England im Stich, um bei Aquapendente in Padua das Sezieren zu lernen: Nur mit den Texten vor Augen hätte William

Harvey schwerlich die Bewegung des Herzens und den Blutkreislauf entdeckt; und dennoch war selbst er noch buchgläubig genug, die Publikation seiner Entdeckung zehn Jahre lang aufzuschieben, weil sie zu Galen und Celsus in Widerspruch stand, und sie dann nur außerhalb Englands, in dem von keiner Lehrmeinung abhängigen Frankfurt am Main, zu wagen. Als Harvey nach Padua ging, war ein anderer gerade aus Wittenberg an den dänischen Königshof zurückgekehrt: Er ist das Opfer seiner Bücher, die ihn einzig gelehrt haben, daß es in einer unverständlich gewordenen Welt ebenso falsch ist zu handeln wie nicht zu handeln. Er kann das Lesen trotzdem nicht lassen, nicht einmal auf offener Bühne, obwohl, was er da liest, nicht gerade aufregend zu sein scheint: »What do you read, my lord?« fragt ihn Polonius, und seine Antwort lautet: »Words, words, words.«

Dennoch, wie um die lebenslange Schmähung wiedergutzumachen, hat Shakespeare in seinem letzten Stück, dem *Tempest,* dann doch noch nicht nur den Leser rehabilitiert, sondern ihn und seine Tätigkeit zugleich zum Angelpunkt des ganzen Stückes gemacht. Auch Prospero ist zwar zunächst Opfer seiner Lektüre, doch mit Hilfe ebenderselben Bücher ist er, als das Stück anhebt, dabei, sein Geschick ins Gegenteil zu wenden. Als Herzog von Mailand, der er war, hatte er sich um die sieben freien Künste gekümmert, nicht aber um die Regierungsgeschäfte, die er seinem Bruder überließ. Nach der Beherrschung dieses »Grundstudiums«, das ja aber immerhin schon die vier »mathematischen« Künste Musik, Arithmetik, Geometrie und Astronomie einschloß, schritt er weiter zu den Arcana des Wissens – »[...] being transported /And rapt in secret studies« –, womit das Studium des Okkulten, das heißt der verborgenen Kräfte und Zusammenhänge der Natur, gemeint ist. Doch das Ergebnis der Studien – »[...] my library / Was dukedom large enough« – war zunächst nur, daß der Bruder ihn aus der

Herrschaft verdrängte und er »[...] i' th' dead of darkness«, wo er sonst wohl die Geister beschworen hatte, mit der dreijährigen Tochter aus Mailand fliehen mußte. Die Flucht ging übers Meer (als wäre Mailand Venedig oder Neapel) im elendest denkbaren Kahn, ohne Segel und Takelage, doch immerhin mit Büchern an Bord »[...] that / I prize above my dukedom«. Prospero setzte sich also dem ureigensten Element der Göttin Fortuna, die ihn zu Fall gebracht hatte, aus, der tobenden See, und vielleicht stärkte ihn, der gewiß Plutarch und Lucan gelesen hatte, dabei die Erinnerung an Caesar, der im ähnlich erbärmlichen Kahn des Amyclas der Herausforderung mit den Worten getrotzt hatte: »Du fährst Caesar und sein Glück!« *Sein* Glück jedenfalls kann kaum weiter zerrüttet werden – der Nadir ist durchschritten –, und er weiß sich durch die sichere Hand der göttlichen Vorsehung (»by Providence divine«) an den Strand der Bermuda-Insel gelenkt. Der Gedanke an die Vorsehung allerdings verweist ihn auf die Notwendigkeit, die Planung des Unplanbaren in Angriff nehmen zu müssen, will er nicht weiter handlungsneutral vor sich hinspekulieren.

Wie man sich Fortuna gegenüber verhalten soll, wie man sie »überwindet«, auch nachdem sie einen zu Fall gebracht hat, das konnte er bereits bei Boethius lesen: durch Philosophie. Das Mittelalter hatte ein paar weitere Möglichkeiten beigesteuert – die Armut oder Tugenden wie Weisheit, Klugheit, Beständigkeit –, Möglichkeiten, die Prospero in sich vereinigt und denen gemeinsam ist, daß sie mehr oder weniger passive Reaktionsformen benennen, mit dem Kompensat einer Tugend ausstatten, wo ohnehin nichts mehr zu retten ist: die positive Umwälzung einer Mängelerfahrung, für die man sich nichts kaufen kann. Einem Renaissancegeist wie Prospero konnte das nicht genügen – sein Nachdenken war ohnehin, da spekulativ, eher aktiv als kontemplativ. Er wird also seine ganze Kunstfertigkeit aufgeboten haben – um den Gang der Dinge zu bestimmen, beruft er sich stets auf seine »Ars« –, um es mit der großen Widersacherin aufzunehmen, sie also nicht eigentlich zu »überwinden«, sondern sie sich gefügig zu machen. Über die Bücher, die Prospero im Gepäck führt, ist man sich einigermaßen einig: sicher des Cornelius Agrippa *De Occulta Philosophia*, vielleicht Joannes Wiers *De Praestigiis Daemonum*, vielleicht auch die *Steganographia, hoc est, ars per occultam scripturam animi sui voluntatem absentibus aperiendi certa* des Abtes Trithemius, die gerade (1606) in Darmstadt erschienen war, aber ein Jahrhundert lang als Manuskript zirkuliert hatte – lauter Zauber- und Beschwörungsbücher, um Geister wie Ariel zu kommandieren.

Ein Buch hat man dabei vergessen, eines, das sich im Gegensatz zu den voluminösen magischen Kompendien unbemerkt in jede Tasche schmuggeln ließ: Machiavellis *Principe*. Prospero als Leser Machiavellis – warum eigentlich nicht? Er erscheint dadurch in etwas anderer Beleuchtung, ist nicht länger der milde und abgeklärte Weltweise oder gar die Projektion des alternden Dichters, der von seinen Zauberkünsten Abschied nimmt. Er ist vielmehr – und das ist alles andere als ein verborgenes Motiv – der vertriebene Fürst, der sich wieder in den Besitz seiner Herrschaft bringen und diese langfristig sichern will. Wie man das macht, steht bei Machiavelli, und auch, daß man sich dabei aller Mittel bedienen darf, auch der verbotenen – und die Magie, die war verboten, wie sehr man sich auch bemüht hat, die Prosperos als »weiße« gegenüber der »schwarzen« der Hexe Sycorax zu legitimieren. (Die Rechnung geht ebensowenig auf wie andererseits bekannt ist, daß der Versuch scheiterte, den großen, in Verruf geratenen elisabethanischen Magier John Dee am Hofe Jakobs I. zu rehabilitieren.) Es gibt einen ganz konkreten Punkt, an dem Prospero sich als Leser Machiavellis zu erkennen gibt: am Umgang mit Fortuna. Im berühmten fünfundzwanzigsten Kapitel des *Principe* hatte Machiavelli geschrieben, nur etwa die Hälfte unsrer Taten werde von uns selbst bestimmt, die andere Hälfte von Fortuna. Man brauche sich aber keineswegs ihrer Willkür ausgesetzt sein zu lassen, sondern könne sie weitgehend vorausberechnen (etwa durch entsprechend genaue, soviele Alternativen wie möglich mitbedenkende Situationsanalyse, die jeder politischen Handlung vorauszugehen hat). Machiavelli vergleicht Fortunas Macht »mit einem reißenden Strom, der, wenn er wütend überschwillt, die Fluren überflutet, Bäume und Häuser niederreißt, hier Erde fortspült, um sie dort anzuschwemmen: jeder flieht vor ihm, alles weicht seinem Anprall, ohne irgendwelchen Widerstand leisten zu können.« In ruhigen Zeiten aber sei es geboten, das Element, dessen Gewalt man ja voraussehen könne, durch Deiche und Dämme zu kanalisieren. Die Pointe ist eine doppelte: die Gewalt des Elements wird nicht nur gezähmt – sie wird zugleich nutzbar gemacht. »Ebenso ist es mit Fortunas Macht: Auch sie zeigt ihre Gewalt dort, wo keine Kräfte (virtù) zur Gegenwehr gerüstet stehen, und die Wogen des Schicksals wälzen sich dorthin, wo sie sicher sind, keine Dämme und Deiche zu finden, die sie hemmen.« Auch Fortuna also schlägt nur dort blindwütig zu, wo der Mensch schicksals- und dämonengläubig sich ihr ausliefert. Dabei läßt sie sich, wie der Strom, bis zu einem gewissen Grad ebenfalls eingrenzen und berechnen, ja auch ihre Elementargewalt läßt sich dem planenden Verstand dienstbar machen. (Dazu ist freilich eine zupackende Hand nötig, kein zögerlicher, taktierender Geist, »[…] denn Fortuna ist ein Weib, und wer sie bezwingen will, muß sie schlagen und stoßen.«) Die alte Vorstellung einer Immunisierung gegen die Kontingenz durch stoische Tugenden wie Armut oder Philosophie hat also angesichts der neuzeitlichen Handlungsbedürftigkeit ihre Verständlichkeit eingebüßt. Es scheint vielmehr nötig zu werden – oder ist doch zumindest ein Projekt –, nicht mehr in Oppositionen zu denken, sondern, gleichsam dialektisch, durch Einschluß des Anderen, kategorial Andersartigen, sich seiner Potenzen mitzuversichern. Das ist ein erstaunlicher Gedanke, historisch im Grunde verfrüht, und die Nicht-Ausschließung, Nicht-Überwindung des Fremden und Feindlichen mag zu der Konsternierung beigetragen haben, der Machiavellis Text ein Jahrhundert lang begegnete. Unser Prospero jedenfalls hat die Lektion begriffen – er hat die ihm feindlich gesonnene Göttin nicht mit den traditionellen Waffen überwunden, sondern er hat sie sich dienstbar gemacht, sich in ihren Besitz gebracht, so daß nun er sie kommandieren kann wie vordem sie ihn. Wieso?

Zunächst mag es so aussehen, als habe einfach nur das Blatt sich gewendet, als sitze der vor zwölf Jahren vom Rad geschleuderte nach dem geläufigen Mechanismus nun wieder obenauf:

By accident most strange, bountiful Fortune,
(Now my dear lady) hath mine enemies
Brought to this shore[1].

Aber diese »höchst sonderbaren Zufälle« können ebensogut herbeigeführt worden sein von dem, der nach der Logik des Stückes alle Fäden in seiner Hand hält. Wichtigster Beleg für solche Lenkung ist der Seesturm, mit dem das Stück einsetzt. Prospero hat ihn veranlaßt, doch gleichzeitig ist aus unzähligen ikonographischen Beispielen vertraut, daß in ihm das Wirken Fortunas seine bekannteste Gestalt annimmt. Mehr noch: in den romanischen Sprachen ist die Grundbedeutung von ›fortuna‹ Seesturm. Shakespeare war das geläufig, denn im italienischen Wörterbuch seines Freundes John Florio, *A Worlde of Wordes* von 1598 – aus seiner Montaigne-Übersetzung zitiert der alte Ratgeber Gonzalo in unserem Stück –, findet sich unter »Fortuna« der Eintrag: »A storme, a tempest, ill weather at sea. Also fortune, chance, hap, lot, good or bad hazard or adventure.« Wenn Prospero also den Sturm veranlaßt hat, dann heißt das, daß er Fortuna kommandiert – »now my dear lady«. Ist dieser Schlüssel erst einmal gefunden, erschließen sich viele Einzelheiten des Stückes, dessen Titel sich durchaus, nach Florio, mit »Fortuna« übersetzen ließe. Schon durch den Namen der Hauptfigur ist die Verbindung zur Glücksgöttin gesetzt – »prosper«, »prosperus« heißt »glücklich«, »günstig« (und selbst der für die Renaissance so wichtige kaufmännische Nebensinn von Fortuna – als »Vermögen« – ist im Wortfeld als »prosperitas« mitgegeben). Die alte Dämonin herrscht über den gesamten sublunaren Raum, was heißt, daß ihr alle Elemente, nicht nur das Wasser, unterstehen. Ebenso befehligt Prospero die Elementargeister: Ariel ist Luftgeist, Feuergeist (beim Schiffsbrand), Wassergeist (er tritt als »water-nymph« auf); Caliban läßt sich als Erdgeist sehen (»Thou earth, thou«, redet Prospero ihn einmal an, und von seinen Eltern und von seiner Verssprache her ist klar, daß er nicht mit erbärmlichen irdischen Kreaturen wie Stephano und Trinculo verwechselt werden darf, obwohl man das gewöhnlich tut; nein, auch er ist Elementargeist, und als niederer natürlich tückisch, träg und der Sinnlichkeit verhaftet, ohne die Möglichkeit zur Sublimation). Mit solchen Geistern treibt Prospero seine Magie, durch die die Gesetze der Natur zeitweilig aufgehoben werden – auch dem Gegenbegriff zur Naturgesetzlichkeit hat Fortuna immer den Namen gegeben. Die Insel selbst, vor Jahren von Prospero einer Magierin, wohl einer tellurischen Gottheit, entrissen, weckt vielfältige Assoziationen an den unermeßlichen Reichtum der Spendegöttin. Es ist hier, wo Gonzalo seine montaigneske Utopie entwirft, den Staat ohne Herrschaft, Gesetz und Vertrag, ohne Besitz, ohne Arbeit, weil an nichts Mangel herrscht: »[…] all foison, all abundance.« Auch der geschundene Caliban, den man am Sinnlich-Konkreten zu hängen wähnt, träumt sich in die allgemeine Fülle: »[...] in dreaming / The clouds methought would open, and show riches / Ready to drop upon me.«² Und im Götterzug, den Prospero vor Miranda und Ferdinand aufführt, fehlt nicht Ceres, auch sie eine Spendegöttin, die dem Paar nie sich erschöpfenden, von selbst sich erneuernden Wohlstand verheißt. Es sind dies »my present fancies«, wie Prospero zu erkennen gibt, womit vielleicht gesagt ist, daß er gewissermaßen den Katalog der Fortuna-Topoi abarbeitet. Zu diesen gehören auch Eigenschaften wie die Lust am Quälen der Opfer (bis hin zu einer veritablen Menschenjagd), Drohgebärden, Ambivalenzen, Stimmungsumschwünge, Launischkeit. Daran, daß er Schicksal spielt, besteht ohnehin kein Zweifel: Ariel läßt er zu den Gestrandeten, die sich gegen ihr Los auflehnen, sagen: »You fools! I and my fellows / Are ministers of Fate.«³ Ob damit freilich doch noch auf eine höhere Instanz Bezug genommen ist, bleibt in der Schwebe (doch es schlägt bisweilen bei Shakespeare die Erinnerung an die mittelalterliche Vorstellung durch, wonach Fortuna im Auftrag einer höheren Macht handelt, deren Absichten sie selbst nicht kennt).⁴

Nur auf zwei Motive aus dem Fortuna-Kontext will ich hier noch verweisen. Als Prospero den Götterzug so abrupt und ärgerlich abbricht, weil ihm plötzlich Calibans Verschwörung wieder einfällt (merkwürdig, daß ihm etwas entfallen sein sollte), hält er eine Rede über den Illusionscharakter der Welt, die in dem berühmten Satz gipfelt:

> We are such stuff
> As dreams are made on; and our little life
> Is rounded with a sleep.⁵

Der wehmütige Schmelz des geflügelten Wortes nimmt dem Vorangehenden etwas die Schärfe. Da hatte es geheißen:

The cloud-capp'd towers, the gorgeous palaces,
The solemn temples, the great globe itself,
Yea, all which it inherit, shall dissolve,
And, like this insubstantial pageant faded,
Leave not a rack behind.[6]

Weltliche und irdische Macht, ja die Weltkugel selber – nichts wird von ihnen bleiben, nicht einmal ein Rauch. Es ist das barocke Vanitas-Motiv, das sich hier ankündigt, aber es ist zugleich eine letzte und radikale Fassung der ›mutabilitie‹-Motivik, der Vorstellung von der Instabilität alles Irdischen gegenüber den translunaren Sphären, von der Permanenz des Wechsels zum Schlechteren hin nach dem Muster des Märchens vom Hans im Glück, Vorstellungen, die seit der Erfahrung des Alterns der Welt in der Renaissance an die Wechselgöttin gebunden waren und die einen Globus implizieren, der noch immer nicht zur – zyklischen oder elliptischen – Dauerhaftigkeit der Planetenbahnen nobilitiert worden ist – wert also, daß er zu Grunde geht –: für einen Mann, der sich eben anschickt, die Herrschaft wieder zu erlangen und zu konsolidieren, eine wahrhaft verstörende Philosophie, die sich nur zu einem Teil aus dem Verhaftetsein in den Denkräumen Fortunas erklären läßt (aus den magischen Sinnzusammenhängen heraus, für die ›naturgemäß‹ nichts gegen Null tendiert, allerdings überhaupt nicht). Vielleicht lüftet sich hier tatsächlich der Vorhang einer Idee und gibt einen Blick auf das preis, was der Dichter vor seinem Abgang wirklich denkt.

Das andere Motiv ist das der Occasio, jener Zeitkoordinate, die zu dem eher von Raumvorstellungen geprägten Wirken Fortunas hinzutritt. Es ist die Verbildlichung des griechischen Kairos (daher bisweilen männlich dargestellt), die Göttin mit Stirnlocke und kahlem Hinterkopf: Ist der rechte Augenblick, in dem man die Göttin, die Gelegenheit, beim Schopfe packen muß, verpaßt, greift man ins

Leere. Machiavelli hat, wohl unter Benutzung antiker Vorlagen, ein Gedicht ›Dell'Occasione‹ geschrieben, in dem er ein Zwiegespräch des Dichters mit der Göttin vorführt, das auf die Lehre hinausläuft: Während du hier schwätzend und mit törichten Gedanken deine Zeit vertust, bin ich deinen Händen längst entglitten. Auch im *Tempest,* in dem einerseits wie in keinem anderen Stück Shakespeares Zeitmaße eine Rolle spielen, andererseits die Motorik Fortunas thematisiert ist, finden sich, wie nicht anders zu erwarten, immer wieder Hinweise auf Occasio in diesem Sinne. Der Usurpator Antonio ermahnt seinen Mitverschwörer Sebastian: »[…] th'occasion speaks thee«. Und Prospero projiziert beide Koordinaten auf sein Planspiel. Zwar weiß er sich der Gunst Fortunas sicher (»now my dear lady«), aber er weiß ebenso, daß er sich ihrer durch den Zugriff versichern muß. Er spricht von seinem

> … most auspicious star, whose influence
> If now I court not, but omit, my fortunes
> Will ever after droop.[7]

Fortuna ist in Machiavellis Handlungskonzept freilich nur die eine Seite, die andere heißt *virtù.* Sie ist das, was einer in sich haben muß, um den Griff nach der Stirnlocke zu wagen. In *virtù* schwingt nur noch von ferne die christliche Vorstellung von Tugend mit. *Virtù* bedeutet Energie, Tatkraft, Durchsetzungsvermögen, Wille, Planung, auch List und Verschlagenheit, wenn die Situation es erfordert. (In einer englischen Übersetzung des *Principe* habe ich über dreißig Synonyme gezählt.) Im *Tempest* figuriert nun auch *virtue* als eines der Schlüsselwörter, fast gleichrangig mit *ars,* der Fertigkeit, beides Mittel, sein Glück sich selbst zu schmieden. Die Kritik hat, soweit ich sehe, Prosperos »virtue« ausschließlich als christliche verstanden wissen wollen: Voraussetzung für aussichtsreiche Magie sei es immer gewesen, sich selbst im Sinne der Tugendhaftigkeit zu vervollkommnen. Das mag so sein, doch hat Prospero mit dieser anämischen Version von Tugend nichts zu tun. Er ist alles andere als der ideale Fürst aus der *Institutio Principis Christiani* des Erasmus. Er ist vielmehr der Machtpragmatiker, der genau weiß, was er will, nicht zimperlich in der Wahl seiner Mittel, grausam, wenn er es für geboten hält, milde, wenn es opportun erscheint, mithin ein Musterbeispiel für das, was Machiavelli *virtù* genannt hat. Kurz bevor Prospero der Magie abschwört, den Zauberstab zerbricht und ›sein Buch‹ (früher war von der Mehrzahl die Rede) begräbt, begründet er, warum er nicht mit Wut (»fury«) auf seine Feinde reagiere:

[…] the rarer action is
In virtue than in vengeance: they being penitent,
The sole drift of my purpose doth extend
Not a frown further.[8]

(Ist es seltsam, daß er hier »frown« benutzt, einen Topos Fortunas?) Man hat sich gefragt, ob »virtue« an dieser Stelle nicht das falsche Wort sei – »pardon« wäre vielleicht richtiger, »mercy« denkbar – hat es dann aber doch als allerchristlichste, alles umfassende Tugend gerechtfertigt. Nein – *diese* Tugend ist machtstrategische *Handlung*, vor allem politisch klug, denn worauf sollte sich denn seine Herrschaft bei der Heimkunft stützen, wenn alle potentiellen Machtträger der Rache zum Opfer gefallen wären? (Derlei wäre nur einem realitätsblinden, dafür aber »poetisch gerechten« Dichter eingefallen.) Prospero nimmt dabei sogar in Kauf, daß er den Charakter seines Bruders Antonio nicht ändern kann (Oberon vor bald zwanzig Jahren konnte das noch): der bleibt verschlagen und paßt auf die nächste Gelegenheit. Das ist, seitens Prospero, Kalkül, das ist *virtù*. Er wird also aufpassen müssen, wie nur je ein Fürst Machiavellis.

Aber »sein Buch« braucht er dazu nicht mehr, denn er hat es längst verinnerlicht.

Der *Tempest* – eine Herrscherparabel? Im Epilog gibt Prospero seine Macht dem zurück, von dem er sie erhielt, dem Publikum, das heißt in diesem Fall König Jakob oder seiner Tochter Elizabeth und ihrem Verlobten, dem »Winterkönig« Friedrich, zu deren Hochzeitsfeierlichkeiten das Stück 1612 gespielt wurde, als ein Appell, vielleicht, an ein Paar, auf dessen politische Klugheit die Hoffnung des protestantischen Europa sich richtete. »Gentle breath of yours my sails / Must fill, or else my project fails«[9], sagt Prospero: es ist die Reinstitution des neuen Herrschertyps als Reinkarnation einer praktisch, historisch greifbar gewordenen Fortuna. Schon 1605 übrigens hatte der weltkluge Francis Bacon es gewagt, die von Machiavelli geforderte Verbindung, mit ebendenselben, fast ein Jahrhundert lang verteufelten Reizwörtern, dem König als Ehrenzeichen seiner Majestät zu unterstellen. In der Widmung seines *Advancement of Learning* an den König hatte er geschrieben:

> And as in your civil estate there appeareth to be an emulation and contention of your Majesty's *virtue* with your *fortune*; a *virtuous* disposition with *a fortunate* regiment; a *virtuous* expectation (when time was) of your greater *fortune*, with a prosperous possession thereof in the due time; ... so likewise in these intellectual matters, there seemeth to be no less contention between the excellency of your Majesty's gifts of nature and the universality and perfection of your learning.[10]

Es ist verständlich, daß Machiavelli seine Anstößigkeit in dem Maße verliert, wie christliche Moral als Etikett für die unterschiedlichsten Machtinteressen herhalten muß. Verständlich auch, daß ein neues Wissenschaftsverständnis in diesem Sinne politisch grundiert, wenn nicht legitimiert wird. Daß Prospero wie der moderne Herrscher Fortuna und *virtù* in sich vereinigt und daß seine Magie als eine Metapher der Wissenschaftspraxis als Machtexerzitium nach der Vorstellung Bacons zu lesen ist, das dürfte also inzwischen dem Publikum, wenigstens dem höfischen, alles andere als fremd gewesen sein.

1 I, ii, 178 »Durch einen höchst sonderbaren (außerordentlichen) Zufall hat die freizügige Fortuna (jetzt meine teure Lady) meine Feinde an diesen Strand geführt.«

2 Bereits in Henry Greens *Shakespeare and the Emblem Writers* (London 1870) ist diese Stelle auf ein Emblem von Coornhert (1585) – »Providence making rich and making poor« – bezogen: Die Wolke im Emblem öffnet sich, und eine Hand reicht dem Armen einen gefüllten Beutel, die andere dem Reichen ein leeres Gefäß (Tafel 16. Freundlicher Hinweis von Frau Elena Lupas)

3 Das heißt etwa: »Wir sind die Werkzeuge des Fatums«, also des Schicksals, das manchmal (in der Renaissance) mit Fortuna gleichgesetzt, manchmal (vor allem im Mittelalter) über ihr stehend gedacht wurde.

4 Ich kann mir hier eine Anmerkung nicht verkneifen: Als Sebastian und Antonio mit gezückten Schwertern vor ihren potentiellen Opfern stehen, die Ariel gerade geweckt hat, fällt Sebastian die Ausrede ein, es hätten sich Löwen gezeigt. Es ist merkwürdig, daß der, der als Schicksalsagent dazwischentrat, Ariel, der hebräische Name für Löwe Gottes ist. Sebastian spricht also wahr, indem er lügt: Über den Löwen ist die Verbindung zwischen Fortuna und der göttlichen Vorsehung gesetzt, wodurch verdeckt auf die mittelalterliche Deutung Fortunas angespielt ist.

5 IV, i, 156ff. »Wir sind aus solchem Stoff / Wie der zu Träumen, und dies kleine Leben / Umfaßt ein Schlaf.« (Schlegel)

6 IV, i, 152ff. »Wie dieses Scheines lockrer Bau, so werden / Die wolkenhohen Türme, die Paläste, / Die hehren Tempel, selbst der große Ball [= globe = der Erdball], / Ja, was daran nur teil hat, untergehn: / Und, wie dies leere Schaugepräng erblaßt, / Spurlos vergehn.«

7 I, ii, 182ff. »... günst'gen Stern: versäum ichs jetzt [die Occasio] / Und buhl um dessen Einfluß nicht, so richtet / Mein Glück [my fortunes] sich nie mehr auf.«

8 V, 27ff. »... der Tugend Übung / Ist höher als der Rache. Da sie reuig sind, / Erstreckt sich meines Anschlags ganzer Zweck / Kein Stirnerunzeln weiter!«

9 Epilogue, 11f. »Füllt milder Hauch aus eurem Mund / Mein Segel nicht, so geht zu Grund / Mein Plan.«

10 Die Kursivierungen stammen von mir. Die Machiavellischen Schlüsselwörter lassen sich nicht übersetzen, wie überhaupt die ganze Stelle wohl nur paraphrasiert werden kann:

»Und wie es in Eurer Regierung einen Wettstreit und Wetteifer zwischen Euer Majestät Tugend und Eurem Glück gibt, einer tugendhaften Anlage und einer glücklichen Herrschaft, einer tugendhaften Erwartung (zu seiner Zeit) Eures größeren Glückes und der glücklichen Inbesitznahme desselben, als die Zeit gekommen war; ... ebenso verhält es sich mit diesen geistigen Dingen: Es scheint dort einen ebensolchen Wettstreit zwischen der Vortrefflichkeit der natürlichen Gaben Eurer Majestät und der Universalität und Vollkommenheit Eurer Gelehrsamkeit zu geben.«

Formen des Launischen:
Antony and Cleopatra

Unter den Verbildlichungen von Welterklärungen kommt im 16. Jahrhundert der Gestalt Fortunas eine, wenn nicht die, zentrale Rolle zu. War sie im Mittelalter, bis hin zu Ulrich von Huttens Fortuna-Dialog von 1520, Agentin einer höheren Macht, deren Willen und Absichten sie selbst nicht kennt, so wird sie jetzt zunehmend zum Inbild einer »neuen Unübersichtlichkeit«, der Kontingenzerfahrung einer aus dem Erklärungshorizont rutschenden Welt, die zur Kippfigur aus Gewinn und Verlust, aus Verlockung und Abstoßung, aus Lust und Schauder sich objektiviert. Dem Bild ist wesentlich, daß die Gegensätze dicht beieinander liegen und daß der Umschlag dem Gesetz der Willkür unterliegt, meist also unvorhersehbar und jäh erfolgt. Fortuna ist wetterwendisch und launisch, sie erhöht den Erniedrigten und stürzt den, der oben fest zu sitzen glaubt, ins Verderben, ganz wie es ihr beliebt und ohne Ansehen des Verdienstes oder des Unwerts dessen, den sie ins Visier nimmt. Freilich hat es an Domestizierungsversuchen, der Berechnung des Unberechenbaren, nicht gefehlt, so wie der Hazardspieler – »hazard« und Fortuna sind bei den Elisabethanern synonym – nach dem Prinzip der großen Zahl einer Gesetzmäßigkeit des Wahrscheinlichen auf die Spur kommen will, die seine Chancen erhöht, aber eben auch nicht sichert. Solche Versuche reichen von Machiavellis Vergewaltigungsmetapher zu Beginn des Jahrhunderts – »Fortuna ist ein Weib und will mit Gewalt genommen werden« – bis zu Bacons Diktum an dessen Ende: »chiefly the mould of a man's fortune is in his own hands.« Solche Versuche führen zwar zu einer Entflechtung der Lebenssphären und können in einigen Bereichen eine planvolle Risikominimierung aufbauen, etwa im Ökonomischen durch Verlagerung des Risikos vom einzelnen Investor auf die Institution des entstehenden Versicherungswesens, oder im Politischen durch staatstheoretische Entwürfe, unterliegen doch auch die Staaten dem Wirken Fortunas, wie es noch um 1635 bei Sir Thomas Browne heißt: »The glory of one State depends upon the ruine of another, there is a revolution and vicissitude of their greatnesse, which must obey the swing of that wheele.« Solche Sicherungen funktionieren aber nur auf Grund einer Entindividualisierung, auf der Basis einer Institution, und entziehen sich gleichzeitig weitgehend den Erfahrungsmöglichkeiten des Einzelnen, der sich, wenn wir Shakespearesche Figuren als repräsentativ für die Stimmungslage der Epoche ansetzen dürfen, weiterhin ungeschützt den »slings and arrows of outrageous fortune« ausgesetzt fühlt. Es ist gesagt worden, bei Shakespeare befände sich Fortuna stets irgendwo hinter der Bühne und habe ihre Hand im Spiel. Man kann hinzufügen: Sie steht auch auf der Bühne und lenkt sichtbar die Geschicke der Figuren. Das geht so weit, daß ihre Grundstruktur schließlich eins wird mit einer neu literarisch ins Bild tretenden Verhaltensform: der Form des Launischen. In seinen radikalen Gefühlsumschwüngen, den jähen Wechseln, drückt sich die Instabilität des Lebensgefühls der Zehnerjahre des 17. Jahrhunderts aus, das grund- und bodenlos ist, keiner Motivierung mehr bedarf wie die Eifersucht des Leontes im späten *Wintermärchen.* Solche Gestimmtheit wird denn auch von keiner Allegorisierung mehr aufgefangen, der sie sich ursprünglich verdankt.

Um die Verlaufskurve bei Shakespeare kurz nachzuzeichnen: Noch in den Historien hören wir die alten Räder Fortunas vernehmlich knirschen; wir sehen sie nicht, aber spüren ihre Wirkung. So sitzt zu Beginn von *Richard II.* der niederträchtige König obenauf, und in dem Maße wie er sinkt und schließlich in der Grube liegt, wird sein Widersacher Bolingbroke von ganz unten – er war verbannt worden – nach ganz oben getragen. Das ist eine genau abgezirkelte Choreographie, die ihre Kreisfigur durchlaufen muß, bevor sie zum Stillstand kommt, um dann im nächsten Stück, den beiden Teilen *Heinrichs IV.* erneut in Gang gesetzt zu werden. Gegenläufig dazu übrigens, und wieder genau choreographiert, läuft ein anderer Kreislauf ab: in dem Maße wie Richard sinkt, wird er erhöht als Mensch – »Wir steigen mit dem Fall«, wird es bei Gryphius heißen –, und in dem Maße wie Bolingbroke aufsteigt, wird er seinerseits zu dem Unmenschen, der der vom Thron Gestoßene einst war. Solchen langfristigen Umschwüngen liegt das mindestens bis zu Boccaccio zurückreichende Modell einer Geschichtsordnung zu Grunde, das in seiner Mechanik immer prognostizierbar ist. Für das jäh Hereinbrechende, Unverhoffte, scheint hier darum kein Platz zu sein, weil die Regeln des Geschichtsablaufs unverrückbar in einer »longue durée« festgelegt sind, mithin also keineswegs als durch die Launen Fortunas veränderbar gedacht sind. Ganz anders im *Kaufmann von Venedig*, in dem, wie Ruskin als erster gesehen hat, eine veritable Fortuna auf der Bühne steht.[1] Portia, die Zuteilende, gibt und nimmt wem und was sie will; sie erhöht und vernichtet, bringt Gewinn und Verlust; Gunst und Verstoßung liegen ganz dicht beieinander und können in einem Augenblick ins jeweilige Gegenteil umschlagen. Solche Augenblicke gibt es im Stück allerdings nur wenige, aber die stete Bedrohung ist spürbar, daß es immer auch anders weitergehen könnte. Daß es sich bei der Dame um mehr oder anderes als eine reiche Erbin handelt, geht schon aus der Bemerkung des Glücksritters Bassanio, mit der sie eingeführt wird, hervor, sie sei eine »lady of wondrous virtues«, also etwa »voller unerklärlicher oder geheimnisvoller Wirkkräfte«. Und wenn die Kästchenwahl, die der Vater über sie verfügt hat, von ihr listig manipuliert wird – das Lied, das Bassanios Wahl begleitet, hat fünf Wörter, die auf »Blei« reimen –, so läßt sich das verstehen als die Abkoppelung vom Willen des mittelalterlichen Gottes durch Wiedereinsetzung der Willkürherrschaft der älteren Gottheit. Man kann es freilich auch lesen als ein Sich-Hinwegsetzen über den gesellschaftlichen Code der Verfügungsgewalt des Vaters durch die Laune der Verliebten, die keiner Begründung und keiner kodierten Regeln bedarf. Die Zweideutigkeit der Wahlmanipulation weist also zurück in den mythisch-allegorischen Zusammenhang und voraus auf die keinen Begründungszwängen unterworfene neue anthropologische Stimmungslage. Solche Antizipation findet sich in diesem Stück jedoch nur vereinzelt. Als Ganzes gesehen konfrontiert es die vorgebliche Berechenbarkeit der Geldwelt Venedigs mit der Unberechenbarkeit Belmonts, also Fortunas. Die Geschicke der einzelnen Figuren regelt sie in ihrem Sinne, was auch heißt, daß die Unwahrscheinlichkeiten und Widersprüche der Handlungsführung nur von ihr her verständlich werden. Es fällt niemand heraus aus ihrem für die Handelnden unerforschlichen Plan, der freilich ohne die erwartbare Mechanik der Historien abläuft. Es kann, nebenbei, kein Zufall sein, daß in diesem Stück Fragen der Ökonomie thematisiert sind, ist es doch dieser Bereich, in dem am frühesten eine Konkretisierung des Fortunagedankens für die Lebenswelt unternommen wurde, etwa in Gestalt der Verzeitlichung Fortunas als Occasio, die den für den Investitionskaufmann und Wechselhändler rechten Moment, der erkannt und beim Schopfe gepackt werden will, bezeichnet. Auch in unserem Stück liegt der Fortunagedanke dem neuen Wirtschaften zugrunde: es ist die Hypostasierung der Geldzirkulation, als Transformation der Bildvorstellung in ihre kommunikative Güterregelung, die gegenüber der bei sich selber verharrenden immobilen Thesaurierung ausgespielt wird.

Wieder ganz anders die späte Römertragödie *Antonius und Kleopatra*[2] von 1606/7. Hier bestimmt nun die Wechselhaftigkeit der Göttin den Aufbau der Szenen und der weiblichen Hauptfigur offen und fast geheimnislos, ausgezeichnet nur durch wechselnde Skalen der Nähe und Ferne. Das Stück bietet von Szene zu Szene, innerhalb der Szenen und von Replik zu Replik eine Hektik des Hin und Her, ein permanentes Oszillieren zwischen Gunst und Versagung, Triumph und Niederlage, ein Springen von Kugel zu Kugel, wie Fortuna ja auch ins Bild gefaßt ist, so daß alle Kräfte und Attribute der Göttin gleichzeitig entfesselt zu sein scheinen und die Figuren, die nie wissen, wo oder woran sie sind, in ihren Strudel reißen. Nichts steht in diesem Stück still. Es gibt in dieser Liebestragödie nicht einmal *eine* ruhige Liebesszene, denn auch die Liebe, sie zu allererst, unterliegt dem Wechselspiel der Gefühle als der Gleichzeitigkeit des Ja und Nein. Die einzige beruhigte Szene ist die Beschreibung einer Nilfahrt Kleopatras, in der aber bezeichnenderweise die durch ihre Nähe ausgelöste Verwandlung der sie Umgebenden, der Elemente, sogar des Unbelebten, thematisiert ist. Erinnern wir uns der ächzenden Räder aus *Richard II.*, so könnte der Verdacht entstehen, die ungeheure Akzeleration, der Taumel, hätten vielleicht mit dem Modell gar nichts mehr zu tun und es sei Shakespeare einzig auf die Ausstellung einer bestimmten, begründungslosen Befindlichkeit angekommen. Der Verdacht verflüchtigt sich aber, wenn wir in Betracht ziehen, mit welchem Raffinement er immer wieder die Erwähnung der Göttin an die Gestimmtheit der Gefühlslagen gekoppelt hat. Geschichtsabläufe, wie er sie aus Plutarch entnehmen konnte, werden so pointiert, daß sie zugleich aus dem Verhalten der Figuren ablesbar werden, weil sie auch deren Dynamik bestimmen. Wenn der Autor den großen Bogen von der Allegorisierung der Geschichtsdeutung zu ihrer Transformation in Verhaltensmuster, zu den Wechselbädern der Launen, schlägt, mag sich die Frage stellen, wer was bedingt: die Launen den Geschichtsablauf oder der

Dauerdruck der Ereignisse die Launen. Marxisten würden vermutlich für das zweite, Psychoanalytiker für das erste optieren. Demgegenüber scheint Shakespeare auch für die Rezeption das Oszillieren der Perspektiven im Blick zu haben: wie in einem Vexierbild ist alles gleichermaßen »da« und gleich-gültig, wiewohl die Drehung des Blicks den jeweiligen Unterschied ums Ganze ins Auge faßt. Solche bei den Elisabethanern in Mode gekommenen optischen Spielereien hießen übrigens »perspectives«, Durchsichten, die unterschiedliche Bilder auf gleichem Grund boten. Auf eine solche »perspective« bezieht sich Kleopatra, wenn sie ihre Dienerin anweist, einen römischen Boten, der ihr Ungutes und Gutes zu vermelden hat, zurückzuholen und nicht zurückzuholen:

> Let him for ever go, let him not – Charmian,
> Though he be painted one way like a Gorgon,
> The other way's a Mars.[3]

Es scheint, daß eine solche Kippfigur, die das Entsetzlichste mit dem Triumphalen eins zieht, wie ein Inbild, eine Kristallisation des Fortunagedankens zu sehen ist. Einerseits optische Spielerei, andererseits ein Analogon zu den »lusus naturae«, in denen die Überschreitung, die Transformation des kategorial, oder durch die Drei-Reiche-Lehre der Natur, Geschiedenen als von der Natur selbst unterlaufen zur Anschauung kommen sollte: Dendriden im Gestein als pflanzliche Formationen, Gleich-Gültigkeit des Sich-Ausschließenden als spielerische Korrektur der Aszendenz oder Deszendenz der Seinskette, eine Korrektur, die immer jäh und unerwartet zum Vorschein kommt, als Sprung, und auf die Instabilität des als sicher Gesehenen verweist.

In keinem anderen Stück Shakespeares wird Fortuna häufiger im Munde geführt – sie ist erklärtermaßen diejenige, die die Geschicke der Staaten und der Einzelnen in ihrer Beziehung zueinander lenkt. Kein anderes Stück ist dichter mit dem Netz ihres semantischen Umfelds überzogen: chance, perchance, change, hap, perhaps, lot, lottery, hazard, play, game, cards, dice, jump usw. Jump mag in diesem Zusammenhang überraschen, weil es die Bedeutung von Hazard längst verloren hat; es zieht aber besonders bildkräftig die verschiedenen Ebenen des Stückes gestisch zusammen: »Our fortune lies / Upon this jump.«[4] sagt Octavian, als er die Anweisung zur Seeschlacht gegeben hat, also zur Übertragung der Entscheidung in die älteste Domäne Fortunas. In der Szene zuvor hatte der Diener Enobarbus Antonius gewarnt, sich dieser Sphäre auszusetzen:

> you therein ...
> Give up yourself merely to chance and hazard,
> From firm security.[5]

Doch Antonius läßt sich dennoch dazu verleiten, wider besseres soldatisches Wissen, willenlos, unter Preisgabe der Machiavellischen *virtù*, verlockt von Kleopatra und ihren sechzig Seglern, was einen Soldaten zu dem Kommentar veranlaßt: »our leader's led, / And we are women's men.«[6] Was folgt, ist die Schlacht bei Actium, die Shakespeare ausschließlich auf die Laune Fortunas hin orientiert. Als hätte es noch einer demonstratio ad oculos bedurft, läßt Shakespeare Kleopatra auf dem Höhepunkt der Schlacht, trotz Chancengleichheit – »When vantage (ein weiteres Wort für Chance oder Glück, auch Risiko) like a pair of twins appear'd / Both as the same, or rather ours the elder«[7] –, jäh und unbegründet, irr, wie eine im Juni von einer Bremse gestochene Kuh, die Segel setzen und die Flucht ergreifen. Und wie »fortune's fool« flieht Antonius, »The noble ruin of her magic« – die Anspielung auf eine höhere Gewalt ist nicht zu überhören – ihr hinterher, »Leaving the fight in heighth«, also auf dem Scheitelpunkt der Entscheidung. Wenn einer der Generäle das kommentiert – »Our fortune on the sea is out of breath, / And sinks most lamentably«[8] – so ist damit die Emblematik der schiffeversenkenden mala fortuna konnotiert, der auf der denotativen Ebene nichts entspricht, und wenn derselbe im nächsten Atemzug beschließt, Antonius zu verlassen, wie sechs Könige es bereits vor ihm getan haben, so kommt damit wieder ein anderes emblematisches Bild ins Spiel, wie es im Verlassenwerden durch die Freunde im Fall Timons von Athen schon einmal thematisiert worden war. Das heißt, Shakespeare zieht anläßlich der Schlacht von Actium gleich drei Bildkomplexe zusammen – über faktische Beschreibung, Metaphorik und Handlungsorientierung –, die alle in der Magie, in den destruktiven Wirkkräften Fortunas, konvergieren. Und der Geschädigte? In verzweifelten Einsilbern beklagt er das Geschehene, hin- und hergerissen zwischen Liebe und Verachtung für diejenige, die es bewirkt hat und von der sich zu lösen ihm unmöglich ist. Er, der selber nach Belieben, begründungslos mit den Geschicken der Welt spielen konnte –

> who
> With half the bulk o' the world play'd as I pleas'd,
> Making and marring fortunes[9] , –

sieht sich einer höheren Macht ausgeliefert, die ihrerseits mit ihm spielt:

> O'er my spirit
> Thy full supremacy thou knew'st, and that
> Thy beck

– das verführerisch auffordernde Nicken der Dämonin, das gleichermaßen zur Erfüllung und ins Verderben lockt wie das der Hure –

> and that
> Thy beck might from the bidding of the gods
> Command me.[10]

Die mittelalterlichen Angebote zur Überwindung Fortunas – Selbstbescheidung, Weisheit, Tugend, Verachtung, fortitudo – sind für ihn als Alternativen ungültig. Wie der Hazardeur setzt er sich ihr nun erst recht aus: »Fortune knows, / We scorn her most, when most she offers blows.«[11] Kurz zuvor hatte er gesagt: »give me a kiss, / Even this repays me.« Der Kuß, wie auch eine einzige Träne Kleopatras, sind soviel wert wie »All that is won and lost.« Die Ambivalenz aus Gewinn und Verlust, Lust und Schmerz, der er sich übereignet und mit der er sich über Fortuna zu erheben vermeint, bindet ihn jedoch erst recht an ihre Laune, die Laune einer Frau, die mit ihm spielt. Hier ist der Übergang, wo das Allegorische mit einer Verhaltensform verschmilzt.

Bevor wir aber diese Linie weiter verfolgen, ist einiges nachzutragen. Noch ehe die beiden Protagonisten zum erstenmal die Bühne betreten, wird signalisiert, wie sie zu sehen sind: Antonius, »the triple pillar of the world«, hat sich verwandelt »into a strumpet's fool«, wobei die sprichwörtliche Hurenhaftigkeit Fortunas hier bereits eins ist mit der Beurteilung Kleopatras. In der sich anschließenden Szene wird, wie es scheint, die Übermächtigkeit der Liebe gegenüber politischer Verantwortung demonstriert, sie präsentiert sich aber eher in Form eines Gezänks – die sich steigernden Schwüre des Antonius werden als falsch denunziert, wie um ihm noch weiterreichende abzukokettieren, und wenn Kleopatra ihn auffordert, eine römische

Gesandtschaft zu empfangen, geschieht das nicht, um ihn an seine Pflicht zu erinnern, sondern einzig aus Lust am Widerspruch, weil er sie just nicht empfangen will. In einer späteren Szene wird sie genau umgekehrt argumentieren. Gleichwohl, Liebesschwüre oder nicht, in der nächsten Szene scheint nichts mehr davon zu gelten, als Antonius vom Tod seiner Frau Fulvia erfährt: »The present pleasure, / By revolution lowering, does become / The opposite of itself«.[12] Lust also verkehrt sich in ihr Gegenteil durch das geradezu automatische Kreisen der Dinge, der Umstände, unserer Bewertung derselben und unserer selbst. Des Antonius Einstellung zu Kleopatra hat sich also gedreht – »She is cunning (listig, schlau, verführerisch, erfindungsreich) past man's thought«, sagt er, und Enobarbus spinnt den Gedanken des Über- und Außermenschlichen in die emblematische Bildvorstellung aus: »We cannot call her winds and waters sighs and tears; they are greater storms and tempests than almanacs can report.«[13] Antonius beschließt also, sie zu verlassen, doch es kommt zunächst anders. Wieder eine Drehung. Die folgende Szene liest sich wie eine Propädeutik des Launischen. Kleopatra schickt einen Diener zu Antonius: »If you find him sad, / Say I am dancing; if in mirth, report / That I am sudden sick. Quick, and return.«[14] Auf die Vorhaltung Charmians, der Gefährtin, sie solle eher gefügig sein, also im konventionellen Sinne sich weiblich verhalten, schneidet ihr die Königin das Wort ab: »Thou teachest like a fool: the way to lose him.« Die Beziehung reguliert sich also nicht über Harmonie oder gar durch die Unterwerfung der Frau unter den Mann, wie noch das selbstverleugnende Angebot der eigenständigen Portia an Bassanio lautet, sondern durch Sprünge, Widersprüche, Paradoxien, die auf eine jeweils gegebene Situation reagieren, sie umdrehen und bei der nächsten Wendung erneut umdrehen. Einzig der Taumel, der Wirbel, das Unvorhersehbare ist der beständige Grund dieser Liebe, also *kein* Grund, *kein* Vertrauen, *keine* Sicherheit, die im Launischen ihren sichtbaren Ausdruck finden. Wenn Kleopatra im Verlauf der Szene Antonius, dessen Abreise sie ahnt, dessen Abkehr sie vermutet, durch Beschimpfungen dazu bringt, sich erneut in Liebesschwüre hineinzusteigern, die von ihr durch Verweis auf frühere Schwüre eher höhnisch quittiert werden, was zu weiteren Steigerungen führt, hat sie wieder gewonnenes Spiel. Zwar geht er, aber zugleich bleibt er auch:

> Our separation so abides and flies,
> That thou, residing here, goes yet with me;
> And I, hence fleeting, here remain with thee.[15]

Trennung als Bindung – ein neues Paradox.

Was folgt, ist ein Oszillieren zwischen Weltgeschichte und Schlafzimmerperspektive, das aber den gemeinsamen Begründungszusammenhang nie aus den Augen verliert. Kleopatra, die höhnende, entdeckt die Sehnsucht, die sie aber wieder nur in sich ausschließenden, sprunghaften Fragen ausdrücken kann, die sich nervös überstürzen und kaum Raum lassen für ein Gefühl. Der Pirat Pompeius taucht auf, der Sohn des Großen, des Widersachers Caesars, auch eines Spielballes Kleopatras, als ernstzunehmende Bedrohung des Triumvirats, nicht zuletzt der Anlaß für den überstürzten Abgang des Antonius vom Hofe der Ägypterin. Auch hier kommt die Gefahr vom Meer, aus der ureigenen Domäne Fortunas also, und Pompeius wird nicht müde, gewissermaßen spiegelverkehrt zu Antonius, seine Herrschaft über die Göttin zu behaupten, was diese erwartungsgemäß nicht ungestraft passieren läßt. Die Schlüsselszene des Vertrages zwischen Pompeius und den Triumvirn spielt bezeichnenderweise auf dem Wasser, und es ist hier, daß Occasio für den Piraten mit Händen zu greifen wäre, indem ein Diener anbietet, die Triumvirn mit einem Streich zu erledigen und dadurch ihn zum Weltherrscher zu machen, eine Chance, die er nicht nutzt. Des Dieners Kommentar:

> For this
> I'll never follow thy pall'd fortunes more.
> Who seeks and will not take, when once 'tis offer'd,
> Shall never find it more.[16]

Für die Szene auf dem Wasser, auf schwankendem Grund, hat Shakespeare als gestisches Äquivalent die wachsende Betrunkenheit der Beteiligten gewählt, und man hat darin wohl zugleich die Ausdehnung der Stückthematik auf eine körperliche Verfassung zu sehen – physischer Taumel und Schwindel, das Sich-Drehen, als Analogon zu Rad und Kugel. Die Doppeldeutigkeit des wiederholten »Take heed you fall not« ist jedenfalls nicht zu überhören. Bis auf den einzigen Nüchternen, Octavian, werden sie schließlich auch alle fallen. Eine weitere Wendung von historischer Tragweite ist die Heirat des Antonius mit der Schwester Octavians, mit Octavia, deren Wirkung vor allem in den breit ausgespielten, unbeherrschten Reaktionen Kleopatras Platz greift, den Wechselbädern, denen sie den Boten, der ihr die Nachricht bringt, aussetzt. Hier findet sich das erwähnte Bild der Blicksprünge im »perspective«. Nach neuerlicher Drehung folgt die Abwendung von Octavia – der Bruder kommentiert: »Cleopatra / Hath nodded him to her. He hath given his empire / Up to a whore.«[17] – und darauf die schon besprochene Schlacht von Actium mit ihrem desaströsen Ausgang.

Nach der durch Kleopatra verursachten Niederlage fühlt sich Antonius, wir sprachen davon, nur noch fester an sie gebunden. Doch wieder dreht sich das Rad: ein Bote Octavians erscheint, um die Königin für diesen zu gewinnen. Geht sie darauf ein, geht sie nicht darauf ein? Zwar sagt der an sich verläßliche Kommentator Enobarbus: »Sir, sir, thou art so leaky / That we must leave thee to thy sinking, for / Thy dearest quit thee.«[18] Doch da wir nie erfahren, was sie wirklich meint, ist alles, was wir sehen, ein Spiel der Möglichkeiten in Form des Kokettierens mit dem Boten. Eben noch versöhnt mit Antonius, scheint sie sich im nächsten Augenblick dem ersten besten hinzugeben, in der nämlichen zweideutigen Geste des Spiels. Weiß sie selbst, was sie will, oder bestimmt sich ihr Verhalten einzig als Reaktion auf die Zufälligkeit einer Situation, die sie dann in ihrem Sinne lenkt? Anders gesagt: Hat sie eine von den jeweiligen Stimmungswechseln abtrennbare, sie verursachende Identität? Der Frage wird nachzugehen sein. Zunächst: Antonius kommt hinzu, erfaßt die Lage und ergeht sich in den wüstesten Beschimpfungen Kleopatras, die alle aus dem Wörterbuch der Fortuna-Beschimpfungen stammen. Vor allem ihre Hurenhaftigkeit wird weidlich ausgekostet, in der besonders das Niedrige, Dreckige, Abgelebte benannt ist, das aber zugleich im Zusammenhang kosmischer Unordnung gesehen wird. »Our terrene moon« nennt er Kleopatra, die Verkörperung der Wechselhaftigkeit Lunas, wieder einer Imago Fortunas, auf Erden:

> Our terrene moon
> Is now eclips'd, and it portends alone
> The fall of Antony![19]

Doch wieder bewirkt Kleopatra einen Stimmungsumschwung, gewinnt ihn zurück und bringt ihn sogar dazu, wider alle Vernunft auch einer Wendung seines Kriegsglücks gewiß zu sein. Erneut sind also die Stränge dieser Liebe und der Geschichte ineins geflochten. Zunächst sieht es in der Tat so aus, als wende sich noch einmal sein Glück, wenn auch kontrapunktisch dazu die Zeichen des Mißgeschicks deutlich gesetzt sind. Im Triumph kommt er aus der Landschlacht zurück, nennt Kleopatra »great fairy« und spricht von ihrer »favouring hand«. Doch wieder setzt er sich der Domäne Fortunas aus, dem Meer, und wieder verliert er. Ein Soldat faßt noch einmal das Glücksspiel – des Kampfes, aber gleichermaßen der Liebe – zusammen:

> Antony
> Is valiant, and dejected, and by starts
> His fretted fortunes give him hope and fear
> Of what he has, and has not.[20]

Es bleibt auf der Ebene des Stücks, daß sich des Antonius ganze Wut nicht gegen ein abstraktes Schicksal oder gegen seine Soldaten oder gegen sich selbst richtet, sondern wieder gegen Kleopatra, die »triple-turn'd whore«, von der er sich verraten und verkauft fühlt. »Fortune and Antony part here, even here / Do we shake hands«, sagt er, wobei ebendiese Hand einmal sein »playfellow« war. Und wieder zieht er menschliche und außermenschliche, sinnliche und übersinnliche Ebenen ineins, wenn er sie »my charm« nennt, meine Zauberin oder Hexe: »this grave charm« – »grave« im Sinne des Destruktiven – »Whose eye beck'd forth my wars, and call'd them home; … Like a right gipsy, hath at fast and loose« – also in einem Betrugsspiel – »Beguil'd me, to the very heart of loss.«[21] Was zu tun ihm einzig noch bleibt, ist, sie zu töten: »The witch shall die.« Nur kommt es wieder anders. In einer neuen, jetzt alles andere als spielerischen oder koketten, vielmehr sadistischen Laune läßt Kleopatra ihm mitteilen, sie sei gestorben mit dem Wort »Antony« auf den Lippen, »And word it, prithee, piteously … And bring me how he takes my death to the monument.«[22] Was Kleopatra mit dieser letzten Wendung bezweckt, bleibt, außer daß Shakespeare der Quelle folgt, unerfindlich. Wollte sie ihn ans Totenbett zwingen, um sie lebendig zu finden und sich mit ihr – zum wievielten Male? – zu versöhnen? Nur hat sie sich diesmal verschätzt – dies eine und entscheidende Mal ist die Laune für bare Münze genommen worden, das heißt, Antonius spielt nicht mehr mit. Da seiner Liebe jetzt der schwankende Grund des Hin und Her entzogen ist, kann er sie gewissermaßen stabilisieren und in das mythische Jenseits großer Liebender versetzen, zu Dido und Aeneas, auch einer Trauergeschichte, bei der der verschobene Tod gelebtes Leid wegretouchiert hat. Er bittet den ihn begleitenden Knaben, der den vielsagenden Namen Eros trägt – und von dem aus sich die Trias Amor, Venus, Mars formen ließe, was aus einer früheren Szene, der Bewaffnung des Antonius, in Umkehr der Entwaffnung des Mars, gestützt wird – er bittet also seinen Knaben Eros ihn zu töten. Doch dieser kann nur sich selber töten – die Liebe also stirbt an der Liebe – und Antonius unternimmt nun selbst den Versuch, sich zu töten, verletzt sich aber nur tödlich. Es kommt zur letzten Begegnung mit Kleopatra, die jetzt sozusagen ausgespielt hat und folgerichtig ihre Macht wieder der restituiert, die sie ihr überlassen hatte: »let me rail so high, / That the false huswife Fortune (also wieder die Hure, aber auch die Frau im Haus) break her wheel, / Provok'd by my offence.«[23] Antonius, »The crown o' the world«, stirbt, und sie beschließt, ihm in den Tod zu folgen.

Kleopatras Beschluß zu sterben versetzt sie außerhalb der Sphäre Fortunas, denn einzig der Tod »shackles accidents, and bolts up change«.[24] Der fünfte Akt läßt noch einmal die Wechselspiele irdischen Geschehens paradieren – Octavian ist jetzt »Fortune's knave, / A minister of her will« –, aber wir sehen sie wie durch einen Schleier, entrückt, denn sie können Kleopatra nicht mehr erreichen. In der Vorbereitung zum Selbstmord, zur »liberty«, zieht sie ihre Selbstpreisgabe als Frau und ihre Lösung aus dem Einfluß der launischen Göttin ineins:

> I have nothing
> Of woman in me: now from head to foot
> I am marble-constant: now the fleeting moon
> No planet is of mine.[25]

Der Wechselhaften gewährt einzig der Tod festen Grund, die Beständigkeit, die ihrer Liebe im Leben versagt war. Ihre letzten Worte sind: »What should I stay –«[26], warum sollte ich bleiben, stehenbleiben, anhalten, rasten, verharren. Sie benennen noch einmal die Rastlosigkeit, das Nicht-stillstehen-Können als die Grundfigur ihres Lebens, mit der sie sterbend der Ruhe, der Bewegungslosigkeit, entgegeneilt.

Für die Kennzeichnung der Sprünge im Verhalten Kleopatras, aber auch der historischen Ereignisse, ist oft der deutsche Ausdruck Laune benutzt worden. Dieses Wort zieht nämlich zusammen, was an Kontamination im Stück geleistet ist. Es kommt von Luna, und Moriz Heyne schreibt dazu im Deutschen Wörterbuch: »jener begriff des wechselnden mondes gieng über auf das wechselnde glück ... und endlich auf die wechselnde gemütsstimmung des menschen.« Für das Adjektiv zitiert das Wörterbuch einige lateinische Bestimmungen des Barockpoeten Caspar Stieler, die übersetzt etwa lauten: unsicher, aufsässig, aufgebracht, wild, gefährlich, verdrossen, jäh, bösartig, grimmig, feindselig, von der Seite sehend, schieläugig usw., Bestimmungen also, in denen sich wiederum eine Gemütsstimmung mit einigen Kennzeichnungen Fortunas trifft. In der Wortgeschichte von Laune und in ihrem synonymischen Umfeld kommt zum Ausdruck, was der Idee des Stückes zu Grunde liegt: die Transformation einer bestimmten Welterfahrung, der Kontingenz, die im Fortunagedanken allegorisch gebunden und objektiviert worden war, in Verhaltensformen. Die Laune ist der lebensweltliche Ausdruck der Instabilität des Weltgefühls, wie sie etwa in den Zeilen John Donnes von

1611 am bündigsten zum Ausdruck kommt: »›Tis all in peeces, all cohaerence gone; / All just supply, and all Relation.« Und schon der verläßliche Enobarbus hatte den Bezug zwischen innen und außen, oben und unten, auf die Formel gebracht:

> I see men's judgements are
> A parcel of their fortunes, and things outward
> Do draw the inward quality after them,
> To suffer all alike.[27]

Wenn also Kleopatras Agieren launisch genannt wird, so soll damit ein historischer Schnittpunkt bezeichnet sein, an dem eine bestimmte Äußerungsform sich *noch* traditionell verrechnen läßt aber *schon* vorausweist auf eine Charakterdisposition, englisch »humour«, was Lessing mit »Laune« zu übersetzen vorschlug, die sich anthropologisch freisetzt.

Was heißt in diesem entallegorisierten Zusammenhang launisch, wobei hier keine Typologie des Launischen unternommen werden kann, zu der es an jeglichen Vorarbeiten fehlt, sondern auch hier die Vorschläge ihren Fixpunkt in Kleopatra haben? Das Launische läßt sich vielleicht am allgemeinsten als ein Schwebezustand bezeichnen, der Verhaltensnormen unterläuft. Entscheidung ist in ihm ausgesetzt. Einzig erwartbar ist das Unerwartete, der Sprung in beliebige Richtung, und zwar in arbiträrer Reihung, die keiner Linie, sondern einem Zickzackkurs folgt: Launisches ist nicht prognostizierbar. Die genannten Eigenschaften implizieren, daß zum Launischen immer eine Beweglichkeit gehört, die meistens auf spielerische Intellektualität schließen läßt und den Typus anziehend und interessant macht, nicht zuletzt auch wegen seiner aufreizenden Unerforschlichkeit, die etwas verspricht, was sie stets suspendiert, zugleich aber eben deswegen auch entsetzlich und unheimlich, ja dämonisch und irr wirkt, wie besessen. (Die letztgenannten Bestimmungen liegen der Entwicklung von Luna zu »lunatic« bzw. »lunatico« zu Grunde.) Fragen wir nach den Ursachen launischen Verhaltens, so läßt sich dafür einerseits psychische Instabilität angeben, andererseits der Wunsch nach Distanzierung. Die Instabilität kann Zeichen einer Krise sein, wie sie in Zeiten psychischen Umbaus, also während der Pubertät und noch einmal im Umkreis der Wechseljahre, greifbar wird, oder sie kann Ausdruck einer dauerhaften Verstörung sein, wie sie in den Äußerungsformen des Hysterischen zur Erscheinung kommt. Ist Kleopatra eine Hysterika? Viele ihrer Eigenschaften passen ins Bild: die Sprunghaftigkeit, die Simulation, das demonstrativ-theatralische Verhalten der Selbstinszenierung und Zurschaustellung, zweckbetonte Darstellungstendenz, Geltungssucht und Egozentrik. Ein Psychiater pointiert: »Ihre natürliche Haltung ist die Pose.« Wir wollen aber diesen Faden nicht weiter verfolgen, da sich zur Ätiologie nichts, zur typischen physischen Konversion nur wenig sagen ließe. Statt dessen soll abschließend versucht werden, umgekehrt zur Instabilität die Beherrschbarkeit und Manipulation des Gegenübers zu skizzieren, die immer auch eine Selbstbestimmung, ein Bei-sich-selber-Bleiben, signalisiert, Laune also als Form der Distanzierung.

Georg Simmel[28] hat dieses Phänomen unter dem Stichwort der Koketterie beschrieben. In der Koketterie sind Ja und Nein untrennbar gemischt. Sie demonstriert ein »Nebeneinander und Ineinander von Gewinnen- und Nicht-gewinnen-Können« (103), ein »Sich-geben, Sich-darstellen«, das »von teilweisem Sich-unsichtbarmachen oder Sich-versagen« unterbrochen ist (105). Simmel sieht darin den »Reiz der Freiheit und der Macht« (110), über die die Frau nur in dieser Form verfügt. »Indem sie das Ja und Nein, Hinwendung und Abwendung, abwechselnd dominieren oder zugleich fühlen läßt, zieht sie sich aus jedem von beiden zurück und handhabt jedes als ein Mittel, hinter dem ihre eigne, unpräjudizierte Persönlichkeit in voller Freiheit steht.« (111) Sie benutzt diese Freiheit »zum Gewinn von Macht und Machtübung«, ja, »Die Koketterie ist das Mittel, diese Macht in einer Dauerform zu genießen.« Die Frau gewinnt dadurch ein »Fürsichsein jenseits der beherrschten Gegensätze.« Angesichts der Gleichzeitigkeit von Lockung und Verweigerung wird der Mann »entwurzelt und unsicher«. Der Ausgang ist immer ungewiß, doch in den Stadien dahin findet sich »neben einer unvermeidlichen Herabsetzung ihres Wertes, doch auch eine Steigerung seiner durch den Reiz des Hazards, insbesondere, wenn das fatumsmäßige, der Entscheidung durch eigene Kraft entzogene Element, das allem Erreichen einwohnt, in seiner dunklen Anziehung aufsteigt.« (113) Simmel spricht vom »lockenden Spiel um die Gunst der unberechenbaren Mächte«, vom »eudämonistischen Wert des Hazards, des Wissens um das Nichtwissen von Gewinn oder Verfehlung«, das in der Koketterie für den Mann »gleichsam zum Stehen gekommen und festgeworden« sei, eben im durchgehaltenen Schwebezustand. Schließlich behält die Frau dadurch »irgendein letztes Unenträtseltes, Ungewinnbares zurück.« (118)

Aus Simmels Bestimmung des Launischen in der Form der Koketterie lassen sich für unser Thema drei Folgerungen ziehen: erstens legt sie der Koketterie ein Distanzierungsvermögen bei, das in ihrer Autonomie gründet und ihr eine Überlegenheit sichert, durch die sie männliche Besitzansprüche immer unterläuft. Das gibt der Figur Kleopatras eine neue Wendung und mag zugleich so verstanden werden, daß wir mit ihr auf dem Weg zu einem neuen Frauentyp sind. Zweitens charakterisiert sie den auf die Koketterie Reagierenden als einen Spielertypus, der süchtig ist nach dem Reiz des Ungewissen. So scheint sich in der Fortuna-Besessenheit der Renaissance zugleich ein neuer männlicher Typus herauszukristallisieren, der im Kaufmann nur zuerst in Erscheinung trat, aber auf Formen des riskierten Lebens vorausweist – des Abenteurers, des Projektemachers, des Experimentators, des Kombinatorikers Brunoscher und Leibnizscher Prägung –, die auf eine grund- und orientierungslose Welt durch Wahrnehmung von Chancen, in denen sich Hoffnung und Vergeblichkeit die Waage halten, reagieren. Drittens zeigt das »lockende Spiel um die Gunst der unberechenbaren Mächte«, das, was Simmel das Fatumsmäßige nennt, daß auch im scheinbar rein innerweltlichen, anthropologisch gebundenen Phänomen der Koketterie noch der Bezug zur alten Dämonin virulent ist, mithin durch das Launische Luna noch hindurchscheint.

Wenn Simmel schließlich die Nähe zwischen Koketterie und Spiel betont – »die ganze Aktion« sei »in die Sphäre des Spiels erhoben« – so meint er damit – jenseits von Liebesspielen mit ihren trotz Täuschungsmanövern, Hindernissen, gezielten Stimmungswechseln sanktionierten Codierungen – den Bereich des Irrealen, des Probeweisen und Vorläufigen, des Schwebens, den »nicht über den Moment ihres Daseins hinausfragenden Reiz« (114). Über die Irrealität des Spiels ist denn auch alsbald die Beziehung zwischen Koketterie und Kunst, dieser »Zweckmäßigkeit ohne Zweck« (115), hergestellt. »Wie dem Künstler alle Dinge dienen müssen, weil er von ihnen nichts als ihre Form will, so müssen sie alle der Koketten dienen, weil sie von ihnen nur will, daß sie sich in das Spiel von Halten und Loslassen, von Hinwenden und Wegwenden einfügen lassen.« (116) Kunst zeigt sich in der Selbstbezüglichkeit ihrer Form, der nichts Wirkliches entspricht, die nicht mit Wirklichkeiten arbeitet, sondern mit deren Fiktionen, und dadurch eine andere Form von Wirklichkeit herstellt. Sie geht auf Distanz zur Wirklichkeit der Tatsachen, um im Schweben zwischen den Wörtern jeweils eine neue, von Mal zu Mal aufkündbare Wirklichkeit zu finden. So gesehen ließe sich *Antonius und Kleopatra* auch als ein Stück über die Verfahrensweise des poetischen Handwerks lesen, seine beständigen Abbrüche und Neuansätze, die in andere Richtungen führen. Unter dem Franziskanermotto »Omnia habentes, nihil possedentes « faßt Simmel die Trias Koketterie, Spiel und Kunst zusammen. Nicht so sehr anders war die Trias, die Shakespeare im *Sommernachtstraum* behauptet hatte: »The lunatic, the lover, and the poet / Are of imagination all compact.«

1 Eine Darstellung Portias als Fortuna findet sich in meinem Buch *Fortuna oder die Beständigkeit des Wechsels,* Frankfurt: Suhrkamp 1985. Vor mir hatte bereits Michael Nerlich die Gleichung aufgestellt (*Kritik der Abenteuer-Ideologie,* Teil 1, Berlin 1977), was mir entgangen war, als ich mein Fortuna-Buch schrieb. Vor Nerlich wiederum hatte, wie gesagt, Ruskin die Verbindung hergestellt, und vielleicht war auch er nicht der erste. Zu Portias Gnadenrede nach den Hinweisen Ruskins vgl. meinen Aufsatz »Wucher und Wucherklischees am Übergang zur Neuzeit« in diesem Band.
2 Benutzt wurde die Arden-Ausgabe, herausgegeben von M. R. Ridley, London 1965.
3 II, v, 115 f. »Er geht auf immer! – Nein doch! liebe Charmian, / Wenn er auch Gorgo ähnlich sieht von hier, / Von dort gleicht er dem Mars.« (Wolf Graf Baudissin)
4 III, viii, 5. »Auf diesem Wurf steht unser Glück.«
5 III, vii, 41 ff. »… (du verfehlst / Den Weg, der dir Erfolg verheißt,) und gibst / Dich selbst dem eitlen Glück und Zufall hin, / Statt fester Sicherheit!«
6 III, vii, 69 f.
7 III, x, 12 f. »In Kampfes Mitte, / Als Vorteil wie ein Zwillingspaar erschien, / Sie beide gleich, ja älter fast der unsre –«
8 III, x, 25 f. »Zur See ist unser Glück ganz außer Atem / Und sinkt höchst jammervoll.«
9 III, xi, 63 f. »Ich, dessen Laune mit des Weltalls Wucht gespielt, / Schicksale schaffend und vernichtend.«
10 III, xi, 58 ff. »Ha, du kanntest / Die Oberherrschaft über meinen Geist, / Und daß dein Wink vom göttlichen Gebot / Zurück mich herrschte.«
11 III, xi, 73 f. Etwa: »Fortuna weiß, daß wir sie am meisten höhnen, wenn ihre Schläge am dichtesten kommen.«
12 I, ii, 121 ff. »… erfüllte Freude, / Durch Zeitumschwung ermattet, wandelt sich / Ins Gegenteil.«
13 I, ii, 145 ff. »Diese Stürme und Fluten können wir nicht Seufzer und Tränen nennen: das sind größere Orkane und Ungewitter, als wovon Kalender Meinung tun.«
14 I, iii, 3 ff. »Findst du ihn traurig: / Sag ihm, ich tanze! Ist er munter: meld ihm, / Ich wurde plötzlich krank!«
15 I, iii, 102 ff. »Es flieht zugleich und weilet unsre Trennung: / Denn du, hier thronend, gehst doch fort mit mir, / Und ich, fortschiffend, bleibe doch mit dir.«

16 II, vii, 81 ff. »Hinfort / Folg ich nie wieder deinem morschen Glück! / Wer sucht und greift nicht, was ihm einmal zuläuft, / Findets nie wieder.«
17 III, vi, 65 ff. »Kleopatra / Hat ihn zu sich gewinkt. Er gab sein Reich / An eine Metze.«
18 III, xiii, 63 ff. »Du Armer wardst so leck, / Wir müssen dich versinken lassen, denn / Dein Liebstes wird dir treulos.«
19 III, xiii, 153 ff. »Ach! unser ird'scher Mond / Ist nun verfinstert: Und das deutet nur / Den Fall des Mark Anton!«
20 IV, xii, 6 ff. »Antonius / Ist mutig und verzagt, und fieberhaft / Gibt sein zerstörtes Glück ihm Furcht und Hoffnung / Daß, was er hat und nicht hat.«
21 IV, xii, 25 ff. »... o tiefer Zauber! / Du winktst mein Heer zum Krieg, du zogst es heim. / ... / Und du, ein echt Zigeunerweib, betrogst mich / Beim falschen Spiel um meinen ganzen Einsatz!«
22 IV, xiii, 8 ff. »Sag ihm, mein letztes Wort war Mark Anton. / Und recht wehmütig sprichs: ich bitt dich ... / ... und melde mir, wie er es nimmt. / Zum Monument!«
23 IV, xv, 43 ff. »... laß so laut mich schelten, / Bis sie, gekränkt, das falsche Weib Fortuna, / Ihr spinnend Rad zerbricht.«
24 V, ii, 6 »Zufall in Ketten schlägt, verrammt den Wechsel.«
25 V, ii, 237 ff. »Nichts fühl ich mehr / Vom Weib in mir: vom Kopf zu Fuß ganz bin ich / Nun marmorfest. Der unbeständ'ge Mond / Ist mein Planet nicht mehr.«
26 V, ii, 312.
27 III, xiii, 31 ff. »Ich seh Verstand / Der Menschen ist ein Teil von ihrem Glück, / Und äuß're Dinge ziehn das inn're Wesen / Sich nach, daß eines wie das andre krankt.«
28 Die im folgenden in Klammern erscheinenden Seitenzahlen beziehen sich auf Georg Simmel, »Die Koketterie«, in: *Philosophische Kultur*, Leipzig 1911.

Theaterzettel

Verzögertes Sterben.
Shakespeares Blick auf das Rom Caesars

In der unheilschwangeren Nacht vor dem Attentat hat Calpurnia, Caesars Frau, einen Traum: Sie sieht das Standbild ihres Mannes hundertfach durchlöchert, Blut strömt heraus wie aus einem Brunnen, und lächelnd baden die Römer darin ihre Hände. Das ist, bis ins Einzelne, eine Voraussicht des Kommenden. Der Traum läßt sich freilich auch anders lesen, wie es ein Senator tut, um Calpurnias Ängste zu zerstreuen: aus Caesar strömt Rom das Blut zu, das es neu belebt, er ist der Quell des erneuerten Rom. Mord und Lebenselixier – zwei Deutungen ein und desselben Bildes, die sich nur für den verblendeten Caesar auszuschließen scheinen, weil er die der zweiten Deutung zu Grunde liegende Zeitverschiebung nicht bemerkt. Aber auch gegen den Senator, der ja einer der Verschwörer ist, kehrt sich die eigene Deutung: die Erneuerung wird keine Restitution des Alten sein – aus dem Geist und im Namen Caesars entsteht die große Transformation ins Kaisertum, dessen erster Repräsentant Octavius als Augustus sein wird. Die Traumdeutung des Senators behält also in einem Sinne recht, den er nicht gemeint hat. Die Ambivalenzstruktur des Traumbilds, die dem Betrachter je nach Interessenlage andere Aspekte zukehrt und dem Zuschauer, der den Ablauf kennt, wieder andere, führt ins Zentrum der Problematik, wie Shakespeare sie in den Blick nimmt.

Caesar war im Mittelalter als Stifter des Kaisertums geradezu gottähnlich verehrt worden. Im untersten Kreis der Hölle zeigt der kaisertreue Dante Satan, der, Parodie auf die Dreieinigkeit, drei Mäuler hat: im einen steckt Judas, in den anderen zermalmt er die Caesarmörder Brutus und Cassius. In der Renaissance ändert sich der Blick. In den republikanisch gesinnten Florentiner Humanistenkreisen entsteht ein Brutuskult, und als 1537 Lorenzino de' Medici den Herzog Alexander von Florenz ermordet, wird Michelangelo beauftragt, eine Brutus-Büste zu schaffen. Sie ist sein einziges politisches Bildwerk geworden – der Kopf ist entschieden nach links gedreht, ein triumphales Gegenbild zur Position im seitlichen Maul Satans, und der Betrachter muß aus seiner üblichen Frontalstellung heraustreten, um ihn von vorn betrachten zu können; die Figur setzt den, der sich auf sie einläßt, buchstäblich in Bewegung – in eine bestimmte Richtung.

Zur Zeit Shakespeares, als er seinen *Caesar* schreibt – um 1598/99, kurz vor dem *Hamlet* –, ist die politische Lage unübersichtlich geworden. Was wird werden? Die alternde Königin hat die Nachfolgefrage nicht geklärt. Soll die Größe Englands, die im gerade beendeten Stück, in *Heinrich V.*, beschworen worden war, wieder verloren gehen? Läßt sie sich halten, vielleicht durch den Umsturz in letzter Minute (der durch das mißglückte Komplott des Grafen Essex dann tatsächlich, Anfang 1601, versucht wurde)? Wohin aber würde der am Ende führen – zur Konsolidierung des Reichs oder in den Bürgerkrieg? Shakespeare hat die ganze Unübersichtlichkeit der Lage in seinem Drama thematisiert. Die Figuren, ihre Pläne und Absichten, erscheinen in wechselnder Beleuchtung, weil die Sympathielenkung ständig schwankt wie die Stimmung des Volkes.

Wer ist dieser Caesar – der strahlende Held, den das Volk feiern will, der immer wieder die Republik gerettet hat, oder ihr Totengräber, weil er möglicherweise nach der Alleinherrschaft, der Krone, strebt? Öffentliche Rolle und Person fallen sichtlich auseinander: auf der einen Seite der glanzvolle, gewiefte, Gefahren witternde Politiker, auf der anderen der physisch angeschlagene, halb taube, an der Fallsucht leidende, etwas alberne Mann im Nachthemd, der auf die schlechten Träume seiner Frau hört, sich aber auch sofort wieder umstimmen läßt, weil es seiner Eitelkeit schmeichelt, also alles in allem keineswegs eine Verkörperung der sprichwörtlichen Römertugenden. Diese Tugenden scheinen sich alle auf der anderen Seite zu befinden, der der Verschwörer, oder sie führen sie zumindest ständig im Mund. Im Grunde aber sitzen sie alle im selben Boot: eine überalterte Herrscherclique, die dem Untergang zutreibt, denn die Republik ist nicht mehr zu retten – vielleicht weil sie einen der ihren zu groß hat werden lassen. Sie reden schön, die Verschwörer, reden sich hinein in die Rettung, bis sie selbst daran glauben. Die ist gedacht als Versuch, das Rad der Geschichte noch einmal zurückzudrehen, das ›gute Alte‹ wieder herzustellen. Cassius ist der Machtpragmatiker, der den Umsturz, die ›restitutio‹, plant, und als Taktiker versichert er sich dazu der Unterstützung des einen Mannes, der noch als moralisch glaubwürdig gilt, des Brutus, der die ideologische Legitimation liefern soll. Brutus ist kein strahlender Held, kein Revolutionär im Sinne der Florentiner Humanisten, sondern eine widersprüchliche Figur, auf die schon der Schatten Hamlets fällt: zweiflerisch, grübelnd, zögernd, verschlossen selbst vor der, die ihm am nächsten steht, Portia, seiner Frau, handlungsschwach angesichts einer Tat, an deren Spitze er sich dann stellt und die zur Untat wird. Die anderen Verschwörer sind einer wie der andere Wendehälse aus der alten Clique, die noch rasch die Seiten wechseln, weil sie spüren, daß die Stimmung umgeschlagen ist.

In der großen Senatsszene erscheint Caesar im ganzen Glanz seiner Macht – gelassen, staatsmännisch. Nur steigert er sich derart in die eigene Einzigartigkeit hinein, vergleicht sich mit dem Polarstern, nennt sich, wie diesen, unerschütterlich, in Antizipation der zu erwartenden Tyrannis, daß er sich um Kopf und Kragen redet. Sein Tod erscheint also in diesem Moment als gerechter Tyrannenmord. Nur daß das, was im Namen der Freiheit Opfer sein sollte, keine Metzgerei, zu ebendieser wird: die Mörder geraten in einen

Blutrausch. Brutus heißt sie die Hände bis zu den Ellbogen in Caesars Blut zu tauchen, die Schwerter damit zu beschmieren und so, mit dem Ruf »Peace, freedom, and liberty!«, vor dem Volk zu erscheinen – den entsetzlichen Widerspruch der sich so Präsentierenden bemerkt er nicht. Der Streich gelänge vielleicht trotzdem, wenn nichts dazwischen käme. Aber es kommt etwas dazwischen. Außer Cassius hatte niemand mit Marc Anton gerechnet. Der war ja ein Trinker, ein Sportsmann, ein Flaps, zwar der Liebling Caesars, aber politisch nicht ernstzunehmen. Jetzt, im Augenblick, da alles entschieden zu sein scheint, tritt er auf – und bringt alles zum Stehen. Er ist gewachsen, zu sich gekommen, ernst und groß und hält seinem toten Caesar die bewegende Totenrede, durch die er erst die Größe erhält, in deren Bild künftige Generationen ihn erinnern werden. Ein Augenblick der Stille, der Erschütterung. Kommt also doch noch ein Held, eine Identifikationsfigur in dieses Stück? Aber der Augenblick geht vorüber und Marc Anton ist dabei zum Politiker geworden: er heuchelt Freundschaft mit den Metzgern und vollführt dabei das dialektische Meisterstück, seine Beteuerungen immer wieder wie gedankenverloren – unheimlich, zweideutig – mit dem Blick auf die Leiche zu skandieren. Das ist wie ein Probelauf für die große Rede auf dem Forum.

Brutus spricht dort als erster und rechtfertigt prosaisch den Mord. Marc Anton, die Leiche im Arm, tut zunächst nichts anderes als die Stichworte des Brutus aufzugreifen und ihre Unangemessenheit durch immer dieselbe, leicht variierte und darum immer bohrendere Scheinfrage zu unterlaufen. Er probiert aus, wie weit er gehen kann, um die den Verschwörern günstige Stimmung umzudrehen. Es wäre in der Situation geradezu tödlich, zu sagen was er denkt, und so bringt er durch Suggestivsätze und Negationen in wachsender Beschleunigung das Volk dazu zu sagen, was *er* denkt – und das noch für die eigene Meinung zu halten.

Marc Anton, der Virtuose der Dramaturgie und der Demagogie, verläßt sich nicht allein auf seine Rhetorik, sondern verändert auch noch den Raum, indem er die Distanz zwischen sich und dem Volk aufhebt: er steigt von der Tribüne und demonstriert an den Einstichen im Mantel um den Leichnam den Hergang des Mordes; er macht ihn sichtbar als geschähe er noch einmal und vor aller Augen. Und es ist nicht nur Caesar, der fiel: »Then I, and you, and all of us fell down.« Auf dem Höhepunkt der Identifizierung mit den Stichen im Mantel überbietet Marc Anton selbst noch diesen Augenblick, indem er – »look you here!, as you see« – den Leichnam selber enthüllt. Der Augenschein als letzter Beweis – aber wofür eigentlich? Es geht ja kaum mehr um den Mord, sondern eher darum, das Volk zu einer Handlung zu bewegen, die dem gleichkommt, was es vor sich sieht. Evidenz als Demagogie: auch hier kommt hinter dem Augenschein, wie so oft bei Shakespeare, etwas ganz anderes zum Vorschein. Im verstümmelten Leib sieht das Volk sich selbst, daher die Wut, daher der Blutrausch, und dahinter taucht, nur für Marc Anton sichtbar, das Bild der im Bürgerkrieg gemordeten Republik auf, die er prophezeit hatte. In rasender Geschwindigkeit dreht sich das Rad der Geschichte weiter, das noch einmal zurückgedreht werden sollte.

Der vierte und der fünfte Akt sind ganz anders im Ton, in der Dramaturgie, der Psychologie. Neue Leute treten auf, jung, entschlossen. Vor allem Octavius, der Erbe. In dem in Rom gebildeten Triumvirat, das erst einmal zügig die Säuberungsaktionen betreibt, wird rasch klar, wer der Herr sein wird. Aber bevor die alte Welt schließlich untergeht, d. h. entleibt wird, gibt es die seltsame – und angesichts der Kriegshektik seltsam lange – Szene zwischen Brutus und Cassius. Ihre Männerfreundschaft ist am Zerbrechen. Die Rede ist vom Geld, das der eine sich unrechtmäßig aneignen wollte, und anderem Geld, das dem zweiten verweigert wurde, aber das ist nur der manifeste Inhalt latenter Konflikte. Einer fühlt sich vom anderen verraten, und es ist dabei nicht einmal so wichtig, daß beim einen der alte Pragmatismus, beim anderen der moralische Rigorismus ins Spiel kommt. Gerade daß sie emotional außer Kontrolle geraten, zeigt, daß die Konflikte tiefer gehen: war es richtig, was sie getan haben, ist nicht der andere schuld, wenn alles umsonst war? Echos der Mordszene dringen herüber: hat nicht auch da einer den ihm am nächsten Stehenden verraten, geopfert? Und die an Brutus überraschende Selbstherrlichkeit und seine fatale Fehleinschätzung der Lage – bereiten sie nicht vor, daß Caesars Geist später zu ihm sagen kann: »Ich bin dein böser Geist«? Dabei weiß Brutus die ganze Zeit, was Cassius noch nicht weiß, daß Portia sich aus Kummer um ihn umgebracht hat – noch jemand, den er verriet. So ist die Zerfleischung des anderen im Grunde Selbstzerfleischung, und die überraschende Versöhnung der Freunde versucht im anderen zu begraben und aufzuheben, was er an sich verlor.

In Mißverständnissen, Fehlhandlungen, Irrtümern, also an sich selbst, geht die alte Welt zugrunde. Die dreifach verzögerte Entleibung des Brutus rhythmisiert noch einmal die Langsamkeit, mit der das Alte aus der Welt geht, obwohl das Neue längst unmißverständlich da ist: stark, schnell, laut und ohne lang zu fackeln.

Die Welt als Bauch.
Zu Falstaff

Wenn die Welt eine Kugel ist, ist gewiß der Bauch die ihr angemessenere Vorstellungsform als das Buch, und doch haben die Menschen der Renaissance sie vor allem als Buch gesehen: lauter Kreise am Himmel, eine ideale Geometrie, die im kleinen Kosmos, dem Menschen, ihre sinnlich-konkrete Entsprechung haben sollte, nur beileibe auch wieder nicht so wörtlich-konkret wie die zwei Yard Wanstumfang – das sind rund zwei Meter –, auf die Falstaff stolz, wie andere auf ihr Vermögen, verweisen kann. Solche Konkretion bringt in platonisierenden Zeiten eher Verdruß, obwohl Falstaff das mehr oder weniger noch geltende Weltbild kaum in Frage stellt – dicke Menschen neigen von Natur aus wenig zum Umsturz, wie schon Cäsar wußte –, sondern es höchstens lächerlich macht, indem er es wörtlich nimmt, fast wie ein concettistischer Poet, aber eben nur fast, weil sein Ort das Wirtshaus ist, nicht die Dachstube.

Wer sind eigentlich, zum Beispiel, die Lebensgeister, diese ätherischen »spirits«, die Leib und Seele zusammen- und in Gang halten, über deren Herkunft und Substanz aber die Gelehrten uneins sind, außer daß sie darin noch ein Nachwalten des göttlichen Odems vermuten? Die Antwort ist unmißverständlich: Das Lebenselixier heißt »sack« und ist das Hauptnahrungsmittel unseres dicken Ritters, eine Art Sherry oder »spanischer Sekt« (so bei Schlegel). »Sack« hat, wie die »spirits« der Ärzte, eine zweifache Wirkung: »Er steigt euch in das Gehirn, zerteilt da alle die albernen, dummen und rohen Dünste, die es umgeben: macht es sinnig, schnell und erfindungsreich, voll von behenden, feurigen und ergötzlichen Bildern!« Der Wein vertreibt also die handlungshemmende Melancholie und setzt den Witz frei und die Zungenfertigkeit, mit denen Falstaff so reich gesegnet ist.

Die zweite Eigenschaft des Weins ist die Erwärmung des Bluts: »und dann stellen sich alle die Insassen des Leibes und die kleinen Lebensgeister aus den Provinzen ihrem Hauptmann, dem Herzen, welches, durch dies Gefolge groß und aufgeschwellt, jegliche Tat des Mutes verrichtet!« Der Alkohol ist also nichts weniger als die Vorbedingung zur Bildung eines perfekten Edelmanns, und Falstaff ist stolz darauf, daß er mit dieser Medizin die etwas dürftigen Erbanlagen seines Schützlings, des Prinzen Hal, hat ausgleichen können: er ist ein Prinzenerzieher, wie er nicht im Buche steht. Sein System des Mikrokosmos ist so schlüssig wie das der Doctores – was tut's, daß es ausgerechnet auf ihn selbst, was den Leib angeht, nicht zutrifft, ist er doch ebenso feig wie dick, was auf gut machiavellistisch heißt – und das ist vielleicht die Pointe der Parodie –, daß Theorie und Empirie wenig oder nichts miteinander zu tun haben.

Was ist schließlich Mut, was Ehre? Es gibt den schrecklich mutigen Percy, der schon zum Frühstück ein halbes Dutzend Schotten verspeist und der in seiner Draufgängerei ebenso komisch ist wie Falstaff in seiner Feigheit. Und wohin anders bringt einen der Mut als bestenfalls in ein Ehrengrab? Dazu hat Falstaff das Nötige in seiner berühmten Ehrenrede gesagt, die Boito ins Opernlibretto übernahm. Die Ehre kann weder abgeschossene Arme oder Beine wieder ansetzen noch Schmerzen stillen. Sie ist nichts als ein Wort, und ein Wort ist nur geformte Luft. »Wer hat sie? Er, der vergangenen Mittwoch starb. Fühlt er sie? – Nein! Hört er sie? – Nein! Ist sie also nicht fühlbar? – Für die Toten nicht! Aber lebt sie nicht etwa mit den Lebenden? – Nein! Warum nicht? Die Verleumdung gibt es nicht zu! Ich mag sie also nicht! – Ehre ist nichts als ein gemalter Schild beim Leichenzuge, und so endigt mein Katechismus ...« Mitten in den Kriegsszenen des Heinrich-Dramas, in denen Wörter wie Ehre herumfliegen wie die Kugeln, fallen diese Sätze. Gerade wenn man die Rede wieder in ihren Zusammenhang setzt, wird klar, daß Falstaff der große Anti-Illusionist ist, der die Dinge durchschaut, was sein Prinz nur von sich behauptet. Dabei ist er nicht etwa an »der Wahrheit« interessiert oder an »Entlarvung«; er ist kein Ideologiekritiker. Er ist ein Virtuose des Opportunen, und da es ihm erstrebenswerter erscheint, am Leben zu bleiben, als auf dem Felde der Ehre zu sterben, liefert er sich die katechetische Begründung gleich dazu. Wahrheit, Substanz, Wesen sind – aller gegenteiliger Behauptungen im Stück zum Trotz – relationale Konstrukte, die mehr mit den Wünschen und Vorstellungen derer zu tun haben, die sie benutzen, als mit irgendeinem »objektiven« Wert. Daß Falstaff keine Prinzipien, nicht einmal Ganovenehre, hat, gründet in einer Haltung, die man eine sprachanalytische nennen könnte: er wechselt die Sprachspiele wie andere die Hemden, die umgekehrt er vermutlich nicht wechselt. Als Falstaff, der sich im Schlachtgetümmel tot gestellt hat, neben sich den von Hal erschlagenen Percy erblickt, erkennt er sofort seine Chance, denn jetzt ist es eher opportun, auf das, was üblicherweise Ehre heißt, zu setzen. Der Feige schultert den Schlagetot – gibt es ein sarkastischeres Bild für den Sieg der Prinzipienlosigkeit oder die Lächerlichkeit des Tollkühnen? – und wirft ihn Hal vor die Füße: »Will euer Vater mir etwas Ehre erzeigen – gut; wo nicht, so laßt ihn den nächsten Percy selbst umbringen! Ich erwarte, Graf oder Herzog zu werden, das kann ich euch versichern!« Obwohl der Prinz es ja besser weiß, hat Falstaff wieder gewonnenes Spiel, vielleicht weil seine Schamlosigkeit zu groß ist und mundtot macht.

So leicht ist er mit seinen Lügereien sonst nicht davongekommen. Gleich zu Beginn des ersten Heinrich-Dramas heckt er mit seinen Spießgesellen, darunter Prinz Hal, einen Überfall auf eine Pilgergruppe aus. Der Coup gelingt, nur läßt er sich vom verkleideten Prinzen die Beute wieder abjagen, schlotternd vor Angst. Aber wieder im Wirtshaus steigert er sich in eine Glanzrolle als heldenhafter Verteidiger des Diebsguts hinein, bis die Zahl der imaginierten Feinde von zweien schließlich auf elf angewachsen ist. Maßlos wie sein Bauch, wie die expandierenden Welten Giordano Brunos, ist seine Phantasie, und hätte der Prinz ihn nicht damit konfrontiert, wie es wirklich war, wäre die Zahl weiter gewachsen: »Ihr Falstaff, schlepptet Euren Wanst so hurtig davon, mit so behender Geschicklichkeit und brülltet um Gnade und lieft und brülltet in einem fort, wie ich je ein Bullenkalb habe brüllen hören!« Doch der Fleischberg ist dadurch nicht zu erschüttern. Mit einer Behendigkeit, die im Kontrast zu seiner Korpulenz steht, dreist und unerschrocken, wechselt Falstaff die Argumente: »Beim Himmel, ich kannte euch so gut wie der, der euch gemacht hat! – Laßt euch sagen, meine Freunde: kam es mir zu, den Thronerben umzubringen? Du weißt wohl, ich bin so tapfer wie Herkules – aber denke an den Instinkt: der Löwe rührt den echten Prinzen nicht an! Instinkt ist eine große Sache, ich war eine Memme aus Instinkt!«

Es gibt keine Situation, keine noch so hoffnungslos-erbärmliche Lage, aus der Falstaff nicht als Sieger hervorgeht, indem er seinen Kopf immer wieder argumentativ aus der Schlinge zieht. Seine sprachlichen Balanceakte sind oft halsbrecherisch, aber der Dicke tänzelt auf dem Seil mit einer nachtwandlerischen Sicherheit – und nicht zu vergessen: einer Grazie –, die den Zuschauern das Ah der staunenden Bewunderung abnötigt. Der bei Shakespeare so viel beredete Widerspruch von Sein und Schein – bei keiner der großen Figuren macht er weniger Sinn. Zwar sagt Prinz Hal einmal: »Du bist nicht, was du scheinst«, und der Zweizentnermann quittiert das mit der ihm eigenen Vieldeutigkeit: »Ja, das ist gewiß, denn ich bin kein doppelter Mensch.« Aber in Wirklichkeit ist Falstaff immer der, als der er erscheint. Selbst in seinen Monologen gibt er nichts von »sich« preis. Seine Präsenz hat gewissermaßen keine Vergangenheit, sein Charakter keine »Tiefe«. Das ist seine Unheimlichkeit. Wie ein Proteus, der nicht zu fassen ist, erschafft er sich stets neu in den springlebendigen Kaskaden seiner Wörter, die auf nichts verweisen als auf sich selbst, jedenfalls kaum auf eine Wirklichkeit außerhalb der Wörter. Dahinter steht der radikale Sinnverlust der Jahrhundertwende – die kopernikanische Ortlosigkeit des Menschen, Hamlets »Die Welt ist aus den Fugen«, John Donnes »All coherence gone« –, ein Sinnverlust, den die poetischen Inventionen in ihren eigenmächtigen Setzungen, den Falstaffs menschenverachtender, oft schwarzer, nie lustiger Humor zu überspielen versuchen. Dahinter steht aber auch die moderne Erkenntnis, daß der Mench sich durch die Sprache definiert, daß aber zugleich das, was ihn im Innersten bewegt, was ihn lieben und leiden läßt, in Sprache nicht zu fassen ist. Vielleicht ist das der Grund für den Wörtertaumel: den metaphysischen Abgrund nicht zur Besinnung kommen zu lassen. Die großen Wortspieler der Literatur waren ja allesamt Melancholiker. Kann es sein, daß die Produktivität des Unernsten, des Nicht-zur-Sache-Sprechens, der sich in den Bedeutungsmöglichkeiten verlierenden, gleichsam freigesetzten Wörter, genährt wird vom Entsetzen über den horror vacui, den der Schwund einer sicher begründbaren Weltordnung, in der alles seinen festen Platz hatte, hinterließ? Aber Falstaff – ein Melancholiker? Wie so oft, hat Shakespeare gleich bei der Einführung auch dieser Figur ganz nebenbei den Schlüssel mitgegeben: Falstaff, der Dieb, ist ein Nachtgeschöpf und untersteht somit den Gesetzen der wechselhaften Mondgöttin, die wie Saturn mit der Melancholie in Verbindung gebracht wurde. Und zweimal in derselben Szene nennt er sich ausdrücklich einen Melancholiker – der natürlich trinken muß, um mit der ihm von den Sternen mitgegebenen Disposition überleben zu können. Freilich verstehen die Elisabethaner unter dem Melancholiker nicht nur den verhangenen Träumer, sondern auch einen Unheil spinnenden

Gesellen, der die Ordnung der Welt wenigstens in Gedanken auf den Kopf stellt. Beiden »Typen« ist die Trauer über etwas Verlorenes gemeinsam, wenn sich auch dessen Grund nicht mehr bestimmen läßt, auch nicht im Falle Hamlets. Was mag Falstaff verloren haben? Es mußt sehr viel gewesen sein, vielleicht eine Welt. Wir kennen den Grund nicht, sehen nur, wie er gewissermaßen den Spieß umkehrt und sich die Welt einverleibt, auf daß der Bauch sich ihrer Gestalt annähere. Was ist schließlich die zersplitterte, nicht mehr zu fassende, zentrifugale Welt gegen die kompakte Masse eines Leibs, der fest steht wie die Erde einst stand?

Dem Leib fehlt nur eines: das Herz. Denn das hat Falstaff verloren – verloren an den Prinzen. Als Hal König wird, verliert Falstaff zum erstenmal die Balance und stürzt mit den Worten »mein süßer Junge, mein Herz« auf ihn zu. Er ist glücklich, denn er wird seinem Herrn und Freund am nächsten sitzen und in England werden keine Menschen mehr erhängt werden. Doch der neue König hat nur noch ein »I know thee not, old man« für ihn übrig. Das Stück ist rasch zu Ende, und Shakespeare erspart es uns, den gebrochenen alten Mann sehen zu müssen. Mistress Quickly berichtet später von seinem Tod: »The king has killed his heart.« Eine komische Figur? Es war Verdi, der als erster die Abgründigkeit, die Trauer und Verlorenheit der Figur erkannt hat.

Zeit der Wölfe: *King Lear*

König Lear wird nicht verrückt – er ist es von Anfang an. Vor dem Hintergrund der Zeit, zu der die Tragödie entstand, um 1604, einer Zeit, in der die neuzeitlichen Nationalstaaten sich herausbildeten, die Zentralisierung der Staatsgewalt alle Lebensbereiche umorganisierte, kann, wer sein Reich aufteilt, nur verrückt sein. Lear hat nichts begriffen. Auch davon nicht, wo er sein Leben lang geherrscht hat, dem Hof. Der Hof ist ein Ort der Täuschung, denn nur der kann sich an ihm halten, der es versteht, so selbstverständlich und natürlich zu lügen, daß die Frage nach der Wahrheit sich nicht stellt. (Wer sie dennoch stellt, wie Hamlet, wird in den Abgrund gezogen.) Nur weil Lear die Spielregeln offensichtlich nicht kennt – oder in der Einsamkeit der Macht darüber hinweggeherrscht hat –, kann er die absurde Frage nach der Liebe stellen, absurd, weil das Private und Intime aus der Hofberedsamkeit herausfällt und folglich allenfalls Klischees dafür bereitliegen. Er bekommt denn auch die zu erwartenden Antworten von den beiden Töchtern, die auf der Höhe der Zeit sind. Die Jüngste, Cordelia, kann der Erwartung nur ihr »Nichts« entgegenhalten, ein Nichts, von dem die Tragödie ihren Ausgang nimmt und auf das sie zusteuert. Es ist die Liebe, die sich nicht in Worte fassen läßt, so wie das unermeßliche Leid nicht zu sagen ist.

Vielleicht will Lear Liebe erzwingen, weil er selber ohne Liebe ist. Vielleicht spürt er dunkel, daß hinter der Fassade, die für ihn mit der Wirklichkeit eins ist, noch etwas sein muß, das sich seinem Zugriff entzieht. Er rührt an etwas, an das er nicht rühren sollte. Vielleicht reagiert er deshalb so unbeherrscht, außer sich, weil sich vor ihm etwas auftut, was er nicht beherrschen kann: Er heischt Liebe, und was sich öffnet – im Schein ihrer Beteuerungen und in der Wahrheit ihrer Verleugnung –, sind die Schleusen, deren ungebändigte Wucht alles in die Abgründe der Menschennatur mit sich fortreißt. Die Kränkung durch das »Nichts« Cordelias muß etwas so tief in ihm Verschlossenes getroffen haben, daß seine Gefühle für sie (welche es sind, sagt er nicht) sich jäh verkehren und ungezügelte Affekte aus ihm herausbrechen: Wut, Haß, Jähzorn. Er nennt sie jetzt die seinem Herzen Fremde, und dieses Wort, »stranger«, trägt noch einen alten Sinn, der all das meint, was draußen ist. Und Lear weiß noch nicht, daß das der Ort – oder vielmehr die Ortlosigkeit – ist, wo er sein wird, daß der Fluch auf ihn zurückfällt. Zunächst wird erst einmal Cordelia vertrieben und der einzige Getreue, Kent, verbannt, der noch sagen kann, künftig lebe die Freiheit anderswo und wer hierbleibe sei verbannt (vom Menschlichen meint er wohl, von Anstand und Gerechtigkeit). Das zeigt sich dann schon am Ende dieser ersten Szene, als die Erbtöchter sich darüber verständigen, daß der Alte nicht bei Trost sei, es bei seinem Starrsinn und seinen übereilten Handlungen nie gewesen sei und man ihm auf die Finger sehen müsse. Von da an ist sein Schicksal besiegelt, er wird aus der selbstgegrabenen Grube nicht mehr herauskönnen und keineswegs stoisch-gelassen, wie er es sich erhofft hatte, dem Tod entgegenkriechen.

Undankbare Töchter? Vom Standpunkt der Shakespeare-Zeit aus gesehen handeln sie vernünftig, wenn sie dem Alten seine viel zu vielen Ritter streitig machen, denn die Zeit der großen Häuser ist vorbei, der Gelage bis in den frühen Tag, der Nichtstuerei, die immer auch in eine anarchische Störung der mühsam hergestellten Ordnung ausarten konnte. Aber er, Lear, der alles von sich gegeben hat, Herrschaft, Besitz, nur die Königswürde behalten wollte, die aber der Repräsentation und Zeugenschaft bedarf? In dem Maße, wie ihm seine Ritter genommen werden, wird er auch seiner Würde entkleidet, bis er nichts mehr ist als er selbst. Aber wer ist er, wer kann er denn sein, was ist ihm geblieben, wenn alles, woraus er sich bestimmte, ihm nicht mehr zugehört oder noch genommen wird? Gibt es das denn schon – ein autonomes, ein selbstbestimmtes Ich, jenseits der sozialen Rolle? Die selbstbestimmten, bindungslosen Individuen, die Shakespeare geschaffen hat, sind allesamt Verbrecher – Richard III., Iago, Goneril, Regan, der schreckliche Bastard Edmund, für den die alte kosmische (und das heißt auch: soziale) Ordnung, in der alles seinen festen Ort und damit verbunden seine Verantwortung nach oben und unten, rechts und links hat, nichts ist als fauler Zauber, abgelebte Ideologie, die der neue Machtmensch nur noch abzuservieren, wie einen Spuk aufzulösen braucht, weiß er doch, was *er* will. Und Lear? Der Narr sagt: »Alle deine anderen Titel hast du weggeschenkt, mit diesem bist du geboren.«

In atemberaubender Geschwindigkeit werden die Stadien der Demütigung durchlaufen. Da wird nichts mehr entwickelt, motiviert, begründet, es wird einfach nur noch vorgeführt, wie ein Mensch in allem, was ihn zu einem sozialen Wesen machte – mit seiner Subsistenzgrundlage, seiner Würde –, abgebaut werden kann, und daß jede Erniedrigung sich noch unterschreiten läßt. Lear rast dagegen an, türmt seine trotzigen Flüche übereinander wie Felsbrocken, aber es ist eine ohnmächtige Wut, deren Wirkung sich vielleicht dadurch erhöht, daß sie wirkungslos bleibt, ins Leere geht und nur Hohn und Spott – schlimmer: Gleichgültigkeit – hervorruft. Bald ist Lear da, wo Shakespeare ihn eigentlich haben will: draußen, ausgestoßen, ausgesetzt, schutzlos den wütenden Elementen ausgeliefert, am Ende, und es vollzieht sich das wie auf der Streckbank langsam hinausgezögerte Drama des nicht endenden Endes. Keiner vor Beckett hat für die schwärzeste Schwärze vielfältigere Töne gefunden als Shakespeare hier. Nie ist die schiere Leiblichkeit des Menschen, sein nacktes Ausgesetztsein in der Welt, peinigender vor- und zurückbuchstabiert worden. Da wird nicht mehr ein von oben verhängtes Schicksal ertragen, unter dem »der Held« dann zusammenbricht, hier wird nicht mehr metaphysisch gelitten, sondern physisch spürbar, es wird gefroren und gehungert, der Regen peitscht die Glieder naß, und daß da einmal ein Anlaß für die Vertreibung war, verliert sich irgendwann aus dem Blick auch der leidenden Kreatur. Zwischen »Schuld« und zu erduldender »Strafe« gibt es kein Maß, keine Proportion, »die Welt ist aus den Fugen«, und da ist keiner, der sie einzurenken auch nur versucht.

Lear ist draußen, vor der Tür, aus dem Zentrum verstoßen, also exzentrisch. Das ist nicht zuletzt auch eine gräßlich-genaue Bebilderung dessen, was aus dem Menschen nach der kopernikanischen Wende geworden ist, der hier am eigenen Leib erfährt, was es heißt, exzentrisch zu sein. Auch die Natur, die gern als Gegenbild zum korrupten Hof verwendet wurde, ist keine Idylle mehr, kein Flucht- und Trostraum. Sie grausam zu nennen, wäre zu menschlich; sie ist wie sie ist, ohne mehr symbolisch vereinnahmt werden zu können; gleichgültig und unempfindlich gegenüber der Schutzlosigkeit des Menschen läßt sie ihre Gewalten los. Es paßt ins Bild, daß der Verbrecher Edmund diese Natur seine Göttin nennt. Und gibt es nicht im Himmel eine waltende Gerechtigkeit, die weiß, was sie tut, und warum? »Wie Fliegen sind / Den müß'gen Knaben, das sind wir den Göttern: / Sie töten uns zum Spaß.«

Da ist also Lear, ort- und schutzlos, aber er ist nicht allein. Da ist der Narr, der so unvermittelt ins Stück hereingeweht kam wie er aus ihm wieder verschwindet, da ist der verbannte Kent, der unerkannt seinem Herrn dient, Randfiguren der Gesellschaft auch sie, Exzentriker. Sie stoßen noch auf den Irren Tom – in die Rolle des Wahnsinnigen hat sich der von seinem Bastard-Bruder verleumdete Edgar geflüchtet, um vielleicht so mit dem Leben davonzukommen. Ein Narr, ein Verbannter, ein Verrückter, das ist also die Gesellschaft Lears, der alles das zusammen ist. Eine

Solidargemeinschaft der Verelendeten und Entrechteten. Aber was sie reden, macht kaum noch Sinn, die Grenzen des Sagbaren sind längst überschritten, Irren-Rede, Narrenrede, in denen manchmal eine Erkenntnis aufblitzt, die soviel gilt wie der Unsinn, der sie wieder auslöscht. Dem Lear, der vorher schon verrückt war, ohne daß er es wußte, dämmert es jetzt langsam, daß er verrückt ist oder werden wird. Dazu kann einem der Satz von Lessing einfallen: »Wer über gewissen Dingen den Verstand nicht verliert, der hat keinen zu verlieren.« Durch Wahn und Verzweiflung hindurch, vom Nullpunkt her, scheint sich so etwas herauszubilden, was man Ich oder Klarheit nennen könnte. Aber Lear gibt erst einmal seinen Geist auf und wird davongetragen. Und damit könnte eigentlich sein Trauerspiel zu Ende sein.

Aber es geht weiter, weil das Entsetzliche weder Anfang noch Ende hat und immer weiter überschritten werden kann, denn, wie Edgar einmal sagt, »Es ist noch nicht das schlimmste, solang wir sagen können, das ist das schlimmste.« Da ist der alte Gloucester, der Vater der beiden ungleichen Söhne, dem sein Mitleiden mit dem alten Lear zum Verhängnis wird. War der Schmerz bisher Seelenfolter oder die kreatürliche Not in der wütenden Natur, so kommt jetzt an die Reihe, was der Mensch dem Menschen anzutun imstande ist. Gloucester wird nicht verbannt, verjagt, kein Prozess wird ihm gemacht, er wird geblendet. Erst wird ihm das eine Auge ausgetreten, dann – Regan sagt: »Eines könnte das and're höhnen, auch das and're« – das andere. Was diese Szene demonstriert, ist die Grundlosigkeit des Bösen, seine Autonomisierung und radikale Enttheologisierung, dazu der Lustgewinn, der im Quälen eines anderen Menschen jetzt offenbar entdeckt wird. So sieht also die »schöne neue Welt« an der Epochenschwelle aus: entweder Vertreibung, Ausgrenzung, Wahnsinn, Narretei, klandestine Formen des Überlebens am Rande der Gesellschaft, oder das sich selbst setzende, rücksichtslos jede Bindung sprengende Individuum, sofern es über die Macht verfügt, als der Mensch, der sich dem Menschen gegenüber als Wolf versteht und rechtfertigt. (Nebenbei bemerkt werden im »bellum omnium contra omnes« dieses Stücks am Ende alle einander gefressen haben. Aber das ist nur im Theater so.)

Das ist noch nicht alles. Cordelia steht noch aus, die Hoffnungsträgerin, die noch so etwas wie eine Wende zum Guten – eine Reintegration des Auseinanderdriftenden – bringen könnte. Das wäre ein erwartbarer Shakespearescher Schluß. Aber diese Erwartung und ihre Zerstörung bringt das Stück auf die Höhe seiner traurigsten Momente. Wie aus dem Grab geweckt, findet sich Lear in den Armen derer, die er für eine Selige hält, eine überirdische Erscheinung. Mit diesem tastenden Sich-Wiederfinden – bist du's, bist du's nicht? – könnte das Stück melancholisch enden. Es kommt anders. Was einmal reduziert – und konzentriert – war auf eine schiere Existenz des Menschlichen – und Unmenschlichen –, tritt wieder ein in den politischen Raum, in dem der Mensch, der unter Todesqualen alles das aufzugeben gelernt hatte, was ihm heilig war, und dadurch wenigstens als Verrückter »bei sich« war, erneut – war alles Leid umsonst? – zum Spielball der Mächtigen wird. Heißt das, daß die Geschichte mit ihren Zuordnungen einen durch alles erlittene Leid hindurch doch immer wieder einholt? Oder heißt es, daß auf der einen Seite die Geschichte steht und auf der anderen das unaussprechliche Leid der verstummten Kreatur, das ins Unausdenkbare weiter- und weitergeht? Die Geschichte stockt, als Lear die ermordete Tochter hereinträgt. Er hat jetzt eine Würde, die aus dem »Nichts« Cordelias kommt. Er ist endlich bei sich – und bei ihr.

Mit eigenen und mit anderen Augen.
Ein Sommernachtstraum

Die Zeichen sind von Anfang an zweideutig. Theseus, der Herr von Athen, kündigt seine Hochzeit an mit der besiegten Amazonenkönigin Hippolyta. Er umwarb sie, sagt er, mit dem Schwert und habe ihre Liebe gewonnen, indem er ihr Schlimmes (Schmerzen, Beleidigungen, Unrecht, alles das steckt in dem Wort »injuries«) zufügte. Was ist von einer solchen Liebe wohl zu halten? Gewalt, Sadismus, Unterwerfung als ihre Motive sind nicht zu überhören, auch nicht, daß das begehrte ›Objekt‹ gar nicht erst gefragt wird. Hippolyta hat denn auch, vorläufig, nichts dazu zu sagen. Sie kennt die Vorgeschichte dieses Theseus, der den Minotaurus mit Ariadnes Hilfe schlug, die er dann auf Naxos sitzen ließ; von zwei weiteren Frauen ist die Rede, die er betrog, von einer, die er vergewaltigte. Vor solchem Hintergrund – das wußte auch das Publikum – spielen die Hochzeitsvorbereitungen in der Stadt. In »einem anderen Ton« soll jetzt – »jetzt« ist das erste Wort des Stücks – die Vermählung gefeiert werden. Aber – es kommt etwas dazwischen.

Ein zornbebender Vater schleift seine unbotmäßige Tochter, Hermia, auf die Bühne, die den Mann nicht nehmen will, den er für sie bestimmt hat. Darauf steht der Tod oder, ersatzweise, die erzwungene Keuschheit durch Einsperrung in ein Kloster. Aber trotz der Drohung fügt Hermia sich nicht. Von einer Macht, die sie nicht kennt, erkühnt, bekennt sie sich zu ihrer Liebe zu Lysander, protestiert gegen die Fremdbestimmung, auch wenn sie Gesetz ist, besteht auf dem Menschenrecht der eigenen Augen. Hippolyta bleibt stumm während dieser Einstimmung in das, was Recht ist in Athen. Ihr Stummsein aber ist lauter, als wenn sie spräche, denn sie hat durch Hermia erfahren, was wahre Liebe von der erpreßten, auf Gewalt gegründeten unterscheidet.

Wahre Liebe? Die romantisch Liebenden schwören sich unverbrüchliche Treue, in Wendungen, wie das dabei so üblich ist, mit denen sie sich übernehmen, und fliehen in den Wald. Der von Hermia verschmähte Demetrius läuft hinterher, und die von diesem wiederum verschmähte Helena läuft hinter *ihm* her: Liebe als Verfolgungsjagd und alles andere als romantisch. An beiden unglücklich Verliebten führt Shakespeare vor, welche ungeheuerlichen Triebenergien die Liebe und ihr schwarzer Bruder, der Haß, entfesseln können. Kein Hauch von Selbstachtung ist mehr in Helena, wenn sie wie ein Hund, getreten und verachtet, in seiner, des Demetrius, Nähe zu sein begehrt, der ihr »die ganze Welt« bedeutet. Umgekehrt wird es ihm schlecht bei ihrem schieren Anblick, verabscheut er sie aus ganzer Seele, will er sie den wilden Bestien zum Fraß überlassen. Und so steigern sich Selbsterniedrigung und Selbsthaß (»ich bin nicht schön«) auf der einen Seite, Sadismus, Hohn, Verachtung auf der anderen in einem Duett strindbergscher Zerfleischung. Solche Sprache wäre in Athen, der Stadt des zivilen Gehorsams, unerhört – sie bricht heraus, haltlos, unzensiert, als die von ihr ausgelösten, freigesetzten Traumatisierungen. Aber wir sind inzwischen ja auch im Wald, dem Anderen der Ordnung der Dinge.

Der Wald ist ein Ort des Schreckens für die Elisabethaner. Wie die Nacht. Die Gesetze von Raum und Zeit sind auf den Kopf, aus dem die Träume kommen, gestellt. Hier herrschen Elementargeister und Dämonen, bedrohlich, abgründig, unberechenbar, unerkannte Mächte, die für die Elisabethaner ebenso real waren wie für die Heutigen das Unbewußte, erfahrbar an den Wirkungen, deren Ursachen sich im Dunkeln verlieren. So sind die Athener in Nacht und Wald Getriebene von Mächten, die sie nicht kennen.

Man sieht das Feenkönigspaar Oberon und Titania heute häufig als die andere, die verdrängte Seite von Theseus und Hippolyta und besetzt sie mit den gleichen Schauspielern.

Der oberflächlich stillgestellte Kampf der Geschlechter kann sich hier voll austoben. Die Frau erhält auf einmal eine Stimme und ist genauso von Lüsten und Begierden getrieben wie der Mann, schamlos und ohne Rücksicht auf alles, was sie an Anstand und Passivität einmal gelernt hatte. Der Mann, promiskuös wie sie, doch gleichwohl eifersüchtig und voller Besitzgier, sinnt mit sadistischer Wut auf Rache für die ihm angetane Schmach (das Wort heißt »injury«, wie bei Hippolyta). In seiner perversen Phantasie will er sie sich prostituieren und von Löwe, Bär, Wolf, Stier, Affe oder Pavian (später kommen Kater, Luchs, Eber und Fuchs hinzu) begatten lassen. Aber die horrenden Wunschträume aus Wiener Schlafzimmern sind vielleicht nur die eine noch verbliebene Möglichkeit, den Verlust an mythischem Denken zu kompensieren und heutigem Verstehen zugänglich zu machen. Denn natürlich bedeutet das Feenreich etwas anderes. Die Welt ist voll von geheimen Wirkkräften und Potenzen, die, wie die Sterne, die Menschen vielleicht tiefer beeinflussen und in ihrem Handeln bestimmen als sie mit ihren Naturgesetzen erkennen können oder in ihrer Schulweisheit sich träumen lassen. Hinter der Oberfläche der Erscheinungen ist die Welt mythisch-magisch geordnet, alles hängt mit allem zusammen, und wenn Oberon und Titania sich streiten, gerät die ganze Natur in Aufruhr, läuft der Jahreszeitenzyklus verkehrt herum, läßt der weibliche Mond, das Gestirn Titanias und Hippolytas, Flüsse und Meere über die Ufer treten und bringt Krankheiten über die Welt. Und hinter dem verdeckten Konflikt in Athen tut sich möglicherweise der Abgrund zwischen den Geschlechtern auf, den die Entwicklung der Menschheitsgeschichte hat überspringen, aber nicht schließen können. Es zeigt sich am Hereinreichen des Mythischen ins Gegenwärtige aber auch, daß in ihm etwas vorstellbar war (und ist), das erst allmählich ›rational‹ greifbar wird: die Vielförmigkeit der Welt, zum Beispiel in Gestalt der Relativität, der Größe des

Kleinen, der Kleinheit des Großen. Wenn Titania ihre Elfen für eine Drittelminute ausschickt, mit Fledermäusen Krieg zu führen (auch hier wieder: Krieg) und ihnen die Bälge abzuziehen, um daraus Röcke für die kleinen Elfen zu nähen, dehnt sich die Zeit wie unter dem eben erfundenen Mikroskop, das eine ganze Arbeitswelt im kleinsten sichtbar macht; wenn Puck auf der Suche nach der magischen Liebesblume in vierzig Minuten die gesamte Erde zu umkreisen verspricht, nach kaum einem Viertel der Zeit zurückkehrt (denn die Erniedrigungs- und Haßtirade zwischen Helena und Demetrius dauert nicht länger), dann schrumpft die Raum-Zeit unter dem eben für möglich befundenen, von Bacon unter die drei nicht die Natur nachahmenden Techniken gerechneten, Teleskop. Da werden Mythos (als Sicht des Gleich-Möglichen) und neue Wissenschaft ununterscheidbar.

Zwischen der streng geregelten Welt Athens und der anderen, nicht weniger strengen Gesetzen folgenden mythischen, deren Märchenschimmer ihre Dämonie kaum verbirgt, dazwischen stehen Figuren, die die Ordnungen unterlaufen oder in ihrem Zerrspiegel dem Gelächter preisgeben, Puck und die Handwerker. Puck kommt aus dem Volksaberglauben – ein Kobold, Trickster und Schadenzauberer, der den Mägden die Milch sauer werden läßt, alten Frauen den Stuhl wegzieht, Wanderer nachts in die Irre führt, quicklebendig, spielerisch, ein Bewegungskünstler im Unvorhersehbaren, nie ernst, ein Geist, der stets bejaht, auch wenn ihm etwas schief gegangen ist – eine Lösung wird sich schon finden, und Unordnung ist wenigstens ein Spaß. Ganz anders die Handwerker, diese Meister des Schiefen, Langsamen und Unverstandenen. Nichts scheint näherzuliegen, als sie als reine Lachnummern zu verstehen, und sei es als Einbruch einer subversiven Volkskultur (wie Puck) in die Ordnungen der Welt dieses Stücks. Sieht man anders hin, ergeben sich Entsprechungen, denn indem die

Handwerker sich für ein Stück bei Hofe zu disziplinieren versuchen, stellen sie weniger sich selbst bloß, als die Künstlichkeit und Gewaltsamkeit der Regeln in Frage; indem sie ein Stück über Liebe und Zufall nach den *Metamorphosen* des Ovid herrichten, verweisen sie auf ein Grundmotiv des Stücks, die Verwandlung. Bottom, der Weber, ist wie Puck eines der beiden Zentren des Stücks – wie dieser hat er teil an beiden Welten, der menschlichen und der der Geister. Puck *inszeniert* Verwandlungen – Bottom *ist* die Verwandlung selber. Den Liebhaber Pyramus *soll* er spielen, die Geliebte, Thisbe, will er gleich mitspielen; besser als das Fach eines Liebhabers läge ihm das des Tyrannen, und den Löwen könnte er auch spielen – nicht anstatt, sondern auch – und dabei eine brüllende Rolle für Herren und eine nachtigallenhafte für erschreckte Damen bieten. Ein Schlüsselsatz heißt: »Ich, Pyramus, bin nicht Pyramus«, und ganz bei sich zu sein scheint er nur als Esel. Bottom führt vor, daß, wer ›ich‹ sagt, eine Rolle spielt und daß diese oft kaum mehr als Schmiere ist, die schiefe Selbstillusion über das, was einer zu sein glaubt.

Und wer glauben die anderen zu sein? Hermia und Lysander haben sich ewige Liebe geschworen; Helena liebt Demetrius, und der wiederum liebt Hermia. Aber mit einem Schlag ist alles anders, nachdem Puck den beiden Herrchen das Liebesadrenalin in die Augen geträufelt hat. Jetzt verfolgen sie die verachtete Helena mit ihren Schwüren, jetzt erst – sagen sie, ›wissen‹ sie – haben sie die wahre Liebe gefunden, die frühere war Trug, Wahn und Verblendung, und nur der Zuschauer – wie Puck und Oberon ein Voyeur – ›weiß‹, daß das eine Illusion ist. Aber ist es eine? Was Shakespeare hier vorführt, läßt sich kaum als Komödie der Irrungen leichthändig entwirren. Denn die Sprache der Liebhaber ist jetzt ebenso falsch wie sie es vorher war – oder aber ebenso wahr. Die ›Wahrheit‹, nach ›Liebe‹ das häufigste Wort im Stück, ist eben, was einer dafür hält. Im

Augenblick. Denn nachher ist alles wieder ganz anders. Im Exhibitionismus der Gefühle kommt Liebe als der brutale Egoismus derer, die sie zu empfinden vermeinen, zum Ausdruck. Die Andere, das geliebte Wesen, spielt dabei keine Rolle, oder nur in der Erniedrigungsform des Lustobjekts. »Wer bist *du*?« ist keine Frage, die sich stellt. Und ebenso unmäßig, wie sie Helena verhimmeln, schlagen die Herrchen verbal auf die eben noch geliebte Hermia ein, in einer haßverzerrten Wut, die einen das Fürchten lehrt über die Abgründe in liebenden Seelen. Und die Frauen? Sie sind gleichermaßen entsetzt von den Sprachen der Liebe wie des Hasses. Sie fühlen sich verhöhnt, mißhandelt und setzen sich zur Wehr mit einer Vehemenz, die zeigt, welche ungeheuren Energien bis hin zur Tätlichkeit wie Furien aus ihnen ausbrechen können. Diese Frauen passen in kein elisabethanisches Weiblichkeitsbild und sind wohl nur vorstellbar unter der Voraussetzung eines Traums, der die einstudierten Ordnungen der Geschlechter wieder auflöst und im Träumenden den unheimlichen, ungekannten Anderen ans Licht bringt. Das Tempo der Liebes- und Haßszenen ist von einer so atemberaubenden Geschwindigkeit, die die Bilderfluchten in Träumen suggeriert.

Die zärtlichsten Liebesworte auf der Bühne findet Titania – unverstellt, ohne weibliche Scham, ohne den Lustaufschub der Liebesrhetorik – für einen Esel. Hier sind alle Spannungen gelöst, das Häßlichste verwandelt sich unterm Blick der Liebe zum Schönsten, Tierlaute werden als mendelssohnsche Musik vernommen und das Paar vereinigt sich in holdem Einverständnis. Und diese einzige ›echte‹ Liebesszene im Stück ist ihre eigene Parodie, die bösartige Zurschaustellung der Gefühle einer verblendeten Frau durch einen in seinen Besitzansprüchen nicht befriedigten Ehemann. Nur: Was durch diese bestialische Vermischung hindurchscheint, ist der aufs Animalische reduzierte Sexualtrieb, der in den Träumen jede Grenze überschwemmt, sogar die der Gattungen. Als der böse Zauber endlich von Titanias Augen genommen ist, glaubt sie geträumt zu haben: »What visions have I seen«. Aber Oberon zeigt nur auf den schlafenden Bottom: »Da liegt deine Liebe«, was heißen soll: es war kein Traumgespinst, sondern war (und ist) so real wie der, der da liegt, dieses Bild für die inneren Urwälder. Der andere Blick ist nur der verleugnete eigene.

Daß ›Wirklichkeit‹ und ›Traum‹ sich nicht (mehr) trennen lassen, zeigt sich auch auf der anderen Spielebene. Theseus und Hippolyta samt Gefolge erscheinen im Wald, »von Hunden rings umheult«, auf daß das Jagd- und Verfolgungsthema, das Reißen einer Beute, nicht vergessen werde, vom »harmonischen Zwist« des Gebells ist die Rede, von klangvoller Dissonanz. Vor diesem Hintergrund erscheint die Ordnung wieder hergestellt, den unbotmäßigen Liebenden ist vergeben, wie in einer Komödie zu erwarten. Der Zauber ist von Lysanders Augen genommen, so daß er wieder ›seine‹ Hermia liebt; der Zauber ist von Demetrius' Augen *nicht* genommen, so daß er dabei bleibt, Helena zu lieben: als er mit eigenen Augen sah, sah er falsch – jetzt, da er mit anderen, mit bezauberten Augen sieht, sieht er richtig und ›wahr‹. Größer kann die Verwirrung über richtig und falsch, wahr und verblendet kaum sein, die von Shakespeare nicht aufgelöst wird. Hermia hat noch eine ferne Ahnung, daß etwas geschah, was sie anders sehen läßt: »Mir ist, ich säh dies mit geteiltem Auge, / Dem alles doppelt scheint ...« Und auch Helena hat etwas gelernt über die Fremdheit zwischen Liebenden; Demetrius ist ihr »Mein und auch nicht mein eigen«. Die Männer haben nichts begriffen. Nur Bottom. Bottom wacht auf, als alle davon sind aus dem Wald, und begreift, daß er nichts begriffen hat: »Ich hatte einen Traum. Es geht über Menschenwitz, zu sagen, was für ein Traum es war. Der Mensch ist ein Esel, wenn er sich einfallen läßt, diesen Traum zu deuten.« Aber der Esel war ja er, und er hatte die Wirklichkeit des Traums, die

Sichtbarkeit des Verborgenen, gerade vorgelebt. Deutbar nicht, aber beschreibbar, besingbar. »Zettels Traum« soll die Ballade heißen, die Peter Squenz darüber schreiben könnte, »›Bottom's Dream‹, because it hath no bottom«, über die Grund- und Bodenlosigkeit eines, der zu lange in sich hineinschaut, zu singen »at her death«. Aber bei wessen Tod?

Merkwürdig, eigenartig, fremd, alles das bedeutet »strange«, und mit diesem Wort eröffnet Hippolyta den letzten Akt, in sonderbarer grammatischer Fügung: »'Tis strange, my Theseus, that these lovers speak.« Aber Theseus hat die Antwort parat mit dem in allen Tönen der Lüge durchdeklinierten, gebeugten Wort für ›wahr‹ – »More strange than true« – und erläutert in schönsten Versen die mehr als symbolische, die politische Ordnung: da ist die kühle Vernunft, die wir brauchen, die Welt zu begreifen, und da ist die Phantasie, das Reich der Irren, der Verliebten und der Dichter, die aus nichts etwas schaffen, das sie für wirklich ausgeben. Damit wäre die Grenze gezogen und der »Einbildung«, wie Schlegel übersetzt, ihr Ort angewiesen, das »luft'ge Nichts«. Aber es ist die Frau, Hippolyta, die darüber nicht zur Tagesordnung übergeht: was war, sagt sie, war mehr als bloßes »Spiel der Einbildung«, denn nichts wird mehr sein, was es einmal war. Der Traum ist Wirklichkeit, so wie die Wirklichkeit vielleicht nur Einbildung und Konstruktion ist.

Notiz über Monster. Etymologische Belustigungen zum *Othello*

Monster sind sichtbare Zeichen einer Erwartungs-, einer Normalitätsstörung. So gesehen wären sie Inbilder der Poesie, ließe nicht Horaz seine Poetik mit ihnen beginnen, um zu zeigen, wie man es gerade nicht machen solle. Aber das hat bei ihm vermutlich mit der Angst vor dem Ungemäßen, dem Widernatürlichen, dem Verstoß zu tun, die der Gutsbesitzer aus den Sabinerbergen glücklich gebändigt hatte. Störungen sind bedrohlich und faszinierend zugleich. Darum werden sie abgewehrt, ausgegrenzt, an die Ränder der Zivilisation verlegt, und sind doch, zumindest in den Träumen, mitten unter und in uns. Auch Metaphern sind Monster.

In der Alten Welt wimmelt es von Mischwesen, und sie sind keineswegs Ausgeburten der Phantasie, sondern ganz real gedacht. Viele sind manifeste Reste der Ambivalenzstruktur mythischer Anfänge, die von den Olympiern überwunden worden waren, und es ist das Geschäft der Heroen, auch die Überlebsel noch zu beseitigen, was insofern nicht gelingen kann, als im erzählten Wiederholen oder kathartischen Durcharbeiten das zu Verdrängende immer gegenwärtig bleibt. Das ist den Alten schon deutlich gewesen, denn so konkret in diesen Gebilden etwas Widernatürliches oder von der Natur Abweichendes auch ins Bild gefaßt ist – in den fischschwänzigen Frauen oder Flügelpferden, den Sirenen oder Harpyen, Kyklopen, Kentauren, Gorgonen –, weisen sie zugleich über sich hinaus, zeigen auf etwas hin, das außer im Bild nicht benennbar, aber von diesem doch unterschieden ist. Der allgemeine Begriff für solche Erscheinungen – das griechische *téras* und das lateinische *monstrum* – meint: bedeutungsvolles Zeichen, Wahr- und Vorzeichen, Götter- und Wunderzeichen, dann erst Schreckbild, Ungeheuer im Sinne eines naturwidrigen Phänomens wie ein Komet oder eine Mißgeburt. Immer also ist im Monster das Demonstrieren mitgedacht – *monstra ex monstrando*, weiß noch das Mittelalter. Zugleich gibt es noch eine zweite, ebenfalls im Mittelalter verbreitete Ableitung von *monstrum*, nämlich von *monēre*, und das heißt, jemandem etwas zu bedenken geben, ihn auf etwas aufmerksam machen, belehren, warnen, Winke und Mahnungen geben, eingeben, andeuten. In wieder anderer Weise wird das griechische *téras* weitergedacht: *terateia* heißt Blendwerk, Lüge, Vorgaukelei.

Alle hier aufgeführten Bedeutungsfelder von Monster werden in Shakespeares *Othello* nicht nur ausgeschritten, die Tragödie *ist* ein Stück über Monster. Othello erweist sich am Ende als das Monster, das zumindest Desdemonas Vater von da an in ihm sah, als er sich – »gegen alle Regeln der Natur« – mit seiner Tochter verband. Brabantios Abscheu bringt nicht nur einen uns heute geläufigen »Rassenhaß« zum Ausdruck oder eine Auffassung von Natur, hinter der sich ein gesellschaftliches Konstrukt verbirgt. Für die Zeitgenossen vielleicht verständlicher zeigt sich darin ein noch wirkmächtiges heidnisch-christliches Mythologem. Plinius hatte in seiner Naturgeschichte erzählt, es gäbe auch Monster-*Rassen*, sie zu Dutzenden beschrieben und lokalisiert in Indien, Äthiopien, in den nordafrikanischen Gebirgen, Zentralasien – all die Kopffüßler und Antipoden, die schnelläufigen Einbeiner und Hundsköpfigen, die Androgynen und Menschenfresser. In der christlichen Überlieferung sah man sie dann als Abkömmlinge Kains oder des bösen Noahsohnes Ham, des Stammvaters der Schwarzen, in beiden Fällen also Verworfene vor dem Angesicht Gottes. Auch in dieser Richtung wird man Othello zu suchen haben, der sie zumindest aus eigener Anschauung kennt – er fasziniert, in des Wortes doppelter Bedeutung, Desdemona durch Erzählungen von Menschenfressern und solchen, denen der Kopf unterhalb der Schulter wächst. Zu diesen Rassen gehört auch die der Hörnertragenden, der Cornuti oder Gegetones, und wenn der vermeintlich betrogene Othello einmal ausbricht »A horned man's a monster, and a beast«, meint er kaum bloß den sprichwörtlich Gehörnten, das Gespött der Welt, sondern auch den Angehörigen einer Rasse, in die er buchstäblich hineinwächst und die ihn vertieren läßt.

Es ist natürlich Iago, der die Drachensaat des Monströsen gleich zu Anfang sät, und zwar in der besonders tückischen Spielart der sexuellen Monstrosität. (Das Thema war Shakespeare geläufig: die Elfenkönigin Titania liebt einen Mann mit Eselskopf und Lear vergleicht die Frauen Kentauren, die nur bis zum Gürtel Menschengestalt haben: »jenseits alles / Gehört den Teufeln, dort ist Hölle, Nacht, / Dort ist der Schwefelpfuhl, Brennen, Sieden, Pestgeruch, / Verwesung – pfui, pfui, pfui!«) Iago also höhnt den alten Senator: »Eure Tochter und der Mohr machen gerade das Tier mit den zwei Rücken« – die Vereinigung als Bild eines Monstergeschöpfs –, und in seinem Einfallsreichtum findet Iago auch noch eine sodomitische Variante: »Ihr wollt einen Berberhengst über Eure Tochter kommen lassen; Ihr wollt Enkel, die Euch anwiehern, wollt Rennpferde zu Vettern und Zelter zu Neffen haben?« Solche Monsterbilder werden in den Anfangsszenen parallel geführt mit der Aufforderung zu schauen im Sinne des *monstrare* und *monēre*. Das Wort selbst, *monstrous*, fällt hier noch nicht; es fällt in der Schlußzeile des ersten Akts, als Iago seinen Plan, die Ausgeburt seiner teuflischen Phantasie, konzipiert hat: »... it is engender'd; Hell and night / Must bring this monstrous birth to the world's light.«

Das Wort fällt das nächste Mal eher beiläufig. Nachdem Iago eine nächtliche Schlägerei inszeniert hat, um Cassio ins Unrecht zu setzen, was Othello aber natürlich nicht weiß, redet sich der, Othello, in Wut mit Fragen und Ausrufen, die auf das Urteil hinauslaufen: »'Tis monstrous«.

Das Wort wirkt eher überzogen angesichts des Vorgefallenen, unstimmig, deplaziert. Oder vielleicht doch nicht? Unterschwellig und wohl erst im Nachhinein dem Zuschauer in seiner Tragweite verständlich, ist hier mit dem Schlüsselwort ein Signal gesetzt: die Schlägerei ist die erste Manifestation der »monstrous birth«, die Iago dabei ist, in die Welt zu zerren. Soviel ist aber dem Zuschauer mindestens deutlich geworden, daß hier ein Blendwerk in Gang gesetzt ist, eine horrende Verzerrung der Wirklichkeit, ein *monitus* schlimmer Vorbedeutung, eben: »'Tis monstrous.«

Die Monster wechseln im *Othello*: der Fremdrassige, die Widernatur, Sodomie, der Doppelrücken, Iagos Mißgeburt im Kopf – ein ständiges Gleiten zwischen verschiedenen Bezugssystemen. Nur daß gegenüber den äußerlichen Manifestationen ihre Internalisierung an Gewicht gewinnt. (Ein solcher Innenschub ist für die Renaissance insgesamt charakteristisch: die Hölle ist kein topographisch ferner Bezirk mehr, sondern, wie Marlowes Mephostophilis sagt, »Wo ich bin, ist die Hölle«.) Daß in Iagos Bewußtsein etwas Ungeheuerliches heranwächst, das das Licht noch scheut, ahnt Othello, nachdem ihn Iago durch Winke, Andeutungen, geheuchelte Verstehensnachfragen in Form von Echos, auf die Spur gesetzt hat, daß möglicherweise die Bekanntschaft von Desdemona und Cassio so harmlos nicht ist. Bevor noch das Wort fällt, werden durch die Echos seine etymologischen Implikationen durchgespielt: Fingerzeige und Vorbedeutungen. Dann, Othello zu sich, »By heaven, he echoes me, / As if there were some monster in his thought, / Too hideous to be shown: thou didst mean something«, und, »As if thou then hadst shut up in thy brain / Some horrible conceit«.

Das noch unausgesprochene, in langen Windungen umkreiste Wort, auf das Iago zusteuert, wächst sich in Othellos Phantasie zu einem formlos wuchernden Koloß aus, der erst beim Namen genannt wird, als er groß genug ist, die

Eifersucht: »O« – immer wieder das »O« skandiert den Text, der Anlaut des Helden – »O, beware jealousy; / It is the green-ey'd monster, which doth mock / That meat it feeds on.« In diesem Bild vom grünäugigen Monster Eifersucht, sind alle Bedeutungsebenen von *monstrum* gebündelt wie in einem Prisma. Denn die Eifersucht lebt ja von *Zeichen* – der kleinste vermeintliche Wink wird ihr zum bedeutungsvollen Demonstrativum ihrer Existenzgrundlage und zur notwendigen Nahrungszufuhr für ihre Mast. Othello, mit dem Gespenst im Hirn, greift sich immer wieder an den Kopf, um zu fühlen, ob das Implantat ihm schon an die Stirn geschrieben ist, er sich also bereits in ein veritables Monster verwandelt hat: »On horror's head horrors accumulate.« Auch die Vorstellung des Widernatürlichen bekommt durch das Monster Eifersucht neue Nahrung. Daß Desdemona ihn betrügen könnte, ist für Othello ein Irrtum der Natur (»nature erring from itself ...«). Aber er wird von Iago abgefertigt: Widernatürlich war es, daß sie sich keinem ihrer eigenen Hautfarbe verband. *Das* ist »foul disproportion«, *das* sind »thoughts unnatural«. Merkwürdig, daß Othello nicht widerspricht – vielleicht dämmert dem Eifersüchtigen, daß Iago recht haben könnte. Steht das Monstrum erst einmal im Raum, hat es seine grünen Augen überall. »Ocular proof« will Othello haben, und es wird ein ganzer Synonymenkatalog von Blick-, Späh- und Zeigewörtern aufgeboten, den Verdacht Evidenz werden zu lassen. Hier laufen für Othello die Fäden von *monstrare* und *monēre* zusammen, und für den Zuschauer ist ineins damit *terateia* inszeniert, Blendwerk, Vorspiegelung. Die Gaukelei geht so weit, daß Iago einen Sexualakt, den er freilich als Cassios Traum ausgibt, so saftig und detailreich simuliert, daß Othello nur aufstöhnen kann: »O monstrous, monstrous!«

Ähnlich wie im »green-ey'd monster« die verschiedenen etymologischen Schichten sich zu *einer* Vorstellung verdichteten, nehmen sie nun noch in einem konkreten Zeichen sichtbare Gestalt an: dem Taschentuch, das zum Zeichen erst wird, nachdem es verloren ist. Es ist Wahrzeichen als *monstrum* und Mahnzeichen als *monitus*, indem es auf die Liebe verweist, was aber Desdemona erst nach ihrem/seinem Verlust erfährt. Wenn Othello die in das Tuch eingewebte Magie erläutert, ist auch der naturwidrige Aspekt, das *contra naturam*, von *monstrum* benannt: eine zweihundertjährige Sibylle hatte es in prophetischem Furor genäht, »Geweihte Würmer spannen ihre Seide, / Sie färbts in Mumiensaft, den sie mit Kunst / Aus Jungfrauenherzen zog.« Jetzt, da es aus Desdemonas Händen und mithin entweiht ist, kann es seine unheilvolle Wirkung entfalten, wie es bei der Profanierung des Magischen – auch des Heiligen – Gesetz ist. Es wird zu einem Schreckbild für Othello, als er es in den Händen Cassios und Biancas sieht, zum jetzt greifbar gewordenen Ungeheuer, Evidenz und zugleich Verweisungzeichen auf die bevorstehende Katastrophe.

Damit ist der etymologische Reichtum von *monstrum* ausgeschöpft, die Linien, die sich verzweigen und überkreuzen, sind auskomponiert. Was noch folgt, sind Tempobeschleunigungen mit bekanntem Material. Iagos Perfidien halten ihr Niveau, und er behält die Fäden in der Hand. Othello aber wird zur Furie (Desdemona benutzt das Wort) oder zur Bestie (so nennt er sich selbst). Er rast, rollt die Augen, beißt sich auf die Unterlippe, schlägt Desdemona in aller Öffentlichkeit. Die Erdrosselung aber dann vollzieht er ruhigen Bluts, überlegt, reflektiert. Er beansprucht, der Agent göttlicher und irdischer Gerechtigkeit zu sein. Und erst da – in dem kentaurischen Zusammenwuchs von Sachwalter und Mörder – erst da wird er selber zu einem Monster. Ein Venezianer kommentiert das Geschehen: »O monstrous act!«

Troilus und Cressida oder die verseuchte Welt

> *... es ist, als sähen wir die tragische Muse auf einem Grisettenball den Chahüt tanzen, freches Gelächter auf den bleichen Lippen, und den Tod im Herzen. (Heinrich Heine)*

Die großen Machtspiele sind ausgespielt. Die Figuren in Shakespeares Historien, auch in seinen Römerstücken, hatten sich zumindest eingebildet, Handelnde in Dramen zu sein, die das Schicksal eines Volkes bestimmten, bis das Schaufelrad der Geschichte sie unterpflügte. Die großen Gesten, die großen Verzweiflungen waren an einer ›Idee‹ orientiert, die darüber hinwegtäuschte, daß ganz anderes auf dem Spiel stand: Ehrgeiz, Machthunger, Eitelkeit. In Krisen läßt sich nicht einmal mehr der Anschein höherer Werte halten, es kommt ans Licht, was hinter den Charaktermasken steckte, und das ist kaum mehr als Tücke, Gewinnsucht, Großsprecherei, Dummheit, Schamlosigkeit. Man weiß nicht, ob man das, was bei einer so radikalen Desillusionierung herauskommt, ein Trauerspiel nennen soll oder ein Lustspiel. Die ersten Herausgeber von *Troilus und Cressida* wußten es auch nicht und haben das Stück einmal eine Komödie, ein andermal eine Tragödie genannt. Wahrscheinlich ist es weder das eine noch das andere, sondern eine Studie über den Ekel, wofür es eine Form noch nicht gab, ein Satyrspiel zum *Hamlet*, der um die gleiche Zeit entstand, um 1602, am Lebensende Elisabeths, als eine Welt in Stücke zu gehen schien.

Nirgends gab es strahlendere Helden als bei Homer, nirgends erscheinen sie lächerlicher als bei Shakespeare. Sie tragen hier ihre prächtigen Namen nur noch wie abgewetzte Kleider, durch deren Löcher ihre ganze Erbärmlichkeit hindurchschimmert. Von dem unsterblichen Ruhm, der ihre Gestalt zweitausend Jahre lang umwölkte, ist Aufgeblasenheit geblieben. Aus Achill, dem größten, dem tapfersten der Helden, dessen Zorn Anlaß, Rahmen und Zentrum der *Ilias* bildete, ist ein ebenso spießiger wie tückischer Neidhammel geworden: einerseits ist er beleidigt, weil ihn das dramaturgisch völlig absurde Defilee der Heldenkollegen nicht ranggemäß grüßt und schaut scheel auf den dumpfen Muskelprotz Ajax, der statt seiner sich im Zweikampf Hector stellen soll, andererseits läßt er den waffenlos am Boden hockenden Hector von seinen Myrmidonen feig zermetzeln und läßt sie dann auch noch aus Leibeskräften brüllen: »Achilles hath the mighty Hector slain.« Es bedarf kaum der zusätzlichen Kommentare der alles ordinär verhöhnenden Dreckschleuder Thersites – die Figuren selbst sind der Hohn auf das, wofür ihre Namen einmal standen.

Ausgenommen von dieser allgemeinen Heldentravestie ist einzig Ulysses. Er hält zwei für unsre Ohren kluge Reden (für die der Elisabethaner waren sie eher Sammlungen von Gemeinplätzen). In der ersten, vor der Ratsversammlung im Griechenlager, entwirft er das statische Schichtenmodell einer Gesellschaft mit klaren Abstufungen von oben nach unten als Spiegel des Kosmos, in dem sich in immer gleichen Bahnen die Planeten um die Erde drehen. Dieses Korrespondenzbild hatte schon zur Zeit Shakespeares seine Gültigkeit verloren: seit über fünfzig Jahren kreiste die Erde schon als Stern um die Sonne (was Shakespeare allerdings wohl noch nicht gewußt hat oder zumindest seinem Publikum nicht zumuten wollte) und seit etwa genauso langer Zeit knickten die Abstufungen in sich zusammen, wurde die Gesellschaft mobil, war die Magd nicht mehr von der Herrin zu unterscheiden, wie man klagen hörte. Wenn aber erst einmal die ›naturgegebene‹ Balance der Abstufungen gestört ist, dann werden Recht und Unrecht ununterscheidbar,»Dann löst sich alles auf nur in Gewalt, / Gewalt in Willkür, Willkür in Begier (appetite), / Und die Begier, ein allgemeiner Wolf, / ... Muß dann die Welt als Beute an sich reißen / Und sich zuletzt verschlingen.« Nur ist es kein Wenn, das Ulysses beschreibt, es ist der eingetretene Zustand, das Chaos *dieser* Welt, das er beim Namen nennt. An die Stelle von Achtung sind Hohn und Spott getreten, jeder ist sich selbst der Nächste und des anderen Wolf, von unersättlichem Hunger getrieben (auf Weiber, auf die Beute des anderen, auf Geltung). Und damit wir das auch merken, hat Shakespeare sein Stück mit Freß- und Verdauungsmetaphern kapillarhaft durchzogen, auch natürlich, um die beiden Handlungsebenen – Krieg und Liebe – sprachlich miteinander zu verzahnen. Aber warum hält Ulysses die große Abstufungsrede, da er, der einzige Realist im Stück, doch weiß, daß die Welt verludert und verseucht ist und daß daran nichts zu ändern ist? Meint er, was er sagt? *Kann* die Welt zurückkehren zu dem, was sie einmal war, was vielleicht, genauer betrachtet, nichts als rückwärts gewandte Vorstellung war? Ulysses, der Moralist – aus jedem Mund wäre das glaubhafter als aus dem seinen. Aber er ist eben auch der Listenreiche, der Fuchs, der Taktiker, der Machiavellist. Das heißt, er hat einen Zweck im Auge mit seiner Rede. Sinnlos, wie dieser Krieg auch ist – es geht, wie jeder weiß, um eine Hure, die nicht so viel Blutstropfen im Leib hat, wie Menschen hüben und drüben um sie gefallen sind –, es ist nötig, die Handlungsfähigkeit zurückzugewinnen, um dem blutigen Treiben endlich ein Ende zu setzen. Aus *taktischen* Gründen appelliert Ulysses an die alten Werte, an die er selbst nicht mehr glaubt, um den nicht eben besonders klugen Agamemnon dazu zu bewegen, seine Führungsrolle wenigstens wieder zu *spielen*. Es ist eine Rehabilitierung des *Scheins* – wenn man will: der Lüge –, damit in einer sinnlos gewordenen Welt die Gesellschaft halbwegs funktioniert.

Kein Zynismus, nicht Schein und Trug, nicht korrupt,

meint man, ist die Liebe. Doch sie steht hier unter der gleichen Konstellation. Aber warum soll sich ein schüchterner junger Trojanerprinz, Troilus, nicht der Hilfe des Onkels der Angebeteten bedienen, um sein Ziel zu erreichen? Nur: der Onkel hat einen Namen, Pandarus, der längst für das Publikum zum Synonym für einen Kuppler geworden ist, und professionsgemäß taktisch steigert er durch Zerdehnungen und Rückzüge erst einmal die Vorlust des hungrigen, gleichwohl petrarkisierenden Stürmers gleich in der ersten Szene: für einen Laib Brot muß man erst einmal das Korn mahlen, das Mehl sieben, den Teig säuern, kneten und formen, dann ist der Ofen anzuheizen usw. So wird ein Gebrauchs-, ein Konsumgegenstand hergerichtet, noch dazu wegen seiner Verderblichkeit ein zum alsbaldigen Verzehr bestimmter. Das Alsbald muß freilich auch erst noch hergestellt werden: in einer Szene voller anzüglicher Schlagfertigkeit preist der Onkel der Nichte den Jüngling in höchsten Tönen an, den sie nicht zu kennen vorgibt (»Was für ein Duckmäuser kommt denn da heran?«). In Wirklichkeit liebt ihn Cressida heimlich schon lange, nur wäre es unklug, sich zu geben (»Yet hold I off«), weil Männer nur lieben, was sie (noch) nicht besitzen. Cressida ist Realistin, wie Ulysses, denkt taktisch wie dieser; sie kennt sich, jung wie sie ist, in der Welt aus, jedenfalls hat sie schon zuviel gesehen.

In der großen Liebesszene zeigt sie sich dann ganz anders. Da ist zunächst Troilus, dem schwindelt, der Angst hat vor der eigenen Sexualität, der fürchtet, »Daß im Genuß mir Unterscheidung schwindet.« Todes- und Einverleibungsbilder gehen ihm durch den Kopf – ein merkwürdiger Introitus für eine Erfüllungsszene, auf die zweieinhalb Akte lang hingearbeitet wurde. Als ihm Cressida vom Onkel dann zugeführt wird, taxieren sie einander, besprechen sie prosaisch, fast wie Routiniers, die Diskrepanz zwischen Liebesschwüren und deren Stichhaltigkeit in der Realität. Eine Liebesszene? Doch dann bricht es, in Versen und wider alle

Schicklichkeit oder Vernunft, aus ihr heraus: »Euch liebe ich Tag und Nacht ... vom ersten Blick, der jemals – verzeiht!« Und sie geht weiter und weiter in ihren Geständnissen, zu denen er schweigt: »O sieh, dein Schweigen, / So schlau verstummend, lockt aus meiner Schwachheit / Die innersten Gedanken: schließ den Mund mir! (Er küßt sie.)« So konkret Cressida ist, so abstrakt bleibt Troilus. Als er endlich die Sprache wiederfindet, stammelt er nicht »Ich liebe dich«, sondern erhebt sich in den Äther der Schwüre, die beide eben noch ironisiert hatten: hinfort soll Mannestreue ewiglich mit dem Namen Troilus' verbunden sein. (Er sagt nicht: künftig seien *wir* ein Inbild der Treue.) Unter dem Druck solcher Nötigung kann Cressida nur den Gegenschwur tun: sollte ich je untreu werden, dann soll Untreue mit meinem Namen verbunden sein. Der Onkel, der während der ganzen Liebelei kommentierend dabeistand, spricht ein ›Amen‹ und führt sie ins Haus.

Es tritt genau das ein, was sie befürchtet hatte: schon nach der ersten Liebesnacht scheint er ihrer überdrüssig zu sein. Er kann nicht schnell genug von ihr wegkommen, wie sie auch, fast hilflos jetzt und ausgenutzt, bittet. Schon ist die Liebe ungleichzeitig geworden und wird es weiter werden. Cressida soll im Austausch gegen einen Gefangenen den Griechen ausgeliefert werden. Sie sträubt sich, ist verzweifelt, und Troilus macht keinen einzigen Versuch, das zu verhindern. Stattdessen wirft er ihr ein halbes Dutzend mal »Sei mir treu« an den Kopf und malt ihr zwischendurch die Liebeskünste der Griechen aus, denen die stärksten erlägen. Je erstaunter Cressida protestiert, desto heftiger redet er sich in die Vorwegnahme des Verrats hinein. Will er in ihr die Begier überhaupt erst wecken? Um die Konsumierte loszuwerden? Um sich durch die antizipierte Eifersucht einerseits selbst als Opfer (ein unschuldiges, versteht sich) zu fühlen, andererseits sie eben dadurch als erneuertes und wieder unerreichbares Wunschobjekt vor sich aufzubauen?

Diomed, der beim Gehen immer auf die Zehenspitzen hochwippt, wie Ulysses bemerkt, bringt sie ins Griechenlager, wo sie von den Helden nach der Reihe abgeküßt wird. Sie ist, meint mißbilligend Ulysses, von Kopf bis Fuß auf Liebe eingestellt. Das muß aber nicht stimmen, denn es gibt, sagt Hamlet, weder gut noch böse, das Denken macht es erst dazu. Aber vielleicht stimmt es doch? Als die Trojaner den Griechen einen Freundschaftsbesuch abstatten, bevor es zum Entscheidungskampf kommen soll, stiehlt Diomed sich davon, zu Cressida, gefolgt von Troilus und Ulysses, ihrerseits gefolgt von Thersites. Was Troilus nun mit ansehen muß, ist der sprichwörtlich gewordene Liebesverrat. Nur ist er bei Shakespeare keineswegs so platt oder verhurt, wie Troilus ihn versteht. Das Mädchen ist hin- und hergerissen, ist schutzlos der Macht des fordernden Diomed ausgeliefert, dem sie sich taktierend immer wieder entzieht. Gewiß, sie gibt ihm Troilus' Liebespfand und nimmt Abschied von der, vielleicht nur eingebildeten, großen Liebe. Vielleicht geht sie auch in die ihr von Troilus in seiner Einbildung ausgelegten Falle, oder dessen Ambivalenz ihr gegenüber kommt ihr jetzt endlich, schmerzlich, zum Bewußtsein. Oder noch anders: in einer mörderischen Zeit, die jede Bindung jäh zerreißt, ist da nicht der Augenblick das einzige, was zählt?

Nach dieser Szene, in der alles aus ist, ist noch lange nicht alles aus. Cressida verschwindet zwar von der Bildfläche, ohne tragödiengerecht erdolcht zu werden, aber die Geschäfte der Helden ziehen sich hin. Troilus, dessen gekränkte Ehre in ihm die männliche Tugend des Schlagetods erweckt hat, kriegt nicht einmal Diomed zu fassen, noch dieser ihn, noch denkt er daran, sich selbst zu entleiben – alles drei wäre tragödiengemäß gewesen. Hector wird noch gemeuchelt, wie schon gesagt, aber schuldlos daran ist er selbst auch nicht – was mußte er das Auge der Begehrlichkeit auf eine fremde Rüstung werfen, deren Eroberung ihn so erschöpfte, daß er die eigene dann ablegte. Das einzige Problem, das sich für den verbliebenen Troilus noch stellt, ist, wie man die Nachricht vom Tod des großen Hector Vater und Mutter beibringen könne. Alles, Krieg und Liebe, verseucht und krank, tröpfelt noch dahin und geht so kläglich zu Ende wie bei uns. Traurig ist eigentlich nur Pandarus, der die Kuppelei wirklich liebte, aus Liebe zur Lust. Er spricht den Epilog und vermacht dem Publikum seine Syphilis. Notabene: Ihr seid auch nicht besser als die, an deren Jämmerlichkeit, Großsprecherei und Verlogenheit ihr euch weidet.

Shakespeare und das Recht. Eine Skizze.

*Shylock: »Hier stehe ich und
Fordere Gerechtigkeit ... Antwortet:
Soll ich sie bekommen?«*

Das einzige Metier, außer seinem eigenen, in dem Shakespeare sich ausgekannt zu haben scheint, dürfte das juristische gewesen sein. Die sechs Unterschriften, die sich erhalten haben, stehen unter Rechtsdokumenten – einmal wurde er in einer Mitgiftsache als Zeuge vernommen, in Stratford hat er Grund erworben, von Verwandten Pacht eingetrieben, sein kompliziertes Testament gemacht, mit dem nachträglichen Einschub, daß er seiner Frau sein zweitbestes Bett vermache. Prozessiert hat er auch, möglicherweise häufig. Eine hohe Meinung von der Rechtsprechung oder gar von denen, die dafür bezahlt werden, sie zu praktizieren, hat er nicht gehabt. In der irren Prophezeiung des Mad Tom im *König Lear* heißt es: »When every case in law is right ... Then shall the realm of Albion / Come to great confusion.« Das heißt: die Welt, oder wenigstens England, geht aus den Fugen und stürzt zurück ins Chaos, wenn Recht Recht wird. Denn das Recht ist eine Sache derer, die darüber verfügen, zum Beispiel, indem sie es sich kaufen können.

Immer, wenn einer Grund zu klagen hat, taucht in den Beschwerde- und Lasterkatalogen seiner Monologe die verrottete Rechtspraxis auf – bestochene Richter, zu jeder Gesetzesbeugung bereite Ausleger, die Ununterscheidbarkeit von Recht und Unrecht: »which is the justice, which is the thief?« fragt Lear. Die Welt steht unter dem Gesetz der Willkürherrschaft Fortunas, die man allenfalls ein bißchen korrigieren kann, aber nicht grundsätzlich ändern. Zweifellos sind das Klischees, und nicht einmal nur typische der Zeit; sie sind so alt, wie das Recht und seine Vertreter in der Literatur eine Rolle spielen. Aber Shakespeare schöpft natürlich aus mehr als einem rhetorischen Thesaurus, und dafür waren seine anzunehmende Kenntnis und möglicherweise seine eigene Erfahrung von Belang.

Wie kann man zum Beispiel seinen gefährdeten Besitzstand wahren, andere schröpfen und das Ganze als politisches Gebot der Stunde verkaufen, um dadurch innenpolitische Konflikte stillzulegen? Indem man etwa einen Angriffskrieg gegen Frankreich führt. Der Erzbischof von Canterbury und der Bischof von Ely in der Eröffnungsszene von *Heinrich V.*, die um ihre Pfründe bangen, wissen, wie man das macht: sie schaffen eine Rechtsbasis, und keinem im Publikum bleibt verborgen, wie hier ein seit Jahrhunderten geltendes Gesetz durch Auslegungstricks zur Durchsetzung eigener Interessen umgebogen wird. Die langen Sätze, mit denen der Erzbischof das salische Gesetz traktiert, sind so verschachtelt, daß die Zuhörer bald den Faden verlieren, verlieren sollen. Denn so genau will man es schließlich nicht wissen – es wird schon seine Richtigkeit haben. Der junge König Heinrich V. fragt noch einmal eher rhetorisch – »May I with right and conscience make this claim?« –, aber er insistiert nicht: die Legitimation für den Besitzanspruch auf die französischen Provinzen ist wohl geschaffen – abgesichert, abgesegnet –, und mehr muß er nicht wissen. Der Hundertjährige Krieg kommt Gott sei Dank endlich wieder in Schwung. Nebenbei bemerkt – aber das interessiert die feinen Herren bei Hofe schon fast nicht mehr – ist der strahlende neue König eine eher zwielichtige Gestalt. Als er noch Prinz Hal war, hatte er sich gerne mit Falstaff und seinen Spießgesellen am Rande der Legalität – oder sogar weit über diesen hinaus – bewegt und die Rechtsgewaltigen (den Sheriff, den Oberrichter) mit Hohn und Spott hereingelegt. Im Augenblick aber, als er selber

König ist, bestätigt er den Oberrichter – bis dahin sein ärgster Feind – im Amt, bestellt ihn sogar zum Vormund über seine etwaigen Nachkommen, und verbannt im selben Atemzug den einzigen, der ihn so maßlos wie sein eigen Fleisch und Blut liebte, Falstaff, der dann an gebrochenem Herzen stirbt. Einen Zwiespalt scheint es in Heinrichs Brust nicht zu geben. Warum er optiert, wie er es tut, ist klar: ein Staat ist nur stark, wenn seine Gesetze funktionieren; oder anders gesagt: jetzt spielt er den König wie vordem den Liederlichen. Doch ebenso klar ist, daß Recht und menschliche Loyalität sich ausschließen. Wer aber meint, das Wirtshaustreiben rechtloser Gesellen werde als Gegensatz zur Rechtsordnung im Staat inszeniert, darf nicht vergessen, daß gerade in *Heinrich V.* die Schaffung einer Rechtsgrundlage als sehr durchsichtige kasuistische Manipulation vorgeführt wird. Dadurch relativieren sich die Tricks der kleinen Gauner, die, genauso wie die Großen, auch nur ihre eigenen Interessen verfolgen. Übrigens sind es gerade, oder erst, die Entrechteten, die aus der Rechtsordnung Herausgefallenen, die auf einmal menschlich werden: sie »steigen mit dem Fall« – der seiner Krone, seines Namens, seiner Frau beraubte Richard II. im Gefängnis von Pomfret, Lear auf der Heide, und mancher Mörder in den Historien.

Nirgends ist die Parallele zwischen den kleinen Gaunern unten und den großen oben schärfer herausgearbeitet als in *Maß für Maß*. Angelo, ein »furchtbarer Jurist«, ist vom Herzog von Vienna zu seinem Stellvertreter eingesetzt worden und sieht seine Aufgabe darin, die in Vergessenheit geratenen Gesetze zur Bekämpfung der Sittenlosigkeit wieder zur Geltung zu bringen und mit drakonischer Schärfe durchzusetzen. Angelo ist die Charakterstudie des sinnen- und gefühlsfeindlichen Schreibtischtäters, gnadenlos und immer im Recht, eine moralische Instanz. Also rollen Köpfe, werden ganze Stadtteile mit ihren zwielichtigen Häusern abgerissen, füllen sich Gefängnisse. Aus einer fröhlichen

Welt mit ihren größeren oder kleineren Liederlichkeiten wird ein Henkerhaus. Nur entdeckt Angelo auf einmal Isabella, die schöne Schwester eines zum Tode Verurteilten, die sich gerade anschickt, Nonne zu werden. Da ist es um ihn geschehen, denn er merkt, daß auch in seinen Adern Blut fließt: Isabella könne ihren Bruder retten, wenn sie etcetera. Da sehen wir also den strengen Sittenrichter am Werk, der genau das begehrt, was er verfolgt, aber durch die eigene Entdeckung kein bißchen milder wird, im Gegenteil. Das ist ein (historisch recht frühes) instruktives Beispiel für den Mechanismus der Doppelmoral: Legalist – denn als solcher handelt er immer genau nach dem Gesetz, wenn auch unmenschlich – und Krimineller. Um Spuren zu verwischen, soll der Bruder Isabellas, die auf den Handel scheinbar eingegangen ist, gleichwohl geköpft werden.

Das ist ebenso empörend wie konsequent und paßt ins Bild der nervös werdenden Shakespeareschen Verbrecher. Aber der eigentliche Skandal kommt erst am Schluß, im sogenannten Gnadenakt. Wir, das Publikum, haben zwar immer gewußt, daß der Herzog nicht wirklich fort war, sondern daß er als Mönch verkleidet die Fäden in der Hand behielt, die Schicksale heimlich lenkte oder, krasser gesagt, Menschenexperimente anstellte, mit tödlichen Ausgängen hinter der Bühne und um ein Haar tödlichen darauf. Wir haben auch erlebt, daß er die Möglichkeiten des Rechts sehenden Auges mißbrauchen ließ, um am Ende als ein um so größerer, geradezu machiavellistischer, Gnadenfürst dazustehen. Jede der Figuren – Isabella, die untergeschobene Braut Mariana, die der jeweils geltenden Form von Legalität gehorsamen Staatsdiener – wird im fünften Akt mit juristischen Scheinargumenten (aber wer von ihnen vermag die schon zu durchschauen?) in ein »Schuldig« geredet. Das ist Unrecht, wie jeder weiß, aber was vermag dieses Wissen gegen den, der Recht »spricht«? Gewiß, der Herzog inszeniert das alles als eine neuerliche Prüfung der bis an die

Grenze des Erträglichen – und über sie hinaus – leidgeprüften Figuren. Aber kann Shakespeare wollen, daß wir ihm, dem Herzog, da folgen, oder will er nicht vielmehr, daß wir die Rechtspraxis (vom positiven Recht in Vienna gar nicht zu reden) als ebenso willkürlich begreifen wie die Gnadenakte, diese Akte und Launen einer »höheren« Gewalt? Jedenfalls wird Angelo begnadigt, der vorsätzliche Frauenschänder, der monströse Richter, der wegen Lappalien Todesurteile fällte und auch noch das Urteil vollstrecken lassen wollte, als er seinen Preis, es nicht zu tun, erhalten hatte. Begnadigt werden ferner die, bei denen es nichts zu begnadigen gibt, und die gleichwohl dankbar dafür sind. Isabella, die Wunschnonnne, wird sogar, ohne daß sie gefragt wird, als Gnade versteht sich, vom Herzog geheiratet; bezeichnenderweise wagt sie nichts dazu zu sagen. Recht oder Willkür? Aus der Gnade heraus fällt nur einer: Lucio, ein armer Hund aber ein Lästermaul, der über den Herzog, der das ganze böse Spiel doch angezettelt hatte, hergezogen war, sicher schmähend, aber immer witzig und gescheit. Ein vorsätzlich geplanter Mord, der den Anschein des Rechts für sich beansprucht, wird also vergeben und mit Besitz und Ehestand belohnt, die berechtigte Schmährede eines aus der Gesellschaft Herausgefallenen, eines Rechtlosen, nicht. Willkür oder Recht?

Die schlimmste Karikatur der Rechtspraxis, wenn es denn eine Karikatur ist, findet sich freilich im Prozeß gegen den Juden Shylock. Shylock ist im Recht, die Pfandverschreibung des Pfundes Fleisch ist bizarr aber rechtens, nur eine Rechtsbeugung könnte dem Kaufmann Antonio das Leben retten, was aber nicht sein darf, weil dadurch der Ruf Venedigs, auch Minderheiten Rechtsgleichheit zu garantieren, in Gefahr geriete. Es sind also letztlich eigene Handelsinteressen, kein früher Anflug von Toleranz, die den Rechtsanspruch des Juden schützen. Was ist zu tun? Wie läßt sich der Anschein des Rechts wahren, und wie läßt sich der Jude gleichzeitig prellen? In dem Moment, in dem Portia als Rechtsgelehrter verkleidet den Gerichtssaal betritt, ist klar, daß das »unhintergehbare« Recht in eine Farce, eine Rechtsposse verwandelt wird. Portia hält ihre berühmte Gnadenrede, die gern als der Triumph der christlichen Gnadenlehre über die jüdische Gesetzesbuchstäblichkeit ausgelegt wird. Aber schon die erste Zeile – »The quality of mercy is not strained« – ist zweideutig. Bereits John Ruskin hat herausgehört, daß in »mercy« das lateinische »merces« mitschwingt, also Lohn, Verdienst und speziell Zins, um den es ja geht. Das hieße dann etwa: die (neue) Qualität des Gelderwerbs ist seine Unerpreßbarkeit, denn sie stammt aus der Zirkulationssphäre (»It droppeth as the gentle rain from heaven«), ist also Austausch und »segnet« sowohl den, der gibt, wie den, der nimmt. An Shylock ist die Einführung in die neue (National?)Ökonomie verloren; er hört nur, was die Christenlümmel auch hören, daß er nämlich seinen Rechtsanspruch aufgeben soll. Also Gnade. Aber für ein hellhöriges Publikum dürfte deutlich geworden sein, worum es »in Wirklichkeit« geht, wirtschaftliche Interessen eben, und dazu bedarf es einiger Rechtsfiktionen. Zum Beispiel der, daß beim Herausschneiden des Pfundes Fleisch kein Tropfen Blut vergossen werden dürfe, denn davon stehe nichts im Gesetz, oder der, daß das Pfund exakt, um keine Idee leichter oder schwerer zu sein habe. Das sind aberwitzige, mit keiner Rechtsgeltung zu vereinbarende Bedingungen (die Rechtshistoriker haben gezeigt warum), aber sie treten auf in der erschlagenden, in der Geschwindigkeit der Rhetorik gar nicht zu durchschauenden Sprache des Gesetzes. Es ist atemberaubend zu sehen, wie hier ein Mechanismus in Gang gesetzt wird, durch den ein Rechtsanspruch in ein Unrecht verkehrt wird, freilich in genauer Spiegelung der pervertierenden Buchstäblichkeit Shylocks. Daß die Rechtsprechung solche Verdrehungen erlaubt, scheint Shakespeares sarkastische (wörtlich: ins Fleisch schneidende) Pointe zu sein. Auch was von der Gnade zu halten ist, die wie ein »Liebet-eure-Feinde« annonciert wird, wird hier noch einmal überdeutlich: Shylock kommt zwar mit dem Leben davon (das ist »gnädig«), aber gleichzeitig werden ihm seine Existenzgrundlage und seine Identität genommen. Die eine Hälfte seines Besitzes muß er Antonio übereignen, die andere dem, der ihm die Tocher stahl, die ihrerseits ungeahndet und unter höhnischem Gelächter den Vater bestahl, vererben. Schließlich, gedacht wohl als ein besonderer Gnadenerweis zur Rettung seiner Seele, hat er sich taufen zu lassen. Shakespeare läßt keinen Zweifel daran, daß hier ein Mensch vernichtet wird – mit allem Anschein des Rechts, dessen Hohn durch das Triumphgeheul der Christen nur noch unterstrichen wird. Der Schatten Shylocks liegt denn auch über dem fünften Akt, seiner melancholisch getönten und sozusagen nur gespielten Komödienlustigkeit.

Shakespeare und das Recht – eine Denunziation dessen, was »in Wirklichkeit« ganz anders aussah? Niemand hat höhere Ansprüche an Richter und Advokaten und ihre »Clerkes« und »Ministers« gestellt als Francis Bacon. Er hat das mit Stellen aus dem weisen König Salomo, meistens aus den »Sprüchen« und dem »Prediger«, begründet, denn die Judikatoren seien nichts weniger als Stellvertreter Gottes auf Erden, ähnlich den Souveränen und vielleicht mit größerem »Recht« als diese. Bacon wurde in schneller Folge Solicitor-General, Attorney-General, Lord Keeper und schließlich, 1618, Lordkanzler. Drei Jahre später wurde ihm der Prozeß gemacht – seine Bestechlichkeit im Amt war zu groß gewesen, als daß sie noch zu bemänteln gewesen wäre. Er gab, zerknirscht und vernichtet, alles zu.

Alte Unübersichtlichkeiten

Fearful Symmetries.
Zum *Kaufmann von Venedig*

»*Die höchst vortreffliche Historie vom Kaufmann von Venedig. Mit der außerordentlichen Grausamkeit des Juden Shylock gegen den erwähnten Kaufmann, von welchem er ein richtiges Pfund seines Fleisches schneiden will. Und die Erlangung Portias durch die Wahl von drei Kästchen.* Geschrieben von W. Shakespeare.« So der Titel der ersten Buchausgabe von 1600. Eine zweite Ausgabe (mit dem irrigen Datum 1600) erschien 1619 und hatte den Zusatz: »Wie sie zu verschiedenen Malen von des Lord Kämmerers Dienern aufgeführt worden ist.« Der Titel ist weniger informativ als reißerisch. Er scheint sich an ein Publikum zu wenden, das das Stück vom Hörensagen kennt oder sogar ein paar Erinnerungen daran hat, Erinnerungen an Blutrunst und Glücksritterei, die ja noch heute volle Häuser garantieren. Belegt ist das Stück bereits zwei Jahre früher, 1598, wo es im Buchhändlerregister unter dem Titel *Der Kaufmann von Venedig, auch genannt der Jude von Venedig* erscheint. Dieser Titel ist zweideutig: ist der Jude der Kaufmann, oder läuft das Stück unter zwei Titeln? Der umständliche Titel der Buchausgabe wirkt wie eine Antwort darauf: Zwischen einem Kaufmann und einem Juden darf es Verwechslung nicht geben; denn der eine geht einem ehrlichen, der andere einem unehrlichen, von Gott verworfenen Gewerbe nach. Aber hatte es die Verwechslung, die Verletzung angestammter Ordnung, nicht gegeben? Marlowes *Jude von Malta* (von 1589) hatte in seiner Karriere früh die anrüchigen Wuchergeschäfte hinter sich gebracht und war zum Kaufmann des neu sich bildenden Typs aufgestiegen, zum Seehandelsinvestor oder ›merchant adventurer‹, wie dann Antonio einer sein wird. Und wie war es in England?

Es gab – die Juden waren 1290 vertrieben worden – nur

eine Handvoll jüdischer Familien, Marranen, das heißt getaufte Juden spanisch-portugiesischer Herkunft, die nun allerdings im internationalen Handel eine gewisse, in der Diplomatie eine größere Rolle spielten. Geldverleiher – gar vom Typ Shylocks – waren sie nicht. Das kann aber heißen, daß die Zweideutigkeit im Titel des Buchhändlerregisters nicht ganz zufällig und die Titelfassung der Buchausgabe nicht ohne polemische Note ist, wie um eine historisch greifbar gewordene Veränderung zu leugnen. Der Titel beruhigt die Gemüter: Hier ist die Welt noch in Ordnung, hier gibt es noch den Kaufmann und den Juden in der gehörigen Opposition, wie immer auch die ökonomische Wirklichkeit über diese Opposition sich nicht fassen läßt. Was uns zurückführt zum Reißerischen. Es mag in diesem Zusammenhang auch nicht unerheblich sein, daß das Stück hier weder als Tragödie noch als Komödie noch als Tragikomödie angezeigt ist – für alle drei lassen sich gute Gründe anführen, und als Komödie firmiert es seit der ersten Folio-Ausgabe[1] –, sondern als Historie, also den Gattungsnamen trägt, der den chronikalischen ›wahren‹ Stücken vorbehalten war, nicht den ›erfundenen‹, zu denen aber doch unser Stück zweifellos gehört. Kann das heißen, daß die Erinnerung an konkret Geschehenes, auf welcher Symbolebene auch immer, nicht nur nicht auszuschließen, sondern – aus kommerziellen Gründen? als Suggestion? – sogar mitgemeint ist? Es gab nun in der Tat 1594 einen höchstes Aufsehen erregenden Prozeß gegen einen Juden, genauer: einen portugiesischen Marranen, Dr. Roderigo Lopez, den Leibarzt der Königin, der zugleich allerlei diplomatische Funktionen erfüllte im ständigen Gerangel mit Spanien.[2] Dieser Lopez wurde beschuldigt, im Auftrag Philipps die Ermordung Elisabeths geplant zu haben, nicht übrigens aus Überzeugung, sondern um schnöden Lohnes willen. Lopez leugnete, gestand unter Androhung der Folter, leugnete wieder. In dem Prozeß, der von den berühmtesten Juristen der Zeit vor den mächtigsten Männern des Staates geführt wurde, taucht die Religion nicht einmal am Rande auf. Es ist ein gewöhnlicher Hochverratsprozeß, bei dem höchstens auffällt, daß der angesehene Arzt mit viel interpretatorischem Geschick zum Rädelsführer einer eher zwielichtigen ausländischen Konspiratorenclique gemacht wird. Seit man weiß, daß selbst höchste Regierungsvertreter Geschenke und Leibrenten aus Spanien nicht verschmähten[3], kann man vermuten, daß hier das Verbrechen – wenn es denn eines gab – kunstvoll eingegrenzt werden sollte. Also ein gezieltes Ablenkungsmanöver? Es fällt zweitens auf, daß derjenige, der den Prozeß in Gang brachte, der Earl of Essex, eine aggressive Spanienpolitik betrieb, während Lopez für Ausgleich und Verständigung eintrat. Also ein verdeckt politischer Prozeß, eine Machtprobe? Schließlich fällt auf, daß die Königin von Februar bis Juni zögerte, das Urteil – es lautete auf Henken, Strecken und Vierteilen – vollstrecken zu lassen. Wußte sie mehr als überliefert ist? Die ganze merkwürdige Geschichte ist bis heute in ihren geheimen Zusammenhängen und Motiven nicht aufgeklärt; sicher scheint nur zu sein, daß die einst jüdische Religionszugehörigkeit des Doktors ohne Bedeutung gewesen ist. Das änderte sich während des langen Schauzugs des Exkulpanten vom Tower nach Tyburn und während des Hinrichtungsspektakels selbst. Er soll noch geschrien haben, er habe seine Königin mehr geliebt als Jesus Christus, worauf ihm der wie stets gerechte Volkszorn mit Wut und Empörung geantwortet habe. Ohne Kenntnis der Hintergründe, vielleicht gestützt auf ein paar von Essex geschürte Gerüchte, kam ein anderer Prozeß in Gang: die Entladung eines gebündelten Vorurteilspotentials.

Vor allem der Fremdenhaß – gerichtet gegen Flamen, Franzosen, Italiener, Spanier – gehört zum elisabethanischen Alltag bei jeder eingebildeten oder echten Wirtschaftsschwankung und entlädt sich in pogromähnlichen Hetzereien, sodann die religiöse Intoleranz einmal gegenüber der vermeintlich höchst gefährlichen katholischen Minderheit, zum andern gegenüber den mächtiger werdenden Puritanern, die Schlüsselstellungen im Londoner Magistrat bereits kontrollierten und ›dem Volk‹ nicht zuletzt deshalb suspekt waren, als sie noch die letzten Reste mittelalterlicher Affektivität zu tilgen versuchten, indem sie etwa wiederholt die Theater wegen ihrer ›Gefährlichkeit‹ schließen ließen. (Shylocks Haß auf Musik und Karnevalsumzüge ist darum auch weniger ›jüdisch‹ als puritanisch.) Drittens ist die Reizschwelle gegenüber allem, was mit Borg und Wucher zusammenhängt, alles andere als hoch. Obwohl immer noch, wenn auch brüchiger werdende, theologische Argumente gegen das Zinsennehmen kursieren, ist es sowenig aus dem Alltagsleben fortzudenken wie Syphilis oder Pest.[4] (Andere, wie Bacon, rechtfertigen es geradezu als die Voraussetzung des neuen Wirtschaftens.) Zum Borgen gezwungen waren nicht nur der Höfling, der Altadelige oder der Investitionskaufmann – das hätte sich kaum breitflächig emotionalisieren lassen –, sondern auch der kleine Händler, der kleine Handwerker, der Kleingrundbesitzer, und eben das war emotionalisierbar. Es sieht so aus, als hätte sich der Alltagsborg nicht über eine Wuchererkaste – gar jüdischer Provenienz, die es ja nicht gab – abgewickelt, sondern als drücke sich in ihm eine Beziehung zwischen den sozial Schwachen und den sozial Schwächeren aus. (Ähnlich wie für das ländliche England das Hexenproblem als eine Beziehung zwischen den Schwachen und den Schwächsten nachgewiesen worden ist.[5]) Und Parlamentsdebatten und Gesetzesinitiativen wollten weniger das Zinsnehmen abschaffen, als es eingrenzen: So wurde der Zinssatz auf zehn Prozent festgesetzt, ohne dadurch Mißbräuche verhindern zu können, deren übelster darin bestand, die Leihsumme nicht in Geld, sondern in Waren – bekanntermaßen unabsetzbaren Ladenhütern – ›auszuzahlen‹, die natürlich gleichwohl wie

Bargeld zu verzinsen waren. Der Haß auf die Wucherer und ihre Praktiken ist also denkbar verständlich, wobei übrigens in der zahlreichen Pamphletliteratur selten die Kennzeichnung fehlt, sie seien ›schlimmer als die Juden‹ (›worse than Judas‹).

So haben wir drei ganz unterschiedlich zu wertende Vorurteilskomplexe – Xenophobie, religiöse Intoleranz, Wucher –, die sich ebenso idealtypisch wie klischeehaft im Juden zusammenfassen, versinnbildlichen und potenzieren ließen, da er alle drei Bereiche ja in der Vorstellung abdecken konnte. Diese Möglichkeit haben die Theater erkannt und genutzt. Marlowes älterer Jude von Malta tauchte wieder auf den Spielplänen auf, und von Shakespeares Stück soll noch im Jahr der Lopez-Hinrichtung eine erste Fassung aufgeführt worden sein. Dies letzte ist umstritten, wie überhaupt der Rückbezug Shylocks auf Lopez, wiewohl einige Textstellen dafür sprechen, daß er zumindest nicht auszuschließen ist. Doch das tut wenig zur Sache; es genügte, daß ein vorstellungsmäßiger Anknüpfungspunkt gegeben war, ein Stück Alltagsmythe sich instrumentalisieren ließ. Die Benutzung des Juden war um so wirkungsvoller, je weniger eine konkrete, aktuell sich rasch verbrauchende Figur mit ihm gemeint war und je mehr irrationale Momente, die einen möglichst breiten Erfahrungsspielraum der Rezipienten abdeckten, in ihm unterzubringen waren. Zensurrücksichten mögen hinzugekommen sein. So ist die These aufgestellt worden, mit Shylock seien ›eigentlich‹ die Puritaner gemeint, mit denen direkt sich anzulegen nicht eben opportun war. Das ist kaum zu widerlegen, zumal die Parallelen zwischen Judentum und Frühpuritanismus unübersehbar sind, deckt aber freilich nur einige Schichten der Figur.

Nach diesen Andeutungen über den historischen Hintergrund überrascht es vielleicht zunächst, daß Shakespeare für die Fabel seines Stücks mittelalterlichen novellistischen

Vorlagen bis in Einzelheiten folgte, freilich auch in entscheidenden Einzelheiten von ihnen abwich. So nahm er die Pfandverschreibungs- und Werbungsgeschichte aus einer Quelle, die Modi der Werbung in Form der Kästchenwahl aus einer anderen.[6] Selbst Gerichtsszene und Ringepisode gehören zum Handlungsschema der Vorlagen. Lediglich die Nebenhandlungen um Lorenzo und Jessica und um Lanzelot sind Erfindungen des Autors. Das heißt aber, daß die Aufmerksamkeit der Lektüre sich auf zweierlei zu richten hätte: auf die Abweichungen und auf das Wie von Handlungs- und Figurenführung, die Motivationen, die Sprachgestalt. Zu den Abweichungen nur ein paar Hinweise: Das Verhältnis des Schuldners zu dem, für den er die Schuld auf sich nimmt, ist in den Vorlagen als Verwandtschaftsbeziehung gestaltet; durch Auflösung dieser Bindung schafft Shakespeare die uneindeutig heikle Beziehung zwischen Antonio und Bassanio, die sich weder auf Homoerotik noch auf Freundschaft festlegen läßt, beide aber mitmeint. Die Liebesprobe der Vorlagen ist der gelungene Beischlaf; die Verschiebung auf die Kästchenwahl läßt sich sozialgeschichtlich sehen im Zusammenhang der von Norbert Elias beschriebenen fortschreitenden Affektabdämpfung[7], als eine Zensurverschiebung auf ein die Gefühle neutralisierendes Ritual; sie läßt sich gleichzeitig auf der Figurenebene sehen als die äußerst komplexe Fassung des Verhältnisses Bassanios zu Portia, der nämlich gar nicht so eindeutig, wie es erscheinen mag, Portia wählt, sondern eben Blei, mit dem auf der elisabethanischen Werteskala der Metalle und Temperamente auch Antonio, der dem trägen Blei assoziierte Melancholiker, gemeint sein kann, so daß auch von hierher gesehen das Verhältnis beider Männer wie das des einen zur Frau in eigentümlicher Schwebe bleibt. Schließlich hat Shakespeare auch die Freier gegenüber den Vorlagen spezifiziert und mit Marokko und Arragon Figuren geschaffen, die sich einerseits aufgrund der

Rassen- und Spanienvorurteile der Zeit automatisch als Werber disqualifizieren, andererseits die für das Stück zentrale Thematik des Fremdlings oder Außenseiters[8] (Shylock, Antonio, vielleicht Portia) auch im Rahmen einer Nebenhandlung problematisieren. Wer bedenkt, wie der Mohr noch einmal zum Tragödienhelden nobilitiert werden wird, wird Marokko kaum auf seine karikierenden Momente reduzieren können.

Die Andeutungen zu den Abweichungen von den Quellen haben bereits Probleme der Gestaltung einbezogen, ist es doch bei diesem Stück kaum möglich, Handlungselemente herauszulösen (so als gäbe es etwas ›objektiv Nacherzählbares‹), ohne sich die Frage nach dem Wie ihrer Verknüpfung und ihrer Wertung zu stellen. Die auf der einen Seite so klaren, dramaturgisch auf Spannung angelegten Handlungsabläufe werden auf der anderen ergänzt oder überhaupt erst hervorgebracht durch eine Reihe strukturbildender Gegensatzpaare. Der allgemeinste Gegensatz ist der zwischen der Wirklichkeit Venedigs und der Märchenwelt Belmonts; man könnte ihn auch spezifischer fassen als den Gegensatz zwischen zählbarem Geld und unermeßlichem (›traumhaftem‹) Reichtum, zwischen Wahrscheinlichkeit und Unwahrscheinlichkeit, zwischen klarer gesellschaftlicher Ordnung und deren Umstülpung, zwischen Männerwelt und Frauenwelt. Ein anderer übergreifender Gegensatz wäre der zwischen dem Fremden und den Zugehörigen, also zwischen Shylock und den christlichen Bürgern Venedigs einerseits, andererseits sowohl zwischen den aufgrund ihrer Nationalität fremden Freiern und Belmont als auch zwischen den Paaren Belmonts und Antonio. (Die Widersacher Antonio und Shylock lassen sich somit strukturell zugleich auf einer gemeinsamen Ebene ansiedeln.) Andere Gegensätze sind für die beiden Grundebenen getrennt konstitutiv. So baut sich Venedig auf über den großen Gegensätzen zwischen Judentum und Christentum, zwischen Zinskapital und Handelskapital. Der letztgenannte ließe sich, aus anderer Perspektive, auch sehen als der Gegensatz zwischen Geldansammlung (›Sparen‹) und Vergeudung oder, wiederum anders, als der zwischen Geiz und Großzügigkeit, woraus zu folgern ist, daß die Fassung der Thematik und die Bewertung der Figuren immer auch abhängen vom Blickpunkt des Betrachters, während der Text selbst, hierin vielleicht eher dem Manierismus als der Renaissance zugehörig, in perspektivischer Vielfalt angelegt ist. (Diese Vielfalt freilich wäre vom Interpreten in den Blick zu bekommen, nicht eine Ansicht auf Kosten der anderen zu akzentuieren.)

Ein weiterer, für die Venedigteile wichtiger Gegensatz ist der zwischen Melancholie und Leichtsinn oder Trauer und Heiterkeit. In dieser Kontrastierung, wenn wir in sie die Figuren einsetzen, steht nun Antonio als einzelner den anderen gegenüber wie vordem Shylock: Ausgesondert wie dieser, wenn auch auf anderer Ebene, werden sie vergleichbar mindestens in dem einen Punkt des Getrenntseins, der Vereinzelung, der so sehr die Dramaturgie des Stücks mitbestimmt, daß die Harmoniestörung des Schlußtableaus von Belmont durch Antonio die Erinnerung an den im Akt zuvor ausgestoßenen Shylock mitbedeuten mag. Für Belmont selber ist der große, von Shakespeare immer wieder thematisierte, fast zu einem Zeitgeistklischee erstarrte Gegensatz von Schein und Sein (oder Wesen), von Illusion und Wahrheit bedeutsam: Die Freier, gemäß dem von ihnen vertretenen veräußerlichten Anspruch aufgrund von Abkunft und Verdienst, wählen nach dem Schein und verlieren; Bassanio dagegen ist als sprichwörtlicher Habenichts geradezu dafür prädestiniert, hinter den äußeren Anschein zu blicken, er sieht ›die Wahrheit‹, ›das Sein‹, die sich dahinter verbergen. Diese Entgegensetzung klingt freilich nur ontologisch: sie ist gesellschaftlich. Sie zeigt den relativ jungen Konflikt zwischen der Rechtfertigung durch

Traditionalismen und der Berufung auf Selbstbestimmung im Sinne des bürgerlichen Individualismus: Selbersehen und Selbertun, Wagen auch auf die Gefahr des Verlusts hin, befreit von den Spinnweben der durch Bacon analysierten Dogmatismen, die sich durch nichts als durch Tradition zu rechtfertigende Vorurteile herausgestellt hatten.[9] Bassanio stünde hier in einer Reihe mit der bürgerlichen Aufsteigerin Helena aus *Ende gut alles gut*.

So gesehen ist es allerdings auffällig, daß der Gegensatz ausgerechnet im Märchenteil des Stücks ausgetragen wird. Das kann zweierlei bedeuten: Einmal mag nur im Märchen noch gelingen, was einmal als neue Möglichkeit greifbar zu sein schien; diese Lösung wäre illusionär und damit ein Reflex der ersten Krisen des bürgerlichen Aufbruchs. Bassanios Gegenfigur wäre in diesem Zusammenhang Antonio, der ohne diese Krisenerfahrung kaum denkbar ist. Beider Handeln ist übrigens kompositorisch verbunden durch den Ausdruck *venture*, der das investierte Handelskapital *und* das Wagnis um alles oder nichts, den Einsatz in mehrfacher Bedeutung, gleichermaßen umfaßt. Zweitens kann der Märchenkontext selber dadurch in Frage gestellt sein als die eben doch nicht (mehr?) stimmige, die falsche Alternative zur Wirklichkeit Venedigs. (Ähnlich wie Shakespeare später das Arkadien des Ardennerwalds[10] nicht als Gegenwelt zum Hof bestehen läßt, sondern als Hohlform kritisiert.) Die Wirklichkeit durchsetzt mit ihren Konflikten und Verkehrsformen auch die Träume, und damit ist die große Entgegensetzung von ›Wirklichkeit‹ und ›Märchen‹ als den zwei Grundebenen des Stücks höchst problematisch geworden. Im umrätselten Harmoniezauber des fünften Aktes, der ganz in Belmont spielt, sind die desillusionierenden Momente selbst den Lyrismen einbeschrieben.

Es ist also möglich, die Fabel des Stücks in eine Reihe von Gegensätzen aufzustrukturieren, deren Eigentümlichkeit darin besteht, daß sie nicht starr einander gegenübergestellt sind, die Welt des Stücks gleichsam manichäisch, wie die alten Mirakelspiele, abteilen in Gut und Böse, sondern daß sie zueinander querstehen, sich gegenseitig interpretieren, sich zum Teil sogar aufheben. Diese Struktureigentümlichkeit ist für Shakespeare zwar nicht untypisch; sie ist hier aber zu so virtuoser Komplexität vorgetrieben, daß höchstens der *Hamlet* mit dem Stück an Auslegungsvielfalt konkurrieren kann. Sind die Christen im Recht gegenüber dem Juden? Ist Vergeuden besser als Sparen? Ist der Fremde im Recht gegenüber der zugehörigen Mehrheit? Ist Antonio ein uneigennütziger Freund oder einer, der sich Liebe erkaufen will? Bleibt Bassanio der Mitgiftjäger und Flaps, oder wird er zur Liebe ›geläutert‹? Ist Portia das Projekt einer historisch neuen, überlegenen, emanzipierten Frau oder ›lügt sie, wenn sie den Mund auftut‹?[11] Vollends Shylock[12]: Ist er ein Monster, mehr Tier als Mensch, oder ist er die geschundene Kreatur, die sich aufbäumt? Gerade an seinem Beispiel ist das Spektrum der Rezeptionsgeschichte breit wie nicht einmal bei *Hamlet*: vom Prototypen der zu antisemitischen Zwecken benutzbaren Karikatur bis zu einem den *Nathan* vorwegnehmenden Humanisten.

Solche Widersprüche lassen sich nicht auflösen, nicht durch Verweis auf das Recht der Rezeptionsgeschichte, im Längsschnitt einmal diesen, einmal jenen Aspekt zu akzentuieren, abhängig von den Normen des jeweiligen historischen Zusammenhangs, so daß im Extremfall eine unter Hitler gemachte Deutung ebenso zu rechtfertigen wäre wie eine nach Auschwitz. Aber auch nicht durch den historisierenden Verweis darauf, wie die Figuren ›eigentlich‹ zu verstehen seien. Dafür wären viel zu viele Daten zu sichten, wäre das Selbstverständnis einer relativ schmalen Phase (1596? 1597? 1600?) einer schnellebigen Epoche zu rekonstruieren. Kann denn die Versicherung stimmen, die Zwangstaufe des Juden sei von den Zeitgenossen als besonderer Gnadenerweis, gleichzusetzen mit einer Integration in die Gesellschaft, verstanden worden, angesichts der schrittweisen Zerstörung des Mannes, deren Abschluß sie bildet, angesichts der alles andere als ›positiv‹ gezeichneten Verhaltens- und Denkformen der Christen? (Wer die Haltung der elisabethanischen Intellektuellen zur Religion untersucht, kann sogar zu dem Schluß kommen, daß sie keineswegs selbstverständlich von der Parteinahme für eine der Sparten des Christentums bestimmt ist, sondern daß in ihr sich häufig das ältere humanistische Projekt einer synkretistischen, ›toleranten‹ Ausgleichsreligion, die natürlich auch das Judentum umfaßte, ausdrückt.[13]) Der Interpret sollte sich also weder der einen noch der anderen Sehweise verschreiben, ohne sie freilich zu ignorieren. Er hat sich vielmehr der Widersprüchlichkeit der Figuren zu stellen, die auf der einen Ebene des Textes dargestellt ist als das ihn produzierende Moment. Die Interpretation wird brüchig sein wie die Figuren selbst, sie wird Widersprüchliches nicht wegglätten, wird nicht nach einem vereinheitlichenden Deutungsraster suchen. Sie muß eher induzierend sein nach der neuen Methode Bacons, also bereit, das einmal Gewonnene von Fall zu Fall wieder in Frage zu stellen, also die Prozeßhaftigkeit des Ganzen im Auge zu behalten. Damit wäre das andere Extrem der eingangs skizzierten möglichen Ausgangsposition des Autors bezeichnet: vom Rekurs auf Vorurteilsstrukturen zur Offenheit gleitender Deutungen, dem Entzug des festen Bodens.

Das Stück beginnt, scheinbar peripher zur Handlung und undramatisch, mit Antonios Gemütszustand. Grundlos traurig sei er, sagt er, sich selbst und anderen zur Last, und wisse kaum mehr, wer er selber sei. Am Anfang stehen also Identitätsverlust, Lebensüberdruß und Depressivität der Titelfigur, Züge, durch die sie weitgehend festgelegt ist für den Rest des Stücks, darin, in dieser Negativität, gleichsam dessen ruhender Pol. Die Gründe der Verstörung sind rätselhaft, und es wäre kaum im Sinne des Stücks, hier klare

Verhältnisse schaffen zu wollen. Der erste der denkbaren Gründe, von Salerio und Solanio vorgetragen, betrifft die Gefahren und Unsicherheiten des Seehandels, den Antonio betreibt. Aus der sehr genau begründbaren Sorge um den Besitz ließe sich hier die These ableiten, Identität werde bestimmt (gar definiert) durch Eigentum, freilich in der historisch neuen, ängstigenden Form des instabilen Handelskapitals. Die Gefährten entwerfen eine Art Beziehungswahn, der jeden Bereich der Lebenswelt konvergieren läßt in der Fixierung auf den Besitz, dessen Bedrohung, als Bedrohung der Existenz, immer schon mitgedacht ist. (Der um seinen Besitz gebrachte Shylock wird am Ende der Gerichtsszene klagen: »Ihr nehmt mir mein Leben, wenn Ihr mir die Mittel nehmt, durch die ich lebe.«) In eins damit entwerfen die Gefährten ein Bild venezianischer Handelsschaft – dramaturgisch gerechtfertigt durch den Mangel an Dekorationen –, das in seiner aristokratischen Pracht einiges vom frühbürgerlichen Aufsteigeroptimismus ahnen läßt, aber doch szenisch in sonderbarem Kontrast steht zur Gedrücktheit des königlichen Kaufmanns. Zwar wehrt Antonio ab: Umsichtig planend habe er seine Investitionen zeitlich und örtlich so verteilt, daß das Risiko gering, mit einem Einbruch nicht zu rechnen sei. Sicher, das ist der neue Kaufmannstypus[14], der Gewinn und Verlust kalkulierende gegenüber dem wildwüchsigen ›merchant adventurer‹ der frühkapitalistischen Aufbruchseuphorie; dennoch scheint etwas nicht zu stimmen, wie der Fortgang der Handlung dann zeigt: auch Planbarkeit hat ihre Grenzen. Drückt sich in diesem Widerspruch eine Krisenerfahrung aus (die wirtschaftsgeschichtlich belegbar wäre)? Ist er Ausdruck des moralischen Defizits gegenüber anderen Formen des Wirtschaftens (noch laufen die Kontroversen über die Widersprüche zwischen Handelsindividualismus und Gemeinwohl[15])? Bedeutet er, privat motiviert, den Ekel an der Diskrepanz zwischen Handelsfleiß und Lumperei (außer

Antonio und Shylock scheint ja niemand zu arbeiten: zielt das kritisch auf die Herausbildung einer ersten bürgerlichen ›leisure class?‹)? Noch einmal: Auf der Bewußtseinsebene der Figur werden diese Möglichkeiten abgeleugnet, was nicht heißt, daß sie nicht auf einer tieferen Ebene als mitverursachend gedacht werden können.

Als nächsten Grund für Antonios Verstörung erwägen die Gefährten, er sei verliebt, was von diesem sofort auffällig schroff und mit einem zweifachen »Pfui« abgewehrt wird. Hier bekommt indes der Interpret einen Angriffspunkt, um über das merkwürdige Verhältnis Antonios zu Bassanio nachzudenken. Daß der Verlust des Freundes droht, weiß Antonio vor Beginn des Stücks; nur fragt sich, wie er einzuschätzen ist. Die geläufigste These besagt, daß Antonio homosexuell ist, woraus sich auch sein Fremdsein in Venedig und Belmont ableiten läßt. Dafür gibt es manche Belege, vor allem die häufige Verwendung des Ausdrucks »love« für die Beziehung, dies wiederum am auffälligsten in der Gerichtsszene, wenn Antonio Portia zum Zeugen anruft, »Whether Bassanio had not once a love.« Demgegenüber fällt auf, daß Antonio keinen einzigen Versuch macht, den Freund an der Brautfahrt zu hindern, ja ihn sogar dafür ausstattet, unter Bürgschaft seines Lebens. Ist das selbstlose, sich selbst und die eigenen Interessen verleugnende Freundschaft? (»My purse, my person, my extremest means / Lie all unlock'd to your occasions.«[16]) Oder ist es Ausdruck einer selbstquälerischen Disposition, die ihren Grund in Selbstbestrafungstendenzen hat wegen der Verletzung des Tabus der ›Sodomiterei‹? (»I am a tainted wether of the flock, / Meetest for death«[17], wird es in der Gerichtsszene heißen.) Das Verhältnis wird im Text – im Unterschied zu anderen Freundespaaren Shakespeares – weder schwärmerisch rhetorisiert noch gar reflektiert, sondern von Antonio aus auf einer merkwürdig geschäftsmäßigen Ebene abgehandelt, was sowohl für die Überlegenheit des älteren und reiferen Mannes sprechen kann (aber was hat es dann mit der wesentlich durch Gleichheit definierten Freundschaft auf sich?) als auch für eine Art Abwehr, um nicht von Gefühlen sprechen zu müssen. Zugleich versagt er sich nicht, nicht ohne Selbstmitleid, nicht ohne bescheiden-anspruchsvolle Zurücknahme des eigenen Anspruchs, immer wieder auf das von ihm für den Freund Getane hinzuweisen. Diese Stellen sind mit dramaturgischer Signalwirkung gesetzt: so wenn, als Portia endlich errungen ist und die Trauung vollzogen werden könnte, sein Brief aus Venedig eintrifft, in dem er den Freund über sein Schicksal informiert, nicht um ihn an die Schuld zu gemahnen, das sei ferne (!), sondern um ihn womöglich noch einmal vor dem Tode zu sehen (»Jedoch handelt nach Belieben, wenn Eure Liebe Euch nicht überredet zu kommen, so muß es mein Brief nicht.«); so wenn angesichts des Todes er den Freund subtil auf Schuld fixiert, indem er ihn scheinbar davon freispricht:

> Repent but you that you shall lose your friend
> And he repents not that he pays your debt.
> For if the Jew do cut but deep enough,
> I'll pay it instantly with all my heart[18].

Solche Stellen zeigen die tief ambivalente Struktur der Einstellung Antonios zu Bassanio, gleichgültig, ob man sie als ›Freundschaft‹ oder als ›Liebe‹ auffaßt. Sie sagen mehr über Antonio selbst als über die Beziehung: Der Konflikt liegt in ihm als eine Form von Ich-Unsicherheit, und dadurch bleibt die Ausgangsfrage nach dem Grund der Verstörung zum wiederholten Mal offen.

Bassanio ist in vielem das Gegenteil von Antonio. Er ist heiter, von sanguinischem Temperament, leichtlebig und verschwenderisch, das letzte offenbar nur auf anderer Leute Kosten. Er gehört zur Gruppe der von Shakespeare häufig gezeichneten liebenswürdigen Nichtsnutze, Komödienpersonal, dessen sozialgeschichtlichen Standort zu bestimmen eher müßig ist; sie kommen von oben, unten oder aus der Mitte, sind ›freischwebende‹ Lebenskünstler (wenigstens ist das eine historisch neue Erscheinung) und darum in ihren Charaktermöglichkeiten nie vorab festgelegt. Bassanio kann gut reden, vielleicht zu gut, um als Freund, das heißt als uneigennützig Gleichberechtigter, überzeugen zu können. Ob ihm an Antonio wirklich gelegen ist, ist zumindest zweifelhaft, haben die Beteuerungen doch eigentümlichen Doppelcharakter: »Euch schulde ich am meisten an Geld und Liebe.« Bassanio ist hoch verschuldet – daß er weder aus Not noch aus geschäftlichen Gründen in diese Lage gekommen ist, ist klar – und möchte sich mit einem Schlag sanieren. (Er setzt, bei der erneuten Geldaufnahme bei Antonio, ›alles auf eine Karte‹, was uns einerseits einführt in die Struktur seines Handelns – in Belmont wird er damit reüssieren –, andererseits einen deutlichen Unterschied zum neuen planenden Kaufmannstyp markiert. Antonio und Shylock rechnen, wenn auch auf verschiedene Weise; daß der Gewinner des Stücks, Bassanio, es nicht tut, bezeichnet einen Widerspruch zwischen historischer Wirklichkeit und Spiel.) Wie gelänge Sanierung müheloser als durch eine Geldheirat? Wenn Bassanio dem Freund von Portia erzählt, fällt sowohl die Koppelung wie die Reihenfolge der Charakterisierungen auf: Zunächst einmal ist sie eine reiche Erbin, sodann ist sie schön, schließlich ist sie »von hohen Tugenden« (»of wondrous virtues«). Man kann daraus ableiten, daß Bassanio zuallererst an ihrem Geld interessiert ist und das andere ›in Kauf‹ nimmt. Dagegen haben die Philologen uns informiert, daß die Koppelung materieller und ideeller Güter dem zeitgenössischen Korrespondenz- und Sympathiedenken durchaus geläufig, wenn nicht gar in ihm automatisch erwartbar sei: Wer reich ist, ist auch tugendhaft; Inneres und Äußeres sind korreliert.[19]

Das ist in einer Schicht zweifellos richtig. Gerade an diesem Stück zeigt sich aber, wie riskant es ist, ein bestimmtes Selbstverständnis der Epoche zu unterstellen und zu verallgemeinern, es gleichsam wie eine Vokabel in jeden Kontext einzusetzen. Gerade in diesem Stück wird mit verschiedenen Selbstverständnissen gespielt, die einander aufheben, zumindest interpretieren. Es ist nämlich genau die Entsprechung von Innerem und Äußerem, die dann im Motiv der Kästchenwahl in Frage gestellt wird: Sie entsprechen einander gerade nicht, und dies zu erkennen ist Voraussetzung für den Erfolg, den der Werbende ja zum Ziel hat. Ist von daher auch die frühere Stelle anders zu lesen, als ›Ideologie‹ gegenüber der ›Wahrheit‹ von Belmont, überspringt doch die Korrespondenztheorie den Widerspruch zwischen unterstellten edlen Motiven und dringendem Sanierungsbedürfnis? (Übrigens ist anzumerken, daß Shylock diese freundliche Deutung nicht widerfährt: Als er ineins den Verlust seiner Tochter und seiner Dukaten beklagt, wird ihm die Reduktion von Gefühlen auf materiellen Wert nachgesagt – ›eigentlich‹ beklage er die Tochter nur, weil sie ihm die Dukaten gestohlen habe –, während doch auch ihm nach der Theorie ein Entsprechungsdenken von Geldwert und Gefühlswert einzuräumen wäre. Warum setzt das hier aus? Nur aus dem Recht heraus, den Andersdenkenden auszugrenzen oder auch in der Absicht, Bassanios Anspruch kritisierbar zu machen?) Bedeutet die Korrespondenztheorie ein Stück Selbstverständnis, so bedeutet der Riß, die Trennung zwischen Außen und Innen, das nicht minder. Beides sind Klischeevorstellungen, so daß auch der ›Wahrheitsgehalt‹ der Belmontschen Umkehr nicht allzu ernst zu nehmen ist. Vielmehr hat, scheint es, der Leser oder Zuschauer sich der Widersprüchlichkeit der Zeitklischees auszusetzen: Er soll selber denken, selber sehen, fähig sein, die Perspektiven zu wechseln.

In Bassanios Charakterisierung Portias und ihres Bereichs steckt freilich noch etwas anderes, das sich keineswegs auf platte Sanierung zurückschneiden läßt. Das spricht sich in den Bildern aus. Belmont wird Kolchis verglichen, dem mythischen Wunschraum unermeßlichen und geheimnisvollen Reichtums; Portia selber ist das goldene Vlies, Inbegriff des Goldes und der Verheißung; die Freier schließlich sind die Jasons, die Glücksritter. Der mythische Komplex verweist auf die aufbewahrten Bedürfnisse, die von keinem Geld als zählbarer Kategorie haben gestillt werden können: Es ist der alte Traum vom Schatz, von der Aussetzung geltender Regeln, von den Chancen des Glückskinds. Im Symbolsystem des Märchenzusammenhangs ist dann allerdings die Verbindung von Reichtum und charakterlicher Auszeichnung gerechtfertigt. In Bassanios Gewißheit, ›fortunate‹ zu sein, kommt genau diese Verbindung zum Ausdruck. Allerdings steckt, von der mythischen Schicht wiederum gelöst, wenngleich an sie vielleicht ursprünglich geknüpft, darin auch wieder eine historisch greifbare Sehnsucht: die Idee vom gleichmacherischen Moment des Geldes. Geld hatte ja in einer Phase, in der es neben der feudalen Naturalwirtschaft als neue Möglichkeit heraufdämmerte, eine durchaus befreiende Funktion, und zwar auch im gesellschaftlichen und politischen Zusammenhang, indem es nämlich das Mittel war, festgefügte hierarchische Ordnungen in Frage zu stellen oder zu unterlaufen. An ihm hafteten nicht automatisch Rang und Name, Ehre und Verdienst wie an der anderen Besitzform, dem Grundbesitz; aber durch Geld konnten sie alle ›erworben‹ werden. Die eigene Tüchtigkeit konnte mit ihm als Tauschform erreichen, was früher durch Abstammungsprivilegien gesichert und vorherbestimmt war. Es lag in ihm die abstrakt wie konkret verstandene Chance, die eigenen Möglichkeiten zu erweitern in einer, während einer kurzen Spanne, nicht von oben verfügten Weise (noch hat der Gedanke der Prädestination nicht Fuß gefaßt). Nun fällt auf, daß Shakespeare häufig Ausdrücke für

Geld in Verbindung mit Liebe gebraucht. Es wäre unhistorisch gedacht, darin eine ›Entlarvung‹ der Liebe im Sinne einer ›Verdinglichung‹ von Gefühlen zu sehen; vielmehr ist Liebe als dem Geld äquivalent und analog konzipiert, indem in ihr eine ähnlich befreiende Möglichkeit entdeckt wurde: es ist die Ablösung der familial oder standesmäßig bedingten Geschlechterregulierung durch die ›romantische‹ Liebe. Auch sie kann, ähnlich wie das Geld, festgefügte Ordnungen unterlaufen. Die Spannung zwischen einer noch konkurrierenden gesellschaftlichen Ordnung und der romantischen Liebe kann natürlich ein Konfliktpotential erzeugen, das in die Tragödie führen mag (*Romeo und Julia*); sie kann aber auch zeitweilig suspendiert werden wie in vielen Komödien, oder sie kann ganz ausgesetzt sein – manche romantische Liebende sind gesellschaftlich unbestimmbar, oder es sind Abweichler. Gerade dadurch, daß Bassanio ›nichts hat‹ und ›nichts ist‹, scheint er prädestiniert zu sein für diesen neuen Typ von Liebe. Und in dem Zusammenhang mag dem Geld durchaus ein positiver Symbolwert zukommen, wenigstens der durch Portia repräsentierten ›Idee des Geldes‹, nicht dem von Shylock erlegten zählbaren Geld, der »common drudge / 'Tween man and man«.

Auch Shylock ist – wie Antonio, wie Bassanio – eine zwiespältige Figur, sowohl ›echter‹ Schurke wie gesellschaftlich produzierter Rächer. Gleichwohl ist er getrennt von allen übrigen Figuren durch seine bilderlose, syntaktisch zerhackte Sprache. Sein Eingangsmonolog wird oft verstanden als Offenlegung seiner von vornherein schurkischen Absichten; aber schon hier sind beide Aspekte seines Charakters verknüpft: Er haßt Antonio, weil er ein Christ ist und weil dieser, reziprok, sein heiliges Volk haßt; der Verlauf des Stücks wird dem Zuschauer zeigen, daß die Christen alles andere als liebenswert gezeichnet sind. Er haßt Antonio zweitens, weil dieser Geld zinslos verleiht, also geschäftsschädigend wirkt, und ihn im übrigen der doch wohl legalen

Praktiken wegen in aller Öffentlichkeit schmäht. Wie immer verständlich die Gründe, der Rachegedanke wird gleichwohl unüberhörbar artikuliert (»Wenn ich ihm mal die Hüfte rühren kann, / So tu ich meinem alten Grolle gütlich.«[20]), so daß der sonderbare Vertragsabschluß Ungutes verheißt, wider alle Wahrscheinlichkeitsregeln Antonios. (Außerhalb der Logik des Stücks sollte man allerdings wissen, daß die Haftung des Schuldners mit Leib und Leben, bis hin zur physischen Vernichtung im Falle streitender Gläubigerparteien, im Recht verankert war.[21]) Aber ist der Vertrag überhaupt wirklich glasklare Teufelei (mit dem Teufel wird Shylock in der gleichen Szene in Verbindung gebracht)? Es sollte nicht übersehen werden, daß Shylock von Antonio keine Zinsen verlangt. Das steht immerhin im Widerspruch zu der von den anderen Figuren vertretenen Meinung, Shylocks Lebenszweck sei ausschließlich Gewinnsucht, sein Hauptcharakterzug der Geiz. Ist ihm nun die Rache einfach soviel wert, oder ist es vielleicht zumindest auch denkbar, daß er damit ein Angebot macht – aus Gründen geschäftlicher Koexistenz oder mit dem Ziel, Vorurteile abzubauen? Ganz ausschließen sollte man diese Möglichkeiten nicht; denn es ist ja nicht das einzige Mal, daß Shylock ›Angebote‹ macht, am klarsten wohl in der Gerichtsszene, wenn er den Besitzanspruch auf Antonios Körper in Frage zu stellen bereit ist, wenn die Christen die Besitzansprüche auf das Leben anderer, die sie in Form von Sklaverei praktizieren, aufzukündigen bereit sind. Ein solches Beispiel scheint durch das im Stück häufig zu findende Analogiedenken motiviert zu sein: Am Juden wird auf den Punkt gebracht, was die Christen verschleiert betreiben. Von daher läßt sich sogar behaupten, die Shakespeare-Kritik hat es getan, der ruhige, besonnene, traurige Antonio reagiere deshalb so geifernd und inhuman auf Shylock, sogar noch im Moment, da er von ihm borgen will, weil er die Analogie ihres Handelns spüre und abzuwehren versuche.

Wir wollen den Punkt nicht überziehen; aber ganz so vorhersehbar ist Shylocks Vorgehensweise jedenfalls zu Anfang nicht, wie sie es dann wird, als seine Tochter Jessica ihn bestohlen und sich mit einem Christen davongemacht hat. Die, für die Besitz ein heiliges Gut ist, haben für den Bestohlenen nur Hohn; die, für die familiale Bindungen historisch überlebt sind oder die sie vielleicht nur ihresgleichen .konzedieren, nicht dem Fremden, haben für den Vater nur Spott. Das ist zumindest auffällig bei einem Autor, der zwar die Probleme der Traditionsbestimmtheit nicht verkennt (im *Lear*, im *Othello*, in beiden *Richard*), der aber nie (Ausnahme ist vielleicht Helena im von der Kritik ungeliebten *Ende gut alles gut*) für den Gegentyp des neuen, bindungslosen, individualistischen Menschen optiert (Goneril, Regan, Edmund, Iago). So mühelos läßt sich folglich kaum behaupten, der Doppeldiebstahl an Shylock sei vom zeitgenössischen Publikum mit Befriedigung aufgenommen worden (zumal Jessica dadurch die erlösende Chance bekommen habe, Christin zu werden); denn er selbst und seine auf der Bühne dargestellten Folgen weisen in eine andere Richtung.

An der Fensterszene (II, vi, 29 ff.) fällt zunächst wieder die schon erwähnte Verquickung von Geld und Liebe auf; aber es fragt sich, wie hier die Akzente gesetzt sind. Hört die positiv bestimmte Äquivalenz nicht auf, wenn einer sich in die Liebe konkret einkauft? Werden die von Lorenzo erwarteten Liebesschwüre nicht an Jessica zur Beantwortung zurückgereicht? Bedeutet Lorenzos Wort an die Freunde, sie habe bewiesen, daß sie »true« sei, nicht, sie habe Wort gehalten, den Vater zu bestehlen, also eine Pervertierung des starken Wortes »true«? Ist auch Jessica ein Opfer der ›practical jokes‹ der venezianischen Liederjane? Dann die Vergeudung des Geldes, von der Tubal berichtet. Kann sie ein vom Publikum mit Befriedigung aufgenommener Streich sein? In dem einen Detail des Türkisrings, den Shylock von seiner verstorbenen Frau Leah bekommen hatte und den das Pärchen für einen Affen hergab, hat Shakespeare auf das ganze Ausmaß der Gefühlsroheit – sie geht weit über den materiellen Diebstahl hinaus – des dem Juden angetanen Unrechts verwiesen. Bevor Shylock übrigens von Leahs Türkis erfährt, gewissermaßen auf halber Fallhöhe zwischen Verlust und Vergeudung, läßt Shakespeare ihn seine berühmte Rechtfertigungs- (oder Toleranz-?) Rede halten, deren erstaunliche Kühnheit vielleicht damit zusammenhängt, daß es ein ›Judenproblem‹ in England nicht gab. Die beiden Herren Salerio und Solanio, eingeführt als die, die dem Reichtum Antonios ihre Reverenz erweisen, höhnen den bestohlenen Juden, erniedrigen, beleidigen ihn und verlangen gleichzeitig, daß er das Pfund Fleisch des inzwischen in Bedrängnis geratenen Antonio nicht nehme, im Grunde wissend, daß er das ablehne, so daß der Jude sich verhält, wie sie erwarten, daß er sich verhalte, indem sie ihn zur Erfüllung der von ihnen gesetzten Erwartungsnormen praktisch gezwungen haben. Darauf folgt Shylocks Rede, oder besser: eine einzige rhetorische Frage, die um so eindringlicher ist, als nur Selbstverständlichkeiten, den Juden abgesprochene Selbstverständlichkeiten wie die Empfindungsfähigkeit, aneinandergereiht sind: Der Jude ist nicht der empfindungslose Köter, für den die Figuren des Stücks ihn halten, als welchen sie ihn behandeln, sondern er ist ein Mensch.

Freilich kommt die Volte am Schluß, mit der Shylock Rache schwört; aber Shakespeare unterläßt es nicht, darauf hinzuweisen, daß sie, wie so vieles, den Christen abgeschaut ist: an die Stelle von Demut und Vergebung haben sie, in Pervertierung der christlichen Idee, die Rache gesetzt. Eben diese Voraussage erfüllt sich in der Gerichtsszene, in schreiendem Gegensatz zur Gnadenrede Portias. Aber zunächst läßt Shakespeare mit der für seine Dramaturgie so typischen Unberechenbarkeit auf Shylocks Anklage nicht bestätigend eine neuerliche Demütigung durch die Christen folgen, sondern es folgt der sadistische Glaubensgenosse Tubal, der ihm von den Umtrieben des Pärchens berichtet, der ihn sticht, daß er blutet. Warum? Will der Autor dadurch Shylocks Anklagen gegen die Christen Lügen strafen, oder will er sie nur relativieren, indem er zeigt, daß Gefühlsroheit nicht einer Glaubensrichtung eigen ist, sondern in der Selbstverantwortung des Individuums liegt? (Freilich mag darin auch eine Vorsichtsmaßnahme des Autors stecken, der sich nach zeitgenössischen Vorstellungen zu weit vorgewagt hat.) Unstrittig aber bleibt, daß Shylocks Rache jetzt doppelt motiviert ist: Sie nährt sich aus emotionalem Verlust ebensowohl wie aus materiellem, wobei beide sich miteinander verschränken.

Während die Ereignisse in Venedig bereits der Katastrophe zusteuern, ist die Belmont-Handlung deutlich retardiert; beide Handlungsstränge stehen phasenverschoben zueinander. Erst nach der Tubal-Szene und als deren deutlichster Kontrast kommt die große Werbe- und Liebesszene zwischen Portia und Bassanio. Ungewöhnlich, aber im Einklang mit der für Belmont typischen Umkehr des Erwarteten, ist schon der Eingang: nicht Bassanio wirbt, sondern Portia. Portia geht in ihrem Werben bis in ihre Versprecher hinein buchstäblich bis zur Selbstverleugnung (»One half of me is yours, the other half yours, – / Mine own I would say: but if mine then yours, / And so all yours;«[22]) und bewirkt dadurch zweierlei: dem Publikum erscheint der bis dahin eher halbseidene Bassanio in einem anderen Licht, wenn eine Frau wie Portia sich für ihn interessiert, und für Bassanio steckt in der Selbstpreisgabe, recht verstanden, ein handlungsorientierender Hinweis. Das Motiv des Gewinns durch Verlust, auf dem die Kästchenwahl basiert, ist damit angeschlagen. Man kann sagen, daß Portia in der Tat keineswegs zimperlich ist mit ihren Hinweisen, um Bassanio die Wahl zu erleichtern. So ist auffällig, daß in dem Lied, das gesungen wird, während Bassanio über die Kästchen nachsinnt, fünfmal Silben verwendet werden, die auf ›Blei‹ reimen.[23] Ein Zufall kann das kaum sein, aber wichtiger auch für dieses Lied ist die Betonung von Verlust und Preisgabe: Es ist eine Absage an die äußerliche, durch Auge und Augenschein wirkende Form der Liebe und spielt damit an auf den bekannten Widerspruch von Schein und Sein, Erscheinung und Wesen, der für die Wahl entscheidend ist. Der düstere Ton des Liedes (vom Sterben und von der Totenglocke ist die Rede) paßt wenig in die Stimmung einer Liebeswerbung; aber das implizierte Postulat ›blinder Liebe‹ scheint den Vorgang auf eine halb mystische Ebene zu transponieren.

Es wäre an dieser Stelle nötig, auf die großen Debatten über den Status der Liebe einzugehen, die im 16. Jahrhundert, ausgehend von der Florentiner neuplatonischen Akademie, geführt wurden und auch in den Werken zahlreicher Elisabethaner (Sidney, Spenser, Chapman) sich reflektiert finden. Das muß hier bis auf knappste Andeutungen unterbleiben.[24] Die ›wahre‹ Liebe, heißt es bei Pico della Mirandola, ist eine »appetitive Tugend, die per se blind ist und nicht weiß«; die Liebe ist nicht nur von anderer Qualität als der Intellekt, sondern geht über diesen hinaus: das Wissen zielt gleichsam auf seine Überschreitung in den Zustand des appetitiven Nichtwissens. »Die Liebe ist, Orpheus zufolge, ohne Augen, weil sie über dem Intellekt ist.« Die Unterscheidung ist verschieden gefaßt worden, umspielt aber prinzipiell immer das gleiche: auf der Seite des Intellekts stehen das Sehen, die Wahrnehmung, das Zergliedern, sogar die Meditation, auf der Seite der Liebe finden sich Blindheit, Intuition, voluptas, Freude (gaudium). Nicht zu interessieren braucht uns hier, wieweit solche Unterscheidungen noch christlich zu rechtfertigen oder wieweit sie ›heidnisch‹ zu verstehen sind; in jedem Fall bekommt die Szene auf dieser Basis über die Komödienwerbung hinaus eine neue Dimension. Sie wird verständlicher; das Widerspruchsvolle tritt zurück. Das Versagen der anderen Freier, das vorher sozialhistorisch und sozialpsychologisch und vor dem Hintergrund des Renaissanceindividualismus erklärt werden konnte, läßt sich nun auch vom neuplatonischen Konzept her verstehen: Sie verharren auf der Stufe des Sehens (vom Augenschein auf einer vor-metaphysischen Ebene ist schon die Rede gewesen), des Intellekts, der Meditation. Der Übergang vom Meditativen, Analytischen zum Intuitiven wird dann an Bassanio vorgeführt. Ausführlich bedenkt er das Gold in seiner Zeichenhaftigkeit für ›Irdisches‹, Gesellschaftliches, verstummt aber vor dem Blei: er zergliedert es nicht verstandesmäßig, sondern läßt sich von ihm, wie es heißt, ›bewegen‹. Ganz deutlich ist die Erwartung des Übergangs im neuplatonischen Sinne mit seinem letzten Satz vor der Wahl akzentuiert: »*joy* be the consequence!« – das sind *gaudium* und *voluptas*, Appetitives und Liebe in einem. Wie um den gleichsam rituellen Charakter des Vorgangs zu unterstreichen, folgt darauf eine von Portia beiseite gesprochene Reimpassage, in der Ausdrücke wie »extasy«, »joy«, »excess«, »blessing« figurieren.

Diese quasi mystische Dimension, unbestreitbar wie sie wohl ist, ist freilich nur die eine Seite der Geschichte. (Und die Schwierigkeiten der Shakespeare-Lektüre liegen nicht zuletzt darin, daß dieser Autor ständig verschiedene Bezugssysteme ineinanderschneidet.) Mit der ›anderen Seite‹ bleibt die Beziehung zwischen Portia und Bassanio, wie schon erwähnt, an die zwischen Antonio und Bassanio motivisch eng geknüpft. Verbindende Schlüsselwörter sind Ausdrücke wie »venture«, »risk«, »hazard«, auch »fortune«, die doppelt fungieren: einmal auf der Ebene des alles riskierenden Kaufmanns, für den Antonio steht, zum andern auf der Ebene der ›wahren Liebe‹, die nur unter der Voraussetzung einer totalen (Selbst-)Preisgabe möglich wird. In dem von Bassanio gewählten Spruch – »Who chooseth me, must give and hazard all he hath«[25] – sind beide Ebenen gleichsam auf den Begriff gebracht. In der Verschränkung der Motive scheint sich die früher angedeutete Reziprozität von Geld und Liebe, ihr transgesellschaftliches Moment, abzuspiegeln. Das geht ja nun alles sehr schön auf, und der Interpret darf mit sich zufrieden sein. Aber geht es auf? Wenn von totaler (Selbst-)Preisgabe die Rede ist, hätte auch von Antonio die Rede zu sein, der sich noch konsequenter als Portia und Bassanio, nämlich bis hin zur Möglichkeit physischer Vernichtung, aufs Spiel setzt. Warum bricht hier die Reziprozität so offensichtlich auseinander (sie müßte es ja nicht auf der Basis des geschlechterübergreifenden neuplatonischen Konzepts)? Drückt sich darin, wieder sozialpsychologisch gesprochen, die allmählich starrer werdende Tabuisierung der Homosexualität aus? Bedeutet es eine Relativierung des Verhältnisses Portias und Bassanios, das später noch einmal, wenn auch fast ins Burleske gezogen, an der Ringepisode relativiert wird? Diese Fragen sind nicht entscheidbar. Sie sollten uns aber zumindest nötigen, Bassanio und Portia nicht isoliert zu betrachten, sondern ihr Verhältnis immer in seiner Parallelität und Divergenz zu dem der beiden Männer aufgrund der Strukturähnlichkeit zu sehen.

Eine zweite Kritik am Ideal der Reziprozität scheint in den Szenenablauf selber eingebaut zu sein: Als Bassanio Portia ›gewonnen‹ hat, unterwirft diese sich ihm ganz; das hat nichts mehr mit Reziprozität von Gleichen zu tun, sondern liest sich wie der Einbruch gesellschaftlicher Normen in die Idealität. Die in jeder Hinsicht ausgezeichnete Portia, selbständig und sich selbst bestimmend wie keine zweite Frauenfigur Shakespeares (außer vielleicht Helena), unterwirft sich mit vielen Zeichen freiwilliger Erniedrigung Bassanio, dem nicht ausgezeichneten, als ihrem Herrn, weil die Konventionen es von ihr erwarten. Es hätte dieser Unterwerfung im Scheinbereich der Kunst nicht bedurft. Daß

Shakespeare sie gleichwohl vorführt, bedeutet vielleicht, daß er auf den Widerspruch zwischen Ideal und Normendruck (wie selbstgewählt dieser sich auch immer ausnehmen mag) ausdrücklich hinweisen wollte. Daß Unterwerfung, Selbstpreisgabe und Opfer andererseits nichts mit der ›Natur‹ der Frau zu tun haben, sondern mit Konventionen des Denkens über die Natur der Frau, das wird dann überdeutlich, wenn Shakespeare, antithetisch zur Unterwerfung, Portia in der Gerichtsszene dominieren läßt, freilich auch dies, neben vielem anderen, nicht ohne kritischen Hintersinn im Gewand eines Mannes, als sei nur so Überlegenheit glaubhaft und vorläufig denkbar. Aber außer ihr ist nur einer – ein wie ihr Geschlecht von der Gesellschaft Erniedrigter – in der Szene nicht inferior, der Jude.

Shylock ist die beherrschende Figur des ersten Teils der Gerichtsszene, Portia die des zweiten. Da auf diese Szene immer wieder in wechselndem Zusammenhang Bezug genommen wurde, können wir uns hier kurzfassen. Die Szene scheint zunächst die geradezu mechanische Umkehr des sozialgeschichtlich Erwartbaren zu sein: der Gepeinigte als Peiniger. Durch die dem Juden angetanen Gemeinheiten ist das Publikum darauf vorbereitet, seine Rache gut motiviert und verständlich zu finden. Zugleich springt aber Shakespeare aus diesem Mechanismus heraus, indem er eine über Begründbarkeit hinausgehende Autonomisierung des Rachegedankens vorführt: der Rächer als der Schlächter, der sein Messer wetzt, der, Gipfel der Inhumanität, den Arzt verweigert. In solcher Blutrunst stecken natürlich die alten Ritualmordklischees; aber es ist zumindest denkbar, daß dahinter ein tieferes Konfliktpotential zu suchen ist: zwischen der Brutalität physischer Vernichtung, die sich als solche immerhin zu erkennen gibt (Relikt einer früheren Zivilisationsstufe?), und der Brutalität materieller und spiritueller Vernichtung, die sich verbergen kann unter dem heuchlerischen Deckmantel von Bekehrung und Integration und als solche gerade nicht mehr in Erscheinung zu treten braucht, weil sie sozusagen hinwegzivilisiert worden ist. Dem auf Erfüllung des Buchstabens des Gesetzes dringenden Juden ist freilich die ›christlich‹ tönende Gnadenrede Portias gegenübergestellt; nur fragt es sich, wieweit sie, auf der Ebene des Stücks, ernst gemeint ist.[26] Denn nicht nur handeln die Christen nicht nach ihren eigenen Prämissen, wie die Szene in der Folge zeigt; es sieht vielmehr auch so aus, als bringe Portia sie nur vor, um sich und den anderen die Erwartung zu bestätigen, daß der Jude ›aufgrund seiner Natur‹ darauf nicht eingeht. Denn Portia scheint von Anfang an den Trick im Sinn zu haben, durch den sie den Juden mit seinen eigenen Waffen zu schlagen beabsichtigt. Sowenig sich sagen läßt, es werde in der Szene der Widerspruch zwischen Recht und Gnade thematisiert, sowenig läßt sich sagen, die Wende komme auf formaljuristischer Ebene zustande. Was in Gang kommt, ist vielmehr der Gegensatz zwischen Recht und Bluff. Shylocks Rechtsanspruch ist unbestritten, und er wird nicht durch ein höheres Recht zur Strecke gebracht, auch nicht durch eine subtilere Rechtsauslegung, sondern er wird übertölpelt, zur Freude der Christen auf der Bühne und wohl auch zu der des Publikums, dem ja bis zur Wendung Portias andere Identifizierungen dramaturgisch aufgenötigt werden. (Erst aus dem frühen 19. Jahrhundert stammt der von Heine überlieferte Satz einer Zuschauerin: »The poor man is wronged!«) Portia blufft, indem sie auf einen Widerspruch zwischen dem Vertrag und der Möglichkeit seiner Erfüllung hinweist: da im Vertrag nicht ausdrücklich festgehalten, dürfe kein Tropfen Blut vergossen, kein Gramm zuviel oder zuwenig abgeschnitten werden. Sonderbar, daß dieser Widerspruch den Rechtsgelehrten in Venedig nicht aufgefallen sein sollte. Er ist es nicht, weil es ihn nicht wirklich gibt. Denn es ist rechtsgeschichtlich nie strittig gewesen, daß eine unter Vertrag genommene Sache auch muß erreicht werden können – ein Enklavengrundstück muß betretbar sein durch fremden Besitz hindurch, die Verpfändung eines Pfundes Fleisch impliziert das Fließen von Blut und das Mehr oder Weniger des Gewichts. ›Das mag in der Theorie richtig sein, taugt aber nicht für die Praxis?‹ Die Praxis der Szene sieht so aus, daß die Wirkung des Bluffs vom Autor zumindest zwiespältig angelegt ist: Befriedigung über die Erledigung des Schlächters und ein ungutes Gefühl, daß da etwas faul sei, gleichzeitig. So wie Shakespeare im ersten Teil der Szene die sich Schritt um Schritt steigernde Grausamkeit des Juden ausgestellt hatte, so baut er nach der Wende, geradezu symmetrisch dazu, die fortschreitende Brutalisierung der Christen auf, die, eine letzte Drehung des Messers, mit Shylocks erpreßter Einverständniserklärung (»Art thou contented, Jew?«- »I am content.«) in seiner Identitätszerstörung endet.

Um das Stück nicht mit diesem Mißton schließen zu lassen, bringt Shakespeare jetzt die Ringepisode ins Spiel – ein Komödienklischee. Aber wirklich entlastend wirkt die Episode nicht; denn dem Zuschauer klingt noch der bittere Ausruf Shylocks im Ohr – »These be the Christian husbands!« –, als Bassanio seiner Frau den Tod wünscht, wenn Antonio dadurch zu retten wäre. Und wer im Besitz eines etwas längeren Gedächtnisses ist, wird sich daran erinnern, daß Portia Bassanio den Ring mit merkwürdig drohendem Unterton gegeben hatte: der Verlust bedeute das Ende seiner Liebe, was von Bassanio vorlaut übertrumpft wird, indem er den Verlust mit seinem eigenen Tod gleichsetzt. Die Implikationen sollen vielleicht hier nicht allzu scharf akzentuiert sein, aber sie stimmen zumindest nachdenklich.

Der fünfte Akt hat die Kritiker oft irritiert (in den Aufführungen wurde er bis ins frühe 19. Jahrhundert weggelassen): Ist er nicht ein Zuviel an Harmoniezauber nach allem, was vorausgegangen ist? Oder ist dieses Zuviel gerade nötig, um die ungute Stimmung zu zerstreuen und den erwarteten heiteren Komödienschluß zu ermöglichen? In beiden Fällen wäre es erzwungene Versöhnung. Dieser Widersinn ist nicht wegzudiskutieren; aber es sieht doch so aus, als sei hier nicht einfach ehrlicherweise Verzichtbares gewaltsam angehängt, sondern als habe Shakespeare die widersprüchlichen Motive seines Stoffs noch einmal auf eine andere Ebene transponiert. In den Lyrismen der Liebesszene zwischen Jessica und Lorenzo – wir haben die Liederlichkeit des Pärchens noch wohl im Ohr –, wovon ist in ihnen denn die Rede, wenn nicht von gescheiterten Liebesbeziehungen? Muß das ausgerechnet, wenn nicht ein tieferer Sinn dahintersteckt, an der Beziehung zwischen einer Jüdin und einem Christen memoriert werden? Muß, wenn von Sphärenharmonie die Rede ist und sehr handgreifliche Musikanten auftreten, Jessica den einen Satz sagen: »I am never merry when I hear sweet music«, durch den sie sich, da er die Erinnerung weckt an Shylocks Abwehr der Musik, ausgrenzt, als unintegrierbar bekennt, trotz der echten oder vermeintlichen Liebe zu Lorenzo? Oder wird ihr dennoch – aber wo wäre ein einziger ›Beweis‹? – die Chance des Lernens konzediert? Daß die Ringepisode auf dünnstem Eis steht, wurde schon gesagt. Das Argument des konventionellen Komödienschlusses, demzufolge Irrtum und Verwechslung zum guten Ende aufgeklärt werden, will nicht recht verfangen. Denn die Harmonie ist nie mehr herstellbar, die dadurch gestört wurde, daß Bassanio vor eine Entscheidungsaporie gestellt war: Gibt er den Ring, verletzt er Portia, gibt er ihn nicht, Antonio. Das Dilemma wird durch seine Reue und durch Portias Vergebung nicht ausgelöscht. Daß es erhalten bleibt, dafür sorgt die bedrückende Anwesenheit Antonios auf der Bühne. Auch er hätte unschwer und komödientypisch verheiratet werden können. Daß er es nicht wird, muß wohl heißen, daß er als der Ausgeschlossene gegenwärtig bleiben soll, die Störung der Harmonie. Damit ist aber zugleich die Erinnerung an den anderen Ausgeschlossenen wachgehalten, die an Shylock.

Wir haben damit begonnen, das Reißerische des Stücks zu betonen, die Befriedigung krudester Publikumserwartungen. Eine erste Annäherung zeigte, daß die relativ klaren Handlungsvorlagen zu einem komplexen System von zueinander oft querstehenden Oppositionsgliedern verknüpft waren. Die tiefere Analyse hat vielleicht gezeigt, daß jeder Deutungsschritt mehr Fragen aufwirft, als er zu lösen vorgibt. Das Aushalten der tiefen Widersprüchlichkeit des Stücks erschien wichtiger, als für die eine oder andere Interpretationsmöglichkeit zu optieren. Die Annäherung wurde zu einer fortschreitenden Entfernung. Damit wäre das Stück in jene Ferne zurückgebracht, aus der es zu uns kommt.

1 Als erste Folio-Ausgabe wird die erste Gesamtausgabe der Stücke Shakespeares bezeichnet. Sie wurde 1623, sieben Jahre nach des Dichters Tod, von seinen Freunden und Mitschauspielern John Heminge und Henry Condell veranstaltet. Die Einzelpublikationen, deren Titel zitiert wurden, werden, ebenfalls nach dem Format, Quartos genannt.
2 Die Lopez-Affaire ist am ausführlichsten behandelt von Arthur Dimock, »The Conspiracy of Dr. Lopez«, in: *The English Historical Review* IX (1894), S. 440-472. Eine kritische Auseinandersetzung mit dieser Darstellung liefert John W. Hales, »Shakespeare and the Jews«, in: *The English Historical Review* IX (1894), S. 652-661.
3 Belege in Lawrence Stone, *Family and Fortune*. Studies in Aristocratic Finance in the Sixteenth and Seventeenth Centuries. Oxford 1973, passim.
4 Zur Zinsproblematik vgl. vor allem Thomas Wilson, *A Discourse upon Usury* (1572). Hrsg. R. H. Tawney. London 1925; sodann Benjamin Nelson, *The Idea of Usury. From Tribal Brotherhood to Universal Otherhood*. 2. Aufl. Chicago 1969. Siehe meinen Aufsatz »Wucher und Wucherklischees am Übergang zur Neuzeit« in diesem Band.
5 Keith Thomas, *Religion and the Decline of Magic*. Harmondsworth: Penguin 1978, etwa Kap. 17, Witchcraft and its social environment, S. 638 ff.
6 Aus einer Novelle der Sammlung *Il Pecorone* von Ser Giovanni Fiorentino sowie aus dem mittelalterlichen Sagenbuch *Gesta Romanorum*. Diese und mögliche andere Quellen sind abgedruckt als Appendices zur (von uns auch für die Zitate benutzten) Ausgabe des Arden-Shakespeare: *The Merchant of Venice*. Ed. John Russell Brown. 7. Aufl. London, reprinted 1976.
7 Norbert Elias, *Über den Prozeß der Zivilisation*. 2. Aufl. Bern: Francke 1969, passim. Zu den Liebeskodices speziell vgl. ders.: *Die höfische Gesellschaft*. 2. Aufl. Darmstadt/Neuwied: Luchterhand 1975, Kap. VIII, 2. 320 ff.
8 Dazu in größerem Zusammenhang Hans Mayer, *Außenseiter*. Frankfurt: Suhrkamp 1975, S. 313 ff.
9 Eine Darstellung dieser Aspekte der Baconschen Theorie bei Ernst Bloch, *Vorlesungen zur Philosophie der Renaissance*. Frankfurt: Suhrkamp 1972, S. 85 ff.
10 In der Komödie *As You Like It*

11 Die Problematik Portias (auch ihre Lügen) ist in ihrer Widersprüchlichkeit herausgearbeitet worden von Leslie A. Fiedler, *The Stranger in Shakespeare*, Frogmore/St. Albans: Paladin 1974, bes. S. 84 ff.

12 Wurzeln und Wirkungen der Shylock-Figur sind am umfassendsten dargestellt bei Hermann Sinsheimer, *Shylock*, London 1947.

13 Diese These wird ausführlich behandelt von Frances A. Yates, *The Occult Philosophy in the Elizabethan Age*, London: Routledge 1979, passim.

14 Zum neuen Kaufmann noch immer lesenswert L. C. Knights, *Drama and Society in the Age of Jonson*, zuerst 1937, neue Aufl. Harmondsworth: Penguin 1962, bes. Kap. 2 : The Development of Capitalist Enterprise, S. 36 ff.

15 Die Kontroversen sind am ausführlichsten ausgebreitet in zwei Sir Thomas Smith zugeschriebenen Dialogen: *A Discourse of the Commonwealth of This Realm of England* (veröffentlicht 1581), hrsg. M. Dewar, Charlottesville 1969; und *De Republica Anglorum. A Discourse on the Commonwealth of England* (veröffentlicht 1583), hrsg. L. Aston, Cambridge 1906.

16 I, i, 138f. »Ich selbst, mein Beutel, was ich nur vermag, / Liegt alles offen da zu Eurem Dienst.« (A. W. Schlegel)

17 IV, i, 114f. »Ich bin ein angestecktes Schaf der Herde: / Zum Tod am tauglichsten.« In »tainted« steckt freilich auch die moralische »Ansteckung«, die Befleckung. Und »wether« ist der kastrierte Schafbock, der Hammel.

18 IV, i, 274ff. »Bereut nicht, daß Ihr einen Freund verliert, / Und er bereut nicht, daß er für Euch zahlt: / Denn schneidet nur der Jude tief genug, / So zahl ich gleich die Schuld von ganzem Herzen.«

19 Als Beispiel für viele Barbara Puschmann-Nalenz im Nachwort ihrer – zweisprachigen – Ausgabe des Stücks, Stuttgart: Reclam 1975, S. 202.

20 I, iii, 41 f. »If I can catch him once upon the hip, / I will feed fat the ancient grudge I bear him.«

21 Hierzu vgl. immer noch Josef Kohler, *Shakespeare vor dem Forum der Jurisprudenz*, Würzburg 1883. Darin ein Kapitel über unser Stück mit dem Titel »Das Stück vom Schuldrecht«.

22 III, ii, 16 ff. »Halb bin ich Eur, die andre Hälfte Euer – / Mein, wollt ich sagen! doch wenn mein, dann Euer, / Und so ganz Euer!«

23 III, ii, 63 ff. »Tell me where is Fancy *bred* / Or in the heart, or in the *head*? / How begot, how nouri*shed*? ... It is engend'*red* in the

eyes, / With gazing *fed*, and Fancy dies / In the cradle where it lies. / Let us all ring Fancy's knell. / I'll begin it. Ding, dong, bell.« Da Schlegel den Blei-Reim nicht gemerkt, jedenfalls nicht übersetzt hat, gebe ich das Verschen in meiner Fassung, in der wenigstens dreimal auf ›Blei‹ gereimt ist: »Ist Verliebtheit, Gaukelei, / Ist Kalkül sie, Herzensschrei, / Beständig oder Schwärmerei? ... Ach, Verliebtheit hängt an Blicken, / Muß an Blicken sich erquicken / Und an ihnen auch ersticken. / Legen wir sie in den Sarg, / Denn ihr Anspruch ist zu karg.« *Der Kaufmann von Venedig*, Frankfurt: Verlag der Autoren, 1981, S. 55

24 Ausführliche Darstellung in Edgar Wind, *Pagan Mysteries in the Renaissance* (zuerst 1958), Harmondsworth: Penguin 1967, bes. S. 53-80. Die Zitate stehen auf S. 79.

25 II, ix, 21. »Wer mich erwählt, der gibt und wagt sein Alles dran!«

26 Vgl. hierzu meine Analyse der Gnadenrede in dem Aufsatz »Wucher und Wucherklischees am Übergang zur Neuzeit« in diesem Band.

Wucher und Wucherklischees am Übergang zur Neuzeit

Seitdem die Güter auf der Welt ungleich verteilt sind, also seit Anbeginn der Welt, wird derjenige, der es sich leisten kann, anderen etwas zu leihen, beargwöhnt und folglich bestimmten Restriktionen unterworfen. Neben einem halben Dutzend Stellen im Alten und Neuen Testament, in denen jede Form des Darlehens, die dem Leihgeber irgendeine Form von Gewinn abwirft, grundsätzlich verdammt wird, gibt es eine Stelle, die die Existenz, vielleicht sogar die Notwendigkeit des Zinsnehmens geradezu voraussetzt und als ein Element zur Sicherung der Stammeszugehörigkeit ausweist. Es handelt sich um die berühmte Stelle Deuteronomium 23, 19-20, die jahrhundertelang als Rechtfertigung der Ausgrenzung des Wucherers – des Volkes der Wucherer – gelesen wurde, bis Calvin ihr eine andere Wendung gab und die Berechtigung des Zinsnehmens aus ihr ableitete. Die Stelle heißt bei Luther in der Fassung von 1554:

> Dv solt an deinem Bruder nicht wuchern / weder mit geld noch mit speise / noch mit allem da mit man wuchern kan. An dem Frembden magstu wuchern / aber nicht an deinem bruder / Auff das dich der HERR dein Gott segene / in allem das du furnimpst / im Lande / dahin du komest dasselb ein zunemen.

In der für die englischen Protestanten maßgeblichen, im marianischen Exil entstandenen sogenannten *Geneva Bible* von 1560 heißt es:

> Thou shalt not giue to vsurie to thy brother: as vsurie of money, vsurie of meat, vsurie of anie thing that is put to

vsurie. Vnto a stranger thou maiest lend vpon vsurie, but thou shalt not lend vpon vsurie vnto thy brother …

Dem »stranger«, dem auf Zins zu leihen erlaubt sei, fügten die Genfer Engländer eine Marginalie bei:

This was permitted for a time for the hardenes of their heart.

Es ist nicht klar, was damit gemeint ist: wird eines Tages das jüdische Herz sich erweichen, wenn es dem Gebot christlicher Nächstenliebe sich unterstellt, also konvertiert ist, seine Verstocktheit hinter sich gelassen, die Binde von den Augen der Synagoga genommen hat? Oder sind es die Fremden, die wegen der Hartherzigkeit ausgenommen werden dürfen, mit der sie sich weigern, die Religion ihrer Gastländer anzunehmen? Diese Lesart entspräche der gerade für das elisabethanische England typischen Fremdenfeindlichkeit, ohne die ein Stück wie *Der Kaufmann von Venedig* schwer zu denken ist, wäre die Annotation nicht davor und von Exilanten gemacht. Die Zweideutigkeit fällt in sich zusammen, wenn Francis Bacon gegen Ende des Jahrhunderts, fast zeitgleich mit Shakespeares Stück, den Wucher aus der allen Menschen – unabhängig von ihrer Religions- oder Nationalitätszugehörigkeit – gemeinsamen Hartherzigkeit, gleichsam einer anthropologischen Konstante, herleitet: Wucher sei ein »concessum propter Duritiem Cordis«. Das schrieb der nüchterne Bacon zu einem Zeitpunkt, als das Zinsnehmen längst zu einer Bedingung englischen Wirtschaftens geworden war und selbst von Theologen nicht mehr ernsthaft in Frage gestellt wurde – im Unterschied zu den Dichtern, die die Topoi von den arglistigen Wucherern noch lange wirkungsvoll einsetzten.

Topoi sind Verfestigungen literarisch-rhetorischer oder ikonographischer Art, die weder mit ihrem Ursprung mehr etwas zu tun haben, der ohnehin kaum rekonstruierbar ist, noch mit der je anderen Wirklichkeit, die sie vermeintlich wiederzugeben suchen, und die sie in Wahrheit erst selbst erschaffen auf Grund der in den Topoi tradierten Rasterungen. Topoi sind der immer schon vorhandene Bestand literarischer oder bildlicher Formeln, der jedes unmittelbare Erfassen von Wirklichkeit unterläuft, oder, wie es bei Goethe heißt: Man sieht nur, was man weiß. Darum ist es so schwer, neue Wörter und Bilder für neue Phänomene zu finden, zumal wenn diese nicht sichtbar in Erscheinung treten wie etwa technische Neuerungen, sondern unterschwellig und langfristig sich vorbereiten und erst im Nachhinein als Veränderungen rekonstruierbar werden wie etwa die wirtschaftlichen. Wenn wir uns also mit einem Phänomen wie dem Wucher befassen, haben wir zu unterscheiden zwischen den theoretischen Debatten von Kirchenvätern, Scholastikern, Reformatoren einerseits, der wirtschaftlichen Praxis andererseits und der literarischen bzw. bildnerischen Verarbeitung dritterseits. Diese drei Perspektiven stehen keineswegs in einem Konvergenzverhältnis, sondern haben vielfach nichts miteinander zu tun. Wir wissen zum Beispiel, durch die Untersuchungen von Nelson, Le Goff und neuerdings Gilomen, daß das Verhältnis von Theorie und Praxis von äußerstem Widerspruch bis zu differenzierten, kasuistischen Annäherungen reichte, daß die lombardischen und cahorsischen Wucherer unter die gleichen Verdikte fielen wie die jüdischen, daß auch dem Wucherer der Weg zum Heil offenstand, sofern er von seinem Geschäft abließ und bereute. Doch von der Komplexität des Phänomens ist in der Literatur wenig zu spüren, oder, anders gesagt, die Komplexität ist anderswo zu suchen: einerseits bleibt der Wucherer der Verdammte und erhält seinen Platz im siebten Kreis der Hölle – nicht im Fegefeuer, wo er inzwischen hingehört hätte –, oder der Wucherer ist der Jude und wird – bei Marlowe, bei Shakespeare – seiner gerechten Strafe zugeführt, das heißt, die Literarisierungen reagieren nicht auf eine veränderte Wirklichkeit, sondern folgen verfestigten Klischees, die, zumindest im Falle der Elisabethaner, bestimmten Publikumserwartungen entsprechen. Andererseits steht im Bild des literarischen Wucherers mehr und anderes zur Debatte als eine Form des Wirtschaftens: er ist eine Projektionsfolie, auf der sich unterschiedliche Typen moralischen oder gesellschaftlichen Fehlverhaltens abbilden lassen oder auf der Ausgrenzungen vorgeführt werden, die auf etwas ganz anderes als den stigmatisierten Wucherer zielen. Die Wuchererfigur ist damit nicht einfach eine Parallelerscheinung zu den theophrastischen Charaktertypen, zu den Allegorisierungen der sieben Todsünden wie dem Geizigen oder dem Zornigen, zu den Humoraltemperamenten wie dem Melancholiker. Alle diese Typen sind durch einen einzigen negativen Zug definiert; der Wucherer trägt sie alle miteinander – er ist *auch* der Geizige, *auch* der Zornige, *auch* der Melancholiker im elisabethanischen Sinne dessen, der Unheil ausbrütet, aber darüber hinaus alles nur denkbar andere Negative noch dazu. Er ist gleichsam die Inkarnation des Bösen, der Statthalter des Teufels auf Erden. Es gibt sogar einen mittelalterlichen Spruch, Gott habe drei Stände geschaffen – die Oratores, die Bellatores und die Laboratores –, der Satan aber einen vierten, eben den Wucherer. Daß die Figur eine solche Karriere machen konnte, hängt sicher mit einem Bündel von Gründen zusammen, von denen der eines konkreten Umgangs kaum der entscheidende gewesen sein dürfte. Ein anderer Grund mag der Sozialneid gewesen sein, und es kann kein Zufall sein, daß die heftigen Wucherdebatten der Tudorzeit parallel zu den Enclosure-Debatten geführt wurden, bei denen es ja in der Tat um Rechtfertigung oder Verdammung einer sozialen Umschichtung größeren Ausmaßes ging. Ein anderer Grund kann die zunehmende Abstrahierung gewesen sein: statt gemünzten Geldes oder wägbarer Metalle Papier,

Verschreibungen, Scheine, deren reeller Wert offensichtlich gleich Null war, und die nicht nur etwas gelten sollten, sondern gegen Haus und Hof aufgewogen werden konnten, ein schreiender Widersinn, der vielleicht nur mit Magie erklärbar war. Überdies war alles, was sich in Zahlen ausdrückte oder gar sich solcher Symbole bediente wie Null oder Minus, die erst im späten Mittelalter in Europa auftauchen, in England noch später, ohnehin magieverdächtig, was noch der große Mathematiker John Dee um 1600 zu spüren bekam, als der Volkszorn ihm die Bücher, darunter den von ihm in England eingeführten Euklid, verbrannte, und der Naturforscher Bacon hat sich aus einem tiefsitzenden Argwohn heraus auf Mathematik gar nicht erst eingelassen. Wie weit in einer Gesellschaft im Übergang von der Mündlichkeit zur Schriftlichkeit durch Formen des Geschriebenen außerhalb des auratischen Bereichs, die noch dazu für einen selbst Folgen haben würden im Sinne eines Pakts, irrationale Ängste ausgelöst wurden, die den Argwohn gegenüber dem Zinsnehmen nur vergrößerten statt es zu rationalisieren, mit diesem selbst aber nichts zu tun hatten, wäre ein lohnendes Feld für die Mentalitätsgeschichte und könnte der Dämonisierung des Wuchers eine neue Pointe geben. Ein weiterer Grund schließlich, aus dem der Wucherer zum Inbegriff und Sammelbecken negativer Bestimmungen unterschiedlichster Herkunft werden konnte, scheint in dem zu liegen, was man die sprachliche Streuung des Begriffs nennen könnte. Geiz, Zorn, Neid, Hochmut, Völlerei sind relativ genau bestimmte und eingegrenzte Begriffe, die ihre eindeutige Entsprechung in anderen Sprachen haben. Im Wucher dagegen läuft verschiedenes zusammen, das heißt, es sind in ihm die ganz unterschiedlichen Bedeutungen der hebräischen, griechischen und lateinischen Termini, die es übersetzt, mitgedacht: das Wort denotiert nicht etwas Bestimmtes, sondern es konnotiert Verschiedenes. Wir haben es zu tun mit einer Überdeterminierung des Assoziationsspielraums gegenüber der bezeichneten Sache, oder scholastischer gesagt: eine Potentialität der Bedeutungen ist je nach Argumentationslage aktualisierbar.

Was die Genfer Bibel mit »vsurie« übersetzt, heißt im Hebräischen »neshech«. In dem 1569 beendeten, 1572 veröffentlichten Dialog des Thomas Wilson, Master am »Courte of Requestes« und »Doctor of the Civill Lawes«, *A Discourse uppon Usurye*, heißt es dazu:

> Let us get to the very word of usury in the hebrue tong. It is calledde a bitinge, of this woorde Neshech, whiche is nothinge else but a kind of bityng, as a dog useth to bite or gnawe upon a bone; so that he that byteth not, doth not commit usurye.[1]

Und später heißt es noch einmal deutlicher:

> I take byting and usury to be al one.

Die im Englischen geläufige Formel von »biting usury«, »biting usurer«, ist also ganz konkret zu verstehen: Wucherer ist einer, der einen anderen physisch verletzt. Was Wilson nicht angibt, ist, daß im Hebräischen an erster Stelle der Schlangenbiß angeführt ist (Buxtorf: »Saepius de morsu serpentum dicitur«), wodurch im Assoziationsfeld die nach christlichem Verständnis schändlichste Kreatur, Inbild des Versuchers und Verführers, auftaucht. In zweiter Bedeutung findet sich dann Mißhandlung, Bedrückung, Quälerei, und schließlich, »metaphorice«, das, was Buxtorf »foenerare, in usuram dare« nennt. Im Wortfeld ist also bereits angelegt, was später der Erklärung von Person und Sache anscheinend auf Grund der Anschauung erst zuwächst. Auch Wilsons Bild vom beißenden und nagenden Hund gehört zum Phänotyp des Wucherers: »dog«, sogar »cut-throatdog«, »cur« sind Wörter, mit denen Antonio Shylock auf dem Rialto beschimpft, was diesen zurückfragen läßt: »Hath a dog money? is it possible / A cur can lend three thousand ducats?« Im übrigen assoziiert Wilson weiteres nagendes Getier wie den Holzwurm oder den »devouring caterpillar«, reißendes wie Wolf oder Löwe und verächtliches wie den Fuchs. Sie alle sind gewissermaßen Wucherungen der hebräischen Grundbedeutung.

Bei Ezra Pound wird es später heißen:

neschek, the crawling evil,
    slime, the corrupter of all things,
Poisoner of the fount,
    of all fountains, *neschek*
The serpent, evil against Nature's increase[2]

In diese Verse ist ein anderer Bedeutungskomplex eingeblendet, der des Griechischen »tokos«, wie die Septuaginta »neshech« übersetzt. Das Wort kommt von »tikto«, erzeugen, gebären, und heißt zunächst Geburt, dann Nachkommenschaft und in dritter Bedeutung Ertrag, Gewinn, insbesondere Zinsen. Über diese genetisch-kreatürliche Herleitung hat sich schon Aristoteles entsetzt, der seine Verdammung des Wuchers in der *Politik* sprachlich begründet oder doch untermauert:

> ... das Geld ist um des Tausches willen erfunden worden, durch den Zins vermehrt es sich aber durch sich selbst. Daher hat es auch seinen Namen: das Geborene ist gleicher Art wie das Gebärende, und durch den Zins (Tokos) entsteht Geld aus Geld. Diese Art des Gelderwerbs ist also am meisten gegen die Natur.[3]

Das Paradoxe ist hier, daß etwas aus sich heraus sich selber noch einmal und fortzeugend und gebärend immer wieder sich selber schafft; das ist widernatürlich und gleichwohl real. Aristoteles entwickelt aus dem Wortfeld heraus eine allegoriefähige Zeugungs- und Gebärmaschine der Abartigkeit: es ist ein Bild *für* eine Sache; in der Rezeptionsgeschichte wird dann das Bild für die Sache selbst genommen werden. Alle späteren Bestimmungen, die den Wucher als etwas Widernatürliches bezeichnen, dürften hier ihren Ursprung haben. Es ist unschwer zu sehen, daß die Verbindung von Widernatürlichkeit und Sexualität einen Vorstellungsraum öffnet, in dem die Phantasien über das moralisch Verworfene in dem Maße wuchern können, wie die Komplexität von Zinstheorie und -praxis sich dem Alltagsbewußtsein entzieht. Der Wucherer avanciert zum Homophilen. Bei Dante steckt er im gleichen Kreis der Hölle wie die Sodomiten, nur noch eine Stufe tiefer (er ist übrigens nicht jüdisch, sondern christlich-toskanisch); laut Thomas von Chobham betreibt er geistige Unzucht; und der häufige Vorwurf der Selbstliebe dürfte kaum völlig die narzißtische Bildvorstellung abgestreift haben. Die Vorwürfe des Unreinen, der Befleckung und Beschmutzung[4] gehören in den gleichen Kontext. Was bei solcher Begattung herauskommt, läßt Wilson seinen Prediger »the babe of darknesse«[5] nennen, Teufelsbrut, »and it is inoughe to bringe you to hell fier«. Von der abartigen Sexualität sind wir damit zur Macht der Finsternis hinübergeglitten, die ihre Hand dabei im Spiel hat, wobei die gemeinsame Achse von der Widernatürlichkeit gebildet wird, dem »contra naturam«, in dem ja alle magischen Praktiken gründen. Der Wucherer also jetzt als der Magier – auch dies eine Bestimmung von großer Zählebigkeit: noch Shylock wird sein Zinsnehmen mit einem magischen Gleichnis von Joseph und der Vermehrung der Schafe legitimieren. Auch der Verdacht der Magie mag aus der Aristoteles-Stelle gezogen werden, denn natürlicherweise kann ja gar nicht etwas Totes wie das Geld etwas aus sich erzeugen, oder, wie es bei Thomas von Aquin heißt, »Nummus non parit nummos«. Wenn aber nun doch etwas entsteht, wenn Geld sich vermehrt, kann das nur auf widernatürliche, magische, teufelsbündlerische Weise geschehen. Und was so entsteht, ist Täuschung, Trug, Blendwerk, und kann ebenso wieder verschwinden. Le Goff weiß Legenden zu berichten, wonach das Geld eines Wucherers sich nach seinem Tode in Kot verwandelte, was natürlich zugleich ein wiederum anderes Vorstellungsfeld hervorruft, nämlich die Verbindung von Geld und Fäkalie, wie sie sich auch in bildnerischen Darstellungen findet. Damit hat einerseits das Beängstigende der Fruchtbarkeit des Unfruchtbaren eine gewissermaßen bannende Verarbeitung, wenn man will eine Abfuhr, erfahren, andererseits dürfte darin die im kollektiven Unbewußten verankerte Verbindung von Geld und Kot zum Ausdruck kommen, die zum Bild vom Geizigen und vom Wucherer geführt hat, der auf seinen Schätzen *sitzt*, sie thesauriert, anstatt sie in die Zirkulation zu geben.

Wie wir gesehen haben, ermöglichen die hebräischen und griechischen Wörter für Wucher ganz unterschiedliche Konnotationen und führen in ganz verschiedene Bildbereiche, die die Auffassung vom Wucherer und seinem Geschäft mitgeprägt haben. Wie sieht es im Lateinischen aus? Die Vulgata trifft eine bemerkenswerte Unterscheidung. Die Deuteronomium-Stelle heißt hier: »Non foenerabis fratri tuo ad usuram pecuniam« etc. »Fenerare«, Substantiv »fenus«, ist stammverwandt mit »fetus« (dem Zeugen, Gebären, der Frucht) und heißt darum eigentlich »erzeugt und gewonnen werden«, deckt sich also ungefähr mit dem Bedeutungsraum von »tikto« und »tokos«. Verwendet wird das Wort freilich im Lateinischen nur im spezifischen Sinne des auf Zinsen Ausleihens: Georges Handwörterbuch spricht von den »Interessen vom dargeliehenen Capital als Gewinn des Darleihers«. Davon zu unterscheiden ist »usura«, von »uti«, was zunächst den »Gebrauch einer Sache auf eine gewisse Zeit« bedeutet, die Nutzung, den Genuß (bei Cicero auch den Genuß des Lebens in Rom), sodann insbesondere »die Benutzung des geliehenen Capitals« und noch spezieller »die Zinsen als Abgabe des Schuldners für die Nutzung des geliehenen Capitals«. Für ein und dieselbe Sache gibt es also ein Wort aus der Sicht des Gläubigers und eines aus der Sicht des Schuldners. Was in der Vulgata noch so schön geschieden ist, läuft allerdings im Mittelalter zumeist wieder durcheinander, aber die Tatsache, daß in die Volkssprachen – ins Italienische, Spanische und übers Französische ins Englische – »usura« übernommen wurde und nicht »fenus«, sagt deutlich genug, aus welcher Sicht und in welchem Klima die Debatten geführt wurden. Mit »usury« etc. ist immer schon das Interesse dessen, der etwas zu zahlen verpflichtet ist, konnotiert; das mobilisiert die phantastischsten Gedankenspiele, um die Entpflichtung zu legitimieren.

Begriffsgeschichte hat ihre Reize, aber sie kann nicht alles. So treten ab dem hohen Mittelalter Züge am Wucherer ins Bild, die die alten nicht außer Kurs setzen, aber aus ihnen auch nicht mehr assoziierbar sind. Der wichtigste ist der vom Zeitdieb. Der Wucherer verkauft Zeit und bestiehlt damit direkt Gott, dem die Zeit gehört und der sie für alle Menschen gleichermaßen verfügbar geschaffen hat. Er handelt mit dem Tag, mit der Nacht, die der Ruhe und Einkehr, dem Vorschein des himmlischen Friedens, vorzubehalten wäre, sogar mit dem Feiertag, den zu heiligen uns geboten ist. In einer berühmten Strafpredigt aus der Mitte des 13. Jahrhunderts hat Berthold von Regensburg den Ehebrechern die Leviten gelesen, den Mördern, den Würfelspielern, den Säufern, den Tänzern, den Spöttern und den Räubern; sie alle können aber wenigstens während der Zeit seiner Predigt ihren verwerflichen Betätigungen nicht nachgehen. Doch er, der Wucherer – er heißt hier »gîtiger«, was Geiziger oder Habgieriger bedeutet, dem Kommentar zufolge aber vor allem den »Zeitspekulanten« meint –, er sitzt seelenruhig da und sein Geschäft geht dennoch weiter:

> Denn während ich gerade von dir sprach, bist du schon wieder um einen halben Pfennig reicher geworden. Du bist, während du hier sitzt, deines Besitzes viel sicherer als diese Armen hier, denn die verlieren jetzt an Zeit, machen aber nicht noch Gewinn wie du. Du aber machst sogar noch Gewinn, während du die Messe, Predigt oder Frühmesse hörst, an Feiertagen ... usw. usf.[6]

Hier verschränken sich übrigens zwei Motive: das der Zeit mit dem der Arbeit. Denn auch mit der Aufwertung der Arbeit im 13. Jahrhundert gerät der Wucherer ins Zwielicht; er arbeitet ja nicht, sondern läßt arbeiten – andere Menschen, Gottes Zeit –, und dabei heißt es doch, »Im Schweiße *deines* Angesichts sollst du dein Brot essen«, und nicht im Schweiße des Angesichts eines anderen. Aber wie die Umwertung des Arbeitsbegriffs hat auch das Aufmerksamwerden auf die Zeit einen realen Hintergrund: mit dem mechanischen Meßbarwerden der Zeit kündigen sich weitreichende wirtschaftliche Veränderungen an – Le Goff spricht von einer Ablösung der Zeit der Kirche durch die Zeit des Händlers –, die zunächst zu theologischen Mobilmachungen generell führen, Fernhandel, Investitionsbedarf und Arbeitszeitregulierung aber nicht auf Dauer blockieren können und vielleicht eben darum, kompensatorisch, die Kirche veranlassen, sich in das Zeitargument gegen den Wucherer, den kleinen Mann auf der Kirchenbank, immer heftiger zu verbeißen. Das Zeitargument taucht in den Wucher-Polemiken (Wilson) und vor allem im literarischen Klischee auch dann noch auf, als es historisch längst obsolet geworden ist.

Auch ein anderes Argument antwortet auf wirtschaftliche Veränderungen: das der Risikolosigkeit. Der Wucherer arbeitet mit Sicherheiten; sein Gewinn ist ihm garantiert und steht von vornherein fest. Er läuft nicht Gefahr, sein verliehenes Kapital zu verlieren: »the userer is always suer to gaine, whosoever loseth, having good and sufficient assurance alwayes for hys money.«[7] Wäre er hingegen gewissermaßen Teilhaber an Gefahr und Risiko, dann wäre auch sein Gewinnanteil legitim, denn »lawfull tradyng and adventuring to bring in our want and to carry out our plenty hathe ever beene allowed.«[8] Mit »adventuring« ist auf die im 16. Jahrhundert immer wichtiger werdende Gruppe der »merchant adventurers« angespielt, der großen Überseekaufleute, die im Namen bereits ihre Risikobereitschaft zu erkennen geben und deren Investitionskapital im selben Sinne »venture« oder »hazard« heißt. Auch dem Vermögen, das es ihnen vielleicht zu gewinnen gelingt, »fortune«, bleibt die Erinnerung an diejenige, der sie es abgewannen, an die Glücks- und Zufallsgöttin, Fortuna, die manchmal übrigens auch »Dame Adventure« heißt, einbeschrieben. Diese Begriffsverschränkungen von Geld und Glück sind nicht die einzigen. Das lateinische »sors« ist sogar noch pikanter: außer Schicksal, Los und Zufall bedeutet es »das Geld, das gegen Zinsen ausgeliehen wird, das Capital«. Dies ist das Geld, das aufs Spiel setzen muß, wer es vermehrt zurückgewinnen will: erlaubte Zinsnahme, »periculum sortis«, was nach Schicksals- oder Dämonenfürchtigkeit und Schicksalstrotz in einem klingt. Was hier im Zeichen der Renaissance an heidnischen Ängsten wieder ausbricht – und ja auch in den Künsten allenthalben sichtbar wird –, ist nicht ohne theologische Begründung geblieben: es ist gottlos, sich gegenüber dem Künftigen versichern, Gott gewissermaßen in die Karten sehen zu wollen. Gott teilt aus – die Güterverteilungsgöttin Fortuna läßt sich in diesem Punkte mit dem Luthergott gleichsetzen –, wie es ihm gefällt; der Mensch ist »ohn all Verdienst und Würdigkeit«, und die Gnade trifft ihn oder sie trifft ihn nicht. Die Debatten über die Notwendigkeit des Risikos, des »adventuring«, und die über den Gnadenakt sind aufs engste miteinander verknüpft. Wir werden noch sehen, daß die berühmte Gnadenrede Portias sich *auch* als ein Plädoyer für eine neue Form des Wirtschaftens lesen läßt. Auf der anderen Seite hat die Wirtschaftsgeschichte längst untersucht, daß es mit der Risikolosigkeit so weit auch wieder nicht her war: schon früh haben erst die Italiener, später die Engländer die Risiken zu begrenzen, zu kalkulieren versucht. Bildlich gesprochen – und solche Bilder gibt es –, sie brachten sich in den Besitz Fortunas, der Unberechenbaren, die Meere Beherrschenden, indem sie ihr das Steuerruder, ein Attribut der Göttin, aus der Hand nahmen oder ihre Stelle am Mastbaum einnahmen und selber in die Segel bliesen. Die Forderung des Risikos, des »periculum sortis«, der »ratio incertitudinis«, blieb freilich bestehen, auf dem Papier, mithin also für den, dem daraus die Leviten gelesen wurden, den Wucherer. Da die Forderung zugleich theologisch fundiert war, ließ sich daraus auch ableiten, daß, wer gegen sie verstieß, gotteslästerlich handelte. Das traf sich mit den alten Argumenten vom Zeitdieb oder vom Häretiker – auch die Katharer hatten das Zinsennehmen erlaubt –, der Mammon zu seinem Gott machte. Auch wenn das Zinsennehmen längst eine ökonomische Notwendigkeit und zu einer unübersehbaren Tatsache geworden war und kurz vor seiner Legalisierung stand, traf den Wucherer aus dem Munde des Wilsonschen Predigers das Verdikt mit unverminderter, gebündelter Schärfe, weil sich darin eine bestimmte Stimmungslage aussprach. R. H. Tawney zählt auf, wie viele berühmte Adelige wie hoch verschuldet waren und ihre Güter hatten verpfänden müssen, wie viele Bauern und Kleinhändler, Menschen vom anderen Ende der gesellschaftlichen Skala also, ebenfalls wucherischen Praktiken ausgeliefert waren – Tawney spricht von einer ganzen Schuldnerklasse[9] –, so daß diese Gruppen ein Interesse daran haben mußten, den Wucher weiter zu dämonisieren und zu verdammen. Über das konkrete Interesse hinaus zeigen sich in der Polemik aber auch Spuren einer tiefer liegenden, vor allem wirtschaftlichen Kontroverse. Tawney schreibt, die noch so späte allgemeine Mißbilligung des Wucherers basiere auf der

> general persuasion that economic prosperity and social stability depended on the widest possible distribution of property among the largest possible number of independent producers, and that both were being menaced by the encroachments of a sinister money power.[10]

Die Debatte, auf die hier angespielt ist, die sogenannte »common weal«-Debatte, versuchte dem entstehenden Individualismus gegenzusteuern, dem, was im Rahmen unseres Themas später »possessive individualism« genannt werden würde. (Wer sich vorstellen will, von welchen Horrorvisionen der neu ins Bild tretende historische Individualismus, das entstehende, sich selbst setzende bürgerliche Bewußtsein, bindungs- und verantwortungslos, begleitet war, braucht sich nur die Shakespeareschen Haupt- und Staatsschurken, Prototypen des neuen Individualismus, vorzustellen: einen Richard III., den Bastard Edmund aus dem *Lear*, Iago, oder eben auch Shylock.) Die Utopieprojekte der Zeit, von Mores *Utopia* von 1516 bis zu Campanellas 1602 begonnenem *Sonnenstaat*, machen die Entindividualisierung zur Voraussetzung einer egalitären Güterverteilung bei gleichzeitiger Abschaffung oder drastischer Reduktion des Geldbedarfs. Vor dem historischen Hintergrund sind das rückwärtsgewandte Utopien, gleichsam Beschwörungen, die freilich die radikale Konsequenz aus dem »common weal«-Gedanken ziehen. An den offiziellen Debatten hingegen ist auffällig, wie hier mit gespaltener Zunge geredet wird: eigentlich müßte doch der Groß- und Überseekaufmann Zielscheibe der Angriffe sein, eine Figur wie Antonio als Prototyp des Besitzindividualisten, aber der wird unter Berufung auf seine Risikobereitschaft salviert und die Attacken können mit um so größerer Schärfe gegen den Wucherer geritten werden. Vielleicht hat Shakespeare die Ähnlichkeit beider zum Ausdruck bringen wollen, wenn er Portia beim Betreten des Gerichtssaales fragen läßt: »Which is the merchant here? and which the Jew?« Die Frage wird freilich nicht thematisiert. Der Wucherer bleibt derjenige, der durch Schädigung eines Einzelnen immer auch das Gemeinwesen als ganzes schädigt und letzten Endes ruiniert.

Einem Mann wie Wilson ist nicht entgangen, daß die Unterscheidung Kaufmann / Wucherer oft nicht zu treffen ist, gibt es und gab es doch immer wieder Versuche, das Wucherverbot zu umgehen. Wilsons *Discourse* ist durchsetzt mit Tiraden gegen solche, die im geheimen sich als Wucherer betätigen – offensichtlich war das Geschäft eine zusätzliche Erwerbsquelle für solche, die ein wenig mehr hatten als ihre Nachbarn, also Bauern, Wirte, Handwerker, Kleinhändler, aber auch Pfarrer sind erwähnt – eben im besonderen gegen die, die sogar unter dem Deckmantel ihrer Religion dem Gewerbe nachgehen. In der Vorrede des Anglikaners Wilson an Robert Dudley – soviel man weiß ein hochverschuldeter Edelmann – hat die Polemik eine, wie es scheint, eindeutig theologische Richtung, oder vielleicht soll auch die theologische die ökonomische verschleiern, was wiederum mit der zunehmenden ökonomischen Bedeutung der Puritaner zu tun hätte. Wilson meint mit den heuchlerischen und heimlichen Wucherern einmal eben die Puritaner, die er »dissemblinge gospellers« nennt, wobei »dissembling« aus dem Wörterbuch der Anti-Machiavellisten stammt, zum anderen die Katholiken, die »wilfull and indurate papists« genannt werden:

The first under colour of religion overthroweth all religion, and bearing good men in hande that he loveth playnesse, useth covertelie all deceypte that maye bee, and for pryvate gayne undoeth the common welfare of man. And touching thys sinne of usurie, none doe more openly offende in thys behalfe than do these counterfeite professours of thys pure religion. The wilfull Romaniste, ... , deviseth by indirecte meanes to advance his welfare, that hee maye have monye in store againste a good hower suche as he loketh for. So that, betwixt the secrete dissembler and the open blasphemer, the world is made a praye, and divided betwixt them, and god thereby moste hyghely dishonored.[11]

Es trifft sich, daß zwei ohnehin verhaßten und verfolgten religiösen Gruppen auch noch der Vorwurf des Zinsnehmens gemacht werden kann, der ohne Zweifel zutrifft, auf die eigenen Anglikaner aber ebenso zuträfe. An den Vorwürfen hier fällt auf der Trug, die Heimlichkeit der Vorgehensweise, die vorgebliche Klarheit und Ehrlichkeit der Absprache (plainness), weil das nicht die geläufigsten gegen den Wucherer vorgebrachten Argumente sind, sondern der Katalog anti-machiavellistischer Verdächtigungen mit abgearbeitet wird: Argumente im übrigen, die sämtlich gegen Shylock mobilisiert werden und die es erlauben, wie in der literarischen Kritik auch geschehen, in ihm eher den kaschierten Puritaner – vielleicht auch den Papisten – zu sehen als den Juden. Im Zusammenhang Shylocks wird auch die angedeutete Verschwörungstheorie aufgeboten werden: der Wucherer warte nur auf den günstigen Zeitpunkt (a good hour), wo er genug Mittel zusammenhabe, um das Bestehende zu zerstören. Man sieht, die vermuteten Umsturzpläne von Spaniern und Jesuiten werden eher konnotativ als argumentativ als geheimste Absicht und Konsequenz des Wuchers unterstellt. Den Wucherern fällt schließlich die

Welt als Beute in den Schoß, ökonomisch *und* weltanschaulich, was also hier bereits zusammengedacht ist.

So schwer es ist, den Kaufmann vom Wucherer klar zu unterscheiden, so schwer ist es, »lawful gain« aus verliehenem Geld und Wucherzins immer klar zu trennen. Die Grenze ist haarfein und spitzfindig gezogen: ist ein Anspruch wegen »damnum emergens«, einem auf Grund verspäteter Rückzahlung entstandenen Schaden, wirklich rechtens, oder wurde der Termin absichtlich so gesetzt, daß er nicht einzuhalten war? Wie läßt sich das »lucrum cessans«, die Verhinderung größeren Gewinns, für die eine Ausgleichszahlung in Form von Geld erlaubt ist, wirklich nachweisen? Da derlei Ausnahmen schwer zu kontrollieren sind, verschiebt sich die Aufmerksamkeit auf eine andere Ebene: auf die des menschlichen Willens. Es ist die Frage der bösen Absicht und des Vorsatzes, die hier zur Debatte steht: »Sola intencio et voluntas faciendi usuras fecit peccatum usure in corde.«[12]

Die Beurteilung, was als Wucher zu bezeichnen sei, eröffnet der Beichtkontrolle – und in besonderen Fällen der Inquisition – ein dankbares Betätigungsfeld. Vom Wuchergeld als einer Vortäuschung in der Sache, einem Blendwerk, das sich gegebenenfalls in Kot auflösen kann, hat sich die Transaktion zu einem Vorgang arglistiger Täuschung verinnerlicht. Was an Shylocks Verhalten am schärfsten ins Auge springt, was die einzige Triebfeder seines Handelns ist – er will ja nicht einmal verdienen – und schließlich zu seiner Verurteilung führt, ist eben dieses »peccatum in corde«. Auf dem tiefsten Punkt seiner Erniedrigung und Resignation findet Antonio dafür die Worte:

You may as well do any thing most hard
As seek to soften that – than which what's harder? –
His Jewish heart![13]

Shakespeare hat die Metapher vom Herzen dialektisch gefaßt, wenn er ausgerechnet darauf Shylocks Sinnen und Trachten richtet: das weiche Herz Antonios, Sitz seiner »charity«.

Von Wilsons leicht antiquierter, gleichwohl eine Stimmungslage erfassenden Verdammung des Wuchers bis zu Bacons Rechtfertigung sind kaum dreißig Jahre vergangen, während denen sich Krone und Magistrat bemühten, das nicht mehr durch moralische oder religiöse Appelle zu überspringende Faktum des Zinsnehmens zu regulieren, denn »to speake of the Abolishing of Usury is Idle«, heißt es in Bacons Essay *Of Usury*. (Wobei »idle«, ein in die »Sprüche Salomonis« führendes Wort, bisher ein Attribut des Wucherers, des Müßiggängers und Tagediebs gewesen war.) Eines der wichtigsten neueren Argumente gegen das Zinsennehmen, seine Sicherheit, gegen die die gottgefällige Risikofreudigkeit des Merchant Adventurer ausgespielt wird, löst sich auf:

> ... he that puts all upon Adventures, doth often times breake, and come to Poverty: It is good therefore, to guard Adventures with Certainties, that may uphold losses.[14]

Ein solcher Kaufmann ist Antonio, dessen Verhalten sich von hier aus als gestrig und naiv erweist: Shylock zählt es auf, dieses ganze schwimmende Kapital ohne Sicherheiten, und kommentiert: »his means are in supposition«, seine Mittel sind zweifelhaft, sind hypothetisch, und gehen ja auch zugrunde. Bacon zählt, wie von einem geschulten Juristen nicht anders zu erwarten, das Für und Wider des Wuchers auf, wobei die Gründe, die dafür sprechen – immer getreu seiner Maxime: »For the benefit of mankind« –, nicht mehr zu widerlegen sind. Was er mit seinem Essay bezweckt, ist praktischer, nicht moralischer Natur: er plädiert für zwei verschiedene Typen von Zinsen, »lesser« und »greater usury«. Die geringeren sollen bei 5% festgesetzt werden (10 % war der inzwischen legale Zinssatz), vom Staat überwacht werden und die Regel bilden. Höhere Zinsen wären von »knowne Merchants«, also den Übersee- und Großhändlern, die größere Kapitalmengen benötigen, zu fordern und wohl je nach Bedarf auszuhandeln. Was bei Bacon vielleicht am meisten überrascht, ist die Deutlichkeit, mit der er für den Geld- und Zinsspezialisten, den Finanzier, als eigene Berufsgruppe plädiert: »that there bee left open a Meanes, to invite Moneyed Men, to lend to the Merchants, for the Continuing and Quickening of Trade«, und »let there be Certaine Persons licensed to lend ...«.[15] Der Wucherer wird hier also nüchtern als einer vorgestellt, der verdienen darf, weil er damit unmittelbar dem Handel des Landes nützt, den Interessen des »common weal« gerade nicht zuwiderhandelt. So gesehen, wäre Shylock der von Bacon geforderte neue Typ des Geldhandel treibenden Individuums und Antonio die nostalgische Erinnerung an eine nicht mehr lebensfähige Form des Wirtschaftens. (Züge des Abgelebten, des Kranken, auch des Gezeichneten – »I am a tainted wether of the flock, / Meetest for death«[16] – sind ja in der Antonio-Figur durchaus thematisiert.)

Daß die Sympathielenkung des Stückes freilich anders verläuft, verweist auf die Diskrepanz zwischen ökonomischer Wirklichkeit und einer Publikumsmentalität, für die die alten Fragen, die alten Antworten keineswegs vergangene waren. Das Stück, auf das Shakespeares Stück antwortet, Marlowes *Jew of Malta* von etwa 1590, war in einer Schicht schon weiter gewesen, indem Barabas als Merchant Adventurer allergrößten Stils vorgeführt wird. Aber alle seine Transaktionen haben nur das eine Ziel, Schätze zu akkumulieren, »infinite riches in a little room« zu thesaurieren, um damit Kapital aus der Zirkulation zu nehmen und den christlichen Handel zu vernichten. Im übrigen ist der *Jew of Malta* weniger ein Anti-Wucher-Stück als ein antisemitisches und liest sich wie eine Anthologie so ziemlich aller Anti-Juden-Klischees, die sich im Laufe der Jahrhunderte angesammelt haben: Barabas ist oder war Mörder, Gotteslästerer, seine Patienten tötender Arzt, Brunnenvergifter, Verräter aller, mit denen er zu paktieren heuchelte, etwa als Kriegsingenieur, daneben natürlich auch ein seine Gläubiger in den Tod treibender Wucherer, mit einem Wort, alles das, für das sich der neue Sammelbegriff des Machiavellisten anbot – und Machiavelli ist es, der den Prolog des Stückes spricht, mithin die Perspektive, aus der das Stück zu sehen ist, vorgibt. Shylock hingegen ist *nur* Wucherer, Zusammenfassung all dessen, was sich an Wucherer-Klischees akkumuliert hatte. Shylock entwickelt sich nicht erst zum Schurken, was von der Handlungsführung her zu motivieren gewesen wäre, sondern das »peccatum cordis«, die böse Absicht, ist von vornherein Antrieb seines Handelns, wie aus seinem Einführungsmonolog hervorgeht. Er haßt Antonio, nicht nur, weil er Christ ist, sondern, mehr noch, weil er ihm die Geschäfte verdirbt durch seinen Gratis-Verleih von Geld:

If I can catch him once upon the hip,
I will feed fat the ancient grudge I bear him.[17]

Hier scheint bereits das Motiv vom »devouring beast« auf, des sich am Fleisch des Schuldners mästenden Ungeheuers, vorgeführt wie die Perversion des Kampfes Jakobs mit dem Engel.

Von besonderem kasuistischen Raffinement ist die Begründung, mit der Shylock sein Wuchern aus einer List Jakobs herleitet, bei dessen Erwähnung nicht unerinnert bleibt, daß der auch sein Erbe einer Manipulation verdankte. Bevor Shylock zu erzählen beginnt, fragt Antonio, ob Jakob denn »interest« genommen habe. Shylocks Antwort: »No, not take interest, not as you would say / Directly int'rest.« Obwohl dieses Wort im Stück synonym mit

»usury« und »usance« gebraucht wird und obwohl es eigentlich der Terminus für Verzugsentschädigung ist, ist seine Verwendung hier besonders listig, weil es dem Wortspieler Shylock das Stichwort liefert: ein Inter-Esse, ein Dazwischensein – obschon »not as you would say / Directly int'rest«, man beachte die durch die Zäsur markierte Betonung –, ist nämlich genau das, dem Jakob seinen Zugewinn verdankt. Als Jakob sich mit seinem Onkel Laban geeinigt hatte, daß ihm als Lohn für getane Arbeit beim nächsten Wurf alle gesprenkelten Lämmer zufallen sollten, stellt er beim Zeugungsvorgang vor den brünstigen Mutterschafen geschälte, also gesprenkelte Stäbe auf, und das Ergebnis war ein ganzer Wurf in Jakobs Sinne. Der ganze Gewinn verdankt sich also dem Trug, aber es sind verschiedene Motive in ihm verknüpft: das der Täuschung eines Vertragspartners, das der magischen Praktik, das der willentlichen Begattungsmanipulation. Die letzten beiden Punkte sind uns bekannt aus dem Kontext der »tokos«-Debatte, und es ist Antonio, der darauf anspielt: »is your gold and silver ewes and rams?« Und Shylock bekennt sich in seiner Antwort offen zur Praktik des Widernatürlichen: » I cannot tell, I make it breed as fast«. Antonio hat noch zwei weitere Klischees parat: das vom Teufel – »The devil can cite Scripture for his purpose« – und, damit verbunden, das vom machiavellistischen Heuchler, beides Kennzeichnungen, die alsbald konkret werden. Der Vertrag, der geschlossen wird, hat etwas vom Teufelspakt, da der Partner ein Stück seiner selbst zu verpfänden genötigt ist. Und wie der Machiavellist verwendet Shylock Wörter so, daß sie umgekehrt verstanden werden können: »This is kind I offer«, sagt er, und es wird ihm als »Freundlichkeit« abgenommen, während er meint, er biete Gleiches für Gleiches, wie im Talionsprinzip. Das Fleisch verlangt er »in a merry sport«, was nur »aus Spaß« zu sein scheint und doch das sportive Vergnügen schon enthält, das es ihm bereitet, es sich zu holen. Von geradezu halsbrecherischer Ironie ist die Formulierung der Buße bei Nicht-Einhaltung des Termins: »an equal pound / Of your fair flesh«. Die Zäsur indiziert, *daß* es anders weitergehen könnte (»a pound of precious stones«?), und akzentuiert, *wie* es weitergeht. »Equal« macht im Zusammenhang des Pfundes Fleisch nur Sinn, wenn man lateinisch »aequus« hindurchhört, eine Anspielung auf »aequum pretium«, den gerechten Preis, den außer Kurs zu setzen einer der Scholastikergründe gegen das Wuchern war. Und im selben Sinne ist wohl auch das »*fair* flesh« zu verstehen – nicht hellhäutig, sondern wiederum: gerecht. Es ist das Fleisch des Gerechten, dessen, der das Recht auf seiner Seite weiß, das Shylock fordert. Das Abgründige seiner Forderung liegt darin, daß er fordert, was von ihm gefordert wurde, daß er die Blutspur zu denen zurückverfolgen möchte, die ihm und seinem »tribe« die Wunde schlugen. Damit hat Shakespeare darauf gezeigt, daß selbst die Requisite des abgelebten schurkischen Wucherers Züge trägt, in die das ihm angetane Unrecht für immer eingegraben ist. Sie werden, durch alle Klischees hindurch, das ganze Stück sichtbar bleiben.

So ist von heute her, und vielleicht schon für den Elisabethaner, kaum zu verstehen, daß und wie Shylock durch seine Tochter und den Christenlümmel Lorenzo um seine bewegliche Habe gebracht wird, unter dem Beifallgegröhl der christlichen Jeunesse dorée. Aber auch das gehört ins Bild, denn das vom Wucherer Erworbene ist gestohlenes Gut, und es ist rechtens, es ihm wieder abzunehmen. (Nach mittelalterlichen Vorstellungen hatte nur derjenige Wucherer Hoffnung, ins Fegefeuer zu gelangen, der spätestens auf dem Totenbett alles durch Wucher Erworbene den rechtmäßigen Besitzern zurückerstattete.) Sogar das Verschleudern der Reichtümer – Leahs Ring für einen Affen – ist keine Erfindung Shakespeares, sondern ein Topos, wie etwa Wilson vermerkt: »You shall hardlye see an usurers issue prosper wel, but eyther the partye comes to an evyll ende, or the goods are lewdlye wasted awaye.«[18]

Mit dem großen Schatz der Züge des Un-, des Antimenschlichen des Wucherers geht Shakespeare verschwenderisch um. Die Erwähnungen des Teuflischen sind kaum zu zählen, selbst die eigene Tochter stellt die Verbindung her. Shylock nennt sich selber einen Hund – »since I am a dog, beware my fangs« – und erinnert damit ans hebräische »neshech«. Er ist mit seinem Messer die fleischgewordene Metapher vom »cutting usurer«, und nirgends kommt seine gnadenlose Unmenschlichkeit vielleicht deutlicher zum Ausdruck als in dem Detail, daß er dem voraussichtlich verblutenden Antonio den Wundarzt verweigert. Er pervertiert die Religion, wenn er bei seinem »holy Sabbath« schwört, sein Pfand einzutreiben, und er pervertiert das Recht, wofür die Waage, mit der er das Fleisch wiegen will, der emblematische Ausdruck ist.

Daß die Art, wie Portia Shylock um sein Recht bringt, selber eine Rechtsverdrehung ist, haben Juristen untersucht und braucht uns hier nicht zu interessieren. Es genügt festzustellen, daß damit dem »gesunden Volksempfinden«, für das die Christenmeute im Gerichtssaal stellvertretend steht, Genüge getan ist, das selbst dann noch von der Rechtmäßigkeit der Überlistung des Arglistigen überzeugt ist, als die Gesetze – in Venedig, in London – ihn längst schützten. Etwas anderes am Höhepunkt des Stückes verdient vielleicht größere Aufmerksamkeit: Shylock zielt aufs Herz Antonios. Bacon hatte geschrieben, Wucher sei eine Konzession »propter duritiem cordis«, und es ist die sprichwörtliche Weichherzigkeit Antonios, die Shylocks Geschäft sozusagen von innen heraus bedroht. Daß er ihn gerade dort treffen will, richtet sich also nicht nur gegen das zentrale Lebensorgan, sondern ist die symbolische Liquidation dessen, was dem Wucher entgegenschlägt, die Setzung der einen Bestimmung des Herzens durch Vernichtung der anderen:

beide können am gleichen Ort nicht sein. Es wäre verlockend zu folgern, daß mit der Stillegung des pulsierenden Herzens auch der in der Zirkulation gründende Handel symbolisch getroffen werden soll[19]. Aber vermutlich geht das schon deshalb zu weit, weil die in der Bewegung des Herzens gründende Blutzirkulation erst zwei Jahre nach Shakespeares Tod entdeckt wurde. Gleichwohl ist die Kreisform eine Gegenfigur zu Shylock. Sein wirklicher Widerpart ist nicht Antonio, sondern Portia, eine Fortuna, was Ruskin als erster gesehen hat, deren Hauptattribut das Rad ist, das in diesem Zusammenhang für das Austeilen der Güter (»Portia« hängt mit »portio«, »porto« und »pars« zusammen) in zirkulärer Bewegung, und in der Folge für Üppigkeit und Wohlstand steht.

Werfen wir noch einen kurzen Blick auf Portias sogenannte Gnadenrede, deren erste, etwas rätselhafte Zeile lautet: »The quality of mercy is not strained«, etwa: es ist das Wesen der Gnade, daß sie sich nicht befehlen, nicht erzwingen läßt. Darunter liegt ein zweiter Sinn, den der ingeniöse Ruskin herausgehört hat: »mercy« klingt an »merces« an, also Verdienst, Lohn, im besonderen auch Zins. Das heißt, das Besondere dieser neuen Form von »merces« ist, daß sie sich nicht erpressen, herauspressen läßt (aus den Schuldnern), sondern »It droppeth as the gentle rain from heaven / Upon the place beneath«. Die Fast-Homophonie mag auf den calvinistischen Gedanken anspielen, daß die Art (quality: auch Größe, Umfang?) des Verdienstes Rückschlüsse auf den Gnadenstand zuläßt, daß Verdienst und Gnade sozusagen ineinander übergehen wie »merces« und »mercy«. Der Sinn der Zeile jedenfalls scheint weniger in einer religiösen oder das Recht in Richtung Gnade überschreitenden Botschaft zu liegen als in einer ökonomischen. Fast ist man versucht, mit Shylock zu sagen: Verdienst (thrift) ist Segen, wenn einer ihn nicht stiehlt. Aber dagegen würde Portia einwenden, erstens daß er – als Wucherer – stiehlt, zweitens daß sein »thrift«, da es eine bestimmte Absicht, mithin ein »straining«, impliziert, niemals, wie »merces«, zu »mercy« mutieren kann. Auch Shylocks selbstbezogenes »blessing« – samt seiner Verhöhnung des »gratis«, worin »grace« mitzuhören ist – wird von Portia gegen ihn gekehrt, wenn sie die Reziprozität von »mercy« benennt: »it is twice blest, / It blesseth him that gives, and him that takes.« Gesegnet ist nur solcher Verdienst, der auf dem Austausch, der Zirkulation, dem »give and take«, aufbaut. Damit schimmert hinter der Gnadenrede die Idee vom neuzeitlichen Handelsstaat hindurch. Dazu ist freilich auch, wie Bacon sah, der Kapitalverleih mit Zinsgewinn nötig. Das geht aus den Konditionen der Bestrafung Shylocks hervor. Die Hälfte seines Vermögens zieht der Staat ein, die andere Hälfte verlangt Antonio: »so he will let me have / The other half in use«. Dieses »use« meint nicht einfach Gebrauch oder Investition, sondern ist das jedem Elisabethaner geläufige Synonym für »usury«. Aus der Verbindung des Merchant Adventurer mit dem Usurer, auch einer Form des »Elizabethan compromise«, wird die Prosperität der Insel hervorgehen. Die Botschaft dieses Stückes, das die Entwicklung von der Thesaurierung zur Zirkulation nachzeichnet, wird vielleicht am bündigsten, avant la lettre, von unserem Thomas Wilson auf eine Formel gebracht:

> Let us be charytable, loving and liberal one to an other, and readie alwaies to geve some porcyon of that bountifulnes, which god dayly and infinitely of his free mercy poureth upon us.[20]

1 »Sehen wir uns eben dieses Wort ›usury‹ im Hebräischen an. Es heißt Biß, von dem Wort ›neshech‹, was nichts anderes bedeutet als eine Art Beißen, so wie ein Hund einen Knochen beißt oder an ihm nagt; so daß der, der nicht beißt, keinen Wucher betreibt.« Thomas Wilson, *A Discourse upon Usury* (1572), with an historical introduction by R. H. Tawney, London 1925, S. 241.
2 Canto C: »Neschek, das kriechende Übel, / Schleim, Fäulniserreger an allen Dingen, / Vergifter des Brunnens, / von allen Brunnen, Neschek, / Die Natter, Fäule gegen natürlichen Zuwachs«. Ezra Pound, *Usura-Cantos XLV und LI*, herausgegeben und kommentiert von Eva Hesse, Zürich: Arche 1985, S. 64f.
3 Aristoteles, *Politik*, übersetzt und herausgegeben von Olof Gigon, München: dtv 1973, S. 63.
4 Wilson (wie Anm. 1), S. 217.
5 Ebenda, S. 259.
6 Berthold von Regensburg, *Vier Predigten*, übersetzt und herausgegeben von Werner Röcke, Stuttgart: Reclam 1983, S. 33.
7 Wilson (wie Anm. 1), S. 271. »Der Wucherer ist stets seines Gewinns sicher, wer sonst auch immer verliert, da er stets gute und hinreichende Sicherheit für sein Geld hat.«
8 Ebenda, S. 203. »… rechtmäßiges Handeln und Investieren, um das, was uns fehlt, ins Land zu holen und das, woran wir genug haben, hinauszubringen, ist immer erlaubt gewesen.«
9 Ebenda, S. 42.
10 Ebenda, S. 30. »… die allgemeine Annahme, daß ökonomischer Wohlstand und soziale Stabilität von der weitest möglichen Besitzverteilung unter der größtmöglichen Zahl unabhängiger Produzenten abhingen und daß beide durch das Vordringen einer finsteren Geldmacht bedroht würden.«
11 Ebenda, S. 178. »Der eine stürzt unter dem Anstrich der Religion alle Religion, und indem er alle Guten glauben macht, er liebe das Reine und Ehrliche, bedient er sich im Geheimen aller nur möglichen Verstellung und zerstört um privaten Gewinstes willen die allgemeine Wohlfahrt der Menschen. Und was diese Sünde des Wucherers betrifft, so gibt es niemanden, der offener in dieser Hinsicht sich vergeht als diese trügerischen Anhänger dieser reinen Religion. … Der starrsinnige Papist … plant durch indirekte Methoden seinen Wohlstand zu mehren, auf daß er Geld bereit habe, wenn die günstige Stunde, auf die er nur wartet, gekommen ist. So daß die Welt dem geheimen Heuchler und dem offenen

Gotteslästerer zur Beute und zwischen ihnen beiden aufgeteilt und Gott dadurch aufs höchste entehrt wird.«
12 Hans Jörg Gilomen, »Wucher und Wirtschaft im Mittelalter«, in: *Historische Zeitschrift*, Bd. 250, Heft 2, München, April 1990, S. 295.
13 IV, i, 78ff. »Ihr könntet, was Ihr wollt, das Härteste vollbringen, / Eh Ihr erweichen könntet das – / Gibt es denn Härteres als / Sein jüdisch Herz?« (K.R.)
14 Francis Bacon, »Of Riches«, in: *The Essays, or Counsels, Civill and Morall*, 1597, 1612, 1625, Ausgabe London 1902, S. 132. »Wer alles (im Fernhandel) investiert, geht oft zugrunde und gerät in Armut: es ist deshalb gut, Investitionskapital durch Sicherheiten zu schützen, um Verluste zu verhindern.«
15 »Es sollte die Möglichkeit bestehen, Menschen mit Geld einzuladen, den Kaufleuten zu leihen, zur Fortsetzung und Belebung des Handels ... es sollten bestimmte Personen mit einer Lizenz, zu leihen, ausgestattet sein.«
16 IV, i, 114f. »Ich bin / Das kranke Schaf der Herde, am tauglichsten / Zum Sterben.«
17 I, iii, 41 f. »Krieg ich ihn zu packen einmal an der Hüfte, / Dann freß ich satt den alten Groll an ihm«.
18 Wilson (wie Anm. 1), S. 380. »Man wird kaum sehen, daß es den Nachkommen eines Wucherers wohlergeht, denn entweder ereilt sie ein böses Ende oder die Güter werden auf liederliche Weise verschleudert.«
19 Der scharfsinnige John Ruskin schreibt in seiner ökonomischen Analyse des Stückes: »... the mercantile, presiding over circulation and communication of things in changed utilities, is symbolized by the heart.« in: *Munera Pulveris* (1871), Ausgabe London 1904, S. 118.
20 Wilson (wie Anm. 1), S. 366. »Lasset uns wohltätig sein, liebend und großzügig zueinander und stets bereit, einen Teil (porcyon = portio, Portia) jener Fülle (Portias Füllhorn) zu geben, die Gott täglich und unendlich aus seiner freien Gnade auf uns herabregnen läßt.«

Außer den in den Anmerkungen aufgelisteten Titeln wurde folgende Literatur benutzt:

Johannis Buxtorfi *Lexicon Hebraicum et Chaldaicum*, Basilea 1676.

L. C. Knights, *Drama and Society in the Age of Jonson* (1937), Harmondsworth: Penguin 1962.

Jacques Le Goff, »Zeit der Kirche und Zeit des Händlers im Mittelalter«, in: M. Bloch, F. Braudel, L. Febvre, *Schrift und Materie der Geschichte*, hrsg. v. Claudia Honegger, Frankfurt: Suhrkamp 1977, S. 393-414.

Jacques Le Goff, *Wucherzins und Höllenqualen, Ökonomie und Religion im Mittelalter*, Stuttgart: Klett-Cotta 1988.

Jacques Le Goff, *Die Geburt des Fegefeuers*, Stuttgart: Klett-Cotta 1984.

Lester K. Little, *Religious Poverty and the Profit Economy in Medieval Europe*, London: Paul Elek 1978.

Benjamin Nelson, *The Idea of Usury. From Tribal Brotherhood to Universal Otherhood*, second enlarged edition, Chicago University Press 1969.

Klaus Reichert, *Fortuna oder die Beständigkeit des Wechsels*, Frankfurt: Suhrkamp 1985.

Carl F. Taeusch, »The Concept of ›Usury‹. The History of an Idea«, in: *Journal of the History of Ideas* III (1942), No. 3.

Joshua Trachtenberg, *The Devil and the Jews*, Yale University Press 1943.

Die Wirklichkeit des Eingebildeten oder Kunst und Trick.
Zu Shakespeares Arbeit am Pygmalion-Mythos im *Wintermärchen*

Das bezaubernde Künstlermärchen von Pygmalion, das heiter nur ist und ein Triumph der Schöpferkraft, wenn man es aus seinem ovidischen Zusammenhang herauslöst, wie in seinen Thematisierungen seit der Renaissance geschehen[1], ist in Entsetzliches eingebettet. Zuerst ist da die mörderische Verletzung des heiligen Gastrechts im kyprischen Amathus, die durch Venus gerächt wird, indem sie die Frevler in Rinder verwandelt. Gleichwohl leugnet eine Schar Mädchen, die Propoetiden, die Göttlichkeit der Venus. Sie werden mit Schamlosigkeit geschlagen, prostituieren sich, und als die Blutröte ihnen im Gesicht erstarrt, werden sie in Gestein verwandelt. Vom Anblick der Schändlichkeit (crimen) entsetzt, die als naturgegeben dem weiblichen Geschlecht dann noch insgesamt zugeschrieben wird, wird Pygmalion, der nach anderen Quellen auch König von Kypros ist, misogyn und schnitzt sich sein Elfenbeinbild. Die Kunst schafft sich ein Ebenbild, indem sie das Grauen, das es veranlaßte, darin zum Verschwinden bringt und dadurch bannt. Wie beruhigend, daß es die Kunst gibt und daß sich darüber, wenn sie schön ist, ihre Kehrseite, die Barbarei, vergessen läßt. Es folgt die bekannte Geschichte, die aber nicht damit endet, daß das Bild sich selbst belebt. Sie geht weiter. Pygmalion zeugt mit dem Fleisch gewordenen Bild, das manchmal, nicht bei Ovid, Galatea heißt[2], einen Sohn, Paphos, der hat einen Sohn, Cinyras, und der wiederum hat eine Tochter, Myrrha, die zu ihrem Vater in inzestuöser Liebe entbrennt, woraus Adonis hervorgeht, der aus dem Baum, zu dem Myrrha geworden ist, herausbricht. Ovid weist auf die Parallele im unmöglichen Liebesverlangen von Urgroßvater und Enkelin hin, wenn er beide um Similia bitten läßt; der Unterschied ist, daß es im einen Falle um ein Wirklichwerden von Kunst geht, eine Grenzüberschreitung (Pygmalion erfleht von der Göttin eine Frau »›similis mea‹, dixit, ›eburnae‹«), im anderen um eine bewußte Täuschung, um den Tabubruch zu erreichen (vom Vater, der sie nicht erkennt, wünscht Myrrha sich einen Gatten »similis tibi«). Obwohl es beide Male um Simulation geht, erscheint der Unterschied beträchtlich und bezeichnet die nur wegzuträumende Grenze zwischen Kunst und Leben, die Unheil gebiert: Künstlerträume, die in Erfüllung gehen, wirklich und ›wahr‹ werden, enden in der Katastrophe.

Shakespeares *Wintermärchen* in den Kontext des Pygmalion-Stoffes[3] zu stellen, liegt nun nicht nur deshalb nahe, weil am Schluß eine Statue zum Leben erweckt wird – oder ins Leben zurückkehrt, um die Spanne der Jahre ihres Statuen-Daseins gealtert –, sondern auch darum, weil der ovidische Zusammenhang mitdramatisiert zu sein scheint, teils entstellt und verwandelt, teils rückläufig, so wenn nicht die Liebe ein totes Bild beseelt, sondern der Haß eine Lebende versteinert. Bei alledem geht es auch hier um Täuschung, Selbsttäuschung und Täuschung anderer, Simulation, um die verheerenden Folgen, wenn einer sich ein Bild macht und mit ihm umgeht, als wäre es wirklich, um die heikle Grenze zwischen Natur und Kunst und deren Verwischung, auch schließlich um Magie und die berückende Wirkung eines beseelten Bildes, das aber hier keinen Blick wirft auf den Gatten und schweigt, wie Alkestis.

Das Stück beginnt mit dem, was eine Abschiedsszene zu werden scheint: Polixenes, der König von Böhmen, hatte neun Monate lang die Gastfreundschaft seines Kinder- und Jugendfreundes Leontes, des Königs von Sizilien, und seiner Gattin Hermione in Anspruch genommen, jetzt will er heimkehren, doch Leontes will ihn nicht ziehen lassen, hat aber mit seinen Bitten kein Glück. Erst als Hermione, aufgefordert von ihrem Gatten, in den Gast dringt, scheint sich das Blatt zu wenden. Es entspinnt sich ein merkwürdiger, gemessen an höfischen Formen höchst unkonventioneller Dialog zwischen Gastgeberin und Gast, in dem zunächst das symbiotische, paradiesisch-unschuldige Vorleben der Freunde zur Sprache kommt, das erst durch das Dazwischentreten der jeweiligen Frauen gestört wurde. Der Ton wird jetzt anzüglich, kokett – nicht von Liebe ist die Rede, sondern von »temptations«, »offences«, »fault«, »slip« und »trip«, Wörter, die die Versucherrolle der Frau ins Spiel bringen, ihre Fixierung auf Sexualität, und von Leontes, vermutlich aus dem spielerischen Zusammenhang gelöst, mitgehört werden. Das bringt die Szene zum Kippen. Es interessiert hier nicht, inwieweit des Leontes Eifersucht und wachsende Misogynie psychologisch begründbar und etwa aus einer latent homophilen Beziehung zum früheren Freund ableitbar wären. Was interessiert, ist die Art, wie Leontes, mit der Dynamik des Eifersüchtigen, aus ein paar Reizwörtern und Gesten das ›disegno‹ der Schändlichkeit konzipiert und daraus das Bild seiner schamlosen Frau, einer anderen Propoetiden, modelliert. In einem kurzen Passus umreißt er den Erweckungsvorgang, dessen Pointe darin liegt, daß er sich sowohl auf Pygmalion wie auf die Ausgeburt seiner eigenen krankhaften Phantasie beziehen läßt, die beide in der Dämonie des Irreal-Realen konvergieren. Ausgelöst wird der Vorgang durch den uneindeutigen, mit Signalen des Gefährlichen umstellten Trieb der »affection«, der Liebe und Gefühl ebenso meint wie unbeherrschte Leidenschaft, Sinnenlust, Begierde und sogar Unnatur:

Affection! thy intention stabs the centre:
Thou dost make impossible things not so held,
Communicat'st with dreams; – how can this be? –
With what's unreal thou coactive art,

And fellow'st nothing: then 'tis very credent
Thou may'st co-join with something; and thou dost,
(And that beyond commission) and I find it,
(And that to the infection of my brains
And hard'ning of my brows).[4]

»Affection« macht Unmögliches möglich, spricht und handelt mit dem Traumpartner von gleich zu gleich, paart sich mit dem Nichts oder, handgreiflicher, verbindet sich einem Etwas jenseits des Erlaubten. Die christliche Verdammung solcher Grenzüberschreitung, belebter Bilder, die nur vom Teufel stammen können – sie spielen in der Pygmalion-Rezeption seit der Patristik eine Rolle –, hallt hier nach. Nachdem die Form gegeben ist, geht Leontes daran, sie auszufüllen und zu kolorieren. Detail um Detail fügt sich ihm zum Bild der schändlichen Frau und ihres Buhlen zusammen. Es fällt auf, daß er dabei nicht wie ein negativer Petrarkist verfährt, dessen Bilderfluchten sich jedem referentiellen Bezug entziehen, denn gleich einem bildenden Künstler ist gerade die Konkretion, die Plastizität des Darzustellenden seine Intention; es ist geradezu die Übertragung der sinnlichen Greifbarkeit der Kunst eines Zeuxis in Sprache. Am dichtesten wird die Beschreibung, wenn Leontes seinem Vertrauten Camillo, der die Unterstellungen bestreitet, die Wirklichkeit des Gesehenen in gehetzten Ellipsen, deren jede den agierten Augenblick eines lebenden Bildes skizziert, in einem Crescendo vor Ohren führt:

Is whispering nothing?
Is leaning cheek to cheek? is meeting noses?
Kisses with inside lip? stopping the career
Of laughter with a sigh (a note infallible
Of breaking honesty?) horsing foot on foot?
Skulking in corners? wishing clocks more swift?
Hours, minutes? noon, midnight? and all eyes

Blind with the pin and web, but theirs; theirs only.
That would unseen be wicked? is this nothing?
Why then the world, and all that's in't, is nothing,
The covering sky is nothing, Bohemia nothing,
My wife is nothing, nor nothing have these nothings,
If this be nothing.[5]

Die Pointe der Stelle liegt nicht zuletzt darin, daß Leontes sein »nothing« der früheren wieder aufgreift und es jetzt umkehrt: die ganze Passage ist die Ausfüllung von »nothing«, und was erst das Nichts eines Traumgespinsts hieß, formt sich jetzt aus dem Nichts zu konkreter Gestalt, so konkret wie die Welt und der Himmel. Der Leser oder Hörer weiß, wie Camillo, daß dem Bild nichts in der Wirklichkeit entspricht, aber gleichzeitig erschafft sich Leontes eine Frau aus Worten, so wie Pygmalion sich eine aus Elfenbein schuf. Zwar schnitzte sich Pygmalion eine ideale Frau und Leontes baut sich ihr Gegenbild, aber der beiden zugrunde liegende Gedanke ist nicht so sehr verschieden, wenn wir für Pygmalion die seit Michelangelo geläufige Skulptur-Idee der Renaissance unterstellen dürfen, wonach der Bildner die im Material immer schon beschlossene Form nur herausmeißelt oder mit Hilfe seines Denkvermögens nur wieder zusammensetzt (rimembrare, und das heißt eben auch: erinnert).[6] Nichts anderes tut Leontes. Er ›weiß‹ – und darin unterscheidet er sich weder von Pygmalion noch von den christlichen Konzeptionen des Mittelalters und der Renaissance, etwa eines Lear oder Hamlet –, daß ›die‹ Frau ihrem Wesen nach schlecht, lasziv, verführerisch ist, und daß man nur erst dieses natürliche Erbteil herausmodellieren muß, um es zu sehen, auch wenn, oder gerade wenn, es sich unter dem Anschein der Tugend verbirgt. Pygmalion verfährt umgekehrt: er setzt das Ideal gegen die Realität, aber die Pointe bei Shakespeare ist, daß die ›Realität‹ eine Schimäre ist, die Konstruktion eines derangierten Gemüts, die um so unbequemer für die Zeitgenossen wird, als sie ihre Übereinkünfte reproduziert und gleichzeitig ad absurdum führt. Pygmalion und Leontes – zwei Seiten der gleichen Medaille.

Das läßt sich auch nicht dadurch bestreiten, daß Leontes auf die Rolle des Wahnsinnigen festgelegt wird. Schon im frühen *Sommernachtstraum* hatte es gehießen: »The lunatic, the lover, and the poet / Are of imagination all compact« (V, i, 7 f). Alle drei sind also auf der Ebene der Einbildungskraft verbunden, und die Grenze zwischen ihnen läßt sich kaum ziehen. Daß Leontes verrückt ist, läßt sich nicht leugnen, wenn wir unter Verrücktheit den Realitätsverlust, das sich Hineinsteigern in eine fixe Idee und die paranoische Nährung dieser Idee verstehen. Das gleiche gilt übrigens auch für den sinnenverwirrten Pygmalion, der Wirklichkeit und Einbildung verwechselt, die tote Figur wie eine Lebende behandelt, ihr Geschenke bringt, seine Küsse erwidert glaubt, »Und ist besorgt, daß Bläue vom Druck anhafte ihren Gliedern« (X, 258). Dieser Aspekt ist in mittelalterlichen Fassungen nachdrücklich herausgearbeitet, wo von seiner Verblendung die Rede ist und, im Rosenroman, seiner Narrheit (›folie‹). Die Liebesraserei Pygmalions hat ihr Pendant in den von Sexualität besessenen Haßtiraden des Eifersüchtigen. Bleibt der Dritte, der Dichter. Und auch dessen Entrückung und Wahn wird von Shakespeare so gefaßt, daß es sich wie eine Beschreibung des ›Schaffensprozesses‹ des Leontes liest:

The poet's eye, in a fine frenzy rolling,
Doth glance from heaven to earth, from earth to heaven,
And as imagination bodies forth
The forms of things unknown, the poet's pen
Turns them to shapes, and gives to airy nothing
A local habitation and a name.[7]

Die Verwandlung von Nichts in Etwas ist es ja, woran Leontes in seiner »frenzy« arbeitet: er bannt seine Phantasien ins Bild seiner imaginierten Frau, wie der Kyprer.

Als einfache Umkehrung der zentralen Mythe unter Beibehaltung einiger bedeutsamer Strukturelemente ihres Gedankens und ihres Materials geht die Geschichte bei Shakespeare freilich nicht auf. Andere Elemente des ovidischen Kontextes sind in sie eingearbeitet, nur sind sie anders zusammengesetzt; aus dem klaren Nacheinander Ovids ist ein Neben- und Miteinander geworden. So vergeht sich Leontes am heiligen Gastrecht, wie die Leute aus Amathus, wenn er Polixenes zu ermorden befiehlt. So imaginiert er sich nicht nur eine unzüchtige Frau, sondern prostituiert sie gewissermaßen selber, indem er sie in aller Öffentlichkeit wie eine Propoetide in ihrer Schamlosigkeit bloßstellt (»As you were past all shame / ... so past all truth«).[8] Und es mag wie ein fernes Echo des Schicksals der Propoetiden nachklingen, wenn Hermione sagt, sie sei tränenlos (»I am not prone to weeping, as our sex / Commonly are«).[9] Das Kind schließlich, das Hermione zur Welt bringt, wird von Leontes als Frucht ihrer sündigen Verbindung verworfen, soll erst verbrannt werden, wird dann ausgesetzt und wächst unerkannt in arkadischer Umgebung auf. Perdita ist mit Blumen assoziiert, mit dem Frühling nach dem langen Winter, der alles Lebendige erstarren ließ. Die Parallele zu Adonis, dem in Sünde empfangenen Sproß von Cinyras und Myrrha, dem Inbild lenzlicher Fruchtbarkeits- und Winteraustreibkulte, wird kaum zufällig sein.

Die Erzählung Ovids ist ein delikates Geflecht göttlicher und menschlicher Wirklichkeit; die eine ist ohne die andere nicht zu denken. Es wäre für Shakespeare durchaus denkbar gewesen, im Rahmen der entstehenden ›domestic tragedy‹ aus seinem Stoff eine Art frühbürgerliches Trauerspiel zu machen (dessen Personal ja keineswegs nur aus dem Bürgerstand stammte). Sein *Othello* hatte bereits in dieser Richtung gelegen. Oder er hätte es bei einer Affekt-Studie belassen können – begründungslose Eifersucht, Eifersucht ›an sich‹, die sich zu immer höheren Exzessen der Raserei, der Wut und Verleumdung aufpeitscht (wozu ist ein Mensch, von Eifersucht jäh geschlagen, fähig?) –, was seine Leontes-Figur ja *auch* ist. Beides hat er nicht getan.

Die nach menschlichem Ermessen unerklärliche Verwandlung – des Leontes, Hermiones – wird mit der für die Renaissance typischen Sternenfürchtigkeit, der ›wissenschaftlichen‹ Umbesetzung des alten Götterglaubens, dem malignen Einfluß eines Planeten zugeschrieben. »There's some planet reigns«, sagt Hermione.[10] Darüber hinaus kommt auch ein Gott selbst ins Spiel. Ohne das Eingreifen der Venus hätte sich Pygmalions Statue nicht beseelt; vom ovidischen Kontext her war das zu erwarten. Warum aber Leontes das apollinische Orakel in Delphos (sic) in der Frage nach der Schuld oder Unschuld seiner Frau – einer Frage, die für ihn keine ist, da die Antwort ihm ja lebhaft vor Augen steht – befragen läßt, wird erst verständlich, wenn die tiefe Verwurzelung des Shakespearschen Märchens in der Mythe erkannt ist, über die die Affektstudie und die häusliche Tragödie leicht hinwegtäuschen. Was über menschliche Begriffe hinausgeht, kann nur ein Gott lösen. Das ist für Shakespeare ganz ungewöhnlich (und in den unübersichtlichen Verstrickungen des *Cymbeline* liegen die Dinge so anders, daß nur ein Orakelspruch statt eines dénouement, wie ein deus ex machina, sie entwirren kann).

Das *Wintermärchen*, wie vielleicht die späten Stücke insgesamt, öffnet sich in eine andere Dimension, aus der das Unerklärliche hereinbricht, das hier einem Gott zugeschrieben wird. Zwar löst der Gott die Verwirrung ›wie im Märchen‹ und wie man es von ihm erwartet. Sein Eingreifen und dessen Konsequenzen werden aber darum in einer entgötterten Zeit nicht verständlicher, und genau das scheint die tief verstörende Absicht Shakespeares gewesen zu sein, denn die Einwirkung des Gottes ist genauso unerklärlich wie der Affekt des Leontes. Verstehen, erklären, motivieren wollen gehören in den Bereich einer ›philosophy‹, die sich gerade anschickt, die Gesetze der Natur und die Mechanismen des menschlichen Denkens und Fühlens zu ergründen, doch jenseits davon gibt es »im Himmel und auf der Erde, Horatio,« mehr Dinge, die sich diesem Zugriff entziehen und unergründlich bleiben. Daß Shakespeare Unerklärliches stehen läßt, daß er es in seiner bohrenden Fraglosigkeit gleichsam rein und als solches ausstellt, gibt diesem Text seine Modernität. Daß er damit Menschliches und Göttliches in ihrer Unergründlichkeit einander angenähert hat, entspricht andererseits einem Epochenbewußtsein, wonach ja nicht nur die Erde aus ihrer zentralen Stellung vertrieben, sondern in dem sie zugleich damit unter die Sterne versetzt worden war, Glanz und Elend in einem, was eben auch der Götterhimmel in der Anthropologisierung seiner Attribute zu spüren bekam.

Auf der sichtbaren Ebene des Dramas freilich, soweit jedenfalls, ist der Mythos noch in Ordnung: unheimlich klingt für den verblendeten Tyrannen, was für die Umstehenden von Anfang an Gewißheit war, daß Hermione unschuldig ist. Undsoweiter. Die faktischen, ganz rätsellosen Protokollsätze des Orakels stehen in schärfstem Kontrast zur albtraumhaften Verbissenheit des Irdischen, die sie gewissermaßen zur Raison bringen wollen, aber die Umkehr des Verhältnisses von Irrationalem und Vernünftigem trügt – sie wirkt zunächst wie der Triumph des ›Gesetzes‹ über die ›Meinung‹ –, denn es ist ja der unbegreifliche Gott, der Recht behält. Der Verblendete steigert sich noch in die Hybris hinein, indem er die Wahrheit des Götterspruches leugnet – »There is no truth at all i' th' Oracle: / ... this is mere falsehood«[11] – und zur Tagesordnung, das heißt zum Todesurteil gegen seine Frau, übergehen will. Aber jetzt schlägt der Gott zurück: auf der Stelle stirbt der junge Prinz

Mamillius, Hoffnungsträger und Ebenbild Leontes', wie er vor seiner Verwandlung war, und augenblicklich wird der Verblendete aus seinem Wahn gerissen: »Apollo's angry, and the heavens themselves / Do strike at my injustice«.[12] Aber es ist zu spät: Hermione wird ohnmächtig, und wenig später berichtet Paulina, wie eine rasende Rachefurie, von ihrem Tod. Leontes, in der Vernichtung wieder zu sich selbst gekommen, gelobt, einmal täglich das Doppelgrab, Denkmal seiner »shame perpetual«, zu besuchen. Shakespeare läßt keinen Zweifel daran, daß Hermione tatsächlich gestorben ist. Er läßt auch keinen Zweifel an der göttlichen Intervention. Das bereitet vor auf das Wunder der Erweckung der Statue, deren Anschein eines Tricks dadurch zumindest in Frage gestellt ist. Aber bis dahin dauert es noch sechzehn Jahre.

Perdita, die ausgesetzte Tochter, wächst unerkannt unter böhmischen Schäfern zu einem ebenso klugen wie schönen Mädchen heran. Sie und der Sohn des Polixenes, Florizel, verlieben sich ineinander, ohne daß beide wissen, wer sie in Wahrheit ist. Wir lernen sie kennen beim Schafschurfest – er in schäferischer Verkleidung, sie wie Flora geschmückt. Beiläufig scheinen die Frühlingsriten auch ein Götterfest zu assoziieren, denn von ihren Verwandlungen ist die Rede – Verwandlungen, um eine Irdische zu lieben –, wie Ovid sie erzählt hat, und vom mythischen Umfeld der Blumen, die Perdita den Gästen überreicht. Zwischen ihr und Polixenes entspinnt sich ein Gespräch über Natur und Kunst, dem die Kritik einige Aufmerksamkeit zugewandt hat, das aber im Grunde nur geläufige zeitgenössische Positionen rekapituliert: soll die Natur unbearbeitet und gewissermaßen ›rein‹ bleiben, wachsen wie sie wächst, da jeder Eingriff Produkte hervorbringt, die die Sinne nur pervertieren (Montaigne, Perdita), oder darf die Kunst ihr durch Veredelung beispringen, um damit das, was ohnehin in ihr liegt, erst zur vollen Entfaltung zu bringen, es höher zu züchten, darf

Kunst also eine Art zweite Natur erzeugen (Puttenham, Bacon, Polixenes)? Warum läßt Shakespeare diese Debatte hier führen? In einer Schicht gewiß, um das Unverfälschte und Reine Perditas gegenüber ihrem Vater (von dem sie nichts weiß), aber auch gegenüber Polixenes, der sie später der Hexerei, also eines ›contra naturam‹ bezichtigt, als er von ihrem Verhältnis zu seinem Sohn erfährt, zu unterstreichen. Aber Polixenes hat die besseren Argumente, und sie sprechen auch, gerade in ihrer Zweideutigkeit, in doppeltem Sinne pro domo. Die Natur selbst, sagt er, stellt das Mittel bereit, die Natur zu verbessern: »Over that art, / Which you say adds to nature, is an art / That nature makes«.[13] Er unterscheidet also zweierlei Kunst, ›ars‹ im alten Sinne einer handwerklichen Fertigkeit, der Technik, und die höhere Form der Kunst, die ihre Möglichkeiten aus der Erkenntnis der Natur schöpft, ihrer Erscheinungsweisen, Gesetzmäßigkeiten, Potenzen, sie gewissermaßen zu sich selber bringt oder sogar mit ihr wetteifert. Das mag an die Idee Michelangelos erinnern, aus dem Stein die in ihm eingeschlossene Gestalt mit dem Meißel zu befreien. Es erinnert aber auch an die Simulation der Natur, die in Hamlets Rat an die Schauspieler zum Ausdruck kommt: »to hold as 'twere the mirror up to nature«.[14] Die schauspielerische Simulation ist ein Als-Ob, eine Vortäuschung von Natur, die ohne die von Castiglione im *Cortegiano* entwickelte Täuschungstheorie kaum denkbar ist: die höchste Kunst ist die, der man es nicht anmerkt, daß sie Kunst ist, weil man sie für Natur hält; Dissimulation erzeugt Simulation; Natur (›Wahrheit‹) und Kunst (›Lüge‹) sind ununterscheidbar ineinander gewoben.[15] Das tief Zweideutige und Paradoxe eines solchen Ineins von Natur und Kunst war vielleicht der Punkt, der die Renaissance am Pygmalion-Stoff interessierte, denn es war ja dort schon das täuschende Moment der Kunst – durch Kunst die Kunst zu verbergen – klar benannt, wenn es heißt »ars adeo latet arte sua« (X, 252).

Hier, im *Wintermärchen*, bereitet die Diskussion auf die Uneindeutigkeit der Hermione-Statue vor, bei der es müßig ist zu fragen, ob Paulina die Herrin möglicherweise ›in Wirklichkeit‹ sechzehn Jahre lang versteckt gehalten hat. Um aristotelische Wahrscheinlichkeiten hat sich Shakespeare kaum gekümmert, im Spätwerk schon gar nicht mehr. Hermione verkörpert als Schauspielerin die Illusion einer Statue, unlebensecht-glaubhaft wie der bearbeitete Marmor, und in ebenso perfekter Illusionsbildung steigt sie vom Sockel, beide Male Beispiel für Castiglione's Paradox. (Es wird die ›natürliche Positur‹ der Statue bewundert, die in Wahrheit das Produkt äußerster Anstrengung der Schauspielerin, also Kunst, ist.) Aber Polixenes überbietet noch seine Annäherung von Natur und Kunst, oder ihr hier unterstelltes Ineins, wenn er abschließend sagt, »This is an art / Which does mend nature – change it rather – but / The art itself is nature«.[16] Die Formulierung, so scheint es, ist widersprüchlich: einerseits verbessert Kunst die Natur – »mend« wird von den Elisabethanern in praktischer und moralischer Bedeutung verstanden –, korrigiert ihre Unvollkommenheit und vermag sie dadurch sogar zu ändern, andererseits soll diese Kunst selber Natur sein. Der Widerspruch löst sich jedoch auf, wenn wir dahinter die neue Vorstellung vom Künstler und vom menschlichen Geist und seiner Gottebenbildlichkeit durchschimmern sehen. Das Brunosche ›formar altre nature‹ hatte dem Denken die Fähigkeit zugesprochen, gleichsam Alternativentwürfe zur göttlichen Schöpfung zu entwickeln, und es war zumal der Künstler, der mit seinen Werken die Natur nicht mehr nur nachahmte, ›widerspiegelte‹, sondern der mit ihr wetteiferte und sie möglicherweise sogar triumphal überbot. Wenn Polixenes also sagt, die Kunst selber sei Natur, wird sie mit ihr auf die gleiche Stufe gestellt, das heißt in den Rang der Selbstbehauptung des Menschen gestellt: was die Natur kann, kann der Mensch auch. Vielleicht kann er aber auch mehr. In der Ovid-Paraphrase von George Sandys (1626) heißt es von der Kunst Pygmalions, sie habe die Natur übertroffen: »surpaßing the perfection of Nature«.[17]

Bevor wir uns der in die Aura des Geheimnisvollen und Magischen gehüllten Beseelung der Statue zuwenden, soll noch ein Blick auf eine Nebenfigur geworfen werden, die als ›comic relief‹ firmiert und im dramaturgischen Zusammenhang funktionslos zu sein scheint: Autolycus, »a rogue«, der von sich selbst sagt, er sei »littered under Mercury«, und in der Tat in der Mythologie der Sohn des Hermes heißt oder zumindest zur Schar seiner Anhänger gehört (nebenbei ist es auch der Name des Großvaters des Odysseus). Von Hermes oder dem quecksilbrigen Merkur hat Autolycus seine Eigenschaften: er ist ein Dieb, spezialisiert auf das Stehlen von Geldbörsen, ein Meister der Verstellung, listenreich, verwandlungsfähig und tückisch, dabei fidel, unterhaltsam und sogar verführerisch mit seinen Liedern. Durch ihn kommt ein ganz anderer Ton ins Spiel. Aber die ›lustige Person‹, als welche er im Stück erscheint, ist nur seine eine Seite, denn unüberhörbar schon durch seinen Namen wurzelt er im weiten Feld des Tricksters.[18] Der Trickster, der in den meisten Mythologien, auch außereuropäischen, eine Rolle spielt, ist ein Zwischenwesen, ein Grenzgänger. Wo er eine Grenze weiß, reizt es ihn, sie zu überschreiten, denn er respektiert weder göttliches noch menschliches Ge-setz. (Prometheus gehört hierher, der den Göttern das Feuer stiehlt und damit den Prozeß der Zivilisation in Gang setzt.[19]) Er schwebt zwischen Oben und Unten, Hohem und Niederem, hat teil an beiden und auch wieder nicht, weil er einer mythisch älteren Schicht angehört (etwa der titanischen), bevor Götter und Menschen sich ausdifferenzierten. Selbst die Grenze zwischen Lebendem und Totem läßt er nicht gelten, was am klarsten in Hermes als dem Psychopompos fixiert ist. Mit seiner »stealthy disposition«, wie Norman O. Brown in seinem wunderbaren Buch *Hermes the Thief* (1947)[20] gezeigt hat, vergreift er sich am Heiligsten, wenn er sogar Eide manipuliert, so daß sie unterlaufen werden können. Er hat die Macht, »to bind and to release«, und wie Aphrodite ist er ein »weaver of tricks«, aber »tricking is never represented as a rational device, but as a manifestation of magical power« (S. 11). Dabei fehlt der Figur das Schwere und Dämonische; er ist kein Widersacher des Göttlichen, kein Geist, der stets verneint, sondern einer, der mit leichter Hand und mit flinkem Schritt an den Grenzen spielt und zusieht, wo er sie durchbrechen kann. Er ist immer in Bewegung und schlägt sich je nach Laune mal auf diese, mal auf jene Seite, denn er handelt gewissermaßen ›im außermoralischen Sinne‹. Dabei kann er in die lächerlichsten Situationen geraten, aus denen er sich mit Geschick wieder befreit, wie seine Nachfahren, der Clown und der Picaro.

Dies ist also der Stoff, aus dem die Autolycus-Figur gebaut ist. Er steht zwischen der schlichten und täppischen Welt der Schäfer und der bedrohlich-ernsten der Höfe, in beide sich einmischend, sie austricksend, dabei seine überlegene Autonomie wahrend. Er beherrscht die hohe Kunst der Taschendieberei so souverän, daß es nicht mit rechten Dingen zuzugehen scheint, wechselt dabei von einer Rolle in die nächste, so daß er nie zu fassen ist. Er ist ein Artist, der sich übrigens auch auf die geistigste und flüchtigste Kunst versteht, die Musik, die als Zeitkunst hier vielleicht ins Spiel kommt, um das durch die allegorische Figur Time, die den vierten Akt eröffnet, abstrakt und narrativ vorgetragene Vergehen der Zeit konkret erfahrbar zu machen, also auch mitvorzubereiten auf die sichtbar gealterte Königin. Die Artistik, die Autolycus verkörpert, ist das leibhaftige Gegenstück zur Kunstauffassung des Polixenes: auf der einen Seite der selbstgewisse, vom Pathos der Zeit getragene Anspruch einer Überbietung der Natur, auf der anderen die alles andere als pathetische, keinen Gott in die Schranken fordernde Praxis. Autolycus *ironisiert* das hehre Gehabe des Künstlers – auch seine Verbindung mit dem Nobel-Wahnhaften –, indem er vorführt, daß Kunst auch Spiel ist, Spielerei, daß sie mit Tricks arbeitet und manipuliert, daß sie von konkret zu erzielenden Wirkungen her denkt und nicht vom ›großen Sujet‹ her oder gar dem, was später Selbstausdruck heißen wird. Des Autolycus Kunstpraxis ist also mehr als nur dem handgreiflichen Sinne nach außermoralisch und ähnelt damit der Shakespeareschen selber, den auf irgendeine moralische Position festzulegen – christlicher Provenienz etwa oder der des Tudor Myth – allemal gescheitert ist. Autolycus, wie Shakespeare, kann zaubern. Wie sein Vater Hermes versteht er etwas von Magie. Aber der Zauber ist immer zugleich auch fauler Zauber, was ihn jedoch als Zauber nicht tilgt. Einerseits Trick und Manipulation, ohne die keine Magie auskommt, andererseits spürbare Wirkungen, Veränderungen, Verwandlungen. Das tief Zweideutige der Magie für die Renaissance, ihre Beargwöhnung und ihre Unleugbarkeit, führte zu der künstlichen Trennung in schwarze und weiße Magie, die ohne Grenzverschiebungen nie auskam. Was ist Prospero – weißer oder schwarzer Magier? Ausdrücklich beides, trotz seiner Vernichtung der Hexe Sycorax. Da kommen andere Ausgrenzungen ins Spiel. Diese Zweideutigkeit des Magischen, die Gleichzeitigkeit des einander Ausschließenden – anders als im Nacheinander der Pygmalion-Erzählung –, bereitet auf das Standbild Hermiones vor, denn auch Paulina ist Magierin im Sinne des Tricksters. Aber noch in einem anderen Raster gelesen ist Autolycus Bote des Kommenden. Seine Tricksereien sind eingebettet in die erstaunliche Wandlung des vernünftigen Polixenes in einen von seinen Affekten beherrschten Tyrannen, als er von der Verbindung zwischen seinem Sohn und der unerkannten Perdita erfährt, wodurch er außerdem in einen Selbstwiderspruch zu seiner eigenen Naturveredelungstheorie gerät. Die nackte Gewalt, die er androht, ruft wie ein Echo aus der Vergangenheit, die also keineswegs vergangen, sondern immer bei, mit und in uns ist, die Erinnerung an Leontes wach. Gegen die Gewalt der Mächtigen oder der von ihren ungezügelten Affekten Beherrschten aber hilft nicht Widergewalt, es helfen – das lehren Mythen und Märchen bis hin zum Picaro, der um dieselbe Zeit entsteht wie der Shakespearesche Trickster – List, Verstellung, Verschlagenheit, Heimlichkeit. In diesem Sinne gibt Autolycus eine Ahnung, wie der Kampf mit den Mächtigen geführt werden müßte. Paulina wird ihn dann führen.

Leontes ist schuld am Tode seiner Frau. Er weiß es und bekennt es immer wieder. Dennoch stellt sich nach sechzehn Jahren, die er mit einer »saint-like sorrow« um sie getrauert hat, die Frage nach seiner Wiederverheiratung. Aber welche Frau könnte dem verlorenen Idealbild entsprechen, wenn nicht es selber? Es ist die Übermacht von Bild und Ideal gegenüber jeder Wirklichkeit, die Bild gewordene Anwesenheit des Vergangenen, die in jeder Gegenwart nur sieht, was ihr fehlt, welche hier thematisch werden. Es ist vielleicht erhellend, in diesem Zusammenhang an eine andere Figur zu erinnern, die in ähnlicher Lage ebenfalls rückläufig das Pygmalion-Bild heraufruft. Auch Admet hat seine Frau Alkestis in den Tod geschickt, die ihm das Versprechen abnimmt, keine andere Frau zu nehmen. Er will sich alle Lebenslust versagen:

> Doch was du warst, das soll, von kund'ger Bildnerhand
> Geformt, auf meinem Lager ruhen. Und ich lieg
> Ihm dann zur Seite wohl, umfass' es mit der Hand,
> Ruf' deinen Namen gar; und halt' ich dich gleich nicht,
> Wähn' ich dich doch zu halten, Allgeliebte du!
> Ist eine kalte Lust und schöpfet doch den Schmerz
> Aus meiner Seele Grund. Erscheinst mir dann im Traum

Zum Troste; denn der Liebsten Anblick ist ein Trost,
Zeigt sichs auch flüchtig nur als nächtliches Gesicht.
(348 ff., deutsch von Ludwig Wolde)

Auch Admet bleibt unlöslich ans Bild der (bald) Toten gebannt, ein Epimetheus wie Leontes, will die Abwesende wie eine Lebende sich nachschaffen lassen und im Traum mit ihr verkehren. Was bei Admet ins greifbare Nachbild gebannt werden soll, wie bei Pygmalion ins Vor-bild, spielt sich bei Leontes (noch erst) in der Vorstellung ab: hatte er sich von Hermione zunächst das Bild einer Albtraumfrau gemacht, so macht er sich jetzt das Bild einer Traumfrau. Er lebt, wieder, von und in seiner Imagination und verfehlt gleichermaßen die ›wirkliche‹ Hermione. Der Schmerz über den Verlust der unerreichbar Gewordenen ist so groß – und über die Jahre immer nur größer geworden –, daß er sich in rational nicht mehr faßbare Idealisierungen der Abwesenden hineinsteigert, die sie fast in die Sphäre des Göttlichen, zumindest des Über- oder Außermenschlichen, entrücken. Allerdings gießt dabei Paulina kräftig Öl in sein Feuer, so wenn sie sagt, nähme er sich aus allen Frauen der Welt einen Teil, »to make a perfect woman«, die Getötete gleichwohl ohne Vergleich (»unparallel'd«) bliebe. Es mag dabei sogar noch die alte wahnhafte Misogynie, der Propoetiden-Komplex, eine Rolle spielen, wenn er sagt:

No more such wives; therefore, no wife: one worse,
And better us'd, would make her sainted spirit
Again possess her corpse, and on this stage
(Were we offenders now) appear soul-vex'd,
And begin, ›Why to me‹?[21]

Die Unvergleichlichkeit der Früheren wird in den Himmel gehoben, wenn es vom Seelen- und Liebesattribut, ihren Augen, heißt:

> Stars, stars.
> And all eyes else, dead coals! Fear thou no wife;
> I'll have no wife, Paulina.[22]

Wie Admet muß er schwören, sich keine andere Frau zu nehmen, »Unless« – und das assoziiert Pygmalions Gebet, nicht: »sit coniunx ... eburnea Virgo«, da er das nicht wagt, sondern »*similis* mea eburnae« –

> Unless another,
> *As like* Hermione as is her picture,
> Affront his eye.[23]

Da wir (mit Paulina) wissen, wie die Geschichte weitergeht, kann die Pointe leicht verlorengehen: die Ununterscheidbarkeit zwischen Simulacrum und dem, was es abzubilden vorgibt, der Wirklichkeit oder Realpräsenz; sie sind eins. Das ruft einmal die vom *Cortegiano* verlangte vorgetäuschte Natur ins Gedächtnis. Zum andern ist damit ironisch auf die theatralische Situation angespielt: die als wirklich dargestellten Figuren agieren in einem Illusionsraum, spiegeln etwas vor, was sie real nicht sind, wobei die Glaubhaftigkeit auf der Bühne davon abhängt, wie weit das Als-ob zum Verschwinden gebracht ist. Drittens aber kann es sein, und darin liegt die Abgründigkeit der Täuschung, daß die vermeintlich Lebende nur noch ein Bild ihrer selbst ist, ihr Anschein, dessen Opazität aber nicht zu durchdringen ist.

Bevor die Statue erscheint, gibt es noch ein retardierendes Moment, das die Spannung erhöht und die Atmosphäre aufbaut. Der Trickster, Autolycus, mit dem die Szene einsetzt, sorgt dafür, daß die Manipuliertheit des Folgenden, die List im Binden und Lösen der Knoten, die die Vorstellung von einem Schicksal ironisiert, nicht vergessen wird: Verwandlung und Wunder sind immer auch von einem, vielleicht unmerklichen, Augenzwinkern begleitet. Im übrigen bleiben die Enthüllungen auch buchstäblich im Status der Zweideutigkeit: Freude und Schmerz liegen hart beieinander und entstammen dem gleichen Moment. Der Augenblick des Glücks über die wiedergefundene Perdita, auch sie ein leibhaftiges Ebenbild, verwandelt sich in Trauer:

> Our king, being ready to leap out of himself for joy of his found daughter, as if that joy were now become a loss, cries ›O, thy mother, thy mother!‹[24]

Paulina ist zerrissen »twixt joy and sorrow« (das letzte wegen der Nachricht, daß ihr Gatte vor sechzehn Jahren von einem Bären vespeist worden ist); Perdita, die doch gerade ihren wahren Vater gefunden hat und jetzt ihren Florizel ordnungsgemäß heiraten darf, »blutet Tränen«; Und

> Who was most marble, there changed colour; some swooned, all sorrowed: if all the world could have seen't, the woe had been universal.[25]

Und das in einer freudigen Wiedererkennungsszene. Es ist bemerkenswert, daß die Trauer in ›unmögliche‹ Bilder gefaßt ist, in denen die Grenzen der natürlichen Ordnung der Welt nicht (mehr) gelten. (Dazu gehört auch die Appropriation eines Menschen durch eine Bestie, die am Gegenpol zur Belebung der Statue steht.[26])

Bevor die Statue erscheint, wird von ihr, ein weiteres retardierendes Element, erzählt. Giulio Romano, von dem gesagt wird, er habe sie gemacht, ist der einzige Renaissance-Künstler, den Shakespeare namentlich erwähnt, und der war kein Bildhauer (genauso wenig wie Böhmen am Meer liegt). Warum dennoch ausgerechnet Giulio Romano?[27] Shakespeare könnte den Lebensbericht Vasaris (auf italienisch) gekannt haben, und darin ist von ihm als einem Künstler die Rede, der alle Welt durch das Geschick erstaunte, mit dem er die Natur täuschend nachzuahmen verstand. Es paßt, nebenbei, kurioserweise in den Zusammenhang der Simulationsdebatte, daß, of all people, Castiglione es war, der Giulio Romano von Rom an den Gonzaga-Hof in Mantua ziehen konnte, wo er den Palazzo del Te ausbaute und -malte. Dessen Postulate werden ihm also geläufig gewesen sein. Vasari gibt eine detailreiche Beschreibung des Riesengemäldes der Gigantenschlacht, bei dem Giulio Romano mit allen Tricks der Illusionsbildung gearbeitet hat: aus einem relativ kleinen Raum hat er eine weite Landschaft gemacht, in der von den Ecken und Winkeln der bemalten Wände und Decken nichts mehr zu merken ist; sie reicht vom Himmel bis zur Erde und verliert sich in der Ferne; vom Zorn des donnernden Jupiter getroffen, scheinen Mauern und Säulen buchstäblich einzustürzen und den erschreckten Betrachter unter sich zu begraben. Die Illusion war perfekt, und Giulio Romano erlangte durch sein Täuschungsspiel, mit dem er die Natur nicht nur imitierte, sondern übertraf, wenn er aus der Fläche plastisch Greifbares herausholte, eine weit über Italien hinausreichende Berühmtheit. Zumindest so, wenn nicht durch Vasari, wird der Name zu Shakespeare gedrungen sein. Dies ist der Hintergrund, vor den die erste Erwähnung der Statue gestellt ist:

> ... a piece many years in doing and now newly performed by that rare Italian master, Julio Romano, who, had he himself eternity and could put breath into his work, would beguile Nature of her custom, so perfectly he is her ape: he so near to Hermione hath done Hermione, that they say one would speak to her and stand in hope of answer. Thither with all greediness of affection are they gone, and they intend to sup.[28]

So groß ist also seine Kunst, daß er damit die Natur selbst hereinlegt und um ihre Aufgabe bringt. Unbelebtes und

Belebtes sind ununterscheidbar – wie Pygmalions Elfenbeinmädchen scheint sie zu respondieren (»velle moveri«), verharrt aber in dem atemberaubenden, gleichwohl täuschenden Augenblick, bevor sie das Schweigen bricht. Der Schluß der zitierten Stelle ist merkwürdig. Wenn man unter der »greediness of affection« nur, wie in den Kommentaren, das eifernde Übermaß der Liebe versteht, verliert man die doch sehr konkrete Bedeutung des Gefräßigen; der Tod, zum Beispiel, ist in diesem Sinne »greedy«. Es scheint also, daß damit auf den uralten Kult der Einverleibung der Toten angespielt ist oder auf den noch römischen Brauch, an den als Gelagestätten angelegten Gräbern Trank- und Speiseopfer darzubringen und stellvertretend selber zu essen. Der eigenartige Schlußsatz zieht also vielleicht Totenkult und Verehrung eines Kultbildes zusammen und ist damit ein fernes Echo der Entstehung der Pygmalion-Geschichte aus dem kyprischen Venus-Kult.

Für die Statue Hermiones selbst schafft Paulina die Aura des Heimlichen und Geheimnisvollen, des Magischen und des Wunders. Wie in einem Kultritual führt sie auf sie zu. Zunächst ist ein Gang zu durchschreiten – das ist ein *transitus* von der ›wirklichen‹ Welt in die des ›Numinosen‹, oder auch vom Leben ins Totenreich. Paulina betont wieder und wieder, daß es sich bei dem täuschend-echten Bild nur um ein Bild, große Kunst eben, handele und hält dadurch die bis zum Zerreißen spannungsvolle Distanz zwischen Leontes und der Statue aufrecht, eine Distanz, die nicht einfach übersprungen werden darf, indem der König etwa Wiedergefundenes glücklich in die Arme schließt, sondern die zunächst das grausam Geschehene wiederbelebt, es wachhält und so den Erinnerungs- und Trauerraum schafft, der den Abstand festhält, der sie trennt. Das Bild ist um so höhnisch-grausamer je mehr es seinem Urbild gleicht:

> ... prepare
> To see the life as lively mock'd as ever
> Still sleep mock'd death: behold, and say 'tis well.[29]

Da enthüllt Paulina das Bild, und Leontes verharrt schweigend vor dem wie lebendigen Stein, bevor er sich selber in Stein, mehr als Stein, verwandelt glaubt:

> O, thus she stood,
> Even with such life of majesty, warm life,
> As now it coldly stands, when first I woo'd her!
> I am ashamed: does not the stone rebuke me
> For being more stone than it? O royal piece!
> There's magic in thy majesty, which has
> My evils conjur'd to remembrance, and
> From thy admiring daughter took the spirits,
> Standing like stone with thee.[30]

Das magisch genannte Bild hat also wie ein Basilisk die Macht, Leben zu versteinern. Wie in der Magie sind die Naturgesetze umgekehrt: der Stein lebt, Leben wird zu Stein. Im Spiel mit dem Wort »stone« macht es bald keinen Unterschied mehr, ob »wie Stein« oder »Stein« gemeint ist – Täuschung und Wirklichkeit sind fast auswechselbar, die Grenze zwischen ihnen wird in die eine und in die andere Richtung überschritten. Wie Pygmalion steigert sich Leontes immer mehr in die Vorstellung hinein, die Statue sei lebendig. Das führt ihn zu Beobachtungen, die gerade die Paradoxie der Täuschung, unbelebt zu sein und Lebendiges zu suggerieren, festhalten: »The *fixture* of her eye has *motion* in 't, / As we are mock'd with art.«[31] Oder: »What fine *chisel* / Could ever yet *cut breath*?«[32] Wie zu Beginn bei der eingebildeten schamlosen Frau, nimmt seine Wahrnehmung wahnhafte Züge an: »No settled senses of the world can match / The pleasure of that madness.«[33] Die Suggestivkraft des perfekten Kunstwerks, an dessen Kunstcharakter als einem Triumph bildnerischer Meisterschaft (»Masterly done«) nicht gezweifelt wird, ist so stark, daß Leontes immer wieder die Distanz überschreiten und die Statue wie eine Lebende in seine Arme schließen will, jedesmal von Paulina mit allen möglichen Ausflüchten daran gehindert, etwa der, daß die Farbe auf den Lippen noch nicht trocken sei.

Mit der naheliegenden Erklärung ließe sich der ganze Zauber der Szene natürlich sofort zerstören: daß Paulina mit Leontes nur ihr grausames, rächendes Spiel treibt, daß sie Hermione all die Jahre verborgen gehalten hat (die ›Statue‹ ist ja um diese Jahre gealtert), daß sie die Simulationsdebatte um Kunst und Natur funktionalisiert und mit dem faulen Zauber den fremdbestimmten König dahin manipuliert, wo sie ihn haben will, in die Botmäßigkeit der unverbrüchlichen Gattenliebe.[34] Diese Sicht der Dinge, die in einer Schicht ja nicht falsch ist, stammt aus der Erwartung des Wahrscheinlichen und Plausiblen, in der für Magie kein Platz mehr ist und die irgendwann dann zur Operette führen wird. Wahrscheinlichkeit aber, davon war schon die Rede, hat Shakespeare weniger und weniger interessiert. Wenn der Bereich des Magischen, wie der Hintergrund der Autolycus-Figur verdeutlicht hat, auch die trickreiche Manipulation impliziert, ist damit die Magie nicht aufgehoben, denn was sie aufruft, spielt diesseits und jenseits der Grenze zwischen Wahrscheinlichem und Unwahrscheinlichem. Darum ist die Erscheinung Hermiones als Statue – denn so lebendig sie auch erscheint, wird doch ihre Künstlichkeit von den Betrachtern nicht bezweifelt – gleichzeitig ganz ernstzunehmen. Die Täuschung ist nur ihre eine Seite. Es ist, als würde Leontes selbst sie, durch die Übermacht seiner Sehnsucht, die beschwörende Kraft seiner liebenden Phantasie, ins Leben zurückzitieren. Darauf scheint Paulina zu zielen, wenn sie »faith« zur Bedingung der Animation macht. Zunächst sagt sie:

> If you can behold it,
> I'll make the statue move indeed; descend,
> And take you by the hand: but then you'll think
> (Which I protest against) I am assisted
> By wicked powers.[35]

Daß Statuen sich bewegen können, ist an sich im Zeitalter der *Masques* und ihrer Effekte nichts Ungewöhnliches. Aber dieses »Wenn du's ertragen kannst« sagt, daß mehr im Spiel ist als Mechanik, und die Verneinung der schwarzen Magie besagt, daß sie nicht Nekromantie betreibt. Es geht dabei also um etwas anderes. Wenn Paulina fortfährt,

> It is requir'd
> You do awake your faith.[36]

dann fordert sie damit sicher zunächst die Bereitschaft zu glauben, daß eine wunderbare Verwandlung vor sich gehen wird, die Einstellung auf einen magischen Akt. Man kann das aber auch umkehren und sagen: es sind der Zauber und die Macht der Kunst, die soviel Gewalt über den Menschen ausüben können, daß sie *ihn* verwandeln und der Wirklichkeit des Werkes gegenüber die andere Wirklichkeit verblaßt, ihre lebensnotwendige, aber interpretationsbedürftige Bedeutung verliert: der Betrachter (der Hörer, der Leser) als Geschöpf der Kunst. Man muß nur bereit sein, sich mit allen seinen Sinnen darauf einzulassen. Dazu steht nicht in Widerspruch, daß »faith«, vielleicht zu allererst, im Sinne von Liebe und Treue zu verstehen ist: nur durch gläubige Liebe belebt sich ein geliebtes ›Objekt‹. Nur durch den Glauben an die Macht der Göttin der Liebe hatte sich auch dem Pygmalion seine Eburnea belebt.

Was folgt, stellt die nötige magische Aura her: Aufmerksamkeit, Stille und die spannungsgeladene Erwartung, daß etwas Außerordentliches geschehen wird. Musik ertönt –

Musik, der oft die Kraft zugeschrieben wird, die Toten zu erwecken – und begleitet diesen *rite de passage*:

> Music, awake her; strike!
> 'Tis time; descend; be stone no more; approach;
> Strike all that look upon with marvel. Come!
> I'll fill your grave up; stir, nay, come away:
> Bequeath to death your numbness; for from him
> Dear life redeems you. You perceive she stirs:
>   *Hermione comes down*
> Start not; her actions shall be holy as
> You hear my spell is lawfull.[37]

Die Verwunderung, vielleicht auch Furcht und Schrecken, sind so groß, weil, wäre Hermione ›in Wirklichkeit‹ die ganze Zeit lebendig gewesen, es so gut wie menschenunmöglich gewesen wäre, diese lange Szene hindurch wie eine Statue sich nicht zu rühren. Auf der anderen Seite wiederholt Paulina, daß ihr Zauber keine schwarze Magie sei, den Zauber selbst aber, »spell«, leugnet sie nicht. (Es gab eine Zeit, da bestimmten die Magier, was ›wahr‹ war.) Es ist schwer, Zweideutigkeiten auszuhalten und stehenzulassen – auch Shakespeare sorgt in seinen Schlüssen in der Regel für klare Verhältnisse –, hier aber scheint er es von den Beteiligten zu verlangen: Hermione ist ganz Stein und ganz aus Fleisch und Blut. Der *rite de passage* bleibt ein Geheimnis. So gesehen wird der Vorgang zum Inbild des Paradoxons des Dichterischen, ein wahnhaftes Vexierbild von Natur und Kunst zu entwerfen.

Das Märchen endet auf einen ernsten Ton. Kein jubelndes Entzücken wie bei Pygmalion, keine glückliche Vereinigung der so lange Getrennten. Zwar steigt Hermione vom Sockel und umarmt ihn. Aber Distanz und Fremdheit werden nicht aufgehoben. Das Wort, das Leontes nur über die Lippen kommt, ist »Oh, she s warm!« Hermione spricht nur zu Perdita und ruft den Segen der Götter auf sie herab. Aber die Gatten haben kein Wort füreinander. Weil es im Überglück nichts zu sagen gibt? Weil das Memento der Schuld nicht auszulöschen ist und immer zwischen ihnen stehen wird? Weil Hermione von woher kommt, wo es ihr demgegenüber, der sie dahin entließ, die Sprache verschlug? Hier mag einem noch einmal Alkestis in den Sinn kommen: Herakles hat sie aus dem Totenreich wieder heraufgeführt und übergibt sie Admet, der sie in die Arme schließt. Aber sie bleibt stumm.

1 Annegret Dinter, *Der Pygmalion-Stoff in der europäischen Literatur. Rezeptionsgeschichte einer Ovid-Fabel*, Heidelberg: Winter 1979. Zur Bildtradition: Andreas Blühm, *Pygmalion. Die Ikonographie eines Künstlermythos zwischen 1500 und 1900*. Frankfurt et al.: Peter Lang 1988. Ferner: Heinrich Dörrie, *Pygmalion. Ein Impuls Ovids und seine Wirkungen bis in die Gegenwart*, Opladen: Westdeutscher Verlag 1974.
2 Heinrich Dörrie, *Die schöne Galatea*, München: Heinemann 1968.
3 Shakespeare erwähnt die Pygmalion-Geschichte ein einziges Mal und bringt das Bild, vielleicht in mittelalterlicher Tradition, mit der propoetidischen Hurenhaftigkeit in Verbindung, samt der Trickdieberei, die wohl über den Hermesstoff hereinkommt und in *The Winter's Tale* bei Autolycus wieder aufgenommen ist, also auch da, über die magische Manipulation, mit Pygmalion verbunden ist. Der ›Fantastic‹ Lucio sagt in *Measure for Measure* zum Zuhälter Pompey, der ins Gefängnis abgeführt wird: »What, is there none of Pygmalion's images newly made woman to be had now, for putting the hand in the pocket and extracting clutched?« (III, ii, 43 ff.).
4 Zitiert nach: *The Winter's Tale*, ed. J. H. P. Pafford, London: Methuen (Arden-Ausgabe) 1982, hier: I, ii, 138 ff. Deutsch von Dorothea Tieck: »Affekt: dein Ahnen bohrt zum Mittelpunkt: / Das machst du möglich, was unmöglich schien, / Verkehrst mit Träumen (wie kann dies geschehn?) – / Mit Schatten, du einbildungsfäh'ge Kunst, / Und bist dem Nichts verbrüdert; nun, wie glaublich, / Daß du auch Wesen dich gesellst ... so ist's! ... / Und das jenseit des Wahnes; und ich fühl es, / Und das bis zur Vergiftung meines Hirns / Und meiner Stirn Verhärtung.«
5 I, ii, 284 ff. »Ist Flüstern nichts? / Und Wang an Wange lehnen? Nas an Nase? / Mit innern Lippen küssen? durch 'nen Seufzer / Den Lauf des Lachens hemmen? (sichres Zeichen / Gebrochner Ehre!) – setzten Fuß auf Fuß? / In Winkel kriechen? Uhren schneller wünschen? / Die Stunde zur Minut und Tag zur Nacht? / Und aller Augen blind, stockblind, nur ihre / Nicht, ihre nicht, / Um ungesehn zu freveln? Ist das nichts? / Dann ist die Welt, und was darin ist, nichts, / Des Himmels Wölbung nichts, und Böhmen nichts, / Mein Weib ist nichts, und nichts in all dem Nichts, / Wenn dies nichts ist! ...«
6 Leonard Barkan, »›Living Sculptures‹: Ovid, Michelangelo, and *The Winter's Tale*«, in: *Journal of English Literary History* 48, 4 (1981), S. 639-667, hier S. 651 ff.

7 *A Midsummer Night's Dream*, V, i, 12 ff. Deutsch von A. W. Schlegel: »Des Dichters Aug, in schönem Wahnsinn rollend, / Blitzt auf zum Himmel, blitzt zur Erd hinab, / Und wie die schwangre Phantasie Gebilde / Von unbekannten Dingen ausgebiert, / Gestaltet sie des Dichters Kiel, benennt / Das luft'ge Nichts und gibt ihm festen Wohnsitz!«

8 III, ii, 84f.

9 II, i, 108f.

10 II, i, 105.

11 III, ii, 140f.

12 III, ii, 146f.

13 IV, iv, 90ff.

14 Vgl. hierzu den Aufsatz »Hamlets Falle. Das Paradox der Kultiviertheit« in diesem Band.

15 Giulio Ferroni, »Sprezzatura e simulazione«, in: *La Corte e il ›Cortegiano‹*, Bd. 1: La scena del testo, a cura di Carlo Ossola, Roma: Bulzoni 1980, S. 119-148.

16 IV, iv, 95 ff.

17 George Sandys, *Ovids Metamorphosis Englished, Mythologized, and Represented in Figures*, zitiert nach der Ausgabe Oxford 1632, S. 361. In John Marstons Gedicht »The Metamorphosis of Pygmalion's Image« von 1598 heißt es von Pygmalion: »He thought that Nature ne'er produced such fairness, / In which all beauties have their mansions«, zitiert nach *Complete Works*, ed. A. H. Bullen, London 1887, Bd. III, S. 251.

18 Paul Radin, *The Trickster*, with Commentaries by Karl Kerényi and C. G. Jung, New York: Schocken 1972 (1956).

19 Karl Kerényi, *Prometheus*, Hamburg: Rowohlt (rde) 1959, S. 59ff.

20 Norman O. Brown, *Hermes the Thief. The Evolution of a Myth*, New York: Vintage 1969 (1947).

21 V, i, 56ff. »So gibts kein Weib mehr; drum kein Weib; ein schlechtres / Und mehr geliebt, trieb ihren sel'gen Geist / In ihren Leichnam und auf diese Bühne, / Wo ich, ihr Mörder, steh; und rief im Schmerz: / ›Warum geschieht mir das?‹«

22 V, i, 67ff. »Ha, Sterne, Sterne waren's / Und alle andern Augen tote Kohlen! / O, fürchte du kein Weib, / Ich will kein Weib, Paulina!«

23 V, i, 73ff. Paulina spricht: »Bis eine andre, / Hermione so ähnlich wie ihr Bild, / Sein Auge schaut!«

24 V, ii, 50ff. »Unser König, als wenn er aus sich selbst vor Freude

über seine gefundene Tochter stürzen wollte, als wäre diese Freude plötzlich ein Unglück geworden, schreit: ›O, deine Mutter! deine Mutter!‹«

25 V, ii, 89ff. »Wer am meisten Stein war, veränderte jetzt die Farbe; einige taumelten ohnmächtig, alle waren tief betrübt: hätte die ganze Welt dies anschauen können, der Jammer hätte alle Völker ergriffen!«

26 Hierzu Andrew Gurr, »The Bear, the Statue, and Hysteria in *The Winter's Tale*«, in: *Shakespeare Quarterly*, Bd. 34 (1983), S. 420-425.

27 Zu Giulio Romano und seiner erfinderischen Vielfalt vgl. das Standardwerk von Frederick Hartt, *Giulio Romano*, New Haven: Yale UP 1958, 2 Bde.

28 V, ii, 94ff. »… ein Werk, woran schon seit vielen Jahren gearbeitet ward und das jetzt kürzlich erst vollendet ist, durch Julio Romano, den großen italienischen Meister, der, wenn er selbst Ewigkeit hätte und seinen Werken Odem einhauchen könnte, die Natur um ihre Kunden brächte, so vollkommen ist er ihr Nachäffer: er hat die Hermione so der Hermione gleich gemacht, daß, wie man sagt, man mit ihr sprechen und Antwort erwarten möchte: dorthin, mit aller Gier der Liebe, sind sie jetzt gegangen, und dort wollen sie zu Nacht essen.«

29 V, iii, 18ff. »… seid gefaßt / Zu sehn, wie dies lebendig höhnt das Leben, / Mehr als der Schlaf den Tod: hier – sagt, 's ist gut!«
Mit ihrem in einem solchen Zusammenhang an sich nicht ungewöhnlichen »mock'd« spielt Paulina zugleich ironisch auf ihr trickreiches Spiel an, das aber nichts mit Hereinlegen zu tun hat – es sind die Tricks des Tricksters, um eine Wirklichkeit ›zu korrigieren‹.

30 V, iii, 34ff. »O! so stand sie da, / In so lebend'ger Hoheit (warmes Leben, / Was kalt nun dasteht), als zuerst ich warb. / Ich bin beschämt: wirft nicht der Stein mir vor, / Ich sei mehr Stein als er? … O, fürstlich Bild, / In deiner Majestät ist Zaubermacht, / Die meine Sünden neu herauf beschwört, / Dein staunend Kind der Lebenskraft beraubt, / Daß sie dasteht, ein Stein wie du!«

31 V, iii, 67f. »Der Glanz in ihrem Auge hat Bewegung. / Kann uns die Kunst so täuschen?« Dorothea Tieck hat die bildhauerische *Fixierung* des Auges nicht erfaßt, wenn sie mit ›Glanz‹ übersetzt.

32 V, iii, 78f. »… welch zarter Meißel / Grub jemals Hauch?«

33 V, iii, 72f. »Nicht die Vernunft der ganzen Welt kommt gleich / Der Wonne dieses Wahnsinns.«

34 In der Tat ist die Pygmalion-Geschichte in der Renaissance auch zu einem Beispiel für die im Himmel einander bestimmten Gatten und damit für Gattenliebe und -treue avanciert. Vgl. Mathias Holtzwart, *Emblematum Tyrocinia*, Straßburg 1581, Emblema XXXIIII, ›Vxor quae coelitus contingit, optatissima!‹ Die Schlußzeilen der deutschen Version des Begleitgedichts lauten: »Es [= das poetisch dicht] gibt dir aber dan bericht / Das kein Eh auff der erden sey / Da meh glück vnd heil wone bey / Dan wa Gott eins nach seim gebett / Ein from heüßlich weib geben hett.« Zitiert nach dem Reclam-Nachdruck, hrsg. v. Peter von Düffel und Klaus Schmidt, Stuttgart 1968, S. 87.
35 V, iii, 87 ff. »... wenn Ihrs tragen könnt, / So mach ich, daß das Bild sich regt, herabsteigt / Und Eure Hand ergreift: doch glaubt Ihr dann / (Was ich abschwören mag), ich steh im Bund / Mit böser Macht.«
36 V, iii, 94 f. »Ihr müßt / Den Glauben wecken.«
37 V, iii, 98 ff. »Wecke sie, Musik! / ... Zeit ists: sei nicht mehr Stein, komm, steig herab; / Füll alle, die dich sehn, mit Staunen! Nahe – / Dein Grab verschließ ich: nun, so komm doch her – / Dem Tod vermach dein Starrsein, denn von ihm / Erlöst dich frohes Leben! ... Schaut, sie regt sich! / *(Hermione steigt herab)* / Erschreckt nicht: heilig ist ihr Tun, und auch / Mein Zauberspruch ist fromm.«

»Ich bin ich«. Auftritte neuer Formen des Bösen in der Frühen Neuzeit

Das Böse ist ein Ordnungsbegriff, wie links und rechts. Die Welt wird übersichtlich, wenn bestimmt wird, was gut ist und was böse, wer Freund ist und wer Feind, was vertraut ist und was fremd, wer drin ist und wer draußen. Am Bösen, mehr als am Guten, orientieren und stabilisieren sich Individuen und Gesellschaften, religiöse Gemeinschaften und politische Systeme. So etwas wie das Wesen des Bösen als anthropologische Konstante scheint es nicht zu geben. »There is nothing either good or bad, but thinking makes it so«, sagt Hamlet. Es ist immer relational und kontextabhängig; seine Grenzen sind nicht stabil, sie sind im Fluß und verhandelbar. In einem längerfristigen historischen Prozeß mag, was einmal als Böses galt, zu einem positiven Wert umbesetzt worden sein. Die jeweiligen Stigmatisierungen von etwas als Böse sind aber aufschlußreich, weil in ihnen Konflikte und Widersprüche einer Gesellschaft ebenso wie die Gefahr ihrer Destabilisierung besonders deutlich sichtbar werden. An zwei historisch neuen Erscheinungsformen des Bösen in der Renaissance möchte ich das erläutern, an der Autonomie und an der zerstörerischen Fremdbestimmung eines Menschen. Das Beispiel für das erste ist Richard III., das Beispiel für das zweite das Verhältnis Iago/Othello.

Richard III. ist als Inbegriff des Renaissance-Bösen gezeichnet, ein homo homini lupus, ein Schlächter, der sogar noch die Ermordung unschuldiger Kinder verfügt und dem gegenüber selbst die gedungenen Mörder noch human sind. Das Aus- oder Unmaß dieses Bösen aber scheint mir Shakespeares Antwort auf die Irritation durch ein sich selbst setzendes, ein autonomes Ich zu sein. Wir erinnern uns, daß Kant die Selbstbestimmung des Subjekts oder die Autonomie des Willens als ›oberstes Prinzip der Sittlichkeit‹

und ›als Bekundung der Freiheit des Menschen als eines Vernunftwesens‹ charakterisierte. Mit Kant ist eine Bewegung an ihren Gipfel gelangt, die mit einer Chiffre wie Richard ihren Anfang nahm: das Neue, das nur als Horrorvision, als Freisetzung der einmal unter Kontrolle gehaltenen Kräfte des Bösen vorgestellt werden kann. Die zum ersten Mal sichtbar werdende Möglichkeit der Abkoppelung des frühbürgerlichen Subjekts aus religiösen, kosmologischen oder familialen Ordnungsgefügen gibt den Blick in die Abgründe des Menschen frei. Und eine Pointe Shakespeares ist, daß er das Böse nicht als Einflüsterung der Mächte der Finsternis darstellt, seine Begründung also nicht nach außen verlagert – Richard ist kein Teufelsbündler, allenfalls eine Inkarnation Satans als Mensch –, sondern es aus dem Verhältnis Richards zu seiner Umwelt entwickelt. Richard ist autonom auch in dem Sinne, daß er nicht einmal der Natur etwas verdankt, denn sie hat ihn vor der Zeit in die Welt gestoßen, eine Monstergeburt mit Zähnen im Mund, bucklig, verkrüppelt. Richard ist darum auch nicht ›von Natur aus‹ böse, sondern gewissermaßen gegen die Natur, als ein Mängelwesen, ein Ungeliebter, ein Leidender.

> I have no brother, I am like no brother
> And this word love ...
> Be resident in man like one another,
> And not in me: I am myself alone.[1]

Shakespeare braucht hier noch solche psychophysischen Motivationen – anders als bei Iago, bei den Lear-Töchtern, bei Leontes im *Wintermärchen* –, um seine Figur menschlich verständlich zu machen, aber sie sind nur ein Anlaß und Auslöser für die Charakterstudie eines aus allen Bindungen herausgelösten – wenn man so sagen kann: exzentrischen – Subjekts: »I am myself alone«. Richard III. ist die Tragödie des radikal Einsamen. Aber eben dieses Allein-, dieses Ausgesetztsein entbindet ungeheure Trieb- und Willensenergien, zunächst um sich zu behaupten, zu überleben, dann um die Welt unter sein Gesetz zu zwingen. Er sucht »durch den Anblick des fremden Leidens, welches er zugleich als eine Aeußerung seiner Macht erkennt, das eigene zu mildern.«[2] Daß er vom eigenen Leid nicht mehr spricht, heißt vielleicht, daß er es ›vergessen‹, daß er es vollständig in die Triebenergie seines Willens verwandelt hat. Die am Sarg ihres Schwiegervaters heuchlerisch doch erfolgreich umworbene Anne sagt: »Villain, thou know'st no law of God nor man.«[3] Und genauso ist es, denn das autonome Subjekt folgt nur den eigenen Gesetzen, jenseits aller Verbindlichkeiten der Moral und Religion, der Normen und Werte. Autonomie bedeutet Ausschließung, und nur der ist autonom, der es versteht, entschlossen zu vernichten, was sich ihm entgegenstellt. Autonomie stabilisiert sich durch Ausschließungen, ohne diese entbehrte sie der Selbstvergewisserung, wenn man will: der Freiheit. Richard geht in seinem Handeln planend-kalkulierend vor, zweckorientiert mit dem einen Ziel, sein autonomes Ich mit der absoluten Herrschaft zur Deckung zu bringen. Er ist, zeitgenössisch gesprochen, im Besitz der machiavellischen *virtù*. Aber obwohl er alle Fäden in der Hand behält, kann er nie sicher sein, ob seine Rechnung auch aufgehen wird. Das verstärkt notwendigerweise sein Mißtrauen, das wie ein Schutztrupp an seinen immer weiter gezogenen, gleichwohl verletzlichen Ich-Grenzen fungiert – gegen den Steigbügelhalter Buckingham gerichtet heißt es einmal: »none are for me / That look into me with considerate eyes«[4] – und auch diejenigen austilgt, von denen ihm kaum noch während seiner Lebenszeit Gefahr drohen *könnte*: also eine wahnhafte Sicherung der Autonomie jenseits der Lebensgrenze. Auf der anderen Seite und zunächst im Widerspruch zur kalkulierenden Rationalität steht die Risikobereitschaft. Shakespeares große autonome Figuren, also seine Schurken, sind immer auch Spieler, und wie der Autonome ist auch der Spieler ein Sozialtyp, der erst mit der Renaissance in Erscheinung tritt. Der Spieler ist ein Virtuose des Möglichen, der sein Ziel nicht linear, nach dem Kausalitätsprinzip, verfolgt, sondern der auf die Optionen des Wahrscheinlichen setzt: je unwahrscheinlicher desto wahrscheinlicher ist sein Grundsatz. Es geht immer ums Ganze, mit dem möglichen Risiko, alles zu verlieren oder noch mehr zu gewinnen, aber da er kühn, für den anderen unvorhersehbar und instinktsicher spielt, sind seine Chancen groß, daß er gewinnt. Verliert er, ist damit seine gesamte Existenz beim Teufel und er fällt ins Nichts zurück, aus dem er kam, da er ja von keiner Ordnung aufgefangen werden kann; gewinnt er, bedeutet das eine neuerliche Vernichtung anderer und stärkt seine Autonomie. Das Risiko des hohen Einsatzes begründet die Rücksichtslosigkeit des Spiels, auch seine Tücken und Listen. Richard, bei dem wir den Weg des kalten Rechners zu verfolgen meinten, sagt ganz zum Schluß, als das Spiel fast zu Ende ist: »I have set my life upon a cast, / And I will stand the hazard of the die.«[5] Das Oszillieren zwischen Kalkül und Risiko scheint ein Merkmal des blutrünstigen Tyrannen ebenso wie das des Hazardeurs zu sein – übrigens auch das des Spekulanten; nur bis der historisch ins Bild tritt, hat sich die Stigmatisierung dessen, was böse ist, gewandelt.

Richards Selbstbestimmung hat einen einzigen Feind, der weder durchs Kalkül noch durch Hazard zu überwältigen ist: sich selbst. Hier ist die Grenze, die ihn entweder in die Selbstquälerei zwingt (aber das gegen das Ich gerichtete Böse ist noch kaum denkbar) oder in eine Pattsituation bringt. Nachdem ihm die Geister der von ihm Ermordeten erschienen sind, sagt Richard: »What do I fear? Myself? There's none else by; / Richard loves Richard, that is, I am I« oder »I and I«.[6] An keiner Stelle wird deutlicher, daß die radikale oder selbstbezügliche Selbstbestimmung nichts zu fürchten hat als sich selbst, und daß sie eben darum, wegen des fehlenden Bezugs zu einem anderen, unlebbar ist: der in sich Verkapselte, nur sich Gehorchende, ist letztlich ohnmächtig. Das Selbstbewußtsein braucht, um überleben zu können, die Bestätigung durch den anderen, im positiven oder negativen Sinne. Wenn jeder andere gewissermaßen ausgereizt ist, fällt das Ich auf sich selbst als die leere Tautologie zurück. Es kann nicht einmal fliehen, denn – wovon und wohin? »Then fly«, sagt Richard. »What, from myself? Great reason, why, / Lest I revenge? What, myself upon myself?«[7] Es ist ihm also der Fluchtweg versperrt, und Richards Vernichtungswille ist bei seinem letzten Opfer angelangt: sich selbst. Der souveräne Schlächter steht am Ende da wie ein armes Schwein, das geradezu unser Mitleid erregt.

Am Schluß von *Richard III.* stellen sich zwei Fragen. Die erste: Warum ist es in einem christlichen Konzept zugelassen, daß soviel Böses in die Welt kommt, auch wenn der Protagonist sich aus allen überweltlichen Bindungen losgesagt hat? Die traditionelle Antwort lautet: Er ist ein Werkzeug Gottes, geschickt, um durch eine Radikalkur alle schuldig gewordenen – alle im Stück haben in der einen oder anderen Form Schuld auf sich geladen – zu vernichten. Nach Richard wird ja mit dem künftigen Heinrich VII. eine ›gute‹ Herrschaft die tabula rasa neu beschreiben. Richards Erscheinen ist also göttlich gerechtfertigt, ohne daß er selbst es weiß. Im 18. Jahrhundert hätte man gesagt, daß sich die ›unsichtbare Hand‹ darin aussprüche – der Einzelne handelt, und er kann nicht wissen, ob das, was ihn dabei lenkt – jenseits der eigenen Intention –, zum Guten oder zum Schlechten und Bösen ausschlägt. Von hier läßt sich die Linie weiterziehen zu dem, was heute das Systemböse heißt, also dem, was jenseits jeglicher Eigenverantwortung kontingent hereinbricht. Trotz seiner Motivation wäre Richard nur der von einer höheren Macht, einem höheren Willen gesteuerte Agent, eine äußerst adaptationsfähige Automate.

Die zweite Frage, die sich am Schluß von *Richard III.* stellt:

Ist die Möglichkeit eines autonomen Ichs, die sich am Beginn der frühen Neuzeit abzeichnet, wirklich als Bedrohung durch das radikal Böse gesehen? Die Frage scheint die Antwort provoziert zu haben, die Hobbes dann gegeben hat: Er bannt die Gefahr der Autonomie, indem er ihr einen eindeutigen Ort zuweist: die gesetzgebende Macht des Souveräns (also des Monarchen in der Monarchie, des ›Volkes‹ in der Demokratie). Er, der Souverän, setzt fest, was als Recht und Unrecht, Gut und Böse zu gelten hat. Die Setzung mag willkürlich sein, aber ist sie einmal gesetzt, ist sie rechtsverbindlich. (»Der Führer ist das Recht«, heißt es bei dem Hobbes-Leser Carl Schmitt.) Hobbes schreibt in *De cive*: »... das, was recht und unrecht ist, kommt von dem Recht des Herrschers. Was mithin ein rechtmäßiger König gebietet, macht er durch seinen Befehl zu dem Rechten, und was er verbietet, durch das Verbot zu dem Unrechten. Wenn dagegen die einzelnen Bürger das Urteil über das Gute und das Böse für sich beanspruchen, so wollen sie so viel wie der König sein, was mit der Wohltat des Staates sich nicht verträgt.«[8]

Von einem autonomen Subjekt kann dann so lange nicht mehr die Rede sein, bis es als Voraussetzung der Selbstbestimmung des Menschen gegenüber einer ihn entmündigenden Obrigkeit neu entdeckt wird. Kants Rehabilitierung der Autonomie vor dem Hintergrund eines gewandelten historischen Kontextes ist die Antwort auf die Hobbessche Verlagerung der Autonomie ins System. Unter wiederum veränderten historischen Bedingungen sehen wir heute erneut die Autonomie als die rücksichtslose Setzung eines »Ich-bin-Ich« ihre schwärzesten Blüten treiben. Die bindungslos gewordenen, sich selbstverwirklichenden Subjekte zielen nur noch auf die Durchsetzung der eigenen Bedürfnisse, was nur durch die Ausschließung anderer funktionieren kann. (Sichtbares Zeichen der Ausschließung »der Welt« ist das Tragen eines Walkman.) Wieder sind es Machtfragen, die durchgespielt werden. Am Ende der Moderne sind wir an ihren Anfang zurückgekehrt: Autonomie – im Einzelnen oder in den neuen nationalen Selbstbestimmungen – als Fratze des Bösen.

Mein zweites Beispiel stellt das erste auf den Kopf: die durch Fremdbestimmung ausgelöste Zerstörungskraft. Auch an den Fremdbestimmungen wird konsequent etwas durchgespielt, in diesem Fall, wie das Bildungsideal der Elite, das normativ geworden war, pervertiert werden kann und in sein Gegenteil umschlägt.[9] Sagte Richard: »I am I«, so sagt Iago: »I am not what I am« (I, i, 65), was seine Pointe auch in der Negierung des Gottesnamens haben mag als Setzung des Bösen. Zugrunde liegt Iagos Äußerung die von Machiavelli und Castiglione geforderte neue Innen/Außen-Relation im Verhalten des Menschen. Der Mensch, insbesondere der in der Öffentlichkeit tätige, hat sein Verhalten so zu modellieren, daß es in jeder gegebenen Situation eine genau kalkulierte Wirkung auf den anderen ausübt. Die Wirkung ist alles – was einer in Wirklichkeit ist oder denkt, darf dabei keine Rolle spielen. Je natürlicher diese Kunstanstrengung – man kann auch sagen: diese Selbstverleugnung – gelingt, desto größer sind ihre Erfolgsaussichten. Bei Castiglione heißt das »sprezzatura«: es ist das Paradox einer Simulation des ›Natürlichen‹ durch Dissimulation. Wir haben diese Verhaltensformen bei Richard aus der Position des Täters vorgeführt bekommen; im Fall Othellos sehen wir sie aus der Position des Opfers.

Wie Richard verkörpert Iago den neuen Typus des Willensmenschen: »Virtue? a fig! 'tis in ourselves, that we are thus, or thus«.[10] Aber anders als Richard verfolgt Iago kein »positives«, sein Ich sicherndes Ziel mehr, er ist böse an und für sich, zielt auf Zerstörung und weidet sich an der Qual derer, die er zerstört. Schopenhauer sagt von der »eigentlichen Bosheit«, daß sie im Gegensatz zum Egoismus »ganz uneigennützig den Schaden und Schmerz anderer, ohne allen eigenen Vorteil sucht.«[11] Oder Nietzsche: »Der Mensch braucht jetzt nicht mehr eine ›Rechtfertigung des Übels‹, er perhorresziert gerade das ›Rechtfertigen‹: er genießt das Übel pur, cru, er findet das sinnlose Übel das interessanteste.«[12] Solcher ›uneigennützige‹ Genuß am sinnlos Bösen ist vor Sade und vor dem 20. Jahrhundert nirgends grausamer in Szene gesetzt als in der Blendung Gloucesters. Cornwall tritt ihm mit dem Fuß ein Auge aus, und die Lear-Tochter Regan verlangt höhnisch auch noch das andere: »One side will mock another; th'other too.«[13] Hier wird kein Ziel mehr verfolgt, die Tat braucht sich noch nicht einmal mehr als Bestrafung zu rechtfertigen, sondern sie ist die Lust einer Laune, fast schon ein ›acte gratuit‹.

Aber diese Versessenheit auf das Böse ist wohl kaum eine anthropologische Disposition – Schopenhauer spricht vom Leiden an sich selbst, die es verursache –, sondern sie hat, wenigstens im Falle Iagos, einen historischen Ort. Mit der Hypostasierung des Scheins und der von ihm verlangten Verbergung der Intention oder dessen was der Fall ist, verschwindet die Möglichkeit der Unterscheidung zwischen Wahrheit und Lüge, Wirklichkeit und Fiktion. (Die Ununterscheidbarkeit ist übrigens auch Hamlets Problem und Teil seiner Tragik.[14]) Die Fixierung der Selbstmodellierung auf Schein und Wirkung verhindert andererseits die Herausbildung eines mündigen, wert- und normorientierten Ichs, das sich ja nur intersubjektiv konstituieren und stabilisieren kann, was aber wegen der immer zu unterstellenden Maskierung des Anderen nicht funktioniert. Shakespeares große Monologisierer sind allesamt Solipsisten. Gegenüber dem bis in Einzelheiten durchstilisierten öffentlichen Ich bleibt das Private amorph und unstrukturiert, abgründig und gefährlich.

Iago hat nun entdeckt, welches zerstörerische Potential durch die Verpflichtung auf den Schein freigesetzt werden kann. Iago hat keinen Grund, Othello und ein halbes

Dutzend andere zu vernichten – seine widersprüchlichen Beteuerungen, einen zu haben, neutralisieren sich gegenseitig. Iago hat entdeckt, *daß* und *wie* Menschen in jeder beliebigen Richtung manipulierbar sind. Wie der Herzog in *Maß für Maß* stellt er Menschenexperimente an, aber anders als dieser ist er nicht daran interessiert, das wahre Gesicht unter der Maske hervorzulocken, sondern er zielt auf die Zerstörung und Selbstzerstörung der anderen um der Zerstörung willen und zieht daraus eine sadistische Lust. Wie Richard ist auch Iago Hazardeur – als er einmal die Möglichkeiten, Cassio zu erledigen, durchrechnet, sagt er: »Every way makes my game«[15] –, aber nicht, um ›alles‹ zu gewinnen (wer oder was wäre das denn?), sondern um alles zu vernichten. Er ist ein destruktiver Charakter, süchtig darauf, daß alles dahingeht. (Wie ein Zeichen dieser Sucht erscheint die stete Aufforderung an Roderigo: »Put money in your purse« – das hart gewordene Liquide, das sich gleich wieder verflüssigt. Wozu Iago das viele Geld braucht, wird nie gesagt; es ist das Bild für sein Nullsummenspiel.) Und anders als bei Richard werden die Opfer nicht hinter der Bühne erledigt, sondern Iago bringt seine Opfer durch Häufung immer neuer Evidenzen, neuer Augenscheinlichkeiten, in einem quälend in die Länge gezogenen Prozeß auf offener Bühne zur Strecke. Er demonstriert, wie bei einer anatomischen Sektion, praktikable Verfahrensweisen des Bösen, wie sie aus dem Täuschungsgebot der Elite ableitbar waren. Das ist ein Virtuosenstück und zeigt eine historisch neue Qualität des Bösen. Iago bedient sich dabei häufig juristischer Kasuistik und knüpft aus Detailkaskaden ein immer dichteres Netz des imaginären Vergehens, so wenn er vor Othellos Ohren Cassio befragen will: »Where, how, how oft, how long ago, and when, / He has, and is again to cope your wife.«[16] Dabei, und das ist die Parodie der Dialektik des Tragischen, soll alles Übel aus Othello selbst hervorgegangen sein, der aus Iagos Vermutungen erst wirkliche

Tatsache schuf: »I told him what I thought, and told no more / Than what he found himself was apt and true.«[17] Das ist die Produktion des Bösen als Schuld dessen, der ihr zum Opfer fiel. Auch das ist ein Mechanismus (samt der mit ihm geleisteten Rationalisierung und der damit ermöglichten Entlastung), der aus der politischen Praxis, zumal dieses Jahrhunderts, geläufig ist.

Nun ist Othello nicht nur Opfer, er wird auch zum Täter, und das hängt mit der vom Schein absorbierten Ich-Bildung zusammen. Othello verliert nämlich sein »Framing«, sein »Self-fashioning« oder seine gesamte Sozialisation, die, daran läßt Shakespeare keinen Zweifel, bei einem Schwarzen eine besondere Kulturleistung gewesen sein und auf speziellen Verleugnungen basiert haben muß. Für die venezianische Gesellschaft ist es nämlich unvorstellbar, daß eine der Ihren sich mit einem Mohren eingelassen haben kann – es ist »against all rules of nature« –, es sei denn mit Hilfe von Zauberei. Wer schwarz ist, hat auch eine schwarze Seele, wie Shakespeares Aaron in *Titus Andronicus*. Aber alle beleidigenden Anschuldigungen weist Othello zurück – höflich, gelassen, überlegen. Er ist der einzige Aufgeklärte gegenüber einer Meute, für die das Feindbild aus stereotypen Versatzstücken feststeht und sich mit ungebremster Wut entlädt. Der zivilisierte Mohr hatte allerdings einen Anlaß, sich um das Entreebillet in die Gesellschaft zu kümmern, und der ist seine Liebe zu Desdemona. Einzig durch die Liebe und durch die mit ihr verbundene Entdeckung der Intersubjektivität scheint sich bei Shakespeare ein Ich stabilisieren zu können – sie ist der große Gegenentwurf zum Gebot des Scheins. Zerbricht dieser Stabilisator, zerbricht auch die heikle Balance zwischen einem Ich, das »ich« sagen kann – offen und unmaskiert – und den gesellschaftlichen Erwartungen der Selbstmodellierung. Als Othello sich Desdemonas unsicher zu werden beginnt, sagt er: »when I love thee not, / Chaos is come again.« Im Chaos wird alles das wieder virulent, was er sich wegsozialisiert oder was die Gesellschaft in ihn hineinprojiziert hatte. Er regrediert, seine elegant-gemessene Sprache wird barbarisch, seine Erinnerungen verwirren sich. Er wird zu dem magiegläubigen Unhold, den die Gesellschaft immer in ihm sah. Iago fungiert gleichsam als der Agent der Gesellschaft, um das Böse in dem an den Tag zu bringen, der es naturgemäß in sich hat. Und Shakespeare zeigt damit, daß »das Böse« eben nicht naturgegeben oder vom Teufel eingeflüstert ist, sondern auf kollektive gesellschaftliche Projektionen zurückgeführt werden kann. Othello ist auch darin noch Opfer eines auf dem Anschein gegründeten, von ihm aber naiv für wahr und verbindlich gehaltenen Normenkonsenses, daß er am Ende nicht das Bildungskonzept verflucht, wie Caliban es tut, sondern daß er mit dem Mord in seinem Namen gehandelt zu haben vermeint. Er nennt sich »An honourable murderer, if you will / For nought did I in hate, but all in honour.«[18] Indem er ausgerechnet das Wort verwendet, das durch Iago pervertiert worden war – der hieß ja immer »honest Iago« – gibt er letzten Endes der Gesellschaft recht – oder er ist, was er, bevor er sich ersticht, von sich sagt, »Perplex'd in the extreme.«

Ich fasse zusammen: Was heute noch als eine Inkarnation des Bösen erscheinen mag, Richard III., hat seinen historischen Grund in der Entdeckung des autonomen Ichs. Dieses Ich ist der Albtraum einer Gesellschaft, in der die alten Ordnungen ihre Verbindlichkeit verloren und neue sich noch nicht herausgebildet haben. Die neue Anthropologie, die mit den Möglichkeiten der Autonomie sich abzuzeichnen beginnt, kann zunächst nur als Irritation verstanden werden und wird folglich als das Böse stigmatisiert. Erst durch eine radikale Reduktion und die Rekonstituierung des Ichs als Bewußtseinstatsache im cartesischen »Ego cogitans« kann die für die spätere Neuzeit so folgenreiche Umbesetzung der Autonomie eingeleitet werden. Umgekehrt zeigte das Verhältnis Iago/Othello die Zersetzung des geltenden Verhaltensmusters, der Regulierung des Zusammenlebens der Menschen durch den Schein. Die durch Fixierung auf den Schein ermöglichte Manipulierbarkeit des Menschen, der, in diesem Fall, noch kein autonomes Ich hat ausbilden können, setzt die Lust des Spielers frei, eine Welt rein aus Fiktionen aufzubauen, an der der ›reale‹ Mensch zwangsläufig zerbricht. Die Produktion des Scheins produziert das Böse – die konsensfähige Verhaltensregulierung, konsequent zu Ende gedacht, schlägt in ihr Gegenteil um. Die Denunzierung des Scheins als des Bösen ist freilich mit Shakespeare nicht zu Ende – sie durchzieht noch über Jahrhunderte die Erziehungskonzepte im Namen von Authentizität, Offenheit, Unverstelltheit. Es war, glaube ich, erst Helmut Plessner, der den Schein (den regulativen im Unterschied zum ästhetischen bei Nietzsche) rehabilitiert hat – Anschein, Maskierung, Takt, Formen der Höflichkeit, ein Nicht-Sagen, was einen im Innersten bewegt – als notwendiges Mittel der Distanzierung, die ein auf wechselseitige Achtung gegründetes Zusammenleben der Menschen erst ermöglicht, in einer immer erneuerten heiklen Balance zwischen einem autonomen Ich und dem Geltungsanspruch des Anderen.

1. 3 *Henry VI*, V, vi, 80ff. »Ich habe keinen Bruder, gleiche keinem, / Und ›Liebe‹, ... / Sie wohn in Menschen, die einander gleichen, / Und nicht in mir! ... Ich bin ich selbst allein.« (A. W. Schlegel)
2. Schopenhauer, *Die Welt als Wille und Vorstellung*, I. Band, viertes Buch, § 65.
3. *Richard III.* I, ii, 70.
4. IV, ii, 29f. »... Keiner taugt mir, / Der mich mit überlegtem Blick erspäht.«
5. V, iv, 9f. »Ich setzt auf einen Wurf mein Leben, Knecht, / Und will der Würfel Ungefähr bestehn!«
6. V, iii, 183f. »Was fürcht ich denn? Mich selbst? Sonst ist hier niemand: / Richard liebt Richard; das heißt: Ich bin Ich!« In der ersten Quarto-Ausgabe hatte gestanden: »I and I«.
7. V, iii, 186ff. »So flieh! ... Wie? vor dir selbst? Mit gutem Grund: / Ich möchte rächen! Wie? mich an mir selbst?«
8. Thomas Hobbes, *De cive*, Kapitel 12, 1. Zitiert nach Th. Hobbes, *Vom Menschen. Vom Bürger*, hrsg. v. Günter Gawlick, Hamburg: Meiner, ²1966, 193.
9. Siehe hierzu meinen Aufsatz »Hamlets Falle. Das Paradox der Kultiviertheit« in diesem Band.
10. *Othello*, I, iii, 319f. »Tugend! Abgeschmackt! – In uns selber liegts, ob wir so sind oder anders.« (Baudissin)
11. *Die Welt als Wille und Vorstellung*, § 61, Schluß.
12. Nachlaß der 80er Jahre
13. *King Lear*, III, vii, 70. »Eines könnte das and're höhnen, auch das and're.«
14. Vgl. hierzu den in Anm. 9 genannten Aufsatz.
15. V, i, 14. Etwa: »Auf jede Weise, mit welcher Alternative auch immer, werde ich das Spiel gewinnen.«
16. IV, i, 85f. »Wo, wann, wie oft, wie lange schon und wie / Er Euer Weib geherzt und herzen wird.« ›Herzen‹ für ›cope‹ ist natürlich ein Euphemismus für das Vulgärwort des Beschlafens.
17. V, ii, 177f. »Ich sagt ihm, was ich dachte; sagt auch nichts, / Als was er selbst glaubwürdig fand und wahr.«
18. V, ii, 295f. (Lodovico: »Was soll man von dir sagen?« Othello:) »Daß ich ein ehrenvoller Mörder sei; / Denn nichts tat ich aus Haß, zur Ehre alles!«

Endlose Enden. Zu apokalyptischen Figuren bei Beckett und Shakespeare

In Becketts Stück *Play* erscheinen drei Urnen, in deren Hälsen Köpfe stecken – zwei Frauenköpfe, ein Männerkopf –, die »so lost to age and aspect« sind, daß sie sich von den Urnen kaum unterscheiden. Unbewegt, tonlos und in raschem Tempo kommen aus den Köpfen Stimmen, sobald ein starker Lichtstrahl – er wird »inquisitor« genannt – auf einen von ihnen – sie heißen »victims« – fällt. Eine Verhörsituation. Die Köpfe reagieren nur auf das Licht, nicht auf das, was der andere sagt, das sie offenbar nicht hören, obwohl von nichts anderem als ihrer einstigen Beziehung – dem Bühnenklischee einer Dreiecksgeschichte – die Rede ist. Es sind Fetzen einer durch das blendende Licht an- und abgestellten Dauerrechtfertigung, was zu hören ist, gesprochen im Tod oder danach, jedenfalls nach einem Ende. Die Zeichenhaftigkeit der Position der Köpfe mag die Auferstehung der Toten assoziieren, also die Spanne zwischen einem Ende und dem nächsten, letzten, dessen Unwiderruflichkeit – Himmel, Hölle oder ein nach oben gerichtetes Dazwischen – von der Begründbarkeit der Rechtfertigung, der Bilanz der Abrechnung, dem Great Reckoning mittelalterlicher Spiele, abhängt. In diesem Zusammenhang ließe sich auch das bohrende Licht theologisch verbuchen, das in anderem Zusammenhang freilich als die Dramatisierung einer schlichten Voraussetzung von Theater, der Beleuchtung, erscheint. Licht »sieht« man nicht auf dem Theater, es ist »da«, aber wenn es als selbständiges Agens eingesetzt ist, ist zum einen auf die Theatralität der Situation verwiesen – es ist Theater über Theater –, zum anderen führt die Brechung des Illusionsraums durch das Erscheinen eines kategorial Anderen, das sonst nicht »zu sehen«, sondern nur »da« war, zurück in den unterstellten theologischen Kontext. Ein solches Ineins der Thematisierung existentieller Krisis und ihrer theatralischen Konstituierung, ihres künstlichen Hergestelltseins für die Dauer eines Spiels, ist eine der wichtigsten Verbindungen zwischen dem dramatischen Werk Becketts und dem Shakespeares.

Das Stück *Play* endet damit, daß es nicht endet. Das ist eine bei Beckett geläufige Figur, aber in *Play* ist sie radikalisiert: nach dem ›Ende‹ läuft das ganze Stück noch einmal ab, und es schließt, nachdem es zum dritten Mal begonnen hat, setzt sich also potentiell bis ins Unendliche fort wie eine periodische Zahl. Das Ende ist kein *transitus* zur Zäsur eines endgültigen Endes, wie im Schema, oder eines Neubeginns, wie es bei Shakespeares Tragödien der Fall zu sein scheint, sondern es stellt das Nicht-Enden des Endens auf Dauer, in grotesker Sistierung der christlichen Verheißung, daß das Ende nicht das Ende sei, und in äffischer Spiegelung der gegenteiligen geschichtsphilosophischen These von der Wiederkehr des Gleichen. Die Engführung beider ist, shakespearisch gesprochen, »play«, das heißt die Fiktionalisierung dessen, was anders nicht zu haben ist, außer in der Übersetzung aus fehlender Vorlage in die Simulation, weil Endsituationen, und die prolongierten schon gar, höchstens vorstellbar sind. Zugleich entpathetisiert sich der Titel des Stücks selber, indem er die Schrift als die Anweisung auf dem Knopf eines Rekorders mitmeint: längst Aufgezeichnetes kann auf Knopfdruck beliebig abgerufen werden, wie es der Licht-Spot ja auch tut. In Becketts eigener Übersetzung lautet der Titel des Stückes übrigens *Comédie*. Neben der Gattungsbezeichnung, die mehr den inhaltlichen Aspekt des Stückes unterstreicht, scheint damit auch ein Verweis auf den für Becketts gesamtes Werk von Anfang bis Ende wichtigsten Fixpunkt gegeben, auf Dantes *Comedia*. In diesen Zusammenhang gerückt, bekommen die Urnenköpfe etwas von Dantes Höllenfigurinen, verdammt in alle Ewigkeit, ihr Vergehen zu repetieren.

In dem Fernsehspiel *Eh Joe* ist ein Mann zu sehen – die Kamera nähert sich immer mehr seinem Gesicht –, der nicht spricht: er lauscht einer weiblichen Stimme aus dem Off – »low, distinct, remote, little colour, absolutely steady rhythm«. Was die Stimme in Satzbruchstücken, taktiert von Pausen bestimmter Dauer und immer wieder skandiert von der Anrede »Eh Joe«, vorzubringen hat, läßt sich als das Gegenstück zu *Play* verstehen: the Great Reckoning. Es ist die Stimme einer Frau, die sich als frühere Geliebte zu erkennen gibt, wo immer man sie lokalisieren mag, im Kopf des Lauschers oder im Off als dem Jenseits eines anderen Raums. Sie rechnet ab, für sich und all die anderen mißachteten Lieben, auch die der Eltern. Sie spricht im Namen der Toten, zu denen sie selbst gehört und zu denen auch er bald gehören wird. Sie spricht wie eine Tödin, die gekommen ist, den abzuberufen, dem die Stunde geschlagen hat, ihm zuvor aber noch einmal sein vergeudetes Leben vor Augen führt. Daß solche mittelalterliche Vernetzung durchaus beabsichtigt ist, zeigen zwei beiläufig eingestreute Zitate aus einem Miracle Play: »thou fool thy soul« heißt es einmal, ein andermal »mud thou art«. Es geht also nicht um die persönliche Abrechnung einer gekränkten Geliebten, wie metonymisch konkret sie im einzelnen auch gebaut ist, bis hin zu den minutiös evozierten Selbstmordarten der letzten Geliebten mit ihren Verzögerungen und rhythmisch gesetzten Steigerungen, Steigerungen des Verlöschens, es geht zugleich, geht auch hier und letzten Endes, um eine eschatologische Projektion, Tod und Gericht. Das Ende ist nicht, noch nicht, das Ende, sondern wird hypostasiert und als gewissermaßen negative Vorlust ausgekostet: »Wait till He starts talking to you ...«. Denn die Pein wird weitergehen oder vielleicht erst recht beginnen, nach dem Ende:

Brain tired squeezing ...It stops in the end ... You stop it in the end ... Imagine if you couldn't ... Ever think of that? ... If it went on ... The whisper in your head ... Me whispering at you in your head ... Things you can't catch ... On and off ... Till you join us ... Eh Joe?[1]

Wieder wird das Ende in die Unendlichkeit ausgezogen – der Tod setzt keinen Punkt, sondern ist nur Zäsur. Das läßt sich lesen als radikalisierter cartesischer Dualismus. »If the mind were to stop. Of course it won't«, ist eine bei Beckett in zahllosen Varianten wiederkehrende Formel, und im Vorspann zu *Film* hatte er ebenso kryptisch wie apodiktisch vermerkt: »Search of non-being in flight from extraneous perception breaking down in inescapability of self-perception.«[2] Augen und Ohren lassen sich schließen oder können einem geschlossen werden, aber damit hören Wahrnehmung und Empfindungsfähigkeit, die Stimmen im Kopf oder wo immer, nicht auf: daß sie es auch nach dem Tod nicht tun, ist eine Frage, die viele Beckett-Figuren sich stellen und die von der Stimme in *Eh Joe* vorausgesetzt wird. Aber da sie philosophisch nicht zu lösen ist, wird sie hier auf der eschatologischen Ebene abgebildet. Nur bringt es Beckett von den vier letzten Dingen immer bloß auf drei – wie übrigens auch Joyce im dritten Kapitel des *Portrait* –: Tod, Gericht und Hölle, wobei die Hölle einen Bewußtseinszustand meinen mag (wie bei Marlowes Mephostophilis oder Miltons Satan) oder die Abwesenheit des Paradieses: »That old paradise you were always harping on ... No Joe ... Not for the likes of us.« Doch kommt in diesem Stück, wie auch in *Krapp's Last Tape*, eine Antithese ins Spiel, die den großen Stücken des Anfangs fehlt und die man vielleicht als eine Umbesetzung des abwesenden vierten der letzten Dinge verstehen könnte: die Liebe. Von dem Mädchen, auf dessen so schauerlich detailliert nacherzählte Selbstmordarten die Fernsehsequenz hinausläuft, mit den einzig emphatisch gesetzten Ausdrücken im Stück, die die Tonlosigkeit der Stimme momentweise aufhellen, heißt es am Schluß des Stücks: »*There's love for you ...* Isn't it, Joe? ... Wasn't it, Joe? ... *Eh Joe?* ... Wouldn't you say? ... Compared to us ... Compared to Him ... *Eh Joe?* ...« Und damit verschwinden Stimme und Bild. Es ist eine Liebe, die sich erst in der Selbstauslöschung, der Selbstaufhebung beweist – dürfen wir darin eine Verwörtlichung der Agape sehen? – und der vielleicht darum die Gnade zuteil wird, keine Stimme mehr haben zu müssen. Im Spiel der Vergleiche ist sie es, die triumphiert – als ausgelöschte. Es kann kein Zufall sein, daß ein Stück dieser Thematik am Schluß mit dem Schluß von Dantes Gedicht koinzidiert: »l'amor che move il sole e l'altre stelle.« Wie bei Dante wird die Liebe ausgespielt gegen das, was Begehren und Willen nicht (mehr) erreichen, vielleicht auch nie, im Falle Becketts, erreichen konnten oder wollten. Bei Dante hebt die Liebe als ein oberstes offenbarendes Eschaton Gottes das letzthinnige Nichtverstehen auf – bei Beckett indiziert sie die nicht mehr im Spiegel verdunkelte klare Erkenntnis des 1. Korintherbriefs – »then shall I know even as also I am known« – als auf immer verloren gegangene und setzt zugleich dem Konstrukt eines weltbewegenden abstrakten Prinzips, dessen Offenbarwerden jenseits der Zeit liegt, das Nunc stans einer konkreten Passion entgegen.

So dunkel die Bühne in *Play* war, bis auf die Licht-Spots, die die Gesichter momentweise erhellten, so grell ist sie in *Happy Days* – »blazing light«, das das Gras der hier errichteten Bewußtseinslandschaft versengt hat. In einem Tumulus steckt im ersten Akt bis zur Taille, im zweiten bis zum Hals eine guterhaltene Blondine um die Fünfzig, Winnie. Statt der endzeitlichen Düsternis der bisher besprochenen Stücke, hier das gleißende Licht des Anfangs: »Another heavenly day«, beginnt der erste Akt, mit dem Blick zum Zenit, und mit »Hail, holy light« der zweite, einer Milton-Anrufung, die dieses Licht kontextualisiert, um es dadurch zugleich, mit allem, wofür es einmal stand, als groteske

Behauptung zu denunzieren. Was einmal als lebensspendendes Prinzip in doppelter Hinsicht galt, ist hier als ein Agent der Vernichtung eingesetzt, in schreiendem Gegensatz allerdings zu den Verleugnungen der Figur, die sich in ihrer Dauersuada in Überbietungsfloskeln der Dankbarkeit – »yes, yes, great, great mercies« – ergeht. In diesem Stück ist nicht alles schon zu Ende, sondern es geht zu Ende – »running out« –: die Zahnpasta, der Lippenstift, das Medizinfläschchen, die Augen, die Zähne und der Rest des Körpers. Besonders ausgespielt ist hier der Parasol, der explodiert – der einzige Schutz vor dem mörderischen Licht außer den Wörtern. Aber Winnie weiß: er wird morgen wieder da sein – »this is what I find so wonderful«. Das ist, wie in *Play,* die Reflexion auf die Theatersituation: die Inspizienz wird dafür sorgen, daß »morgen« jede Requisite wieder an ihrem Platz ist. Und es ist zugleich ein absurdes Exempel für die Kompensationen, die der Mensch sich erschafft oder selbst dann noch erhofft, wenn sie ihm sichtbarlich aus der Hand geschlagen werden, um die Alternativlosigkeit seiner Situation – festsitzend in einem Tumulus – nicht wahrzuhaben. Die Koppelung/Doppelung von Requisite und Fiktionalisierung, die im Als-ob sich treffen, verweist auf den Theatercharakter der Heilserwartungen, die einerseits von nicht längerer Dauer sind als eine Aufführung, andererseits sich ihrer Wiederholung relativ sicher sein dürfen: Spiel als Form des Lebens, die anders nicht zu haben ist, und dessen Interpretate als Sinngebung, weil der Mensch ohne sie nicht Mensch zu sein vermeint. Der Zusammenbruch der Sinngebung ist das große Thema von *Happy Days,* der durch die Verleugnungen der Figur nur um so sarkastischer und katastrophaler erscheint. Selbst die Reste von Katastrophentexten der Vergangenheit müssen zu Bestätigungen von Gnadenerweisen herhalten. Während Winnie sich die Lippen anmalt, sagt sie: »What is that wonderful line? *(Lips).* Oh fleeting joys – *(lips)* – oh something lasting woe. *(Lips.)*« Es wird verdeckt – oder überschminkt –, daß dahinter eine der großen Schöpfungsanklagen steht. Miltons Zeilen heißen im Zusammenhang:

> O fleeting joys
> Of Paradise, dear bought with lasting woes!
> Did I request thee, Maker, from my clay
> To mold me man, did I solicit thee
> From darkness to promote me (...)?[3]

Wie zur Illustration von Miltons Bild taucht von hinter dem Tumulus – promoting, promovens – Willies bluttriefender Schädel auf, den er erst mit einem Taschentuch, dann mit einer ›Kreissäge‹ bedeckt – eine ins Szenische gewendete Verdeckung der »lasting woes«. Von Winnie wird diese Spielsequenz mit den Worten »Oh this is going to be another happy day« kommentiert. Sie schminkt sich zu Ende, begutachtet ihr Werk im Spiegel und kommentiert es mit den – so wie sie isoliert dastehen: kaum verständlichen – Worten: »Ensign crimson. ... Pale flag.« Es sind Romeos Worte, mit denen er das Aussehen der toten – in Wahrheit nur scheintoten – Juliet kommentiert:

> Thou art not conquered. Beauty's ensign yet
> Is crimson in thy lips and in thy cheeks,
> And death's pale flag is not advanced there.[4]

Die Ironie der Stelle ist, daß eine Lebende für tot gehalten, aber als Lebende beschrieben wird; tragisch wird sie dadurch, daß das simulierte Ende den ›wirklichen‹ Tod erst des einen, dann der anderen auslöst. Die Figur des verzögerten Sterbens, des Ausmessens von End-Spielräumen, hat Shakespeare, auch darin ein Anknüpfungspunkt für Beckett, in unterschiedlichen Formen immer wieder beschäftigt, vom individuellen Sterben (Richard II., Brutus,

Antonius, Gloucester) bis hin zum verzögerten Sterben einer Staatsform, der römischen Republik, im *Julius Caesar.* Nur daß der Tod bei Shakespeare schließlich ein Ende markiert, während bei Beckett die Verzögerung sistiert ist. Was soll der Shakespeare-Verweis in Winnies Mund? Hat sie sich als Scheintote zurechtgeschminkt? Ist es ein Hinweis auf die Theatralität des Geschehens, auf das Als-ob? Oder schminkt sich die zur Hälfte bereits Abgestorbene, in Umkehrung der Verfassung Juliets, ins Leben zurück? In der Bühnenanweisung wird sie »well-preserved« genannt, und die Assoziation zur Herrichtung einer Mumie ist kaum abwegig. Die Homöostase oder vielleicht sogar Synonymie von Leben und Tod scheint mit der übergangslosen, nicht mehr differenzierenden Nebeneinanderstellung von »Ensign crimson« und »Pale flag« gemeint zu sein: Winnie ist als Lebende schon ›wie‹ tot, sozusagen ein lebender Leichnam wie so viele Beckettsche Figuren, und als solcher agiert sie im hergerichteten Anschein eines Lebens, das selbst seine Empfindungen aus zweiter Hand bezieht – sie sind geborgt, zitiert, theatralisch und als solche abgelebt, jenseits sogar eines Als-ob, wie zitierte Zitate. In der kurzen Spanne von Milton zu Shakespeare, von verfluchtem Anfang zu katastrophalem Ende, ist intertextuell eine Grundfigur gegeben, die im Klartext spätestens seit Pozzos letzten Worten thematisiert ist: »They give birth astride of a grave, the light gleams an instant, then it's night once more.« Nur ist die Verarbeitung des Diktums jetzt nochmals radikalisiert: es spricht nicht mehr die ›authentische‹ Stimme einer Figur, denn was Winnie nicht einmal sagt, sondern worauf sie nur kryptisch, das Gewicht der Sätze halb verdrängend, anspielt, ist die ›silent knowledge‹ von etwas, das offenbar immer schon vorausgesetzt war: es spricht etwas durch die Figur hindurch, das ihr noch die eigene Stimme benimmt; selbst die eigene Nichtigkeit ist unoriginell und wird vielleicht darum verdrängt, weil wenigstens der Nullpunkt etwas wäre, von dem aus sich Identität zumindest negativ bestimmen ließe; die Frage nach Identität oder Nicht-Identität scheint sich auf Grund solcher Stellen höchstens noch mit Hilfe von Verdrängungsschüben zu stellen. Radikalisiert ist aber auch das Ende im Sinne Pozzos, indem es keines mehr ist; es zieht sich und wiederholt sich potentiell bis ins Unendliche – der Parasol wird morgen wieder dasein und wird wieder explodieren.

Apokalyptische Bilder auch in *Happy Days:* die Erde, oder was noch von ihr übrig ist, ist unbewohnbar geworden – ein »hellish light« versengt alles Lebendige. Es ist lange her, daß die letzten Menschen gesichtet worden sind. Die Gesetzmäßigkeit der Natur, und insbesondere auch die der Zeit, ist außer Kraft gesetzt. In unterschiedlichen Modi der Anspielung ist von den letzten Dingen die Rede, wobei hier, geradezu wie eine Beschwörungsformel, immer wieder die Gnade, »mercy«, intoniert wird. Das Gericht scheint ausgeblendet oder nur im Revolver zeichenhaft präsent zu sein, den Willie am Ende des zweiten Aktes, »dressed to kill«, vergebens zu erreichen sucht. Als Ostinato begleiten Gebetsfetzen, -gebärden und -blicke das gesamte Stück. Eschata und Katastrophe aber laufen nebeneinander her. Die Sinngebungen denunzieren sich selbst, verweisen höhnisch auf die Haltlosigkeit von Kompensationsangeboten, wie eine bestimmte Tradition sie bereitgestellt hatte, angesichts einer Welt, in der nichts mehr übrig ist als beschädigte Leiber und ein paar zufällige Requisiten, die künstlich – theatralisch – hergerichtet und zusammengehalten werden für die Dauer eines Spiels, ohne daß ein kausaler oder ›notwendiger‹ Nexus zwischen ihnen bestünde. »Apocalypse is a part of the modern Absurd.«[5] Von Apokalyptik als gewissermaßen flächendeckendem Dispositiv der Moderne insgesamt, von der das Absurde nur ein Sonderfall ist, wird noch zu sprechen sein.

»We're not beginning to ... to ... mean something?« fragt

Hamm in *Endgame, Fin de partie,* dem Stück, das am direktesten Endzustände beim Namen nennt, vorführt, diskutiert. Die Frage nach dem Ende als dem *Anfang* von Sinngebung – dahinter scheint sich die alte theologische Forderung zu verbergen, vom Eingedenken des Endes her das Leben zu entwerfen, und sie wird nicht einfach durchgestrichen, sondern absurd pointiert. Clov antwortet: »Mean something! You and I, mean something! *(Brief laugh).* Ah that's a good one!« Man könnte mit einer leitmotivisch im Stück verwendeten Formel hinzusetzen: »It's not certain«. Immer wieder wird auf wie in einer Requisitenkiste bereitliegende Sinnangebote verwiesen – »Ah the old questions, the old answers, there's nothing like them!« –, die aber nur dazu da sind, durch andere unterlaufen oder suspendiert zu werden. Das Stück ist choreographiert in der Balance zwischen Sinnangebot und -entzug. Auf die Aufforderung »Let us pray to God«, die erwartungsvoll befolgt wird, folgt Hamms Verdikt: »The bastard! He doesn't exist!«, was wiederum Clov mit seinem »Not yet« in Frage stellt.

Auch in diesem Stück ist, wie es scheint, ›alles‹ zu Ende. Außer den vier beschädigten Figuren, eingeschlossen in einem Raum bzw. in Mülltonnen, gibt es keine Menschen mehr – als Clov einen Floh oder eine Filzlaus zu spüren meint, ist Hamm entsetzt: »But humanity might start from there all over again! Catch him, for the love of God!« Was Clov von den beiden Fenstern aus sieht, ist »zero«, »corpsed«, die See ist »lead«, in allegorischer Spiegelung dessen, was der Zuschauer vor Augen hat: »Beyond«, jenseits der Wand, »is the … other hell«, sagt Hamm. ›Nichts‹ ist mehr da – »There is no more nature«, »There are no more painkillers« usw., in dauernden bestimmten Negationen des jeweils Nachgefragten. Und doch ist, wie in den späteren Stücken, das Ende nicht das Ende, sondern es wird als potentiell immer weiter verlängerbarer *transitus* wie unter einem Vergrößerungsglas betrachtet. Es wird in gewissermaßen paradoxem Krebsgang entfaltet: das Ende als Ausgangspunkt mit stetem Blick darauf. Diese formale Distraktion ist mit den ersten Worten des Stückes gesetzt: »Finished, it's finished, nearly finished, it must be nearly finished.«[6] Clov, der diese Worte spricht, fährt fort mit der Anspielung auf ein Zenonsches Kontinuums-Paradoxon, demzufolge auf Grund der unabschließbaren Teilbarkeit in Zeit und Raum ein Endpunkt theoretisch unmöglich zu erreichen ist – es ist das Grundparadox Beckettscher Figuren insgesamt –, und stellt dem die Konkretion seines Leidens gegenüber: »I can't be punished any more.« Im Unterschied zu den bisher besprochenen Stücken aber gibt es hier noch Dialoge, gibt es noch ein Angewiesensein der Figuren aufeinander, wenn auch in der Form von Herr und Knecht, jener Figur, die einmal als Parabel der Konstituierung von Selbstbewußtsein erfunden worden war und deren Spuren in diesem Stück noch, fast verwischt, lesbar sind, deutlich jedenfalls in dem quasi-emanzipatorischen Aufbruch Clovs am Schluß, der aber bezeichnenderweise in der Schwebe bleibt; wohin sollte er aufbrechen?

Im Ablauf des Endens gehorchen die Figuren Regeln, die sie selbst nicht gemacht haben, vielleicht nicht einmal kennen: »Me – to play«, sind Hamms erste Worte, andererseits heißt es wiederholt: »Something is taking its course.« Es sind die letzten Züge einer Schachpartie, die assoziiert werden, und dabei ist der Spielraum notwendigerweise vorgegeben und auf wenige Möglichkeiten reduziert. Das Wechselspiel von Angriff und Reaktion ist nicht Ausdruck intersubjektiver Motivation oder von so etwas wie Selbstbestimmung, sondern folgt den prädeterminierten Gesetzmäßigkeiten, den gewissermaßen verhängten Rollenzuweisungen, die einmal Schicksal hießen. Die Figuren zappeln im Gefängnis der Regeln, die sie vielleicht darum genau einzuhalten einverstanden sind, weil sich dabei die Frage nach dem Warum und Wozu nicht stellt (»Habit is a great deadener«), obwohl sie wissen, daß die Partie von allem Anfang an verloren ist: »Old endgame lost of old, play and lose and have done with losing« und, am Ende des Stücks, »Since that's the way we're playing it ... let's play it that way ... and speak no more about it ... speak no more.« Der Rest ist Schweigen, und Hamm bedeckt sein Gesicht mit einem Taschentuch, das mit einem obsoleten Wort »old stancher« (Blutstiller) genannt wird.

Determination oder Prädestination sind freilich nur die eine Seite, denn ›zwischen den Zügen‹ gibt es immerhin kleine Entscheidungsspielräume. Es ist der Hohn auf das Paradox vom »libero arbitrio« zur »Freiheit eines Christenmenschen«. Nicht nur ist der Mensch dem über ihn Verhängten, dem Plan, wenn es denn einen gibt, den er nicht kennt, schutzlos ausgeliefert, zugleich hat er sich schuldig gemacht, indem er die winzigen ihm gegebenen Spielräume nicht anders nutzte. Und so schmort Hamm, wie Joe, wie Krapp, in der Hölle seines eigenen Gewissens. Die Geschichte, die Hamm mehrfach zu erzählen unternimmt, weil sie ihn, wie am Schluß deutlich wird, peinigt, handelt von einem Vater, der für seinen hungernden Sohn bittet. Was eine Rechtfertigungsrede hatte sein sollen, wird zu einer Selbstanklage: die »responsibilities«, die er dem Vater vorhält, sind die versäumten eigenen. Es ist das oberste christliche Gebot, über das er sich höhnisch hinweggesetzt hat und das ihm jetzt den Vanitas-Spiegel vorhält, die Nächstenliebe. Anfallartig tauchen Momente von Reue auf – »All those I might have helped. *(Pause.)* Helped! *(Pause.)* Saved. *(Pause.)* The place was crawling with them! *(Pause.)*« –, aber es ist nicht sicher, ob es sich dabei nicht um ein Versatzstück handelt, wie es von Spielen vom Ende erwartet wird. Hamm ist ja ein großer Poseur – er agiert die Endfiguren aus, führt sie vor und vergißt nie, daß er spielt. Und wie es sich für einen Poseur gehört, überzieht er bisweilen die Rolle, wie in der Christus-Attitüde im gegebenen Zitat. Leiden auf dem

Theater ist immer gespielt, und Beckett stellt das aus als etwas, über das nach Shakespeare durch Identifikationsangebote hinweggetäuscht wurde, doch zugleich steht dahinter die moderne Erfahrung, daß ›wirkliches‹ Leben und Leiden nicht mitteilbar und mithin nicht darstellbar ist; es entzieht sich der Repräsentation (was Shakespeare als erster sah und im Hecuba-Monolog Hamlets peinigend gestaltete). Im Raum des *Endgame* hängt ein zur Wand gekehrtes Bild: Zeichen für die Abkehr von der Repräsentierbarkeit, nur mehr deren Erinnerung repräsentierend, die leere Kehrseite. Im Schlußmonolog sagt Hamm nicht »Peace to our ashes« (oder »our souls«), sondern »Peace to our ... arses.«

In den Endzeitvisionen dieses Stückes – »last million last moments« – scheint tatsächlich etwas, anders als in den späteren Stücken, an ein Ende zu kommen, zumindest der Dialog mit einem anderen als sich selbst: »time was never and time is over, reckoning closed and story ended«, und davor hieß es »Moments for nothing, now as always.« Was nie war und dennoch aus lauter, aus Millionen stehender Jetzts den denkunmöglichen Zenonschen Haufen, das Leben, bildete, ist aufgehoben – in der Inexistenz der Zeit und der Hypostasierung des Augenblicks steckt – nach Tod, (Selbst-) Gericht und Hölle – die Travestie eines anderen Nunc stans und die in den späteren Stücken entfaltete Konsequenz, daß die »last million last moments« ewig währen, nicht als Gnadenerweis, sondern als Folter. Clov träumt noch von einer Ordnung, in der alles für immer zur Ruhe gekommen wäre: »A world where all would be silent and still and each thing in its place, under the last dust.« Aber das ist Traum, Hoffnungsfiktion, Antidot. Es könnte ebensogut sein – »it's not certain« –, daß das Bewußtsein nicht zur Ruhe kommt und im Zangengriff der Selbstkonfrontation in einer Danteschen Hölle auf ewig dahinwest. Clov hatte gefragt: »Do you believe in the life to come?« Und Hamm darauf: »Mine was always that.«

Apokalypsen sind Expositionen von Krisen. Krisen sind in der Regel das Ende von etwas und der Anfang von etwas Neuem. Es gehört zum apokalyptischen Schema, daß auf Katastrophe und Verfall, Dekadenz und Entartung eine Renovatio, ein purgiertes Neues Reich der Ordnung, der Gerechtigkeit, des Friedens, der Güterumverteilung usw. folgt. Es hat in diesem Jahrhundert an Versuchen nicht gefehlt, den millenarischen Gedanken in die Tat umzusetzen, und wir haben erlebt, daß sie von Mal zu Mal in immer größeren Katastrophen endeten, als es die waren, die bewältigt werden sollten. Trotzdem sind darüber die Heilserwartungen nicht stumm geworden, und so entgegengesetzte Philosophen wie Heidegger und Horkheimer haben von einem »kommenden Gott« gesprochen oder davon, daß »nur noch ein Gott uns retten« könne. In apokalyptisch disponierten Epochen ist das ›timing‹ stets asynchron gewesen: steht das Ende unmittelbar bevor (die Formel dafür heißt heute: »Es ist fünf vor zwölf«), oder ist es schon hereingebrochen (die Beschwörungsformeln heißen »Umdenken«, »Reorientierung« und zielen auf ein »neues Bewußtsein«, mithin auf einen neuen Menschen und eine qualitativ andere Zukunft als die, die sich ergäbe, wenn es sie denn überhaupt noch gäbe, wenn die Dinge so weiterliefen, wie sie laufen)? Beide Optionen – hinzusetzen ließe sich hier noch die ›genaue‹ Berechenbarkeit des Endes –, deren gemeinsamer Nenner ihre Korrekturbedürftigkeit ist, folgen Schemata, die in der Geschichte der Endzeiten offenbar stabil sind. Es scheint zum Wesen von Prophezeiungen und Prognosen zu gehören, daß sie sich nicht erfüllen, obwohl ihre Unbestreitbarkeit stets glaubhaft war und es heute wieder ist. Vor diesem Hintergrund – »Ah the old questions, the old answers« – hebt sich erst das Neue der Beckettschen Versionen des Apokalyptischen ab. In paradoxer Zusammenziehung der beiden Optionen des schon und des noch nicht eingetretenen Endes radikalisiert er diese: das Ende ist immer schon da und zugleich wird es nie aufhören. »The end is in the beginning and yet you go on«, sagt Hamm. Das Ende des Endes ist nicht in Sicht. Eine Renovatio ist nur denkbar als Wiederholung des gleichen Stückes, wie in *Play*, oder in endlosen Variationen des immergleichen Themas. Gleichwohl ist die Spur der Vorstellung eines erwarteten ›Retters‹ nicht von Anfang an getilgt: käme Monsieur Godot, »we'd be saved« – es bleibt offen, wozu und wofür und wohin. Für Clov existiert der von Hamm negierte Gott »not yet«, erhält aber damit nach dem *transitus* des Endens die Möglichkeit eines Wer-weiß. In den späteren Stücken verliert sich die Spur eines erwarteten Kommenden, das ein Ende und damit einen neuen Anfang setzen könnte. Selbst das in keiner Apokalyptik bis heute fehlende Moment des Zählens und Messens mag in Becketts Theater ein Äquivalent gefunden haben. Man könnte es nach einem Panofskyschen Verfahren ›verborgene Symbolik‹ nennen. Beckett hat bis in die Sekunden mit größter Präzision die Dauer der Sprecheinheiten festgelegt, Tonhöhen und Dynamik bestimmt, Pausen und Lichtschwenks ausgezählt, Tempowechsel notiert. Der Bühnenraum ist in der Regel symmetrisch aufgebaut, und die Gänge folgen geometrischen Figuren (Strecke, Kreis, Quadrat mit den Diagonalen). Es sind Sprach-, Raum-, und Bewegungspartituren, die den Ausführenden kaum einen weiteren Spielraum lassen als eine musikalische Partitur. Man mag das eine Projektion der Determinierung der Figuren auf die formale Ebene nennen – die Form ist der Inhalt. Zugleich läßt es sich als ein ›displacement‹ verstehen, als ›verborgene Symbolik‹. Die Requisiten des Apokalyptischen sind alle ›da‹, nur ist ihr Zusammenhang, ihr Wofür und Warum getilgt. Sie sind fragmentiert, verweisen aber noch auf das, wohin sie einmal gehörten. Die Würde des Zählbaren, des Menschenwerks, ist gegen die »last million last moments« gesetzt. Aber das ist eine andere Form des »reckoning« und steht auf einem anderen Blatt.

Becketts Spiele, das ist gleichwohl festzuhalten, sind keine Allegorisierungen des Endes. Sie benutzen die Materialien der Apokalyptik, der Eschatologie, wie Requisiten aus Holz oder Pappe, hergerichtet für die Dauer einer Aufführung, nach der sie wieder im Fundus abgestellt werden. Sie operieren mit den Kommunikationsschemata einer obsolet gewordenen Tradition, die vielleicht nur noch in ihrer phatischen Funktion besetzt sind, um das Spiel in Gang zu halten. Die immer wieder gemachten Sinnangebote sind dabei in einer Weise übersteuert, daß sie abstürzen wie in einem Schwindel. Das sind Antworten auf die Erfahrungen des Katastrophalen in einem Jahrhundert, das jeden teleologischen Bezug, der die Voraussetzung von Eschatologie und Apokalypse ist, außer Kraft gesetzt hat: fixiert auf ein Ende, das sich längst totgelaufen hat.

Eine der letzten großen, das ›allgemeine‹ Bewußtsein erfassenden und prägenden Expositionen apokalyptischer Themen findet sich in dem von Dauerkrisen geschüttelten 16. Jahrhundert, mit Akzelerationen zum Ende des Jahrhunderts hin, wie sie für Jahrhundertwenden charakteristisch zu sein scheinen. Heilsgeschichtliche Erwartungen und politisch-historische Apokalypsen joachimitischer Provenienz laufen nebeneinander her oder überschneiden sich. Auf der einen Seite bestätigen die Zeichen am Himmel – Novae, Sonnenfinsternisse –, daß das Ende unmittelbar bevorsteht, und führen zur Bildung unterschiedlichster chiliastischer Strömungen, auf der anderen Seite werden die imperialen Mythen neu entdeckt und klare Zuschreibungen gemacht, wer sich als Erneuerer des goldenen Zeitalters erweisen werde – die Namen reichen von François I. über Elisabeth (›Astraea‹), den im Jünglingsalter verstorbenen (oder vergifteten) Prince Henry bis zu Friedrich von der Pfalz, dem Winterkönig. Die Korrekturbedürftigkeit der Prognosen ist, wie seit der Denomination des Stauferkaisers Friedrich II. geläufig, dem Schema inhärent, wie übrigens auch die Doppelbesetzung historischer Gestalten, die aus einer Perspektive als Antichrist, aus anderer Perspektive als Erlöser figurieren können.

Wie keiner seiner Zeitgenossen war Shakespeare von apokalyptischen Bildern, Themen und Konfigurationen besessen – in den Historien und Römerstücken, wo sie naheliegen mögen, aber auch in den Tragödien. (»Apocalypse, which succeeded prophecy, merges with tragedy«).[7] Dem Caesar-Stoff, wo es kaum hingehört, ist das Schema am offensichtlichsten aufgeprägt: etwas geht zu Ende, die Zeichen des Verfalls sind überdeutlich, und die am Himmel bestätigen das bevorstehende Ende; Traum und Opferdeutung haben die ihnen gemäße Zweideutigkeit; auf das Ende der alten Ordnung folgt der prognostizierte *transitus* mit Chaos, Bürgerkrieg, Zerstörung; am Schluß steht Octavian als strahlender Sieger da, der künftige Friedensfürst und Begründer des Kaisertums, Augustus. Eine neue, qualitativ andere Ordnung ist hergestellt, die für spätere Renovatio-Vorstellungen Modellcharakter besitzen wird; das apokalyptische Schema samt seiner millenarischen Pointe ist erfüllt. Weniger deutlich, weniger vollständig und bisweilen fast unkenntlich durch seine Kontamination mit einer geschichtsphilosophischen Zyklentheorie ist es in die Historien eingearbeitet, wie eine mittelalterliche Korrektur, oder deren Nachbeben, im aufgeklärten humanistischen Kontext.

Nehmen wir *Richard II.*, das Stück, das am genauesten durchchoreographiert ist nach dem Muster vom Aufstieg und Fall der Großen: zwei Fortunaräder werden gegenläufig in Gang gesetzt, wobei der eine König menschlich steigt in dem Maße, wie er stürzt, und der andere menschlich sinkt, indem er zum Amt aufsteigt. Aber das Vokabular, mit dem das entfaltet wird, stammt aus dem Wörterbuch der Apokalyptik. Der sterbende John of Gaunt gibt sich als Untergangsprophet zu erkennen: in seiner großen Englandrede – »This other Eden, demi-paradise« – evoziert er dieses als ein Reich des Friedens und der Verheißung, des Wohlstands und des Glücks, und stellt ihm Korruption und Verfall unter dem gegenwärtigen König gegenüber. Die Renovatio ist also implizit anvisiert, der ›Retter‹ steht auch schon bereit, nur muß der alte König erst noch beseitigt werden. Seiner Absetzung voraus gehen Zeichen, die das Einverständnis des Himmels signalisieren: die Natur ist in Aufruhr, Meteore erscheinen, gesellschaftliche Umwälzungen werden antizipiert, »lean-look'd prophets whisper fearful change« – »These signs forerun the death or fall of kings.« Richards »glory« wird einem »shooting star« verglichen.[8] Dann aber beginnt sich das Schema zu komplizieren und tritt in die Phase der Unübersichtlichkeit: auf wen eigentlich sind diese Zeichen gemünzt, wer trägt an ihnen die Schuld? Daß die Antwort interessenabhängig ist, lehrt die Geschichte der Apokalyptik: die Doppelbesetzungen – Antichrist und Erlöser – sind ja geläufig. Shakespeare indessen führt die Umbesetzung als Prozeß vor: war zunächst Richard der Auslöser der Zeichen, so wächst allmählich der andere, Bolingbroke, in diese Rolle hinein, in ungeheurer Akzeleration der Bilderfluchten, umgekehrt proportional zu dem immer mehr auf den Schmerzensmann reduzierten Richard. Die Prophezeiung des John of Gaunt hat ihr Pendant in der des Bischofs von Carlisle kurz vor der Abdankung, jetzt mit umgekehrten Vorzeichen. Es zeigt sich an diesen Umbesetzungen zweierlei: erstens die Manipulierbarkeit von Interpretationen; die Zeichen des Himmels sind keineswegs eindeutig. Zweitens vollzieht sich, unberührt davon und jenseits der Sinnhaftigkeit der Erscheinungsformen, die Tragödie eines Menschenschicksals. Der Konnex zwischen Oben und Unten ist in Frage gestellt, wenn auch noch nicht zerrissen wie im *Lear.* Wir verfolgen die Projektion des Apokalyptischen von der Ebene des Politisch-Historischen auf die Ebene des Privaten, eines

Einzelschicksals; was ›imminent‹ war, wird, mit einem von Kermode auf moderne Apokalypsen gemünzten Wortspiel, ›immanent‹. Die apokalyptische Verkehrung der Ordnung der Welt in ihr Gegenteil hat ihren Grund in dem in ihren Strudel gerissenen leidenden Subjekt selbst:

> Nay, if I turn mine eyes upon myself,
> I find myself a traitor with the rest.
> For I have given here my soul's consent
> T'undeck the pompous body of a king;
> Made glory base, and sovereignty a slave;
> Proud majesty a subject, state a peasant.[9]

Richards Geschichte ist die wie unter einem Mikroskop betrachtete Vorführung eines nicht endenden Endens, demgegenüber der historische Zusammenhang geradezu marginal wird. Es sind Serien von verlängerten Abschieden, mit denen Richard den Gang der Geschichte immer wieder stillstellt. Er zerlegt die Abschiede gewissermaßen in ihre Parameter, wie es gleichzeitig die neuen Wissenschaften mit den Bewegungs- und Fallgesetzen, den Himmelsbahnen und Körperfunktionen tun. Er nimmt nicht abstrakt Abschied vom Amt und der verliehenen Würde, sondern lenkt den Blick auf jedes einzelne ihrer Attribute, in quälender Dehnung wie auf dem Streckbett. Zuletzt nimmt er Abschied von seinem Namen – »And know not now what name to call myself!« Was ihm bleibt, sind seine Leiden – »still am I king of those.« Seine Abschiede laufen auf das Great Reckoning zu, das zwischen Anklagen und Selbstanklagen oszilliert. Im Spiegel will er noch einmal sein Gesicht sehen:

> I'll read enough
> When I do see the very book indeed
> Where all my sins are writ, and that's myself.[10]

Das ist es, was schließlich zählt, »myself«, und nicht die in der Anklageschrift aufgeführten Vergehen. Zugleich rechnet er ab mit denen, die ihn soweit erniedrigt haben – »you Pilates« gibt den Kontext an, in den er sich selbst gestellt sieht. Aber in seinen Klagen und Anklagen geht er über den unmittelbaren Anlaß hinaus. Wenn er den Spiegel zerschmettert, weil er die Tiefe des Leids nicht zeigt (»No deeper wrinkles yet?«), läßt sich darin auch die symbolische Verleugnung der Gottesebenbildlichkeit des Menschen sehen: »A brittle glory shineth in this face; / As brittle as the glory is the face«. Die geschundene Kreatur entzieht sich dem Abbild und der Abbildlichkeit:

> my grief lies all within,
> And these external manners of lament
> Are merely shadows to the unseen grief
> That swells with silence in the tortur'd soul.[11]

Mit »shadow« ist das Wort genannt, das Shakespeare am häufigsten als Metapher für den Schauspieler verwendet. Am Ende ist also heraus, was Richard während aller seiner Abschiede tut: er schauspielert, es sind »manners of lament«, die er durchgeht wie Registerarien. Den Umstehenden, den Zuschauern war das nicht verborgen geblieben, denn es hatte an schauspieltechnischen Reflexionen, momentanem Aus-der-Rolle-Fallen, aus dem Munde Richards nicht gefehlt. Aber erst jetzt werden Grund und Abgrund des Spielens preisgegeben: Die Unsagbarkeit und Unfaßlichkeit des Leidens, das, indem es nur gespielt wird, momentan betäubt werden kann; Rituale als Bann. Je länger und intensiver er spielt, desto größer ist der Stillungsbedarf. Die Eindringlichkeit der Abbilder, wenn sie denn nicht mehr sein sollen als solche, verweist aber zugleich auf die größere Intensität ihrer Urbilder; sie stehen im Verhältnis von »shadow« und »substance« zueinander, wie Richard sagt. Richard ist jedoch auch ein Pathetiker des Schmerzes und steigert sich in seine Rolle hinein, die er bisweilen, in selbstmitleidigen Rodomontaden, überchargiert. Das entbehrt nicht der Komik und rückt ihn in die Nähe einer Beckett-Figur. Mit Hamm könnte er sich in Positur setzen und sprechen: »Can there be misery – *(he yawns)* – loftier than mine?« Wenn Hamm fortfährt – »No doubt. Formerly.« –, mag man sich an Richard erinnert fühlen.

Mit Richards Exit nach der Abdankungsszene könnte er aus dem Spiel sein, aber sein Ende wird weiter verlängert. Zunächst nimmt er ein weiteres Mal Abschied, von seiner Königin, dann ist er allein im Verlies von Pomfret Castle. Und er spielt weiter. Er, der keine Rolle mehr zu spielen braucht, spielt sie jetzt alle, denn nur durch die Entbindung aus einer bestimmten Rollenzuschreibung, die ihn zum Subjekt machte, kann er über sie alle verfügen: »Thus play I in one person many people«. Aber Bewußtsein und Empfindungsfähigkeit, die die Rollen erschaffen, belehren ihn zugleich über das jeder Rolle im Leben immanente Defizit. Eine Aufhebung der Depravation und so etwas wie Glück und Zufriedenheit gewährt nur das Nicht-Sein, wie es mit geradezu Beckettscher Schärfe heißt:

> (...) whate'er I be,
> Nor I, nor any man that but man is,
> With nothing shall be pleas'd, till he be eas'd
> With being nothing.[12]

Aber das Ende schleppt sich in quälender Langsamkeit immer noch weiter hin: »I wasted time, and now doth time waste me«. Er vergleicht sich, seine Psychophyse, einem funktionierenden Uhrwerk, das nur noch sich selber pünktlich anzeigt – die kreisende Skandierung durch Seufzer und Tränen –, während seine ›eigene‹, die ihm als König zugemessene Zeit, mit Bolingbroke dahingaloppiert. Aus dem

Pathetiker ist der Mechaniker des Schmerzes geworden, der die Stunden nach den »groans« zählt. Dann stürzen die Mörder herein.

Der apokalyptische Zusammenhang ist über den hinausgezögerten Endkonfigurationen Richards aus dem Blick geraten. Was unter den Zeichen einer Apokalyptik begann, spitzte sich zu auf die Tragödie einer Figur, und Bolingbroke, der zunächst als Retter ins Spiel zu kommen schien, verliert diesen Status und ist schließlich nichts mehr als ein Usurpator. Sehen wir aber die beiden Historientetralogien als ganze, so zeigt sich, daß sie insgesamt als großer apokalyptischer Bogen aufgefaßt werden können: die durch Richard II. ausgelöste Krise stürzt das Land in die den gesamten alten Adel auslöschenden Rosenkriege; die die Züge des Anti-Christ tragende Figur Richards III. vollzieht bis ins dritte und vierte Glied das große Strafgericht an allen noch Überlebenden, die alle schuldig geworden sind. Mit Richmond betritt dann in dieser politischen Apokalypse, von ›außen‹ kommend, der Retter und Erneuerer des Reichs die Bühne, und die Tudor-Dynastie ist begründet.

Die apokalyptische Thematik ist auch dominant in zweien der Tragödien, fast schematisch in *Macbeth*, in die existentielle Bodenlosigkeit von Einzelschicksalen weitergetrieben, wie in *Richard II.*, in *King Lear*. Die mythischen Stoffe projizieren die Geschichtsapokalyptik der Historien zurück in ihren theologischen Ursprung und machen daraus Endzeitstücke von universaler Geltung, eben das, was Kermode die Transformation der Apokalypse in die Tragödie genannt hat.

In *Macbeth* ist mit dem Hexenrefrain der ersten Szene das Thema unmißverständlich angeschlagen: »Fair is foul, and foul is fair«. Eine Macht aus einer anderen Dimension als der menschlichen verkündet, daß die natürlichen Gesetzmäßigkeiten oder Zuordnungen außer Kraft gesetzt sind. Durch die Prophezeiungen der Hexen wird, wie im Deszendenzschema der Thematik, die Apokalypse ausgelöst, und Macbeth ist ihr Agent. Seine Frau, in einer Mischung aus Versucherin und Magierin, die die Mächte des Widernatürlichen beschwört, übernimmt die Rolle eines irdischen Werkzeugs und inszeniert den höllischen Rahmen: »Come, thick night, / And pall thee in the dunnest smoke of hell«.[13] Nach dem Mord ist im alten Wortsinn ›die Hölle los‹: der Pförtner, der die Szene mit einer Clownsnummer eröffnet, bezeichnet sich selbst als den Höllenpförtner; Lenox beschreibt in apokalyptischen Bildern den Aufruhr der Natur in der vergangenen Nacht, die bösen Vorzeichen, Propheteiungen, die »Of dire combustion, and confus'd events« kündeten; Glockenläuten, immer wieder Klopfen, Geschrei; Macduff spricht von »The great doom's image« und fordert Malcolm und Banquo auf: »As from your graves rise up, and walk like spirits«; selbst die Lady bleibt im Bild, wenn sie von der »hideous trumpet« spricht, die sie geweckt hat – es ist die Gerichtstrompete, die von nun an in ihr Gewissen dröhnt.

Im apokalyptischen Verhängnis, das alles, auch das Volk, in seinen Strudel zieht, fällt auf, daß Macbeth Täter und Opfer zugleich ist. Er ist der Anti-Christ – Macduff nennt ihn »Hell-hound« –, der den Untergang der gesamten Schöpfung wünscht: »I 'gin to be aweary of the sun, / And wish th'estate o' th' world were now undone.«[14] Zugleich ist er das von den Mächten der Finsternis, vielleicht auf Grund seiner charakterlichen Disposition, ausersehene Opfer, das die Entfesselung des Infernalischen zu bewirken vermag. Es fällt auf, daß er nicht von Gott als *transitus*-Figur in eine korrupte Welt geschickt worden ist, um ein Strafgericht zu halten, an dessen Ende ein himmlischer Erlöser oder ein irdischer Renovator eines Status-quo-ante seine Funktion erfüllt, denn der Herrscher, den er tötete, ist mit allen Königstugenden gesegnet, und in seinem Umkreis gibt es nicht das übliche Sykophantengesindel der Historien, sondern nur Rechtschaffenheit und Entsetzen. So gesehen, wäre *Macbeth* ein Stück über die im Heilsplan nicht vorgesehene Begründungslosigkeit und Grundlosigkeit des Bösen – über die Ermordung der Familie Macduffs heißt es: »Did Heaven look on, / And would not take their part?«[15] –, das seinen Anlaß in persönlichem Ehrgeiz oder objektivierter Dämonie hat, aber etwas bewirkt, das aus historischer oder theologischer Legitimation herausgefallen, mithin sinnlos ist. Gnadenloser ist Apokalyptik zu Beginn der Neuzeit nicht säkularisiert worden, und sie trägt in ihrer, hier erst nur angedeuteten, Endlosigkeit bereits die Züge der späteren Moderne. Beiläufig, an einer Nebenfigur, kommt sie zu Wort: einer kommentiert den Tod des Sohnes eines anderen: »Your cause of sorrow / Must not be measur'd by his worth, for then / It hath no end.«[16] Und in einer großen Versucherrede (IV, iii) entwirft Malcolm, der legitime Erbe, die um ein Vielfaches größeren Greuel, deren er fähig wäre, käme er an die Macht. Gewiß, er will die Loyalität Macduffs prüfen, obwohl es nicht den geringsten Grund gibt, daran zu zweifeln. Aber die Ausmalung des Entsetzlichen an dieser Stelle zeigt, wozu der Mensch in einer bindungslos gewordenen Welt noch alles fähig ist. Das läßt sich auch dann nicht mehr vergessen, wenn Malcolm den von Macbeth einmal geöffneten Deckel der Büchse der Pandora wieder schließt. Noch lebt Malcolms Bruder Donalbain, mit dem alles von vorn anfangen könnte (wie in Polanskis Film); von Macbeth hätte er lernen können, wie man dabei vorgeht.

Die für den apokalyptischen *transitus* charakteristische Aufhebung der Gesetzmäßigkeiten der Zeit hat Shakespeare auf der Erfahrungsebene der Protagonisten physisch spürbar gemacht: an ihrer Schlaflosigkeit. Dem Täter klingt es in den Ohren: »Macbeth hath murder'd sleep!«, und auf diese Wendung der Untat bleiben er und seine Komplizen auf immer, wie auf eine Dantesche Höllenstrafe, fixiert. Schlaflosigkeit ist ineins die Aufhebung der ›natürlichen‹

Zeit, ihrer Zyklen, und die Bannung durch ihr nie stillstehendes, lineares Weiter, seitdem die Zeit mechanisch meßbar geworden ist:

> To-morrow, and to-morrow, and to-morrow,
> Creeps in this petty pace from day to day,
> To the last syllable of recorded time.[17]

Es ist die Immanenz des Apokalyptischen, die in dieser doppelten Fixierung, durch die Zeit und an die Zeit, bis ans Ende ihrer Meßbarkeit, spürbar wird. Die Zeit als Folterinstrument – auch dies eine neuzeitliche Erfahrung. Erst nach dem Ende dieser Zeit, nach dem Übertritt in eine neue Dimension, wäre wieder Raum für eine andere Qualität der Zeit. Den Tod seiner Lady quittiert Macbeth mit dem einen Satz: »She should have died hereafter: / There would have been a time for such a word.«[18] Und als Macduff den Kopf des Mörders hereinträgt, bleibt ihm nur noch zu sagen: »the time is free.«[19]

Lesen wir das Stück als apokalyptischen *transitus*, so bedeutet die Freisetzung der Zeit, wie im Schema vorgegeben, die Instaurierung einer ›neuen Zeit‹, einer neuen Ordnung, und die im Stück ausgesprochene Stuartprophetie läßt keinen Zweifel darüber, welche Herrschaft gemeint sei. Die Apokalyptik hat also letzten Endes stabilisierende Funktion; das Ende ist nicht offen. Aber Teleologie scheint nur sinnvoll zu sein für Subjekte, die das Ende zu antizipieren vermögen. Dazu ist Macbeth nicht imstande. In ihm, wie in allen ›selbstbestimmten‹, das heißt bindungslosen und mithin negativ konnotierten Individuen Shakespeares, kündigt sich ein neues Bewußtsein an, für das die Finalität der Zeit zurückgebogen ist auf die ›Eigenzeit‹ der Schuld- und Leiderfahrung, die solange währt, wie es ein Bewußtsein gibt. Macduffs »the time is free« wird damit zweideutig: frei ist die Zeit auch dadurch, daß ihre teleologische Richtung aufgekündigt ist.

Den *King Lear* eine Apokalypse zu nennen im Sinne des Schemas, wäre eine Verharmlosung. Das Stück sprengt jeden Rahmen, auch den der Tragödie. Die Strukturelemente des Apokalyptischen sind überall greifbar, aber sie sind dissoziiert, versprengt, und keinem sinnvollen – politischen oder gar heilsgeschichtlichen – Zusammenhang mehr zuzuordnen. Anlässe des Geschehens sind die törichte Tat eines starrköpfigen alten Mannes und die Verblendung eines anderen alten Mannes, doch was daraus folgt, steht in keinerlei Verhältnis oder Begründungszusammenhang zu diesen Anlässen. Sie haben gleichsam nur eine Lawine losgetreten, die dann eine ganze Welt in den Untergang reißt, ohne daß irgendwo noch sichtbar wäre, daß dieses ›namenlose Leid‹ einem ›Plan‹ folgte, außer dem der Vernichtung. (»As flies to wanton boys are we to the Gods, / They kill us for their sport«, sagt Gloucester.) Zu Beginn des Stücks glaubt Gloucester noch an einen ›sinnhaften Aufbau der Welt‹ – er liest die »late eclipses in the sun and moon« als Zeichen katastrophaler Vorbedeutung (›imminent‹). Wenige Zeilen später wird der Nexus zwischen Oben und Unten vom Bastardsohn Edmund als abergläubische Narretei, als entlastende Delegation der Selbstverantwortlichkeit der Bestie Mensch, bloßgestellt, und die Welt hört auf, ›sinnhaft‹ zu sein (›Immanenz‹ des Apokalyptischen): »An admirable evasion of whoremaster man, to lay his goatish disposition to the charge of a star!«[20] In dem, was folgt, wird deutlich, daß Edmunds Interpretation die glaubhaftere ist, denn das Stück handelt davon, was Menschen, nicht Götter, Menschen anzutun und diese zu ertragen fähig sind.

Ist auch der apokalyptische Rahmen zerborsten, sind doch die Bestandteile dessen, was er einmal faßte, in grotesker Verzerrung allgegenwärtig. Prophezeiungen spricht der Narr, der eine millenarisch-heile Welt entwirft, durch die Albion »to great confusion« käme[21] – eine Narren-Conclusio, die die ›Ordnung‹ der Gegenwart auf den Kopf stellt.

Anwärter auf den Titel des »fiend«, des Anti-Christ, gibt es einige – zunächst Edmund, dann die Töchter. Bei diesen, zumal in ihrer von Lear als Höllenpfuhl ausgemalten Sexualität, ist die Nähe zur Hure Babylon unverkennbar. Am deutlichsten aber ist die Gegenfigur, der als Mad Tom verkleidete legitime Sohn Gloucesters, Edgar, der auch als ›Retter‹ ins Spiel kommt, mit dem Anti-Christ assoziiert. Er stellt sich dar als Mitglied seiner Entourage wie nur je ein Satrap in Dantes Hölle, ist ›stolz‹ auf seinen Herrn in einer nur als sarkastischer Kommentar zur Werteskala des *transitus* verständlichen Ebene (»The Prince of Darkness is a gentleman«, III, iv, 147) und fingiert schließlich sich selbst im Ammenmärchenklischeebild als denjenigen, der den Sturz von der Klippe, den im theologischen Sinn unchristlichen ›Selbstmord‹ des Vaters, veranlaßt hat. Edgar führt Rollen des Anti-Christ vor, zeigt seine Wirkungen am eigenen, von ihm geschundenen und besessenen Leib, am von ihm zerrütteten Gemüt. Seine vielfältigen Erscheinungsformen äußern sich in der Flut der ihm beigelegten Namen im Stil eines lächerlichen Abrakadabra. Aber Edgar *spielt* nur – er simuliert den Gepeinigten in grotesker, überchargierter Verdoppelung seines ›wirklichen‹ Gepeinigtseins und des maßlosen Leidens derer, die auf ihn treffen. In der Hölle erlebten Leidens sind dessen theologische Zuordnungen, etwa als Strafe, als Gericht, nur noch Spielmarken und in jeder Hinsicht unangemessen. Mitten in dem sich vor unseren Augen abspielenden Grauen bezeichnet Edgars Als-ob dessen Unausdrückbarkeit, die durch die Simulation nur noch gesteigert wird. Es ist kaum zufällig Edgar, der sagt: »(...) the worst is not / So long as we can say ›This is the worst‹«.[22] Was an Edgar einerseits, Lear und Gloucester andererseits über mehrere Rollen verteilt ist, ist in Becketts Hamm in eine Figur zusammengezogen: das In-Szene-Setzen des Leidens, um es durch die Distanzierung momentweise aufzuheben, durchs Ritual der Wiederholungen zu bannen, in sichtbarem Widerspruch zu dem an der verstümmelten Kreatur ablesbaren Leid.

Edgar ist es auch, der ein Beckettsches Thema resümiert: »that we the pain of death would hourly die / Rather than die at once!«[23] Ebendies ist im Stück als endlos hinausgezögertes Sterben gestaltet, bisweilen nicht ohne eine selbstquälerische Demonstration des Leidens: »pour on«, sagt Lear zum Regen, der ihn peitscht, und »I will endure«. Es wird sogar die Zäsur des Todes zweimal vorgeführt als ein Ende, das nichts beendet, ein Hiat, der in keinen Ruhezustand hinüberführt. Gloucesters absurder Sprung in den Tod, der keiner ist, ist nicht nur Trug, um ihn für ein gottgefälligeres Ende zu ›retten‹, er ist zugleich ein groteskes Emblembild des ›media vita in morte sumus‹ im Sinne eines sich als endloses Sterben hinziehenden Lebens. (»Is wretchedness deprived the benefit / To end itself by death?«[24]) Und schließlich antizipiert das Bild die Vorstellung eines Lebens nach dem Tod als dessen Fortsetzung in einer anderen Hölle. Auch Lear, der nach einem Schwächeanfall wieder erwacht und Cordelia erblickt, glaubt sich gestorben und den Höllenqualen ausgesetzt:

> You do me wrong to take me out o'th' grave;
> Thou art a soul in bliss; but I am bound
> Upon a wheel of fire, that mine own tears
> Do scald like molten lead.[25]

Aber er erwacht nur zu einem noch qualvolleren ›Nachleben‹ als dem phantasierten: die wiedergefundene Tochter, die im letzten Augenblick eine Wendung, vielleicht Glück und Seligkeit, zu verheißen scheint, wird ihm wieder genommen und mit dem Blick auf die Tote, die »never, never, never, never, never« zurückkommen wird, gibt er seinen Geist auf. Dazu ist nichts mehr zu sagen. Es wird kein Versuch gemacht, wie so oft in Shakespeares Schlüssen, dem

Grauen einen Sinn zu geben oder einen neuen, ›geläuterten‹ Anfang in Aussicht zu stellen. Es gibt nur noch ein paar gestammelte Sätze, wie sie gesprochen werden, wenn die Worte fehlen, wie Kents »The wonder is he hath endur'd so long.«

King Lear – das Stück einer zur Farce gewordenen Apokalyptik. Die Themen sind alle da – Auflösung der alten Ordnung, Zerstörung, Katastrophik, Untergang, Anti-Christ und Hure Babylon –, aber sie sind wie ein großes Pandämonium entfesselt, das jeden Sinnzusammenhang unterläuft. Ein Hiobstück ohne dessen Schlußwendung. Sogar das Erscheinen eines ›redeemer‹ wird thematisiert – das Wort fällt im Hinblick auf Cordelia –, doch kaum ist die dazu bestimmte Figur tatsächlich erschienen, wird sie gehenkt und von Lear als sichtbares Zeichen gescheiterter, nie wiederkehrender Hoffnung hereingetragen. In einem weiteren Motivstrang kommen die letzten Dinge ins Spiel, aber so, daß Tod, Gericht und Hölle ihre Jenseitigkeit verloren haben und zum Kennzeichen der conditio humana geworden sind. Erlösung ist nicht zu haben. Lears letzte Worte sind »Look there, look there!« mit Blick auf die für immer geschlossenen Lippen der Einen, von der ihm wenigstens Linderung hätte kommen können.

Die ›apokalyptische Disposition‹ ist an der Zeitenwende am Übergang vom 16. zum 17. Jahrhundert in allen Lebens- und Denkformen spürbar. Der Ausdruck, den Shakespeare ihr gegeben hat, stellt die Teilaspekte des Katastrophischen, des Verfalls und der Dekadenz, ins Bild. Die Linie, die sich bei ihm verfolgen läßt, zieht sich von der – historisch neuen – Selbstverantwortung des Individuums, seiner persönlichen Schuld, hinter denen aber eine ›unsichtbare Hand‹ im Spiel ist, die das Subjekt als Agenten einer höheren Macht erscheinen läßt, welche so etwas wie einen ›Sinn in der Geschichte‹ garantiert, bis hin zu einer nicht mehr begründbaren, von keinem Sinnverweis mehr abfangbaren Zerstörung in einer Art wildgewordenen, metastasisch wuchernden Apokalyptik. Etwas geht zu Ende, aber das Ende ist noch nicht abzusehen. Der *transitus* ist als ein vorläufig permanenter gestaltet, denn noch ist ihm kein ›Rettendes‹ gewachsen, und der Schluß eines Stückes verheißt nur etwas – einen neuen Anfang –, was im nächsten wieder in Frage gestellt ist.

Die joachimitische Apokalyptik hatte ein Drittes Reich des heiligen Geistes verheißen – nach dem Reich des Vaters, das im Zeichen des Gesetzes und des Alten Testamentes und dem des Sohnes, das im Zeichen der Liebe und des Neuen Testamentes stand. Die an dieses Dritte Reich geknüpften millenarischen Erwartungen hatten den radikalen Zusammenbruch der alten Ordnungen, vor allem der hierarchischen Strukturen, der kirchlichen und weltlichen Autoritäten, zur Voraussetzung. Solche Zusammenbrüche sind die großen Themen Shakespeares, wobei das bindungslos gewordene Neue, das zum Vorschein kommt (Edmund, Iago), durchweg die Züge eines Albtraums trägt. Aber der Abbau im Sinne eines ›levelling‹ freier Geister hat auch Beziehungen ermöglicht, an denen Formen neuer, nicht mehr gesellschaftlich festgelegter, Menschlichkeit sichtbar werden. Der von seiner Autorität Stufe um Stufe herabsteigende Lear, bis er ›nur noch Mensch‹ ist, Kent, der sich zum Diener erniedrigt, der Narr und Mad Tom, durch seine Exterritorialität am unteren Ende der Skala stehend, treffen sich auf einer Ebene. Das ist nicht nur eine Solidargemeinschaft von Bedürftigen, sondern eben auch ein Mit- und Füreinander aus freiem Entschluß. Die von der Gleichheit gleichsam freigesetzte Zärtlichkeit, ein ›caring for each other‹, die unter der Maske des Närrischen und Derangierten momentweise aufscheint, steht freilich in krassem Gegensatz zu den gleichzeitigen, ideologisch abgedichteten und heilsgewissen Entwürfen freier geistiger Gemeinschaften, wie sie mit den Brethren of the Free Spirit, der Family of Love, den Ranters und Levellers usw. verbunden sind. Und doch dürften beide im joachimitischen Gedanken ihre gemeinsame Wurzel haben, der Shakespeare allerdings gleichzeitig, skeptischer Realist, der er ist, den Boden zu ihrer Entfaltung entzieht. Wenn ferner, nach dem Ende der Kirchen und ihrer Evangelien, jedermann ein Christus sein kann, so dürfte Shakespeare auch diese Konsequenz im Blick gehabt haben, als er Figuren wie Richard II., Lear, Edgar mit diesen Zügen versah. Es sind freilich nur Schmerzensmänner wie in der mittelalterlichen Ikonographie, keine Triumphatoren oder Erlöser wie die zeitgenössischen Sektenprediger.

Noch fehlt ein letzter, die joachimitischen Bewegungen tragender Gedanke, der eines ewigen Testaments. Nach der ›Überwindung‹ des Alten und des Neuen Testaments tauchen seit dem 13. Jahrhundert immer wieder Schriften auf, die ein solches, ›sine enigmitate‹, zu sein beanspruchen. Der Säkularisierungs- und Autonomisierungsprozeß der Künste scheint durch diesen Gedanken zusätzliche Dynamik bekommen zu haben: ›freie Geister‹ schreiben sich ihre Testamente selber. In Shakespeares Stücken (außer in Prophezeiungsparodien wie der des Learschen Narren) habe ich den Gedanken nicht gefunden – in seinen Sonetten ist er unübersehbar. Hier könnte – »had we but world enough and time« – eine Analyse des 18. Sonetts folgen: einzig das Gedicht hat ewige Dauer und verleiht sie auch dem Sterblichen, indem es dieses transformiert, wodurch es ›schon jetzt‹ jenseits des Todes steht:

Nor shall Death brag thou wander'st in his shade,
When in eternal lines to time thou grow'st:
So long as men can breathe or eyes can see,
So long lives this, and this gives life to thee.[26]

Dieser Geltungsanspruch des Kunstwerks hat sich erst in der Moderne radikal durchgesetzt, bleibt aber auch hier, oder gerade hier, und die Anlässe dafür brauchen kaum erinnert zu werden, der apokalyptischen Thematik eng verbunden. Frank Kermode schreibt:

> What we think of as truly Modern or Modernist is always relatively apocalyptic. Cézanne plotting against his world mountain, Kandinsky deserting appearances in favor of his abstract proclamations, the novelists with their unique plots against time and reality, all are apocalypticists and in their measure Joachimite. They honor the *transitus,* announce new orders, restructure the world, utter their once only but Everlasting Gospels. In their own estrangement they are one-man sects, their books the modern equivalent of the scrolls at Qumran or the ›fiery flying roll‹ of the Ranters, annunciations of a new order superseding the old law and the old book: every artist his own gospel.[27]

Solche Ewigen Evangelien der Moderne sind Mallarmés *Livre,* »pour aboutir à un livre«, und Joyces *Finnegans Wake,* in dem ›alle‹ Bücher der Vergangenheit aufbewahrt und zu etwas Neuem verschmolzen sind, dessen Lektüre, der Anlage des Buches zufolge, niemals an ein Ende kommt. In ganz anderer Weise als Joyce hat Beckett dem Vergangenen den Prozeß gemacht: die Alten und die Neuen Testamente religiöser oder profaner Provenienz stecken wie Splitter im Corpus seiner Texte, die unabschließbar vor uns ablaufen wie im Lied vom erschlagenen Hund, auf dessen Grabstein das Lied vom erschlagenen Hund steht, womit der zweite Akt von *Waiting for Godot* beginnt – eine ebenso tiefsinnige wie alberne Parabel für Becketts Schreiben insgesamt.

1 »Das Hirn müde vom Würgen ... Es endet schließlich ... Du beendest es schließlich ... Denk' dir, du könntest es nicht ... Je daran gedacht? ... Wenn es weiterwisperte ... Immer wieder, immerzu ... Das Flüstern in deinem Kopf ... Ich, in deinem Kopf auf dich einflüsternd ... Dinge, die du nicht mitkriegen kannst ... Immerzu ... Bis du zu uns kommst ... He, Joe?« Aus: *Film. He Joe*, deutsche Übertragung von Erika und Elmar Tophoven, Frankfurt: Suhrkamp 1968, S. 53.
2 »Die Suche nach dem Nicht-Sein durch Flucht vor der Wahrnehmung anderer scheitert an der Unausbleiblichkeit der Selbstwahrnehmung.« Ibid., S. 7.
3 *Paradise Lost*, X, 741 ff. In der Übersetzung von Johann Jacob Bodmer (1742): »O flüchtige Freude des Paradieses, die mit ewigdauerndem Weh allzu theuer gekauft ward! O Schöpfer, habe ich dich ersucht, daß du meinen Erdenkloß zu einem Menschen formirtest, hab ich bey dir angehalten, daß du mich aus der Finsterniß holetest ...?«
4 V, iii, 94 ff. »Noch bist du nicht besiegt: der Schönheit Banner / Steht rot auf deinen Lippen, deinen Wangen! / Des Todes bleich Panier drang hier nicht vor.« (Erich Fried)
5 Frank Kermode, *The Sense of an Ending*, New York 1968 (1967), S. 123.
6 Statt ›nearly‹ steht in der (älteren) französischen Fassung noch ›peut-être‹.
7 Kermode (wie Anm. 5), S. 30.
8 II, iv, 7 ff.
9 *Richard II.*, IV, i, 247 ff. »Ja, wend ich meine Augen auf mich selbst, / So find ich mich Verräter wie die andern: / Denn meine Seele hat hier eingewilligt, / Den Schmuck von eines Königs Leib zu streifen, / Zur Schmach die Glorie, stolze Majestät / Zum Knecht zu machen und den Staat zum Bauern.« (A. W. Schlegel)
10 IV, i, 273 ff. »... lesen will ich / Genug, wenn ich das rechte Buch erst sehe, / Wo meine Sünden stehn: und das – bin ich!«
11 IV, i, 295 ff. »... mein Gram wohnt innen ganz! ... / Und diese äußern Weisen der Betrübnis / Sind Schatten bloß vom ungesehnen Gram, / Der schweigend in gequälter Seele schwillt! ...« Die Zeilen darüber heißen bei Schlegel: »Hinfäll'ger Glanz erleuchtet dies Gesicht, / Hinfällig wie der Glanz ist das Gesicht.«

12 V, iv, 38ff. »Doch wer ich sei: / So mir als jedem sonst, der Mensch nur ist, / Kann nichts genügen, bis er kommt zur Ruh, / Indem er nichts wird!«
13 I, v, 50f.
14 V, v, 49f.
15 IV, iii, 223f.
16 V, ix, 10ff.
17 V, v, 19ff. »Morgen, und morgen, und dann wieder morgen, / Kriecht so mit kleinem Schritt von Tag zu Tag, / Zur letzten Silb auf unserm Lebensblatt.« (Dorothea Tieck) Genauer, auch im Sinne unserer Lektüre, wäre ›recorded time‹ mit ›aufgeschriebene, dokumentierte Geschichte‹ zu übersetzen: bis ans Ende der Geschichte, bis zur Wende im *transitus*, wird die Untat im Gedächtnis bleiben.
18 V, v, 17f.
19 V, ix, 21.
20 I, ii, 133f.
21 III, ii, 80ff.
22 IV, i, 27f.
23 V, iii, 185f.
24 IV, vi, 61f.
25 IV, vii, 45ff. »'s ist unrecht, daß ihr aus dem Grab mich nehmt. / Du bist ein seel'ger Geist, ich bin gebunden / Auf einem Feuerrad, das meine Tränen / Durchglühn wie flüssig Blei.« (Baudissin)
26 »Nie prahle Tod · du gingst in seinem schatten ... / In ewigen reimen ragst du in die zeit. / Solang als menschen atmen · augen sehn / Wird dies und du der darin lebt bestehn.« (Stefan George) Freilich mißt auch die Kunst mit irdischer Zeit. Aber nach der großen Wende braucht es auch sie nicht mehr zu geben.
27 Frank Kermode, ›Apocalypse and the Modern‹, in: S. Friedländer et. al. (Hg.): *Vision of Apocalypse*, New York/London 1985.

Nachweise

Die Welt ist aus den Fugen. Zum *Hamlet*
»Allein gegen die Macht«
Unter dem Titel »Shakespeares Hamlet« Kollegstunde im Funkkolleg Literatur 1976. Veröffentlicht in der Sammlung *Funkkolleg Literatur,* hg. v. Helmut Brackert und Jörn Stückrath, Frankfurt: S. Fischer 1977.

»Hamlets Falle. Das Paradox der Kultiviertheit«
Unter dem Titel »Civility and its Discontents« auf einem Symposium zur Höflichkeit am Internationalen Forschungszentrum Kulturwissenschaften, Wien, im Juni 1994 als Vortrag gehalten. Erheblich erweitert und auf Einladung von Stephen Greenblatt im April 1996 in Berkeley vorgetragen. Aus dem Englischen übersetzt, unveröffentlicht.

»Der groteske Hamlet«
Vortrag auf dem von Gerhard Neumann und Sigrid Weigel veranstalteten interdisziplinären Kolloquium »Literaturwissenschaft als Kulturwissenschaft« im September 1996 in Ascona.

Aus dem Fortuna-Komplex
»Prospero als Leser Machiavellis«
Beitrag zur Festschrift zum 60. Geburtstag von Günther Busch, *Der Autor, der nicht schreibt,* hg. v. Rebekka Habermas u. Walter H. Pehle, Frankfurt: S. Fischer 1989.

»Formen des Launischen: *Antony and Cleopatra*«
Vortrag an der Universität Konstanz am 11. Juni 1991, gedruckt in *Mitteilungen I,* Frankfurt: Zentrum zur Erforschung der Frühen Neuzeit 1993

Theaterzettel

»Verzögertes Sterben. Shakespeares Blick auf das Rom Caesars«
In: Salzburger Festspiele 1992, offizielles Programm, Residenz Verlag

»Die Welt als Bauch. Zu Falstaff«
In: Osterfestspiele Salzburg 1993, offizielles Programm, Residenz Verlag

»Zeit der Wölfe: *King Lear*«
Im Programmheft zu *König Lear* des Theaters der Stadt Heidelberg, Spielzeit 1994/95, Heft 2

»Mit eigenen und mit anderen Augen. *Ein Sommernachtstraum*«
In: Salzburger Festspiele 1996, offizielles Programm, Residenz Verlag

»Notiz über Monster. Etymologische Belustigungen zum *Othello*«
Als Einzelpublikation zusammen mit Paulus Böhmer, *Eben noch, vor langer Zeit, Jetzt*, 16er Reihe, Frankfurt: Axel Dielmann 1997

»*Troilus und Cressida* oder die verseuchte Welt«
In: Salzburger Festspiele 1998, offizielles Programm, Residenz Verlag

»Shakespeare und das Recht. Eine Skizze«
In: *Recht, Geist und Kunst*, liber amicorum für Rüdiger Volhard (hg. v. K. Reichert, M. Schiedermair, A. Stockburger, D. Weber) Baden-Baden: Nomos 1996

Alte Unübersichtlichkeiten

»Fearful Symmetries. Zum *Kaufmann von Venedig*«
Unter dem Titel »Der Kaufmann von Venedig«, in: *Literaturwissenschaft. Grundkurs 1*, hg. v. H. Brackert u. J. Stückrath, Reinbek: Rowohlt 1981

»Wucher und Wucherklischees am Übergang zur Neuzeit«

Vortrag vor dem Dogmenhistorischen Ausschuß des Vereins für Socialpolitik am 25. September 1990 in Frankfurt/M. Abgedruckt in *Babylon. Beiträge zur jüdischen Gegenwart*, Heft 8 / 1991, Frankfurt: neue Kritik, sowie in *Studien zur Entwicklung der ökonomischen Theorie* XI, hg. v. B. Schefold, Berlin: Duncker & Humblot 1992

»Die Wirklichkeit des Eingebildeten oder Kunst und Trick. Zu Shakespeares Arbeit am Pygmalion-Mythos im *Wintermärchen*«

Vortrag beim Pygmalion-Symposium an der Werner-Reimers-Stiftung in Bad Homburg, September 1994. Abgedruckt in *Mitteilungen III*, Frankfurt: Zentrum zur Erforschung der Frühen Neuzeit 1995 und in *Pygmalion. Die Geschichte des Mythos in der abendländischen Kultur*, hg. v. M. Mayer, G. Neumann, Freiburg: Rombach 1997

»›Ich bin Ich‹. Auftritte neuer Formen des Bösen in der Frühen Neuzeit«

Vortrag beim Kolloquium »Die Attraktionen des Bösen« der Guardini-Stiftung am 12. September 1995 in der Villa Vigoni. Abgedruckt in *Zeitsprünge. Forschungen zur Frühen Neuzeit* I, 2, Frankfurt: Klostermann 1997

»Endlose Enden. Zu apokalyptischen Figuren bei Beckett und Shakespeare«

Vorlage zum Kolloquium *Das Ende. Figuren einer Denkform* der Forschungsgruppe Poetik und Hermeneutik im September 1992 in der Werner-Reimers-Stiftung Bad Homburg. Gedruckt in dem gleichnamigen Band, hg. v. Karlheinz Stierle u. Rainer Warning, München: Fink 1996

Edition Akzente

Herbert Achternbusch: Der letzte Schliff
Giorgio Agamben: Idee der Prosa
John Ashbery: Eine Welle. *Gedichte*
Gaston Bachelard: Psychoanalyse des Feuers
Gaston Bachelard: Die Flamme einer Kerze
Reinhard Baumgart: Auferstehung und Tod des Joseph Roth. *Drei Ansichten*
Reinhard Baumgart: Glücksgeist und Jammerseele. *Über Leben und Schreiben, Vernunft und Literatur*
John Berger: Und unsere Gesichter, mein Herz, vergänglich wie Fotos
Nella Bielski: »Wer, wenn ich schriee, hörte mich denn ...« *Ein Versuch über Rilke*
Horst Bienek: Das allmähliche Ersticken von Schreien. *Sprache und Exil heute. Münchner Poetik-Vorlesungen*
Maurice Blanchot: Das Unzerstörbare. *Ein unendliches Gespräch über Sprache, Literatur und Existenz*
Bettina Blumenberg: Vor Spiegeln. *Erzählung*
Karl Heinz Bohrer: Nach der Natur. *Über Politik und Ästhetik*
Jean Bollack: Herzstein. *Über ein unveröffentlichtes Gedicht von Paul Celan*
Yves Bonnefoy: Wandernde Wege
Jorge Luis Borges: Geschichte der Nacht. *Neue Gedichte. Zweisprachige Ausgabe*
Joseph Brodsky: Marmor. *Ein Stück*
Joseph Brodsky: Römische Elegien und andere Gedichte
Massimo Cacciari: Gewalt und Harmonie. *Geo-Philosophie Europas*
Roger Caillois: Steine
Roger Caillois: Der Krake. *Versuch über die Logik des Imaginativen*
Italo Calvino: Kybernetik und Gespenster. *Überlegungen zu Literatur und Gesellschaft*
Dino Campana: Orphische Gesänge. Canti Orfici. *Zweisprachige Ausgabe*
Elias Canetti: Der andere Prozeß. *Kafkas Briefe an Felice*
René Char: Rückkehr stromauf. *Gedichte. Zweisprachige Ausgabe*
Gerrit Confurius: Sabbioneta – oder die schöne Kunst der Stadtgründung
Robert Darnton: Der Kuß des Lamourette. *Kulturgeschichtliche Betrachtungen*
Martin R. Dean: Außer mir. *Ein Journal*
Tankred Dorst: Der verbotene Garten. *Fragmente über D'Annunzio*
Umberto Eco: Lector in Fabula. *Die Mitarbeit der Interpretation in erzählenden Texten*

Umberto Eco: Zwischen Autor und Text. *Interpretation und Überinterpretation von Texten*
Entzauberte Zeit. Der melancholische Geist der Moderne. *Herausgegeben von Ludger Heidbrink*
Die Folgen von 1989: *Herausgegeben von Georg Kohler und Martin Meyer*
Vilém Flusser: Dinge und Undinge. *Phänomenologische Skizzen*
Louis-René des Forêts: Das Kinderzimmer
Michel Foucault: Dies ist keine Pfeife
Georg Franck: Ökonomie der Aufmerksamkeit
Boris Groys: Über das Neue. *Versuch einer Kulturökonomie*
Boris Groys: Die Erfindung Rußlands
Boris Groys: Gesamtkunstwerk Stalin
Boris Groys: Logik der Sammlung. *Das Ende des musealen Zeitalters*
Lars Gustafsson: Die Bilder an den Mauern der Sonnenstadt. *Essays über Gut und Böse*
Madeleine Gustafsson: Die Lawine hinauf. *Gedichte*
Michael Hamburger: Das Überleben der Lyrik. *Berichte und Zeugnisse*
Peter Hamm: Aus der Gegengeschichte. *Lobreden und Liebeserklärungen*
Peter Hamm: Der Wille zur Ohnmacht. *Über Robert Walser, Fernando Pessoa, Julien Green, Nelly Sachs, Ingeborg Bachmann, Martin Walser u. a.*
Ludwig Harig: Das Rauschen des sechsten Sinnes. *Reden zur Rettung des Lebens und der Literatur*
Robert Harrison: Im römischen Regen
Seamus Heaney: Die Herrschaft der Sprache. *Essays und Vorlesungen*
Seamus Heaney: Norden. *Gedichte. Englisch-Deutsch*
Seamus Heaney: Verteidigung der Poesie. *Oxforder Vorlesungen*
Seamus Heaney: Die Wasserwaage. *Gedichte. Englisch-Deutsch*
Gerd Henniger: Spuren ins Offene. *Essays über Literatur*
Werner Hofmann: Tag- und Nachtträumer. *Über die Kunst, die wir noch nicht haben*
Felix Philipp Ingold: Echtzeit. *Gedichte*
Felix Philipp Ingold: Freie Hand. *Ein Vademecum durch kritische, poetische und private Wälder*
Felix Philipp Ingold: Haupts Werk. Das Leben
Felix Philipp Ingold: Mit andern Worten
Felix Philipp Ingold: Der Autor am Werk. *Versuche über literarische Kreativität*
Intellektuellendämmerung? *Beiträge zur neuesten Zeit des Geistes. Herausgegeben von Martin Meyer*
Edmond Jabès: Ein Fremder mit einem kleinen Buch unterm Arm
Philippe Jaccottet: Fliegende Saat. *Aufzeichnungen 1954–1979*
Ilja Kabakow/Boris Groys: Die Kunst des Fliehens. *Dialoge über Angst, das heilige Weiß und den sowjetischen Müll*
Ilja Kabakow/Boris Groys: Die Kunst der Installation
Dietmar Kamper: Hieroglyphen der Zeit. *Texte vom Fremdwerden der Welt*

Konstantin Kavafis: Die Lüge ist nur gealterte Wahrheit. *Notate, Prosa und Gedichte aus dem Nachlaß*
Konstantin Kavafis: Die vier Wände meines Zimmers. *Verworfene und unveröffentlichte Gedichte*
Vladimir Kazakov: Unterbrechen Sie mich nicht, ich schweige! *Sämtliche Dramen*
Friedhelm Kemp: »...das Ohr, das spricht«. *Spaziergänge eines Lesers und Übersetzers*
Kinoerzählungen. *Herausgegeben von Verena Lueken*
Danilo Kiš: Der Heimatlose. *Erzählungen*
Danilo Kiš: Homo poeticus. *Gespräche und Essays*
Kritischer Materialismus. *Zur Diskussion eines Materialismus der Praxis. Herausgegeben von Matthias Lutz-Bachmann und Gunzelin Schmid Noerr*
Milan Kundera: Die Kunst des Romans. *Essay*
Günter Kunert: Vor der Sintflut. *Das Gedicht als Arche Noah. Frankfurter Vorlesungen*
Wolf Lepenies: Autoren und Wissenschaftler im 18. Jahrhundert. *Buffon, Winckelmann, Linné, Georg Forster, Erasmus Darwin*
Emmanuel Lévinas: Eigennamen. *Meditationen über Sprache und Literatur*
Emmanuel Lévinas: Außer sich. *Meditationen über Religion und Philosophie*
Emmanuel Lévinas: Zwischen uns. *Versuche über das Denken an den Anderen*
Jakov Lind: Eine Seele aus Holz. *Erzählungen*
Hans Löffler: Nach dem Krieg. *Gedichte*
Bernhard Lypp: Die Erschütterung des Alltäglichen. *Kunst-philosophische Studien*
Claudio Magris: Mutmaßungen über einen Säbel
Ossip Mandelstam: Das zweite Leben. *Späte Gedichte und Notizen*
Norman Manea: Über Clowns. *Essays*
Christoph Meckel: Erinnerung an Johannes Bobrowski
Martin Meyer: Ende der Geschichte?
Henri Michaux: Unseliges Wunder. *Das Meskalin*
Norbert Miller: Strawberry Hill. *Horace Walpole und die Ästhetik der schönen Unregelmäßigkeit*
Czesław Miłosz: Das Zeugnis der Poesie
Yukio Mishima: Zu einer Ethik der Tat. *Einführungen in das »Hagakure«, die große Samurai-Lehre des 18. Jahrhunderts*
Libuše Moníková: Schloß, Aleph, Wunschtorte. *Essays*
Libuše Moníková: Prager Fenster. *Essays*
Eugenio Montale: Gedichte 1920–1954. *Zweisprachige Ausgabe*
Harry Mulisch: Die Säulen des Herkules. *Essays*
Ivan Nagel: Autonomie und Gnade. *Über Mozarts Opern*
Ivan Nagel: Gedankengänge als Lebensläufe. *Versuche über das 18. Jahrhundert*
Ivan Nagel: Kortner – Zadek – Stein

Oskar Pastior/Francesco Petrarca: 33 Gedichte
Oskar Pastior: Lesungen mit Tinnitus. *Gedichte 1980–1985*
Oskar Pastior: Kopfnuß Januskopf. *Gedichte in Palindromen*
Oskar Pastior: Vokalisen & Gimpelstifte
Francis Ponge: *Schreib*praktiken oder Die stetige Unfertigkeit
Jannis Ritsos: Unter den Augen der Wächter. *Gedichte*
Florian Rötzer: Digitale Weltentwürfe. *Streifzüge durch die Netzkultur*
Tadeusz Różewicz: Letztendlich ist die verständliche Lyrik unverständlich. *Späte und frühe Gedichte*
Juan Rulfo: Der goldene Hahn. *Erzählung*
Edward W. Said: Der wohltemperierte Satz. *Musik, Interpretation und Kritik*
Claudia Schittek: Flog ein Vogel federlos. *Was uns die Rätsel sagen*
Alfred Schmidt: Goethes herrlich leuchtende Natur. *Philosophische Studie zur deutschen Spätaufklärung*
Alfred Schmidt: Idee und Weltwille. *Schopenhauer als Kritiker Hegels*
Dieter Schnebel: Anschläge – Ausschläge. *Texte zur Neuen Musik.*
Schuldt: Leben und Sterben in China. *111 Fabeln nach Lius Wörterbuch*
Manlio Sgalambro: Vom Tod der Sonne. *Essay*
Charles Simic: Ein Buch von Göttern und Teufeln. *Gedichte. Aus dem Amerikanischen von Hans Magnus Enzenberger*
Susan Sontag: Aids und seine Metaphern
Marin Sorescu: Der Fakir als Anfänger. *Gedichte und Ansichten. Aus dem Rumänischen von Oskar Pastior*
Jean Starobinski: Montesquieu. *Ein Essay*
Jean Starobinski: Melancholie im Spiegel. *Baudelaire-Lektüren*
George Steiner: Der Garten des Archimedes. *Essays*
George Steiner: Martin Heidegger. *Eine Einführung*
George Steiner: Von realer Gegenwart. *Hat unser Sprechen Inhalt?*
George Steiner: Unter Druck. *Parabeln*
Marleen Stoessel: Aura. *Das vergessene Menschliche. Zu Sprache und Erfahrung bei Walter Benjamin*
Botho Strauß: Marlenes Schwester/Theorie der Drohung. *Zwei Erzählungen*
Botho Strauß: Fragmente der Undeutlichkeit
Antonio Tabucchi: Wer war Fernando Pessoa?
Tomas Tranströmer: Sämtliche Gedichte
Lionel Trilling: Kunst, Wille und Notwendigkeit. *Literaturkritische und kulturphilosophische Essays*
Giuseppe Ungaretti: Die Heiterkeit · L'Allegria. *Gedichte 1915–1919. Zweisprachige Ausgabe*
Paul Virilio: Der negative Horizont. *Bewegung – Geschwindigkeit – Beschleunigung*
Paul Virilio: Rasender Stillstand. *Ein Essay*
Paul Virilio: Krieg und Fernsehen

Paul Virilio: Die Eroberung des Körpers. *Vom Übermenschen zum überreizten Menschen*
Vom Übersetzen: *Herausgegeben von Martin Meyer*
Derek Walcott: Das Königreich des Sternapfels. *Gedichte*
Ernst Wendt: Wie es euch gefällt, geht nicht mehr. *Meine Lehrstücke und Endspiele*
Karl Otto Werckmeister: Linke Ikonen
Marguerite Yourcenar: Mishima oder die Vision der Leere
Zeit-Räume: *Zeiträume – Raumzeiten – Zeitträume. Herausgegeben von Martin Bergelt und Hortensia Völckers*
Marina Zwetajewa: Gruß vom Meer. *Gedichte*